中美语言学硕博学位论文的
言据性对比研究

王淑雯/著

中国水利水电出版社
www.waterpub.com.cn
·北京·

内 容 提 要

本书通过参考中西方最新的语言学研究理论,在分析言据性这一语言现象的基础上详细探讨了中美语言学硕博学位论文的言据性对比情况。

本书主要内容包括对国内外言据性研究述评、学位论文言据性的理论分析视角、研究设计、中美语言学硕士与博士学位论文的言据性对比分析、中国与美国硕博学位论文的言据性对比分析,并对以上内容进行了总结分析。

本书在内容安排上突出了言据性这一研究视角,并结合中美语言学硕博论文对这方面的研究展开论述,体现了言据性的未来发展趋势,具有实用性价值。

图书在版编目(CIP)数据

中美语言学硕博学位论文的言据性对比研究/王淑雯著. —北京:中国水利水电出版社,2017.9
 ISBN 978-7-5170-5907-3

Ⅰ.①中… Ⅱ.①王… Ⅲ.①语言学-学位论文-对比研究-中国、美国 Ⅳ.①H0

中国版本图书馆 CIP 数据核字(2017)第 236487 号

书　　名	中美语言学硕博学位论文的言据性对比研究 ZHONGMEI YUYANXUE SHUO-BO XUEWEI LUNWEN DE YANJUXING DUIBI YANJIU
作　　者	王淑雯　著
出版发行	中国水利水电出版社 (北京市海淀区玉渊潭南路1号D座 100038) 网址:www.waterpub.com.cn E-mail:sales@waterpub.com.cn 电话:(010)68367658(营销中心)
经　　售	北京科水图书销售中心(零售) 电话:(010)88383994、63202643、68545874 全国各地新华书店和相关出版物销售网点
排　　版	北京亚吉飞数码科技有限公司
印　　刷	三河市天润建兴印务有限公司
规　　格	185mm×260mm　16开本　17.25印张　420千字
版　　次	2018年7月第1版　2018年7月第1次印刷
印　　数	0001—2000册
定　　价	80.00元

凡购买我社图书,如有缺页、倒页、脱页的,本社营销中心负责调换

版权所有·侵权必究

目　录

第一章　绪　论 ………………………………………………………… 1
　1.1　研究背景 ………………………………………………………… 1
　1.2　研究问题 ………………………………………………………… 3
　1.3　研究意义 ………………………………………………………… 4
　1.4　章节安排 ………………………………………………………… 5

第二章　言据性概述 …………………………………………………… 7
　2.1　导　言 …………………………………………………………… 7
　2.2　言据性研究的起源 ……………………………………………… 7
　2.3　言据性研究的发展 ……………………………………………… 8
　2.4　言据性的定义 …………………………………………………… 9
　　2.4.1　狭义言据性 ………………………………………………… 10
　　2.4.2　广义言据性 ………………………………………………… 12
　2.5　据　素 …………………………………………………………… 14
　　2.5.1　形态据素 …………………………………………………… 16
　　2.5.2　词汇据素 …………………………………………………… 18
　　2.5.3　语言学据素的本质 ………………………………………… 20
　2.6　言据性的分类模式 ……………………………………………… 21
　　2.6.1　Chafe 模式 ………………………………………………… 21
　　2.6.2　Willett 模式 ………………………………………………… 25
　　2.6.3　Anderson 模式 ……………………………………………… 27
　　2.6.4　Plungian 模式 ……………………………………………… 28
　　2.6.5　Aikhenvald 模式 …………………………………………… 28
　　2.6.6　胡壮麟修正模式 …………………………………………… 29
　2.7　言据性与其他概念之间的关系 ………………………………… 31
　　2.7.1　言据性与情态 ……………………………………………… 31
　　2.7.2　言据性与语气 ……………………………………………… 36
　　2.7.3　言据性系统与时（tense）—体（aspect）系统 …………… 37
　　2.7.4　言据性与主观性 …………………………………………… 38
　2.8　小　结 …………………………………………………………… 39

· 1 ·

第三章　国内外言据性研究述评 ... 42
3.1　导　言 ... 42
3.2　国外言据性研究述评 ... 42
3.2.1　语义范畴之争 ... 43
3.2.2　术语之争 ... 45
3.2.3　类型学研究视域 ... 47
3.2.4　跨语言研究视域 ... 48
3.2.5　认知语言学研究视域 ... 49
3.2.6　语用学研究视域 ... 51
3.2.7　系统功能学研究视域 ... 53
3.2.8　语类学研究视域 ... 54
3.2.9　自然语言处理领域 ... 56
3.3　国内言据性研究述评 ... 56
3.3.1　言据性理论引介 ... 57
3.3.2　言据性理论完善与创新 ... 58
3.3.3　汉语言据性研究 ... 59
3.3.4　语篇分析 ... 60
3.4　言据性研究简评 ... 64
3.4.1　言据性研究的优势 ... 64
3.4.2　国内外言据性研究的特点 ... 65
3.4.3　未来的研究方向 ... 66
3.5　小　结 ... 67

第四章　学位论文言据性的理论分析视角 ... 69
4.1　导　言 ... 69
4.2　学术语篇的言据性分析述评 ... 69
4.3　学位论文的语类学分析 ... 70
4.3.1　语域分析 ... 70
4.3.2　语篇或修辞分析 ... 70
4.3.3　语类分析 ... 71
4.3.4　学术论文的语类分析 ... 72
4.3.5　学位论文言据性的语类研究 ... 73
4.4　社会文化理论（sociocultural theory） ... 74
4.4.1　语言交际观 ... 75
4.4.2　社会文化互动观 ... 75
4.4.3　认知观 ... 76
4.4.4　二语习得研究 ... 76
4.5　小　结 ... 77

第五章　研究设计 ... 79
5.1　导　言 ... 79
5.2　研究问题 ... 79
5.3　研究方法 ... 79
5.3.1　语料库建设 ... 79
5.3.2　研究工具 ... 82
5.3.3　研究方法 ... 83
5.4　据素分类 ... 84
5.5　小　结 ... 89

第六章　中美语言学硕士学位论文的言据性对比分析 ... 91
6.1　导　言 ... 91
6.2　研究问题 ... 91
6.3　言据性整体特征对比分析 ... 91
6.4　感官据素对比分析 ... 94
6.4.1　视觉据素对比分析 ... 95
6.4.2　听觉据素对比分析 ... 101
6.5　信念据素对比分析 ... 105
6.5.1　信念据素的词频使用特征对比分析 ... 106
6.5.2　信念据素的语言呈现方式对比分析 ... 106
6.6　引用据素对比分析 ... 109
6.6.1　引用据素的词频使用特征对比分析 ... 110
6.6.2　引用据素的语言呈现方式对比分析 ... 110
6.6.3　引用据素的立场表达分析 ... 114
6.7　推断据素对比分析 ... 121
6.7.1　推断据素的词频使用特征对比分析 ... 122
6.7.2　推断据素的语言呈现方式对比分析 ... 122
6.8　小　结 ... 133

第七章　中美语言学博士学位论文的言据性对比分析 ... 136
7.1　导　言 ... 136
7.2　研究问题 ... 136
7.3　言据性整体特征对比分析 ... 136
7.4　感官据素对比分析 ... 139
7.4.1　视觉据素对比分析 ... 141
7.4.2　听觉据素对比分析 ... 147
7.5　信念据素对比分析 ... 154
7.5.1　信念据素的词频使用特征 ... 154
7.5.2　信念据素的语言呈现方式对比分析 ... 154

7.6 引用据素对比分析 ·················· 157
　　7.6.1 引用据素的词频使用特征对比分析 ·········· 158
　　7.6.2 引用据素的语言呈现方式对比分析 ·········· 158
　　7.6.3 引用据素的立场表达分析 ·············· 163
7.7 推断据素对比分析 ·················· 168
　　7.7.1 推断据素的词频使用特征对比分析 ·········· 169
　　7.7.2 推断据素的语言呈现方式对比分析 ·········· 169
7.8 小　结 ······················· 177

第八章　中国语言学硕博学位论文的言据性对比分析 ·· 180
8.1 导　言 ······················· 180
8.2 研究问题 ······················ 180
8.3 言据性整体特征对比分析 ··············· 180
8.4 感官据素对比分析 ·················· 183
　　8.4.1 视觉据素对比分析 ················ 184
　　8.4.2 听觉据素对比分析 ················ 188
8.5 信念据素对比分析 ·················· 194
　　8.5.1 信念据素的词频使用特征对比分析 ·········· 194
　　8.5.2 信念据素的语言呈现方式对比分析 ·········· 194
8.6 引用据素对比分析 ·················· 196
　　8.6.1 引用据素的词频使用特征对比分析 ·········· 196
　　8.6.2 引用据素的语言呈现方式对比分析 ·········· 196
　　8.6.3 引用据素的立场表达分析 ·············· 201
8.7 推断据素对比分析 ·················· 202
　　8.7.1 推断据素的词频使用特征对比分析 ·········· 203
　　8.7.2 推断据素的语言呈现方式对比分析 ·········· 203
8.8 小　结 ······················· 209

第九章　美国语言学硕博学位论文的言据性对比分析 ·· 211
9.1 导　言 ······················· 211
9.2 研究问题 ······················ 211
9.3 言据性整体特征对比分析 ··············· 211
9.4 感官据素对比分析 ·················· 213
　　9.4.1 视觉据素对比分析 ················ 215
　　9.4.2 听觉据素对比分析 ················ 218
9.5 信念据素对比分析 ·················· 221
　　9.5.1 信念据素的词频使用特征对比分析 ·········· 221
　　9.5.2 信念据素的语言呈现方式对比分析 ·········· 222
9.6 引用据素对比分析 ·················· 222

目 录

  9.6.1 引用据素的词频使用特征对比分析 …………………………… 223
  9.6.2 引用据素的语言呈现方式对比分析 …………………………… 223
  9.6.3 引用据素的立场表达分析 ……………………………………… 226
 9.7 推断据素对比分析 ……………………………………………………… 227
  9.7.1 推断据素的词频使用特征对比分析 …………………………… 227
  9.7.2 推断据素的语言呈现方式对比分析 …………………………… 227
 9.8 小　结 …………………………………………………………………… 232

第十章　结　论 …………………………………………………………………… 234

 10.1 导　言 ………………………………………………………………… 234
 10.2 本研究的主要发现 …………………………………………………… 234
  10.2.1 中美实证类语言学硕士学位论文的言据性资源和据素特征 … 235
  10.2.2 中美实证类语言学博士学位论文的言据性资源和据素特征 … 236
  10.2.3 中国实证类语言学硕博学位论文的言据性资源和据素特征 … 237
  10.2.4 美国实证类语言学硕博学位论文的言据性资源和据素特征 … 237
  10.2.5 小　结 ………………………………………………………… 238
 10.3 本研究的贡献 ………………………………………………………… 239
 10.4 本研究对学术英语教学的启示 ……………………………………… 240
 10.5 本研究的不足以及对未来研究的建议 ……………………………… 241

参考文献 ………………………………………………………………………… 243

第一章 绪 论

任何两种语言既不可能完全一样,也不可能完全不同。语言的差异不仅在于一个人会说什么,还在于要提供何种信息。研究一个文化群体的成员或不同文化群体的成员之间怎样进行社会交往,有助于我们了解语言的微观构成特征,以及语言如何反映思维、认知、文化、社会组织等宏观问题。现代人类语言学的奠基人 Franz Boas 指出,"每种语言都可以以独特的方式选择这种或那种心智图像,并通过思维短语传递意义。"(1911:43)。通过聆听本地人的交谈和参与他们的日常生活,可以获得很多信息,因此掌握语言是准确而透彻地了解所研究的文化知识的不可或缺的手段。Boas 还进一步指出,从理论上看,语言和思维具有密切的关系。只有通过语言才能了解一些无意义的现象如意念的分类,以及怎样用相关的或相同的词语,或用比喻建立联想的方式来表达意念。从理论和实践的观点来看,语言研究对于人类学研究都是至关重要的。脱离真实的语言知识就不可能透彻地观察民族学,而人类语言所表达的基本概念与民族文化现象密不可分。因此,本质上讲,语言的特殊特征鲜明地反映了人们的观点和思维,人们所说的话实际上是对主客观世界的认知,而这种认知是人们在现实世界和社会生活中,通过形式各样的实践获得的。各个民族和种族的发展历程有其相似处和差异性,那么作为历史记录的语言也呈现出共性和异性特征。

近年来,随着语言学的不断发展,对多种语言的研究,包括强屈折语言、弱屈折语言和非屈折语言的研究都表明,言据性(evidentiality)作为一种语言现象普遍存在于所有语言中(Aikhenvald,2003,2004;Plungian,2001),反映了各个民族对主客观世界的认知特征,从而为语言研究提供了新思路。

1.1 研究背景

1911 年,美国现代人类语言学的奠基者 Franz Boas 在他主编的《美国印第安语手册》(*The Handbook of American Indian Languages*)一书的《序言》中首次使用"言据性"(evidentiality)这一术语,用于表示当地人在使用印第安语中的 Kwakiutl 语进行交际时,必须给出的语法信息。Boas 进一步指出,Kwakiutl 语便是通过给动词添加四种不同的后缀来表示信息的来源和肯定的程度。在他看来(1938:133),"尽管对我们(英语)而言,准确性、数字和时间都是必须提供的,但我们发现在另一种语言中,说话者附近的地域和信息来源——所见、所听、所推断——也是必须给出的"。此后一些语言学家在印第安诸语言中也观察到同样的情况,从此开始了语言的"言据性"研究。1947 年,在 *Kwakiutl Grammar* 一书中,Boas 首次使用"据素"(evidential)这一术语。在 *Language* 一书的序言中,Boas 将"据素"界定为"必须指出的信息来源——所见、所闻、所推测(Boas,1938:133)"。此后,言据性得到了广泛关注,很多研究者开始了针对北美印第安语语法形式的据素研究,如 Edward Sapir（1921）、Morris Swadesh（1939）、Dorothy Lee（1938,1944,1950,and 1959）、Harry Hoijer（1954）等,但是这个时期对于言据性的研究都局限于美国印第安语,所研究语言的共同特征是有词汇后缀,据素也仅限于词汇后缀,并非广义的语法范畴。直到 1957 年,语言学家 Roman Jakobson（1957）才赋予"据素"（evidential）这一术语真正的语法范畴,用于指语法化的信息（Jacobsen,1986:6）,其功能是用于讨论三种事件:被叙述事件、言语事件和被叙述言语事件。说话人在叙述事件时有四个信息来源:某人的报道（证据引自传闻）、想象（天启的证据,即本人的设想）、臆测（假设证据）和说话人自己以前的经验（储存于记忆中的证据）（Jacobsen,1986:4；Jakobson,1990）。1981 年,在美国加利福尼亚州伯克利市召开了有关言据性研究的国际会议,并在 1986 年出版了由 Wallace Chafe 和 Johanna Nichols（1986）编辑的论文集《言据性:认知的语言编码》（*Evidentiality：The Linguistic Coding of Epistemology*）,使得言据性研究成为独立的研究课题,并奠定了其在语言学领域的地位（Mushin,2001）。之后,越来越多的研究者开展了对多种语言的研究,如印第安诸语言（如 Hopi,Tunica,Athabaskan Mattole,Iroquoian Seneca,Sionuan Dakota,Nitenat 等）、保加利亚语、俄语、英语、法语、马其顿语、土耳其语、德语、哥伦比亚的印加语、各种非洲语言,以及日语、藏语、菲律宾语、韩语、汉语等亚洲语言,语料分析由过去单一语言言据性的描述过渡到两种或多种语言间的比较研究,研究者尝试通过比较,发现不同语言间的言据性的语义范畴及其呈现方式所存在的共性和差异。2001 年,Mushin 出版的专著《叙述文中的言据性和认知立场》（*Evidentiality and Epistemological Stance in Narrative Retelling*）揭示了不同语体的言据性特征,强调了言据性在语篇研究、语体研究和语类研究中的功能。语言学家 Aikhenvald 于 2004 年出版的专著《言据性》（*Evidentiality*）采用了跨语言学类型学研究方法,为我们分析言据性提供了新的视野。自此,言据性的研究视域更加广泛,开启了类型学、认知语言学、系统功能语言学、句法学、语用学、社会语言学、对比语言学、批评性话语分析等诸多领域的深入探讨。研究方法从最初的田野调查法过渡到跨学科研究、定量研究与定性研究相结合以及语料库研究。语篇类型研究涵盖了语言学、法律、新闻媒体、学术论文、政府文件、广告、自然会话等不同语体中所表现出的语类言据性特征。诸多研究发现,言据性可能会传递更加丰富的言外之意和文体暗示（stylistic overstones）,而且在不同语体中,语言学领域的言据性可以有着特定的选择惯例。据素在语体中能够有效反映说话人或作者对于主客观世界的认知、对所述事件真值的承诺程度并能实现人际互动,因而据素自身也被视为语体符号,说话人或作者根据语体要求产出语句,形成语篇。简而言之,言据性研究为我们打开了语言研究的新视角,对推动今后的语言研究、语篇研究、语体研究、跨文化研究和认知研究具有一定的理论指导价值和实际意义。

在中国,言据性研究起步较晚,始于 1994 年胡壮麟教授的两篇引介文章:《语言的可证性》和《可证性,新闻报道和论辩语体》,此领域的研究开始引起语言学者的注意,并在 20 多年时间里,逐渐成为语言学研究领域中一个不可或缺的课题。研究内容从最初的理论引介趋于多样化,开始探讨言据性的诸多功能。研究层面也从单纯的据素描写走向语篇研究。类型学研究涉及法律、新闻报道、辩论、书面语、会话、学术论文等不同语体语篇中的言据性类型和语言呈现方式。英汉言据性对比研究、言据性的各种功能、语料库研究方法等研究数量都有所增加,研究范围日益扩大,但深度不够。尤其缺少对理论的深入探讨,目前国内对于言据性问题的理论阐释大多集中在系统功能学,少数引用了认知语言学和语用学,相对于国外丰硕的言据性研究成果,我国目前的研究较为狭窄、滞后。

从传统意义上看,言据性研究最行之有效的办法是自然观察法、田野调查法和文本分析法。现代科技的发展使得越来越多的研究者发现,语言学新成果的获得和新发现的取得,在相当大的程度上有赖于新方法的使用(桂诗春,宁春岩,1997:Ⅲ)。20世纪60年代之后,随着计算机技术的发展和普及,出现了很多英语语料库,如英国柯林斯-伯明翰大学国际语料库 COBUILD、美国布朗语料库(The Brown Corpus)、朗文英语口语和书面语语料库(LGSWE)、赫尔辛基英语语篇语料库、英国英语语料库(LOB)、英国国家语料库(BNC)、美国国家语料库(ANC)等,为英语语言研究提供了很大的方便,使语篇和语类的定量研究和定性研究更为精确可靠。80年代后期,随着语料库语言学的兴起,国外研究者通过对大规模语料数据的分析,获取语言实际使用中的定量信息,以及语言所呈现的规律和所产生的语篇效果,提出新的观点或理论,从而开启了语篇的语料库研究范式。

1.2　研究问题

目前的学术界日益呈现出全球化趋势,用英语撰写和发表高级别论文能够提高我国学术语篇的国际化融入程度,逐步改善在国际学术界"学术失语"的现象。本书选取2013—2016年国内和美国大学英语专业语言学研究方向的实证类硕士学位论文各45篇,实证类博士学位论文各30篇,作为语料来源,建立四个语料库。参照 Chafe (1986) 言据性模式和 Anderson (1986) 的言据性模式,依照学术语篇的语类特征,综合统计四个语料库中据素类型的使用频率和整体趋势,我们将据素分为感官据素(sensory evidential)、信念据素(belief evidential)、引用据素(quotative evidential)和推断据素(inferring evidential)等四类。在前人研究的基础上,对每类据素的语言呈现方式进行了调整和扩充。对中国硕博论文和美国硕博论文中的据素类型进行标注并进行语料库检索,观察两国学生论文的言据性资源的分布规律、据素词频、语言呈现方式等方面所表现出的特征,然后从社会文化理论和语类学理论视角进行分析,从思维模式、语境文化、人际意义、立场、语义、语类特征等多维度地归纳分析言据性的语类适用性及其在中美实证类语言学硕博学位论文中所呈现的特点,旨在发现我国语言学硕博生在英语学术论文写作中与母语学习者之间的共同点和差异点,从文化、语类、语义、认知、语用等视角分析原因,提出建议,为提高我国英语学术论文的写作质量提供参考价值。

我们通过对中美实证类语言学硕博学位论文的研究来验证和阐释以下主要研究问题。

(1)言据性是英语语言的一个具有普遍性的概念。尤其是作为同一语类范畴的学术论文在语类方面也应表现出普遍性。中美两国的英语语言学硕博论文中均体现这一普遍性,但是中国硕博士生由于受到汉语母语的影响,论文中的言据性分布规律以及使用特点与美国学生存在着差异性。

(2)中美实证类语言学硕博学位论文中据素类型的使用既相似又相异。相似之处在于,从语类学的视角看,学生作者都掌握了学位论文这一语类的写作规范,能够有意识地使用不同类型的据素来表明信息来源并阐明个人立场观点,完成人际意义的构建。但语言与文化之间存在互动关系,中美硕博生所撰写的英语论文极有可能受到各自母语的影响,因而在据素使用频率、所占比例等方面存在差异性,在表明个人立场方面有显性和隐性之分,语篇宏观建构方面分别表现出"读者负责型"和"作者负责型"的特征。

(3)中美实证类语言学硕博学位论文中,四类据素的语言呈现方式既相似又相异。共性特征说明中美硕博生能够掌握同一语类的文体特征,但在语言选择上仍存在较大差异。在使用语言呈现方式时,中国学生选词相对单一,缺乏多样性,语义范畴狭窄、口语化、语用错误和滥用情况均有出现,表现出中介语倾向。美国硕博生则受到教育程度的影响,对英语母语的掌控存在差异。

(4)研究方法对据素选择有直接影响,教育程度和文化差异部分影响语言呈现方式的选择。

本研究的目的是要发现并归纳总结出英语语言在英语学术语篇中的语体特征和文体特征,分析我国语言学硕博学位论文与以英语为母语的美国语言学硕博生学位论文之间的共性和异性,一方面证明言据性的语言普遍性,另一方面分析汉语母语对中国硕博士生撰写英语论文中所产生的负迁移,从而为提高我国英语学术论文写作教学和写作水平提供数据事实依据。其次,本研究采用定量研究和定性研究相结合的研究方法,利用语料库和统计软件——AntConc 和 SPSS 对硕博语料进行数据统计,既重视语料的真实性和细致性,又兼顾数据的精微性和可靠性,由此得出的结论更加翔实客观,信度和效度均有保证。

1.3 研究意义

本研究具有理论意义和实际意义。

第一,从理论意义看,言据性研究有助于我们从新的角度审视语言,加深对语言的文化、语类、语用和功能的了解,从而推动语言研究。将言据性在语篇层面具体到学术语类层面,有助于探索言据性与语类的相互作用,发现语类特征,进一步揭示言据性的人际互动性,提高我们的语类规范意识。第二,对不同文化背景的学位论文中的言据性和据素类型的考察,可以揭示文化对言据性选择策略的影响。第三,今后研究学术语篇的言据性时,应将样本所采用的研究方法纳入子语类范畴予以考虑。

从应用价值看,我们可以利用言据性的研究成果更加准确地使用语言。对言据性资源和据素类型及其语言呈现方式的深入探讨可以帮助我们发现英语母语作者如何选择适切的据素表述自己所提供信息的来源,并表达自己对所述信息真值的态度和所要承担的责任,从而帮助我们从社会、语言、文化、认知、语类等多角度分析作者对信息可信度的态度以及愿意为自己所提供的信息承担多大的责任,愿意为言语交际做出多大程度的投入。此外,本研究对实证类语言学硕博学位论文中的言据性研究框架对其他语类和子语类的言据性研究具有借鉴意义。本研究所进行的比较性研究对英语科研论文写作和教学都有指导意义,研究结果有助于提高英语论文写作者的言据性功能意识和语类意识。

1.4 章节安排

本书共分十章,分别从理论和实证研究两个方面深入探讨言据性的内涵、研究方法、语料库建设、中美实证类语言学硕博学位论文中的言据性资源特征、据素分布特征和语言呈现方式特征,并进行文化、认知和语类分析。

第一章,绪论。主要介绍本研究的背景、研究问题、研究意义、语料与研究方法以及本书各章节的具体安排。

第二章,言据性概述。本章主要对于言据性研究的起源和发展进行比较系统的介绍和讨论,使读者对言据性研究有一个比较全面的了解。本章首先介绍了言据性概念、据素、言据性类别,然后讨论了言据性与情态、语气时一体系统和主观性之间的差异。

第三章,国内外言据性研究述评。本章首先概述了国内外言据性的研究特色和研究领域,简单评析目前言据性研究中存在的一些问题;然后分析了国内言据性的理论研究;最后探讨了言据性研究的特点和发展趋势,旨在勾勒出言据性的概貌和研究图示全景,对于言据性各个视角的研究都具有借鉴意义。

第四章,学位论文言据性的理论分析视角。本章重点介绍学术语篇的言据性理论分析视角——语类学和社会文化理论。首先,梳理了当前学术语篇的言据性在研究视角、研究方法和研究对象等方面存在的不足;然后探讨了语类学对于分析学位论文的可行性;随后详细阐释了社会文化理论及其用于分析学术语言的合理性;最后总结本章主要内容。

第五章,研究设计。本章首先简单介绍了语料库的基本原理,然后重点介绍了自建语料库——中美实证类语言学硕博学位论文的语料来源、语料库结构、据素分类、据素语言呈现方式等。之后,对语料库所使用的语料检索工具 AntConc 的检索功能进行描述性说明,介绍了信度检测方法,将 AntConc 检索所得结果进行人工筛选的信度测试,对据素类型及其语言呈现方式进行罗列和对比分析。最后探讨了构建中美实证类语言学硕博学位论文言据性的分析框架。

第六章,中美语言学硕士学位论文的言据性对比分析。本章分别从五个方面进行对比分析:言据性资源的特征、感官据素及其语言呈现方式、信念据素及其语言呈现方式、引用据素及其语言呈现方式、推断据素及其语言呈现方式,并结合社会文化理论和语类学对之进行探究。

第七章,中美语言学博士学位论文的言据性对比分析。本章分别从五个方面进行对比分析:言据性资源的特征、感官据素及其语言呈现方式、信念据素及其语言呈现方式、引用据素及其语言呈现方式、推断据素及其语言呈现方式,并结合社会文化理论和语类学对之进行探究。

第八章,中国语言学硕博学位论文的言据性对比研究。本章分别从五个方面进行对比分析:言据性资源的特征、感官据素及其语言呈现方式、信念据素及其语言呈现方式、引用据素及其语言呈现方式、推断据素及其语言呈现方式,并结合社会文化理论和语类学对之进行探究。

第九章,美国语言学硕博学位论文的言据性对比分析。本章分别从五个方面进行对比分析：言据性资源的特征、感官据素及其语言呈现方式、信念据素及其语言呈现方式、引用据素及其语言呈现方式、推断据素及其语言呈现方式，并结合语类学对之进行探究。

  第十章，结论。本章是全书的归纳和总结，主要对研究过程和研究结果进行了回顾总结，指出言据性与语类和社会文化之间的互动关系。随后指出研究的局限性以及未来的研究方向。最后，探讨了如何将言据性研究成果与我国研究生英语学术论文教学相结合，希望给研究生英语教学和英语学术论文写作者一些启发和借鉴。

第二章 言据性概述

2.1 导　言

本章主要介绍本书的理论框架，即言据性和据素的基本概念以及言据性分类模式。首先介绍言据性研究的起源和发展，然后介绍据素的定义和类型，随后对比分析六个比较成熟的言据性分类模式，即 Chafe 模式、Anderson 模式、Willett 模式、Plungian 模式、Aikhenvald 模式和胡壮麟修正模式，最后探讨言据性系统与语气系统、情态系统时一体系统和主观性之间的关系。

2.2　言据性研究的起源

言据性研究源自于对北美印第安语的研究。1911 年，美国现代人类语言学的奠基者 Franz Boas 在他主编的《美国印第安语手册》（*The Handbook of American Indian Languages*）一书的《序言》中首次使用"言据性"（evidentiality）这一术语，用于表示印第安当地人在使用印第安语中的 Kwakiutl 语进行交际时，必须给出语法信息，来表达信息来源和对信息的肯定程度。Boas 在研究中发现，当印第安人表达 "*The man is sick.*" 这一信息，而说话者本人没有亲眼见到病人或就在病人身边时，"他就必须说明所说的内容是他听到的信息，还是有真凭实据的信息，或者是他想象的信息。"（Boas,1911:43），用于表达"动词的情态"。Boas 在对 Kwakiutl 语（1911:1-83）的研究中发现，有些表达主体间关系的后缀可用于表达主观信息，如道听途说或遐想。此外，Kwakiutl 语通过给动词添加四种不同的后缀来表示信息的来源和肯定的程度（source and certainty of knowledge）。1947 年，在 *Kwakiutl Grammar* 一书中，Boas 进一步明确指出，有些后缀可以表达信息来源和对信息的确定性，如 Kwakiutl 语中的一个后缀-gent，意思是"建立在可见线索基础上的推测"（inferred on the basis of visible traces）。Boas 将这种后缀称为"据素"（evidential），不过，"据素"一词更类似于现代语言学言据性研究中所说的"推测"（inferential），语义范畴较窄。在对 Tsimshian 语的语法研究中，Boas（1911:348-349）根据结构情态后缀将据素进行了分类。随后，在 *Language* 一书的序言中，Boas 将"据素"界定为"必须指出的信息来源——所见、所闻、所推测（Boas,1938:133）"。不过，Boas 只研究了印第安语的一些分支土著语言，将言据性局限在了强屈折语言中的后缀构词，即词汇的形态范畴，并没有包括弱屈折语言和非屈折语言中的词汇据素范畴。在 *Language and Culture*（1942:182）一文中，Boas 讨论了 Kwakiutl 语中的据素类型对于新闻报道的潜在功能。从此,言据性和据素被正式引入语言学研究范畴。

2.3 言据性研究的发展

　　Boas 对于印第安语的研究引起了语言学领域的广泛关注。Boas 的学生 Edward Sapir 在著作 *Language*(1921)一书中,列出了一系列语法分类,以表明"结构表达信息来源的频率,或说话者的信息本质(源自于自己的经验、传闻、推断)"(Boas,1921:114-115),但 Sapir 并没有将"据素"作为独立的分类来处理,甚至将 Takelma 语(印第安语的一种)中的推断据素(inferential)看作动词的六个时态模式中的一个(Sapir,1922)。在对 Nootka 语(与 Kwakiutl 语有很大区别的一种印第安土著语)的研究中,Sapir 也只是将据素界定为"一系列的形式结构,用于暗示命题并非基于说话者的权威所作出的"(Sapir,1911),是"说话人知识的来源与本质"(Sapir,1921:114)。

　　随后,Sapir 的学生 Morris Swadesh(1939)在其著作 *Nootka Internal Syntax* 中,区分了 Nootka 语中的引用(quotative)证据和推断(inferential)证据的"证据模式"(modes of evidence),指出这些证据与"预测模式(modes of predication)"和"相关模式"(relational modes)截然不同。他认为言据性是"有关证据的方式"(Swadesh,1939:82),是一种推测形式,与预测模式相似。

　　Dorothy Lee(1938,1944,1950,1959)致力于 Wintu 语的研究,发表了一系列有关 Wintu 语的言据性研究成果。她从说话者的认知出发,尝试关注据素的语法类型,指出据素是"提供信息来源的后缀"(Lee,1938:102),且与情态无关。她在研究中列举了 Wintu 语的五种据素后缀,进而指出不同的语言之间存在大量的借用现象。这一发现引起了人类语言学家对言据性的关注。遗憾的是,她对于言据性的研究也仅仅局限于词汇的词缀构成层面,并没有真正从语法范畴予以更广泛的探讨。

　　Sapir 的另一名学生 Harry Hoijer 在 *Some Problems of American Indian Linguistic Research*(1954)一书中,归纳总结了印第安语言中出现的 10 种现象,在此基础上,Hoijer 将"据素"界定为通用语类中的推测标记语,"一些语言将陈述分类为来自说话人的经验、传闻、或文化传统"(Hoijer 1954:10)。他据此提出了信息的四种言据性来源,即某人的报道(引用,道听途说的证据)、假想(相关证据)、猜测(推断证据)和某人自己以往的经验(记忆证据)。Hoijer 还区分了言据性和语气。Hoijer 的研究成果为随后言据性的模型分类奠定了良好的基础。例如,Jacobsen 就是受到 Hoijer 对言据性和语气差异分析的启发,从类型学视域对言据性进行了语法范畴研究。

　　为了探讨言据性是否是语言共存现象,一些学者将更多语言纳入言据性研究范畴。Uriel Weinrich 进行了跨语言研究,他对比了霍皮语中的引用据素、保加利亚语中的非言据性证据、土耳其语的后缀-mis 和德语,从语用视角讨论了表达中立态度或淡化确定性的语言手段,指出说话者会借用语言形式来表达自己对信息的不确定性或减少自己对信息所要承担的责任。他的研究扩大了言据性的研究范围,为跨语言研究提供理论框架和实践基础,验证了言据性虽然是语言共存现象,但各种语言之间仍然有差异性存在。

1981年，在美国伯克利（Berkeley）召开了有关言据性研究的第一次专题研讨会，与会学者对比分析了不同语言系统中的言据性，指出不同的语言使用不同形式的言据性标记语（即据素），并对这种认知领域（area of epistemology）普遍存在的语言现象展开了深入的探讨。1986年，Chafe和Nichols负责编辑在第一次研究会中提交的论文并出版了 *Evidentiality: The Linguistic Coding of Epistemology*，这本论文集收集了对世界多种语言的言据性研究成果，如Kashaya语、Wintu语、Patwin语、Maricopa语、Jaqi语、土耳其语、日语、藏语等，该论文集汇集了各国学者从不同视域观察不同语言中言据性范畴而得出的观点。但是，Chafe和Nichols（1986：viii）也承认，言据性的研究尚属于初步阶段，"百家争鸣，各抒己见"，对于言据性并未达成一致意见。不过，该论文集的出版对于言据性研究仍具有里程碑的意义，标志着言据性研究成为语言学的一个独立研究分支，也确定了言据性在语言学领域的稳固地位（Dendale & Tasmowski，2001）。1988年，Willett对38种自然语言进行了言据性对比分析，开启了言据性的跨语言对比研究。

　　20世纪90年代后，言据性研究得到了长足的发展。1996年，Bussmann将 *evidentiality* 收录到其编撰的字典 *Language and Linguistics* 中，并进行了翔实的阐释。1997年，在伊斯坦布尔召开了以"突厥语族、印欧语系及周边语言的言据性"为主题的研讨会，标志着对言据性语言的研究范围扩大到了更多的语系。1997年，语言学家Saeed在著作 *Semantics* 中，首次正式将言据性纳入语义学的研究范畴。1998年，第六届语用学国际会议在Reims召开，此次大会分两个小组对言据性进行了专题讨论，言据性开始介入语用学的研究领域。2001年，国际知名语用学期刊 *Journal of Pragmatics* 从这次国际会议提交的论文中选取了7篇并汇编出版了言据性研究论文专辑。这7篇论文分别从类型学、语法化、认知语言学、句法学和语用学等视域，针对言据性范畴、言据性的语义域和多语言言据性对比等，进行了广泛而深入的探讨。这标志着言据性也被正式纳入了语用学的研究范畴。此后，言据性更是在语言学界引起了更多研究视域的关注。2001年，在意大利的Verona大学召开了当代英语中的情态语（modality in contemporary English）研讨会，与会的部分学者探讨了言据性系统和情态系统、语气系统等语言系统的异同，并达成一致意见：言据性系统是语言中普遍存在的特征。2004年，Aikhenvald出版的专著 *Evidentiality* 分析研究了全球500多种语言的言据性，涵盖亚洲语言、美洲语言、欧洲语言和非洲语言等，全面验证了各语言体系中言据性的普遍性特征。进入21世纪，语言间的言据性对比研究、语类间的对比研究、言据性的语义和语用探讨、据素表达形式、言据性的人际功能探讨、言据性的评价功能等，都成为言据性的研究对象，言据性的理论探讨和实证研究出现了新的高潮。

2.4　言据性的定义

　　Boas的研究之后，言据性得到了较为广泛的关注。Sapir的一位学生Mary R. Haas研究了Nitinat语（与Nootka语和Makah语非常相似的一种印第安语），指出"言据性是言语的信息来源标记语"（1968，1976）——这基本奠定了言据性的定义。不过，直到1957年，语言学家Roman Jacobson（1957）才赋予"言据性"（evidential）这一术语真正的语法范畴，用于指语法化的信息（Jacobsen,1986:6），他将其界定为，"动词分类的不确定标签,用于讨论三种事件：被叙述事件,言语事件和被叙述言语事件。说话人基于以下证据报道事件:某人的报道（引用,如 hearsay 传闻证据）、假想（revelative 设想证据）、假设（presumptive 猜测证据）或本人以前的经历（memory 记忆证据）。"(Jacobsen,1986:3；Jakobson,1990)。

目前学界对于言据性的定义仍存在争议,胡壮麟（1994）根据 Thomas Willett 的跨语言对比研究和 William Jacobsen 的综述（1986:3-8）发现有关言据性的定义五花八门。例如：

——说话人信息的来源或本质（Sapir,1921:114）；
——提供信息来源的后缀（Lee,1938:102）；
——有关证据的方式（Swadesh,1939:82）；
——在一些语言中,将陈述分类为来自说话人的经验、传闻,或文化传统的技巧（Hoijer,1954:10）；
——对被叙述言语事件列举其来源的信息（Jakobson,1957:4）；
——（动词的）信息来源的标记（Sherzer,1968,1976）；
——表示说话人的不肯定或不承担责任的有动因的情况（Weinrich,1985:53）；
——表示陈述信息来源有关情况的标记（Bybee,1985:53）；
——知识来源以及对知识的态度（Chafe,1986:262）；
——人们作事实声明时提供证据的类型（Anderson,1986:273）；
——应用于预示说话人设想某事情有理由是真实的,但不能以自己直接观察到的事情来保证的语言范畴（Jacobsen,1986）；
——有关命题信息的来源以及说话人对命题的认知状态（Palmer,1988）；
——标记认识性情态的部分内容（Willett,1988:52）。

由上述定义我们可以看出,学界对言据性的定义并不一致。有些学者认为言据性仅存在于含有词汇后缀的屈折语言中（如 Lee,1938），有些学者认为言据性是语言的普遍现象,不应仅仅局限于语法形式,应该还有词汇形式,但他们一致认为,言据性的核心意义是用于说明信息来源（如 Sapir,1921；Swadesh,1939；Hoijer,1954；Jakobson,1957；Sherzer,1968,1976；Bybee,1985；Anderson,1986）；还有学者认为言据性的主要意义还应包括说话者对所述信息的态度（如 Weinrich,1985；Chafe,1986）。

从目前的研究成果来看,言据性是很多语言的共存现象。因此,从整体上看,言据性的定义主要分为两类,一类是狭义言据性,即言据性仅说明信息来源；另一类是广义言据性,即言据性既要说明信息来源,同时还可以表达说话者对信息的态度（Chafe,1986:262）。

2.4.1 狭义言据性

狭义言据性仅说明信息的来源,不包括说话人对信息的态度。持有此观点的学者主要有 Barnes（1984）、Anderson（1986）、Willett（1988:55）、Bussmann（1996）、Plungian（2001）、Faller（2002）、Aikhenvald（2004）等。

Barnes（1984:256）对印第安语中的 Tuyuca 语的研究发现,该语言的动词有三种后缀可以表明信息来源,即视觉（visual）、传闻（hearsay）和推测（inference）。例如：

(1) diiga ape-*wi*. (-wi=visual)

He played soccer. (I saw him play.)

(2) diiga ape-*ti*. (-ti=nonvisual)

He played soccer. (I heard the game and him, but didn't see it or him.)

(3) diiga ape-*yi*. (-yi=apparent "He played soccer")

I have seen the evidence that he played; his distinctive shoe print on the playing field. But I did not see him play.

(4) diiga ape-*yigi* (-yigi=obtain the information from someone else)

I obtained the information that he played soccer from someone else.

(5) diiga ape-*hiyi* (-hiyi=assumption)

It is reasonable to assume that he did.

在上述例子中，diiga ape 的意思是"he plays football"，ape 是动词，意思是 play，表示第三人称单数，-*wi*, -*ti*, -*yi*, -*yigi* 和-*hiyi* 是动词 ape 的后缀，在言据性中是形态据素，是对 play football 这一信息来源的说明，分别表示所陈述的信息是通过视觉（visual）、传闻/非视觉（nonvisual）、有证据的和推测（inference）等途径得来的。

Anderson（1986）认为言据性表达人们宣称事实时所用的各种证据，即信息的来源。这些证据可以是直接证据＋观察（不需要推理）、直接证据＋推理、推理（非特定证据）、从逻辑和其他事实得到的推理预期，以及所听所见（间接证据）。

Willett（1988）也从狭义言据性的角度指出说话者对信息或知识的态度应被排除在言据性之外，将言据性视为纯粹的证据类型，并根据信息来源，将言据性分为直接证据和间接证据两大类。

Hadumod Bussmann（1996:157）在 *Routledge Dictionary of Language and Linguistics* 一书中，将言据性定义为语法的结构维度，说话人将信息来源进行编码，然后通过各种形式的建构，再传递给听话人。因此，他认为言据性的核心内容就是信息来源，基于此，他将言据性分为三类，即视觉的（感官的）、传闻的（报道的）和推断的。

Delancey（2001）也认为言据性就是指某一命题证据来源的语法标记。

Plungian（2001）从狭义言据性视角出发，指出言据性的核心是指明信息来源。他认为间接概念（indirect perception）在表明信息来自他人时，可能存在不同的情况，即说话人所说的信息与同时发生的证据（synchronic evidence）有关，或者说话人从所发生事件的结果得到证据（posteriori evidence），或者说话人从以往的经验得到的证据（priori evidence）。基于这些概念，Plungian 在认同 Willett 将言据性分为直接证据和间接证据这两大类的基础之上，又进而将间接证据进行了细分。不过，需要指出的是，Plungian 虽然认为言据性仅用于指明信息来源，但他认为非视觉证据有可能是来自说话人内心的直觉或认知，如果是这样的话，那就意味着说话者的证据判断有可能就是他对某一事件的态度。

Faller（2002）从狭义言据性的视角研究了 Quechua 语，她从形式和语义上限制了言据性的范畴。不过，Faller虽然只讨论了 Quechua 语的语法据素，没有研究词汇据素，但她指出，应将词汇据素置于一个更为广泛的理论下予以探讨。就语义范畴而言，Faller 认为言据性指说话人为了言语行为而进行编码的依据。例如，Quechua 语中有一个言据性附属词-*mi*，用于表明说话人是基于最直接的信息来源做出的陈述,这一信息来源有可能是个人的知识储备,也有可能是人人皆知的常识性文化知识(Faller,2002:20)。但是,Faller 认为,常识性知识并不一定是说话人和听话人的共享知识,对于不了解 Quechua 文化的局外人而言,这种常识性知识反而是全新的信息(Faller,2002:134)。Faller 强调有三种获得信息的途径:直接感知(direct perception)、他人汇报(reports from others)和推理(reasoning)。在 Faller 看来,Quechua 语中表达直接感知而来的信息时使用直接据素,表明说话者对所做的断言具有极强的证据,属于高值承诺。在 Quechua 语中,是否使用-mi 据素可以传递出言外之意的可信程度或说话者对于所述事情的承诺程度。相反,间接据素(如由他人汇报而来的信息或推理信息)则表明所述事情"有可能"是真的,但断言确信度随之降低。

Aikhenvald(2004:3)从语言类型学出发,将言据性的定义限定在指明信息来源的语言范畴,其他方面意义的衍生都是指明信息来源意义的延伸。据此,他将言据性分为目击型(eyewitness)和非目击型(non-eyewitness)两类,进而再划分为六个维度,即视觉(visual)、非视觉感官的(non-visual sensory)、推断的(inference)、假设的(assumption)、传闻的(hearsay)和引用的(quotative)。这种分类方法类似于 Plungian(2001)区分的视觉型和非视觉型。只不过,Plungian 认为非视觉型证据也是直接证据,而 Aikhenvald 认为证据就是说话人所见或非所见,所以这种分类所涵盖的语义范畴偏小。

2.4.2 广义言据性

广义言据性认为话语不但表达了命题信息,同时还传递了该命题信息的来源和说话人对该命题信息的确定程度。在 Chafe 和 Nichols(1986:263)主编的专著 *The Linguistic Coding of Epistemology* 中,他们是这样介绍言据性的:

There are…things people are less sure of, and some things they think are only within the realm of possibility. Languages typically provide a repertoire of devices for conveying these various attitudes towards knowledge. Often enough, speakers present things as unquestionably true:for example,"it's raining". On other occasions, English speakers, for example, may use an adverb to show something about the reliability of what they say, the probability of its truth:"it's probably raining" or "maybe it's raining". Inference from some kind of evidence may be expressed with a modal auxiliary:"it must be raining". Or the specific kind of evidence on which an inference is based may be indicated with a separate verb:"it sounds like it's raining". The view that a piece of knowledge does not match the prototypical meaning of a verbal category may be shown formulaically:"it's sort of raining". Or an adverb may suggest that some knowledge is different from what might have been expected:"actually, it's raining". (ibid.:vii)

由 Chafe 和 Nichols 对于言据性的介绍,我们可以发现,说话人不仅表明了信息来源,同时还传递了他们对信息可靠程度的评价和态度。Chafe 认为言据性具体包括信息来源、获取信息的方式、信息的可信度和信息状态等四个部分(Chafe,1986)。持广义言据性的代表学者有 Weinrich(1985)、Chafe(1986)、Mithun(1986)、Palmer(1986)、Matlock(1989)、胡壮麟

(1994)等。

Weinrich(1985:53)从社会认知视域分析了言据性,认为说话者借用语言形式来表达自己对信息的不确定性或减少自己对信息所要承担的责任。因此,言据性除了表明信息来源外,还显性或隐性地表明了说话人对信息的态度,而且在社会交际中发挥着重要的作用。

Chafe(1986)作为广义言据性的领军学者,强调自己是从最广义的层次来定义"言据性"这一概念,而不是将其局限于"证据"这一字面含义。因为,"证据"只是说话者的认知过程中所思考的诸多因素之一。由于真理是相对而言的,所以我们对人或事物的认知就有确信的和不确信的之分。确信是因为我们对于其有可信的证据或我们对其真实性确信无疑,不确信是因为我们对于其解读存在或然性或可能性。这就意味着,英语中有一些词汇可以传递可信程度,而不用指出信息来源。此外,Chafe 提出广义言据性的另一个因素是,他认为英语有丰富的言据系统,即词汇据素,而狭义言据性仅探讨据素的语法手段。

Chafe 还从语言的共时情景和历时演变两个视域为自己所主张的广义言据性进行了解析:第一,某一语言表达形式可以表达"言据性"范畴的多个不同类型,而不是仅限于证据;第二,从历时视角看,对信息的思考从某一维度拓展或迁移到另一个维度是非常普遍的现象。他认为信息可以通过多种手段获取,如信念、传闻、归纳、演绎推理等,由此得到的信息则存在可信度的强弱之区别,而表达对可信度强弱的语言形式存在差异。例如:

(6) It's *raining*.
(7) It's *probably* raining.
(8) *Maybe* it's raining.
(9) It *must* be raining.
(10) It *sounds* like it's raining.
(11) It's *sort of* raining.
(12) *Actually*, it's raining. (Chafe & Nichols, 1986)

Chafe 和 Nichols(1986)认为,(6)中的进行体 is raining 陈述了"下雨"这一事实,其确信度是不容质疑的;(7)中的 probably 和(8)中的 maybe 表示一种或然性,rain 介于确信和不确信之间,不否定可能存在"没有下雨"的或然性;(9)用 must 表示肯定的推测,但也不排除百分之一"没有下雨"的可能性;(10)中的 sounds 和(11)中的 sort of 表达了不太肯定的推测;(12)中的 actually 表示"下雨"这一信息出乎意料或与预期相反。鉴于此,Chafe 和 Nichols(1986)指出,英语有丰富的言据手段系统(1986:261)。上述这些例句中的语言结构,如进行体、副词、形容词短语、情态动词、动词等,都可以用作据素,传递说话人对句子所述事实或命题信息的认知状态:确信或不确信。因此,他们强调,言据性就是研究人们对所述事实或命题的认知在语言中的表达形式(Chafe & Nichols, 1986:vii)。

Mithun(1986:86-90)认同 Chafe(1986)对言据性的界定。他进而指出,言据性应该说明信息来源、说明信息的精确性(precision)或真实性(truth)或适切性(appropriateness)、说明命题真值的或然性(the probability of the truth)以及说明对某一陈述或然性的期待(expectations concerning the probability of a statement)。Mithun 的这一言据性分类中所提及的"信息精确性、真实性或适切性"相当于 Chafe 所提出的"可信度","或然性的期待"表明了说话者和听话者之间信息互动,互动的成功与否取决于交际双方的共享知识,这类似于 Chafe

所提出的"与言语资源和说话者期待相匹配的知识状态"。不过,Mithun 提到的"命题真值的或然性"似乎更接近于狭义的情态系统,而非言据性系统(言据性和情态的差异将在 2.7.1 详细介绍)。

Palmer(1986)也持广义言据性的观点,认为言据性既传递了信息来源,也表达了说话者对命题的承诺(Palmer,1986:53-54)。依据承诺程度,据素可以表达高值承诺或低值承诺。

Matlock(1989)也认同言据性表示话语信息的来源和说话人对所述信息的确信程度。不过,他所说的言据性成分包括认知情态部分(这也将在 2.7.1 详细介绍)。

胡壮麟(1994)赞成 Chafe(1986)提出的广义言据性概念,不过,他也指出了 Chafe 模式存在模糊不清,甚至误导读者的缺陷,并提出了修正意见。基于此,他提出了"胡壮麟修正模式",将信息来源确定为八种,即感官、言语、假设、文化传统、归纳、传闻、演绎和信念。胡壮麟(1995)还通过语篇实证分析论证了该模式的可行性。但是,胡壮麟并没有探讨如何从语境视域判断信息来源,以及信息来源是否存在交叉。

Mushin(2000:931)也持 Chafe(1986)的观点,认为言据性涵盖了信息的可靠程度,且可以通过四种基本方式保证信息的可信度,即陈述的证据来源、证据的精确度、证据的或然度以及对或然度的期待。

综上所述,语言学言据性是一个语法系统。有语法言据性的语言中,必须标识出信息来源,否则即被视为句子不完整。例如,Valenzuela(2003:34)对 Shippibo-Konibo(一种秘鲁的 Panoan 语)的研究发现,无法告知言据的人被视为有问题:被视为语言上不恰当,他所传递的信息也不值得讨论。只有在某些系统中,可以从上下文中推断出来的才可以删除据素。这一点与某些语言中隐性说出说话者是如何知道某件事是说话者自己的选择不同。有时,一些语言并不采用语法言据性而是使用某种手段来描述不同类别的知识或信息来源。正如 Frajzyngier(1985:252)所提出的,在很多语言中,未做标识的陈述句的内在意义是"表达说话者想传达的真值信息"。

虽然目前学界对于言据性仍存在狭义和广义之争议,狭义言据性侧重于"言而有据",广义言据性强调"言而有据"和"言而有信"。因此,这两者只是研究的视域有狭窄与宽泛之分,并没根本冲突。此外,之所以产生狭义和广义之分,是因为在研究之初,言据性所研究的语言对象不同所致。不过,研究者达成的一致观点是,言据性揭示了语言、语言使用者和世界这三者之间的互动关系,反映了语言使用者对世界的认知角度,将言据性研究与认知语言学、社会语言学和文化传统进行了有机结合。所以,言据性系统对于了解不同语言体系以及认知互动有着重要的意义。

2.5 据　素

据素就是言据性的语言表达方式,是一种特殊的语法现象,是附加在某事的事实断言的说明(Anderson,1986:274)。语言间的差异并不是是否有言据性,而是使用何种手段表达言据性。

20 世纪前,对于 Quechua 语和 Aymara 语的语法描述中指出,这两者语言都含有 obliga-

tory evidentials，evidential 的字典意思是"to do with proof，about evidence"，这一语义对于据素概念术语的提出具有典型的启发意义。首次提出"据素"这一概念的是 Boas。在 Boas 看来，evidential（据素）表示"有证据的东西（something for which there is evidence）"，即"建立在可见线索之上的推测"。Boas 的研究之后，很多学者开始了对北美印第安语的语法形式据素的研究。Boas 的学生 Edward Sapir 列出了一系列语法分类，但 Sapir 并没有将"据素"作为独立的分类来处理，并将据素界定为"一系列的形式结构，用于暗示命题信息并非基于说话者的权威所作出的"（Sapir，1911：114），是"说话人知识的来源与本质"（Sapir，1921：114）。还有很多学者认为据素就是语气（mood）。Dorothy Lee（1938，1944，1950，1957）在他所发表的一些列有关 Wintu 语的研究论文中，将据素认定为一个特殊的分类，并将其放在"给出信息来源的后缀"的标签下加以探讨。直到 1957 年，Roman Jakobson 在其著作 *Shifters，Verbal Categories and the Russian Verb* 中，重新界定了"据素"的概念，将据素视为一般动词范畴的"临时标记语"（Jakobson，1957），从而赋予"据素"以现代语言学的含义。Decsy（1965：184）是首位标识出据素的意义是非一手信息或间接经历，同时又是二手信息的学者。他指出，间接经历可以用词汇或语法表示。首位对据素进行初期调查的学者是 Willett（1988），不过他的研究成果中有许多结论过于简单仓促，论证不够严谨，且受到质疑。Mushin（2000：931）从广义言据性的角度界定了据素，她认为据素是标记语，可以从四个基本方面确定信息的可靠程度，即陈述信息所依赖的证据来源、精确度、或然度、对或然度的期待。由此可见，Mushin 对于据素的功能界定更为全面。

所有的语言都可以采用编码的形式构建信息，完成交际，但并不是所有的语言都存在语法化的言据性系统。1964 年，Heinz-Jurgen Pinnow 在 *Die nordamerikanischen Indianersprachen* 一书中，对比分析了 Athabaskan Mattole 语、Navaho 语、Iroquoian Seneca 语和 Siouan Dakota 语，他发现，除了 Navaho 语没有引用据素类属外，其他三种语言都有引用据素。Aikhenvald（2004）对她所观察的 500 多种语言的研究发现，其中约四分之一的语言普遍存在表明信息来源的方式——言据性系统及其语言表现形式"据素（evidential）"。所以，据素就是言据性在语法层的体现。不同的语言有其特定的表达信息来源的语言方式，有的语言采用语法系统，如印第安语中的后缀、小品词等，有的语言使用词汇手段，如英语和汉语中的词汇标记语。没有语法化的言据性系统的语言则通过言据性策略（evidential strategy）对言据性意义进行编码（本书不探讨这一部分）。

在据素的早期研究中，由于众多学者研究的语料都是印第安语中的土著语，如 Kwakiutl 语、Nootka 语、Wintu 语、Athabaskan Mattole 语、Navaho 语、Iroquoian Seneca 语和 Siouan Dakota 语等，这些语言的共同特征是强屈折语言，有词汇后缀。该时期对于据素形式的探讨也仅限于语法描写，即后缀或小品词等，没有涉猎弱屈折语言和非屈折语言，也没有探讨形态据素以外的其他据素形式。直到 1986 年，Chafe 从功能主义理论出发，研究了英语的言据性系统，发现英语中有很多词语虽然没有采用词缀形式，但具有言据性功能，如动词、副词、形容词、名词等。他据此将据素的范围扩大到了词汇层面。Lazard（2001）赞同 Chafe 的观点，认为英语和法语的据素范畴是非语法化的，用词汇形式做据素。Mushin（2001）研究发现，日语有一套非常复杂的据素编码系统，有语法化据素和非语法化据素。

综上，从目前的据素研究成果看，据素既可以是一个独立的词汇，也可以是一个词缀、附着词或小品词。因此,据素的表现形式主要有两类,即形态(语法)据素(grammatical evidential)和词汇据素(lexical evidential)。

2.5.1　形态据素

一些语言中的形态据素主要通过词缀、附着词或小品词表达。

Dorothy Lee(1938,1944,1950,1959)致力于 Wintu 语的研究,发表了一系列有关 Wintu 语的言据性研究成果。她在观察中发现,The Wintu never say it is bread. They say,"It looks-to-me-bread" or "It feels-to-me bread" or "I have-heard-it-to-be bread" or "I infer-from-evidence-that-it-is-bread" or "I think-it-to-be-bread" or vaguely and timelessly,"according-to-my-experience-be bread". (Lee,1959)

她从说话者的认知出发,尝试关注据素的语法类型,指出据素是"提供信息来源的后缀"(Lee,1938:102),且与情态无关。在研究中,她列举了 Wintu 语的五种据素后缀,进而指出不同语言之间存在大量的借用现象。Schlichter(1986)则将 Wintu 的据素分为 3 类,即感官据素(sensory evidential)(非视觉据素 non-visual evidential)、传闻据素(hearsay evidential)和推测据素(inferential evidential)(Schlichter,1986:47-51)。

Uriel Weinrich(1963)进行了跨语言研究,他对比了霍皮语中的引用据素、保加利亚语中的非言据性证据、土耳其语的后缀-mis 和德语,从语用视角讨论了表达中立态度或淡化确定性的语言手段,指出说话者会借用语言形式来表达自己对信息的不确定性或减少自己对信息所要承担的责任。Weinrich 的跨语言研究都采用了强屈折语言,强调了后缀是据素。

Barnes(1984:256)对于 Tuyuca 语的研究发现,该语言共有五个据素,任何一个动词后面都要跟上其中一个据素。Barnes 将这五个据素分为视觉(visual)、非视觉(non-visual)、外显(apparent)、二手(secondhand)和假定(assumed)。

Makah 语则使用增量后缀(incremental suffix)和形式后缀(formative suffix)两种后缀来表示信息来源。

Palmer(1986:54)对 Hixkaryana 语的据素进行了分析。例如:

(13) nomokyan　　　　ha-*ti*

he come+NONPAST UNCERT INT-HSY

"He's coming (they say)"

(14) nomokyan　　　　ha-*na*

he come+NONPAST UNCERT INT-UNC

"Maybe he'll come"

(15) nomokyan　　　　ha-*mi*

he come+NONPAST UNCERT INT-DED

"He is evidently coming"(on hearing the sound of an outboard motor)

(16) nomokyatxow　　　ha-*mpe*

they come+NONPAST UNCERT INT-SCEP

"They are coming! I don't believe it"

第二章 言据性概述

Palmer(1986)认为上述例句的言据性都是通过附加在强化成分(intensifier)后的屈折变化来表达的,即据素是后缀。例(13)中的-*ti* 表示"听说";例(14)的-*na* 表示"不确定";例(15)的-*mi* 表示"推理";例(16)的-*mpe* 表示"怀疑"。显然,这些不同的后缀表达了所述命题信息的来源。

Jacobsen(1986)对巴斯克语的研究发现,该语言中的后缀-omen 表示信息来自他人,意思是"据报道"、"人们说"、"这似乎是"。例如:

(17) etorri*omen da*.

"He is said to have come; he seems to have come."

(18) etorri *da*.

"He has come."

在这两个例句中,我们可以看出 *da* 表示时间,相当于完成体,*omen* 表示所述信息来自他人。

McLendon(2003)对 Eastern Pomp 语的研究发现,该语言的动词后面通常跟上四种后缀来表示信息来源,即-ink'e(非视觉感官 nonvisual sensory)、-ine(推测 inferential)、-le(传闻 hearsay)和-ya(直接知识 direct knowledge)。例如:

(19) pha bekh-*ink'e*

"burned"(the speaker felt the sensation)

(20) pha bek-*ine*

"must have burned"(the speaker saw circumstantial evidence)

(21) pha bekh-*le*

"burned, they say"(the speaker is reporting what was told)

(22) pha bek-*ya*

"burned"(the speaker has direct evidence, probably visual)

上述例句表明,Eastern Pomp 语使用后缀来表明所述信息来源。例(19)中的-*ink'e* 表明说话者直接感受到"烧着了",虽非来自视觉,但来自其他的感官,如触感"热"、嗅觉"有烧着或烧焦的味道"、听觉"燃烧时发出的噼噼啪啪的声音"等;例(20)中的-*ine* 是肯定推测,信息来自于说话人的所见,是环境证据;例(21)中的-*le* 表示说话人在转述所听到的信息;例(22)中的-*ya* 表明说话人有直接的证据,有可能是亲眼所见。

Aikhenvald(2004:2)研究了亚马逊地区的 Tariana 语。她发现,言据性是 Tariana 语的必要语法范畴,其核心意义就是指出信息来源。在交际中,说话人必须告知听话人所发生的事件是其所见、所听还是他人告知。在 Tariana 语中,如果不使用据素,那么这个句子就是不符合语法的,且极不自然。例如:

(23) Juse ifida di-manika-*ka*.

"Jose has played football (we saw it)."

(24) Juse ifida di-manika-*mahka*.

"Jose has played football (we heard it)."

(25) Juse ifida di-manika-*nihka*.

"Jose has played football (we infer it from visual evidence)."

(26) Juse ifida di-manika-***sika***.

(Jose has played football (we assume this on the basis of what we already know).''

(Aikhenvald,2004:2)

上述例句传递的意思基本相同,但由于信息来源不同,所以句子动词的后缀也不同,这表明言据性是 Tariana 语的必要组成部分。在上述例句中,-ka,-mahka,-nihka 和-sika 是后缀,作为据素,用以说明信息来源,分别表示"所见""所听""基于视觉证据做出的推断"和"基于已有知识做出的推测"。

再如:

(27) inu hihwa-***ka***.

"The dog bit him (we saw it).''

(28) inu nihwa-***mahka***.

"The dog has bit him (we heard it)''

(29) inu nihwa-***sika***.

"The dog has bit him (we infer it from the scar)''

(30) inu nihwa-***pidaka***.

"The dog has bit him (we get the information from someone else)''

上述例句中的后缀-ka,-mahka,-sika 和-pidaka 同样作为据素,用于说明"他被狗咬了"这一信息的来源分别是所见、所听、基于证据的推测以及传闻。由此可见,Tariana 语用的据素是语法范畴,使用词缀或小品词表达言据性。

Donabedian(2001)从语言类型学的研究视域,比较了亚美尼亚语的据素,发现亚美尼亚语、保加利亚语、阿尔巴尼亚语、土耳其语和马其顿语都采用形态据素表明信息来源。

2.5.2 词汇据素

英语、汉语和德语等语言属于弱屈折语言或非屈折语言,在这些语言中没有语法化的言据系统,没有词缀或小品词来表达言据性,所以也就没有形态据素或语法化的据素。但这并不表明这些语言没有言据性系统,因为如果承认语言的功能是实现交际,那么就不得不承认,许多语言都应该具有说话人向听话人提供其知识来源和可靠性的功能。20 世纪 80 年代,随着美国功能主义的发展,美国语言学家 Chafe 发现,属于非屈折语的英语同样可以表达言据性。他认为,英语和美洲印第安诸语言的区别不是哪个是言据性语言,哪个不是言据性语言,因为言据性是语言的普遍特征,因此语言间的区别应该在于言据性在语言中的表达形式各不相同(Chafe,1986:261)。在此基础上,Chafe 提出了三个问题。(1)言据性在语法上的表现手段是什么?除了词缀、小品词、附着词之外,是否还有其他词汇,如助词、副词等可以表达言据性?(2)人们是否可以用语言表达信度、推论、传闻等?(3)常用的据素有哪些?

针对第一个问题,除了形态据素之外,是否还有词汇据素? Chafe 的回答是肯定的。例如:

(31) I *feel* something crawling upon my leg.(*feel* 表明知识来源是感官提供的证据)

(32) I *see* her coming down the hall.(*see* 表明是视觉提供的证据)

(33) It's *probably* a spider.(*probably* 表明信息不确定)

(34) It *might* be a spider. (*might* 表明信息不确定,且确定性比 probably 低)

(35) I *think* it's a spider. (*think* 表明信念,是说话人根据自己的知识得出的信念)

(36) I *guess* I was thinking about it in a different way. (*guess* 表明信念,是说话人根据自己的信念得出的知识)

(37) It *must* be a spider. (*must* 没有说明知识来源,只是一种肯定推测,确定性较高)

(38) It had *evidently* been under snow. (*evidently* 没有说明知识来源,只是表示确信度的推测,是基于常识或共识的推测)

(39) It feels *sort of* creepy. (*sort of* 也没有说明知识来源,只是表达了说话人的不太确定的感受,或传递出一种质疑的声音)

(40) *Oddly enough* it feels good. (*oddly enough* 没有说明信息来源,只是表明信息出乎意料,超出了预期的范畴)

(41) ... but *of course* to the audience sounded like sort of a total non sequitur. (*of course* 没有说明知识来源,只是表明某事与预期结果相吻合)

(42) *In fact* this whole week has been awful. (*in fact* 没有说明信息来源,只表示某事与预期假设不相符)

(43) They were using more verbs than English speaking kids *have been said* to learn. (*have been said* 表明了信息来源,但没有传递对信息的确信程度)

(44) We kept thinking *maybe* they'd be stationed at the Presidio. (*maybe* 传递了推测的可信程度)

(45) It *must have been* a kid. (*must have been* 表归纳推理)

(46) I *see/hear* her coming down the hall. (*see* 和 *hear* 表示信息来源于感官)

(47) He or she *should* take longer to respond following exposure to inconsistent information than when exposed to no information at all. (*should* 表示演绎推理)

(48) Adults *presumably* are capable of purely logical thought. (*presumably* 表示演绎推理)

(Chafe,1986:264-269)

上述这些例句表明,英语有非常丰富的据素系统,包括动词(如 *feel*、*see*、*think*、*guess*、*have been said*、*hear*)、副词(如 *probably*、*evidently*、*oddly enough*、*maybe*、*presumably*)、情态动词(如 *might*、*must*、*should*)、形容词短语(如 *sort of*)、介词短语(如 *of course*、*in fact*)等。鉴于此,Chafe 认为形态据素并不是语言言据性的唯一据素类型,还存在有词汇据素,即助词、副词、形容词、动词、介词短语等均可以表达言据性的语义范畴。

针对第二个问题,Chafe 认为英语对言据性的确信度具有编码能力。在上述例子中,就可以发现 *must* 表达的确信度要高于 *might*。这些词汇据素并不表明信息来源,而只传递信息的确信程度。从人类的认知视角看,人类的主观世界并不一定与客观世界完全吻合。即使是说话人的亲身经历都有可能存在信度问题,更何况如果信息是来自他人。

针对第三个问题,Chafe 从功能主义的视角予以了阐释。他认为同一据素具有多功能性,也就是说据素与语言形式并非一对一的关系,在不同的语境中,同一据素会表现出不同的语用功能。还有一些据素超越了句子的界限,要从语篇的上下文中才可以界定其据素类型。而且,不同的语言形式可以表达同样的据素。例如,说话人或作者在表达传闻据素时,可以采用 X said, X argued, It is said, It is reported, The report that 等词语或结构。Chafe(1986)对于英语在口语和书面语中使用的据素类型差异更是验证了据素具有语体特征。

随后,越来越多的学者支持 Chafe 的观点(Fang,2005；Halliday & Mattiessen,2004；Hu,1994a,1994b；Lazard,2001；Mithun,1986,2000,2001；Palmer,1990,2001；Yang,2008)。

Mithun 在研究中指出,英语常用一些词汇据素标记语(lexical evidential markers)来表达自然的认知(natural epistemology),如 I suppose, I guess, maybe, must have been, seem, look, smell like, they say, I hear, probably, it is highly improbable, he is sure to 等(Mithun,1986:86-90)。

Barton(1993:746)认为,应该从功能的角度来理解英语中的据素,据素的形式与功能并非一一对应关系,而是存在一对多或多对一的关系。Lazard(2001)指出,英语和法语的动词系统中虽然不存在词素据素(morphological evidential)或形态据素(grammatical evidential),也就是说,英语和法语并不使用词缀或小品词作为据素,但有很多词汇据素(lexical evidential),如用形容词、副词、动词、介词短语等来表达言据性意义。一些欧洲语言通常使用情态动词表达言据性,如法语的 devoir,丹麦语的 zouden,德语的 sollen,还有一些语言用副词或短语表达言据性,如英语中的 evidently, reportedly, obviously, sort of, it seems that 等。胡壮麟(1994,1995)的研究发现,汉语同样存在大量的词汇据素,如动词、名词、副词、形容词、语气助词等,既表明信息来源,也可以表明说话人对信息的态度。

不过,本书认为,在形态据素和词汇据素之外,还存在第三种据素形式,即零据素(zero evidential)或隐性据素(implicit evidential),句子中没有使用任何显性据素手段,但同样可以隐性表达信息来源以及对信息的确定程度。例如,"It's raining."这个句子并没有使用据素,也没有表明信息来源,但进行时态表明说话人所表达的信息是毋庸置疑的。我们可以假设一个场景,说话人站在门口,目睹了"正在下雨"这一事实,因此我们可以认为"下雨"这一信息来源为说话人的所见,他对这一信息的确信度也是百分之百的。所以,有些命题陈述中虽然没有使用显性据素,但隐含了言据性的语义。由此可见,从语境视域看,陈述事件时可以使用显性据素,即形态据素和词汇据素这样的显性语言手段,也可以不使用任何显性语言手段,而是借助语境,通过隐性据素或零据素,表明信息来源以及对信息的态度。只是对于零据素的判断要完全依靠语境。

2.5.3 语言学据素的本质

任何一种语言都有某种方法来表明信息来源,但并非每种语言都有语法据素。换而言之,言据性是语言的普遍性特征,但其表达方式却各有特色,有的语言采用形态据素,有的使用词汇据素,有的则选择零据素。作为语言学范畴的言据性,其首要意义是信息来源和说话者对命题的确定程度或命题真伪的判断(即广义言据性)。但话语的真值并不受据素的影响。据素本身有其自己的真值,在不否定或质疑断言自身的情况下,就可以被否定和质疑。据素自己甚至还可以完成事件推断。一个据素包括多个相关来源。例如,一个据素指所见、所听和所触,或者是被认定为据素,取决于其核心意义。这一解释的证据源自多个视角,而并非仅仅是说话人的直觉或词汇强化。换而言之,据素有可能被某个词汇重新描述,或可以在据素上添加一个词汇加以解释。例如,视觉据素可以被解读为"I saw it",报道据素可以被描述为"they told me"。信息来源可能是正确的,而信息可能是错误的,反之亦然。语言学据素甚至可以通过复杂的语言形式来撒谎。由此可见,将信息来源标注为语法范畴并不意味着知识或信息的信度或效度(Hassler,2002:157)。说话人或作者表达适切的信息来源,选择正确的信息源标注,与其认知立场、观点或个人可靠度或确信度无关。语言学视域下的言据性和据素与真值、责任或相关性有直接的关系。

因而,据素可能被赋予另一种意思——可靠性、可能性或或然性。据素通常被视为认知外延(epistemic extension),指真实需求、可能性、或然性等,而并非"和知识有关的"。例如,假设形式有可能相当于非一手据素,都可以拥有表达某件某人没有观察到的事情,因此有所限制或保留。Estonian 语中的报道据素可能意味着说话人或作者从他人那里获得了信息,或者说,说话人或作者无法保证自己所说信息的真实性,因而选择了报道据素。而在更大的语言系统中,如 Shipibo Konibo 语或 Quechua 语中,报道据素并无此含义。

概而言之,从语言学视域看,言据性具有可能性、可靠性、或然性以及说话人对信息真值评价的语义外延。Chafe(1986)、Mushin(2001)、Palmer(2001)和 Aikhenvald(2003,2004)都认为据素能够表达相应的知识可靠程度的等级。信息来源和对知识可信度的评价都能够反映出信息的可靠度。因此,当说话人或作者在面对同时具有多个不同信息来源的据素可供选择时,会有意识地选择最能适切实现其交际目的所需的据素表达,以强化或淡化自己对于事件的介入,扩大或减缓自己对命题真值所要承担的责任,疏离或拉近与权势(power)之间的关系(Aikhenvald,2003,2004;Chafe,1993;Kuipers,1993)。

2.6　言据性的分类模式

前文讨论了狭义言据性和广义言据性(详见 2.4)。狭义言据性仅表明信息来源,广义言据性则是信息来源+态度。人类对于世界的认知是动态变化的,当人们对某些事情有可靠证据时,其态度是非常确定的,但当对一些事情缺乏可靠的证据时,人们的阐释就存在或然性或偶然性。语言是人类传递信息、进行交际活动的主要手段,这就意味着语言中有非常丰富的手段来表明信息的来源,并传递对事情真值的承诺程度。正如 Chafe(1986)所指出的,世界上几乎所有的语言都有言据性的语义范畴,只是其表达形式因语言而异。所以,很多学者针对不同的语言研究对象和研究重点,划分了不同的言据性的语义范畴。目前比较著名的言据性分类模式主要有六种,即 Chafe 模式、Anderson 模式、Willett 模式、Plungian 模式、Aikhenvald 模式和胡壮麟修正模式。

2.6.1　Chafe 模式

如前文所述,Chafe 从功能主义立场出发,探讨了广义言据性,即信息来源+态度。语言学家 Barton(1993:746)也强调应从功能的角度来理解英语的据素。Chafe 在自己建构的言据性模式中并没有明确指出信息来源和态度之间的区别,因为信息来源可以直接或间接传递说话人的态度,说话人的态度也可以直接或间接地表明信息来源。他提出的理论框架如图 2-1 所示。

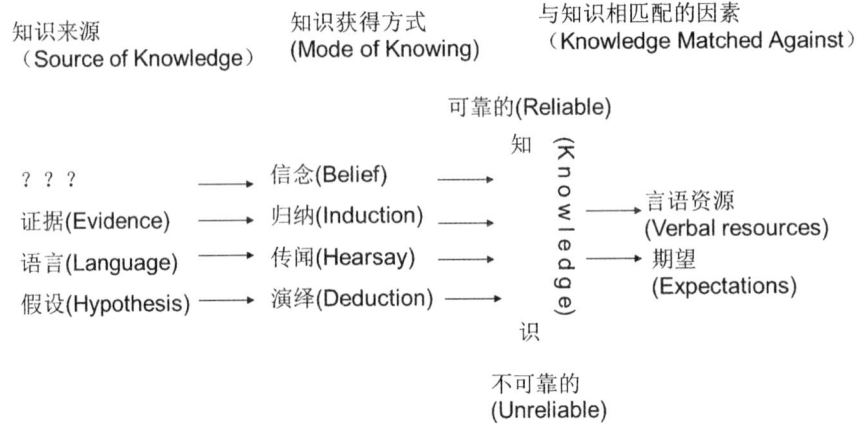

```
知识来源              知识获得方式           与知识相匹配的因素
（Source of Knowledge） （Mode of Knowing）     （Knowledge Matched Against）

                                    可靠的(Reliable)
                                          知
    ？？？     ——→  信念(Belief)    ——→  （
    证据(Evidence) ——→ 归纳(Induction) ——→ K      ——→ 言语资源
    语言(Language) ——→ 传闻(Hearsay)  ——→ n         (Verbal resources)
    假设(Hypothesis)——→ 演绎(Deduction)——→ o      ——→ 期望
                                          w         (Expectations)
                                          l
                                          e
                                          d
                                          g
                                          e
                                          ）
                                          识
                                    不可靠的
                                    (Unreliable)
```

图 2-1　Chafe 的言据性分类（1986:263）

从图 2-1 可以看出,Chafe 提出的言据性模式认为言据性涉及的思维因素有四个,即知识来源、获取知识的方式、知识的可靠程度以及与言语资源和说话人期待相匹配的知识状态。

图 2-1 中的"知识来源"包括四个因子,即"？？？""证据""语言"和"假设",是言据性所要表达的基本信息。"知识来源"——对应引发了人们不同的"知识获得方式";"知识获得方式"表明了人们的认知方式,垂直位于"知识来源"和"知识可信度"之间,表达说话人对知识的态度判断。右侧是"知识"同言语资源及期望的匹配情况,言语资源指说话人所选择的言语手段能否恰当地传递知识,"匹配"指知识是否与说话人的预期相符合。例如:

(49) *Actually*, it's raining.

句中 *actually* 表明 it's raining 与说话人所期望的不同,"在下雨"这件事出乎说话人的意料,与其先前的期望不相符。

从图 2-1 的垂直排列看,就认知方式的可信度等级看,似乎表现出"信念">"归纳">"传闻">"演绎"的信度逐级下降的趋势。不过,针对这一误解,Chafe 后来特别声明,四种认知方式的垂直排列并不意味着"信念更为可信,演绎不可信。每种认知方式都可以在信度等级上下移动"。例如:

(50) I *see* her coming down the hall.

(51) She *looks like* she's asleep.

Chafe 认为 see 表明说话人目睹了 *she comes down the hall* 这一动作,而 *look like* 则显示 *she's asleep* 这一信息是在间接证据的基础上推测而来的,虽然 see 和 look like 都是感官证据,但可信度并不一样,see 的可信度远大于 *look like*。

第一,图 2-1 表明 Chafe 模式始于"信念","信念"可能有证据支持,但并非仅仅建立在证据之上,应该还有其他的东西予以支持。但是 Chafe 用"？？？"表示产生"信念"的知识来源或证据是不可知的。对此,他的解释是"信念是一种'知道'的方式,不强调其证据";或者是"可能有证据支持信念,但信念总是以证据以外的东西作为证据"。不过,Chafe 显然并没有解释清楚"证据以外的东西"到底指什么。例如,当说话人使用 *I think*,*I suppose*,*I believe*,*I guess* 等词语时,他/她的信念到底是源自于其自身以往的经验、听话人以往的经验、说话人和听话人共享的社会经历,还是共享的文化经验。因此,"???"使得产生信念的证据非常模糊。

第二,Chafe 模式中另一个知识获得方式是"归纳",其知识来源是"证据"。与"信念"相反,说话者要有一定的证据才能对某事做出推断归纳,归纳是由"特殊"做出合乎"一般"情况的推理。然而,"证据"的本质并非需要被明确指出,这些证据可以是直接的以及可以观察到的,也可以是间接的。例如,*must*,*seem*,*obvious*(*ly*),*evidently* 这些词可以被标记为视觉证据,也可能被标记为推断。"证据"产生"归纳",可"证据"一词的语义范畴太大,其语义反而显得非常模糊。后来,Chafe 将"归纳"改为"感官型证据(sensory evidence)",用于表达知识来源是直接的,是依靠视觉所得到的。需要指出的是,Chafe 所说的"归纳"实际上相当于 Palmer (1986)所用的"演绎"。Palmer(1986:64)认为"演绎"就是基于已知事实做出的推断。而 Chafe 提出的"演绎"并不是以证据作为知识来源,而是建立在"假设"之上的。

第三,Chafe 模式中第三个知识来源是"语言"。"语言"一词的语义范畴仍然是不明确的、模糊的,其语义场范围过大,似乎可以涵盖其他三个知识来源。此外,语言也可以指某些特定的证据。基于以上考虑,Chafe 后来将"语言"界定为感官的(sensory)或感知的(perceptual)的信息。这类知识在英语中可以通过一些实义动词(lexical verbs)予以标记,如 *see*,*feel*,*hear*,*sound like*,*X told me*,*they say*,*it is said that*,*it is supposed to be the case that*,*apparently*,*it seems* 等。"语言"产生"传闻",从"传闻"一词可以推断,Chafe 要表达的实际上是通过言语传递的信息,是通过说话人的交际活动完成的。然而,很难分清"语言"和"传闻"之间,哪个是知识来源,哪个是认知方式。再者,Chafe 模式显然没有考虑到语境因素也会影响到信息的可信度。例如,在"It *seems* that it is going to rain."这句话中,如果不考虑语境因素的话,it is going to rain 的信息来源可能是多元的。如果说话人目睹了下雨前的一些征兆,那么信息源可能是"信念",信息可信度较高;如果说话人看了或听了天气预报,或被告知,那么信息源就可以是"语言",信息的可信度有可能会降低。

第四,Chafe 模式中的第四个知识来源是"假设",并由"假设"产生"演绎"。显然,Chafe 认为"演绎"不需要证据。这一知识获得模式是,"这一推理从直觉直接跳到了假设,并进而通过假设演绎出了证据"(Chafe,1986:269)。这有点像是一个不明推论式,因为"由观测结果得到的不明推论,要求给出规律,并推断出某事可能是真的"(Anderson,1973:775)。"一般"是假设的基础,如果假设成立,演绎所得的结论的可信度就大。Chafe 认为一些情态动词和情态副词可以作为"演绎"据素,如 *should*,*could*,*would*,*presumably* 等。"归纳"指的是"由特殊到一般"的推理,"演绎"是"从一般到特殊"。英语的情态助动词可以很好地区分"归纳"和"演绎"。例如,"The shops *must*/*should* be open."这句话既可以是归纳,也可以是演绎。试比较:

(52) The shops are always open on a Sunday, so they ***should*** be open today.(演绎)

(53) The shops ***must*** be open because I've seen people carrying supermarket bags.(归纳)

从这两个例证可以看出,"归纳"和"演绎"最终仍然是取决于语境因素。

有时,说话人陈述某一事件时会综合使用多种信息来源。例如:

(54) Adults ***presumably*** are capable of purely logical thought.(Chafe,1986)

Chafe 认为 presumably 是典型的"演绎"标记语,因为判断由假设演绎而来。但是,Chafe 在分析"信念"时,则指出在下面这个句子"The idea is that Christ followed this pattern, and

Moses, *I suppose*."中,*I suppose* 是"信念",因为其信息来源是不可知的"？？？"。但是 Mushin (2001) 认为,*I suppose* 也可以被视为源于假设的演绎,因为在这两句中,*presumably* 和 *I suppose* 可以互换,语义相当。

此外,Chafe 模式中还包括期望标记语（expectations）。Chafe（1986:270）罗列了一些表示"与知识相匹配因素"的常用期望据素,如 *of course*,*in fact*,*actually* 等。在 Chafe 模式中,所有的副词都可以用作据素,并被分为信度、知识来源或期望。例如,*certainly* 表达了说话人对其所述命题可信度的评价。*obviously*,*clearly* 可用作归纳标记语；*evidently* 属于传闻证据,*of course* 表明某事与期望一致。从广义言据性的定义来看,认知情态是言据性的子范畴,既不标记为认知模式,也不能标记为知识来源。所以,Chafe 模式中,尽管 *certainly* 仅表达知识可靠程度的情态意义,但可以用作据素。Chafe 认为,说话人根据情景是否与自己所期望的相符合或相匹配,才使用期望手段来评价情景的真实性,在评价过程中,说话人并不考虑信息的来源。也就是说,如果实际情景符合说话人对某件事的期望,那么这一表述的可信度就高。如果真是这样的话,如何区分言据性和主观性就是值得探讨的问题了。

Chafe 模式可以从多维视角,如可靠程度或知识来源来分析副词的多元意义,但是在真实交际环境中,这些意义又很难被清晰地区分开。因此,该模式无法解释意义之间的互动关系,如信息来源和与断言相关的知识可信度。例如,如果证据是传闻,那么由此做出的断言的可信度就会低于由视觉证据做出的断言。但就人类的认知判断过程而言,这显然很难被接受。

Chafe 模式存在的另一个问题是在划分子范畴时,其成员关系并不稳定清晰,因为词汇有不止一个言据意义。例如,*evidently* 既可以用作归纳据素,也可以是传闻据素。当 *evidently* 用作传闻据素时,其语义相当于 *it seems*,而 *it seems* 用作"归纳"据素这一功能源自于其传闻据素（Chafe,1986:268）。他在 *The Longman Dictionary of Contemporary English*（1995）一书中对 *evidently* 的解释是:

a. used when saying that something seems likely, based on the information that you have: ***Evidently*** she's been bullied at work and is very unhappy.

b. in a way that is very easy to see and understand: Mary was ***evidently*** upset when she heard about Irene's death.

从上述字典意可以发现,Chafe 模式对范畴成员关系的界定较为模糊,且比较僵化。显然,有些词汇可以做兼类据素,而不是非此即彼。充当何种据素,取决于语境。

Chafe 模式中还有一个问题是难以确定据素的词汇表达手段。例如,传闻据素的词汇表达手段有 *they say*,*according to X*,那么如果是"已知事实",是否也可视为传闻据素。同样以 *evidently* 为例。Macmillan（2002）给出的 evidently 的定义是: used for showing that a statement is based on known facts: ***Evidently***, these valleys were formed by glacial erosion. 由此可以看出,*evidently* 表明所述是基于已知事实。但是,说话人的知识来源可能是在学校习得的,也有可能是通过阅读获得的,或者是来自专题电视节目的。这有点类似于 Faller（2002:19）所界定的"百科全书式的信息（encyclopedic information）"或"常识性知识"。但是所谓"百科全书式的信息"并不一定必须是说话人和听话人的共享知识（Faller,2000:20）。对于不了解某一特定文化的交际一方而言,这一信息是全新的。英语语言中有一些言据副词可以表达"常识性知识",如 *generally known*,*well known* 等。

Chafe 模式中存在的最主要问题是该模式纯粹是仅仅以知识为基础的,没有考虑到人们在使用语言时,赋予语义以大量的修辞因素。而且,由于语用语境变化,据素更容易产生一词多义现象,从而使得 Chafe 的据素范畴边界更加模糊多变。Chafe 模式似乎将语言看作是一个静态不变的领域,而忽视了语言本身是动态变化的,尤其是在语境中,语义会发生变化。随着时间的推移,有些语义也会发生变化。因此,只有从动态的视角和语境中观察语言,才能解释词汇的修辞功能和一词多义现象,才有可能确定哪些据素属于何种知识来源或认知方式。此外,据素表达的多功能性也应与语义和语用的语法化过程相结合才能得到合理的阐释。例如:

(55) Well Schaeffer *it seems* had just found the latest article from the Smithsonian. (Chafe,1986:268)

在此句中,*it seems* 就具有多功能性,可以表示基于视觉观察的主观判断,也可以表示根据他人所述而做出的判断,或者是基于个人常识的推断,也就是说,如果不将语境因素考虑在内,*it seems* 所传达的信息来源有可能是"证据"也有可能是"语言"。由此可见,知识来源和知识获得方式之间的界线是模糊的,有时可能存在交叉重叠。

综上所述,Chafe 模式存在一些引发歧义或争议的模糊性问题,不过该模式最重要的成果在于它指出说话人可以选择不同的据素来表明他/她对所述信息的确信度。例如:

(56) Tom **must** be in the office.

(57) Tom is **probably** in the office.

这两个句子使用了两个词汇据素 *must* 和 *probably* 来表明信息"*Tom is in the office.*"的可信程度。(56) 使用了高值情态动词 *must*,(57) 则使用了低值情态副词 *probably*,所以(56) 所表达的可信度明显高于(57),与此同时,例(56) 说话人对于命题真值所要承担的责任也大于例(57) 的说话人。

Chafe 还对比分析了英语日常口语(conversation)的言据性和学术论文(academic writings)中言据性的据素分布特征,发现不同的语体在言据性的使用方面存在差异。这一研究很好地验证了他所提出的言据性分类模式。这也是第一个实证对比分析,为后期言据性的研究和发展奠定了良好的方法论基础,并具有较强的可操作性和可复制性。

2.6.2 Willett 模式

Willett(1988)持狭义言据性观点,认为说话者对信息或知识的态度应被排除在言据性之外。该模式具有语言类型学的特征。他观察分析了 38 种自然语言(natural language)后发现,除了两种语言之外,其他语言都可以根据说话人的信息来源决定是第一手信息还是第二手信息。根据这一观察结果,Willett 把信息来源区分为"直接证据(direct evidence)"和"间接证据(indirect evidence)"两大类。"直接的"证据表明说话人的信息来源是第一手信息,"间接的"信息来源则是第二手的。Willett 又进一步将信息来源细分为三类,即可以证实的信息(information can be attested)、可以转述的信息(information can be reported)和可以推论的信息(information can be inferred)。"可以证实的信息"是指说话者通过视觉、听觉或其他感官获得并可以验证的信息,这属于直接证据;"可以转述的信息"是指通过传闻或民间传说获得的信息,其中,传闻可以是第二手信息,也可能是第三手信息;"可以推论的信息"指通过观察得到的证据,即事件的结果或者通过逻辑推理、以往的经验或者遐想等获得的信息。"可以转述的信息"和"可以推论的信息"都属于间接证据,因为这些信息都是说话者被告知或经过推理得到的证据,如图2-2所示。

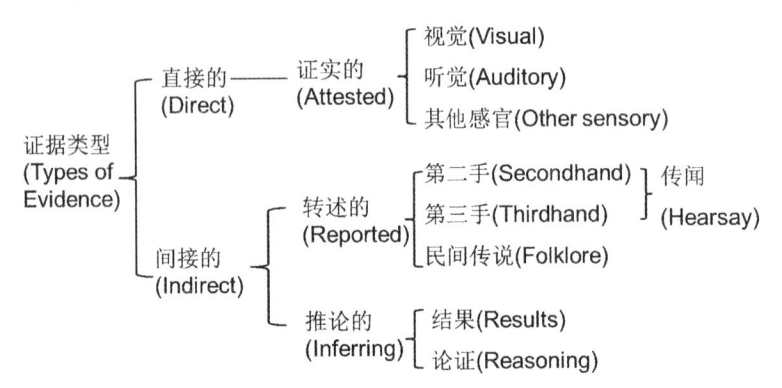

```
证据类型          ┌─直接的──证实的─┬─视觉(Visual)
(Types of  ─────┤  (Direct)  (Attested)├─听觉(Auditory)
Evidence)        │                     └─其他感官(Other sensory)
                 │           ┌─转述的─┬─第二手(Secondhand)─┐传闻
                 └─间接的────┤(Reported)├─第三手(Thirdhand)  ├(Hearsay)
                    (Indirect)│         └─民间传说(Folklore)─┘
                              └─推论的─┬─结果(Results)
                               (Inferring)└─论证(Reasoning)
```

图 2-2 Willett 言据性信息来源分类 (1988:57)

Willett 模式所提出的"民间传说(folklore)"有点近似于 Chafe 模式中的"???","推论"的子类"结果"相当于 Chafe 模式中的"归纳","论证"子类相当于 Chafe 模式中的"演绎"。二手信息和三手信息表明信息都不是说话人亲眼所见或亲耳所闻,任何没有经过说话人亲自观察或亲身经历而来的信息都是二手证据或三手证据,这包括传闻或报道。但 Willett 显然没有明确区分传闻或报道哪一个属于二手证据,哪一个属于三手证据。

Willett 模式的优点在于,它清晰地区分了信息源自说话人感官的直接证据以及通过隐性证据间接获得的证据。例如:

(58) I could *smell* that the fish wasn't fresh.

(59) Tom is *supposed* a son of an Indian.

smell 是说话人基于个人感官所获得的直接证据,*supposed* 则暗指"Tom is a son of an India"这一结果并非来自于说话人的直接经验,而是通过推理而得的间接证据。

由此可见,尽管 Willett 是从狭义言据性出发界定证据来源,但该模式所提出的"推论"表明信息来源和人的认知有关,因此从语义上看,推论据素可以表达说话人对于信息的承诺程度。例如:

(60) His cell phone *must* have been stolen.

(61) His cell phone *might* have been stolen.

这两个例句中的情态动词 *must* 和 *might* 都表示推论,但确信度并不相同,*must* 是高值情态动词,其确信度高于低值情态动词 *might*。Willett 在对 Quechua 语的研究中也发现,即使是形态据素,在表示信息来源的同时,可以传递说话人对命题的承诺程度。例如:

(62) Qam-pis maqa-ma-shka-nki-*chi*

You also hit me (a group of people beat me up and I think you were one of them).

在这一例句中,后缀 -*chi* 表达推论证据,说明说话人的信息是基于论证推测而来的,同时也传递了说话人对这一断言的承诺程度。

不过,首先,Willett 所分析的 38 种自然语言都是强屈折语言,据素都是形态据素,所以他没有介绍词汇据素。其次,Willett 从狭义言据性的视角区分了言据性的语义类型,故将说话人对信息的态度排除在外。最后,Willett 认为基于感官证据而来的直接证据比间接证据的可信度高,这说明他并没有将语境因素考虑在内,因为语境除了可以决定证据类型和信息来源之外,还会对信息的可信程度产生重要的影响。例如:

(63) It *seems* that it is going to rain.

如果不考虑语境因素的话,*seem* 可以表达多元证据来源。如果说话人目睹了下雨前的征兆,如乌云密布,*seem* 充当视觉证据,或听到了打雷声,*seem* 就成了听觉证据;如果说话人是看了电视节目的天气预报,或听了电台的天气预报,或与他人聊天被告知的,那么 it's going to rain 就是间接证据,*seem* 就是"传闻";如果说话人是基于个人经验或常识性知识所做出的判断,那么 it's going to rain 就是推论,*seem* 就是推论证据。

2.6.3 Anderson 模式

Anderson(1986)从狭义范畴讨论了言据性理论:据素是表达人们宣称事实时所用的各种证据——信息来源。他将信息来源划分为五种:直接证据+观察(不需要推理)、证据+推理、只有推理(不明示证据)、根据逻辑或其他事实所做出的合理期望以及来自视听的证据。

Anderson 主要探讨了据素的定义和形式。他认为据素应符合七条标准:
a. 据素是说话人对某一个事实做出断言的证据;
b. 据素本身不是句子所要表述的主要内容,而是附加在对某一事实的判断之上,用于说明句子的其他内容;
c. 据素表达的证据不仅仅是一种语用推理,还应该是做出断言的证据;
d. 形态学上,据素都是屈折形式,即后缀、附着词或其他自由句法成分(不是复合词或派生词);
e. 如果所述事情是说话人和听话人直接观察到的,很少使用据素(除非是为了强调或突出参与人感到吃惊);
f. 如果说话人直接参与了某一事件,与此相关的知识通常被视为直接信息来源,可以省略据素;
g. 疑问句中的第二人称通常按陈述句的第一人称处理。

从 Anderson 对于据素的界定标准(e)和(f)来看,即使不使用据素,句子仍然能表现出言据性意义,这就是"零据素"或"据素省略"。这一观点同样适用于英语。例如:

(64) The toast is burnt.
(65) The toast burned (and the orange juice was sour—a terrible breakfast).
(66) The toast has burned.
(67) The toast *must have burned*.

例(64)只表明目前的事实,没有据素,也没有说明信息来源。例(65)同样只指出所发生的事情,没有据素,也没有提供任何证据。例(66)使用了完成体,表明对事件的推测,但没有使用据素。例(67)用 must have burned 表示肯定的逻辑推理,*must* 是据素。

另外,Anderson(1986)还强调可以通过时态和重读来区分据素。不过,用重读区分据素的方法显然不适用于书面语的言据性分析。

Anderson 模式从形态学、句法学和音系学多视角分析界定了据素,他的突出贡献在于明确指出了据素可以省略这一现象。一些语言虽然有言据性系统,有形态据素或词汇据素,但并不一定非要像印第安语那样必须给出信息来源,说话人可以根据情境决定是否需要据素。因此,Anderson 的这一研究成果对于研究分析零据素的使用规律和功能具有极强的指导意义。另外,Anderson 认为有些表达方式即使具有言据性的功能,但并不能界定为据素。据素的类型和语义应从语境来判断,这一观点弥补了 Chafe 模式和 Willett 模式的不足。不过,由于 Anderson 只是从词缀和附着词的角度讨论了形态据素,并未探讨词汇据素,因此他提出的言据性模式可能不适合于某些屈折语言。

2.6.4　Plungian 模式

Plungian (2001) 从狭义言据性出发,认为间接概念 (indirect perception) 在表明信息来自他人时,可能存在不同的情况,即说话人所说的信息与同时发生的证据 (synchronic evidence) 有关,或者说话人从所发生事件的结果得到证据 (posteriori evidence),或者说话人从以往的经验得到的证据 (priori evidence)。基于这些概念,Plungian 在认同 Willett 将言据性分为直接证据和间接证据这两大类的基础之上,又将间接证据进行了细分。如图 2-3 所示。

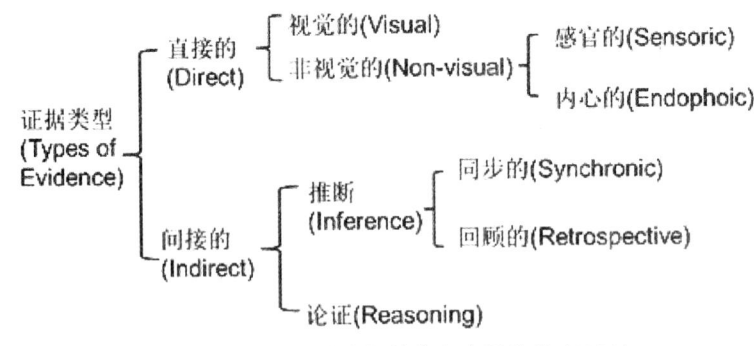

图 2-3　Plungian 的言据性信息来源分类 (2001)

从图 2-3 可以看出,Plungian 虽然从狭义言据性理论出发,认为言据性仅用于指信息来源,但他认为非视觉证据有可能是来自说话人内心的直觉或认知,如果是这样的话,那就意味着说话者的证据判断有可能就是他对某一事件的态度。也就是说,Plungian 间接承认,言据性既可以表示信息来源,也同时传递说话人的态度。

2.6.5　Aikhenvald 模式

Aikhenvald (2004) 持狭义言据论,认为言据性的语义核心就是信息来源,她的跨语言言据性研究主要是语法据素。她从类型学视域将言据性分为六类:视觉 (visual)、非视觉感官 (non-visual sensory)、推理 (inference)、假设 (assumption)、传闻 (hearsay) 和引用 (quotative)。其中,视觉指通过所见而得的信息,非视觉感官指通过听觉、嗅觉、味觉和触觉而得的信息,推理是由可见证据或具体证据或结果而实施的,假设则是基于所有非视觉结果之上的,包括逻辑推理、假设或常识性知识,传闻是不知报道源的报道信息,引用是指出引用源的报道信息。该模式区分了三组概念,即视觉 vs 非视觉,推理 vs 假设,传闻 vs 引用。其中,"推理"近似于"归纳","假设"相当于"演绎"。推理据素表明信息虽然不是个人亲身观察或亲身经历而来,但可以从间接证据中推断而来,包括从直接经历推断而来的信息、由常识推断而来的信息、由说话人相似的经历推断或假设而来的信息,以及由过去经历的延期实现而得到的信息。

Plungian(2001)在自己的言据性研究中也使用了"引用"(quotative)这一术语,不过,她认为引用的知识应该是推理的一部分,他人的证据来自于看得见的痕迹或其他间接表达。Aikhenvald则很好地区分了"传闻"和"引用",指出两者的区别在于是否提及引用源。传闻据素表明所述信息有可能是准确的,也有可能是不准确的,说话人仅仅是转述了听到的信息,不对信息的真值负责。引用据素则表明信息来源是直接引用,所以信息准确无误,但说话人不予阐释。Aikhenvald认为言据性的核心意义就是信息来源。在大多数语言中,言据性都独立于其他语言分类之外,一些据素和可信度与不可信度之间并没有必然的联系,也就不可能造成误解,因此她反对Chafe所提出的广义言据性,也就没有探讨这六类信息来源的可信程度或说话人的态度判断。

2.6.6 胡壮麟修正模式

1994年,中国学者胡壮麟将言据性研究引入中国,开启了我国的言据性系统研究。胡壮麟(1994)认为Chafe模式的某些表达模糊不清晰,尤其没有解释清楚"???"。胡(1994)认为,说话人使用 *I think*,*I guess*,*I suppose* 等词语并不一定根据"直接的"证据或"???",而是有可能参考他/她过去的经验,特别是一定条件下的经验,这种经验可以来自个体的或机构的、社会的或文化的。因此,胡壮麟提出可以将"???"具体化为"文化证据",因为"任何个体的、机构的,或社会文化的经验最终都储存于文化之中。如果这样的经验不能从文化中重现,就不具有知识的功能"。(胡壮麟,1994:12)

另外,胡壮麟指出Chafe模式中对于认知方式的排列容易产生误解,提出可以"用一个箭头来代替四个箭头,然后把信度放在右侧栏目内。这样还可以避免人们误认为'归纳'和'言语资源','演绎'和'预期'之间有因果关系"(胡壮麟,1994:12)。他还把Chafe认为无法确定的"???"修正为"文化证据",将"证据(evidence)"改为"感官的",并将之与知识获得方式"归纳"相对应,将"语言"改为"言语",并将其与知识获得方式"传闻"对应。此外,胡壮麟指出"知识来源"和"知识获得方式"是密切相关的,可以合成一个范畴,建议取消"知识匹配"这一范畴,将"可靠程度""言语手段"和"期望"合并为"与知识相匹配的因素",置于"知识"的右侧。

胡壮麟(1994)修正后的模式如图2-4所示。

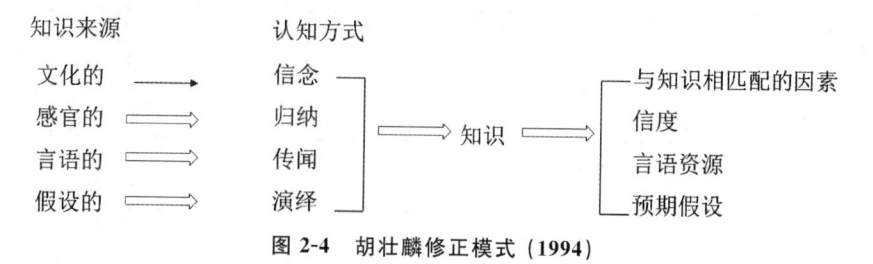

图 2-4 胡壮麟修正模式(1994)

胡壮麟模式弥补了 Chafe 模式容易产生误解的概念，不过，与 Chafe 模式相似的是，胡壮麟模式在分类时没有考虑语境因素。例如：

(68) *I think* it's a spider.

如果不考虑语境因素，*I think* 的知识来源仍然是多维的，可能认为是"文化的"，源自个人经验，也可以认为是"感官的"，通过感觉进行的归纳。

再如：

(69) 我昨天**看见**小王了。

(70) 我**看见**小王打碎了窗户。

两个句子虽然都使用了"看见"一词，但其功能却不一样。第一句中的"看见"并不是言据性标记语，只表示"看见小王"这个事实。第二句中的"看见"表明信息来源于视觉，即"感官"，是言据性标记语。

由此可见，同一个词可以用作据素也可以不是据素，只有在语境中才能最终判断。

总之，我们认为，言据性的广义定义或狭义定义对于言据性分类模式的影响并不是很大。在上述六种言据性分类中，Willett，Anderson，Plungian 和 Aikhenvald 从狭义言据性的视角对言据性进行了分类，Chafe 和胡壮麟从广义言据性出发划分了言据性。广义言据性和狭义言据性的区别就在于是否含有说话人对信息来源的态度，但都赞成言据性可以表明信息来源。因此，这六种分类模式虽有差异，但也有共同之处。例如，Willett 的"民间传说"近似于 Chafe 的"???"和胡壮麟的"文化"；除了 Plungian 模式之外，其他五种言据性模式都提及"传闻"；六种模式都认为人们会依据已有信息进行推理，这表明言据性能有效反映人类的认知能力。具体如表 2-1 所示。

表 2-1 六种言据性分类模式对比

	Chafe 模式	Willett 模式	Anderson 模式	Plungian 模式	Aikhenvald 模式	胡壮麟模式
概念	广义言据性	狭义言据性	狭义言据性	狭义言据性	狭义言据性	广义言据性
据素	词汇据素	形态据素	形态据素	形态据素	形态据素 零据素	词汇据素
信息来源	???	民间传说				文化
	传闻	传闻	传闻		传闻	传闻
	证据			同步	假设	假设
	归纳	推理结果	推理	回顾	推理	归纳
	演绎	推理论证	期望	论证		演绎
	语言	听觉		视觉	听觉	感官
	假设	视觉	视听	内心	听觉	
		其他感官		感官		
					引用	
	信念					信念

30

表 2-1 显示，六位语言学者虽然所研究的语料来自于世界不同的语言，但他们对于言据性分类模式大致相似，这也说明人类拥有对世界相似的认知方式，所拥有的信息来源类型具有共性，如"感官""传闻"和"推理"等，也验证了言据性是世界各种语言普遍存在的一种语言现象，但不同语言的言据性表达方式却可能各有不同，有的语言采用形态据素，如印第安诸语言，有的语言采用词汇据素，如英语和汉语，还有的时候根据交际情景不同，会使用零据素。其次，据素的判定应依赖语境，一词多义现象是所有语言的共性，同一个词由于所处语境不同，可能是据素，也可能不是据素，还可能是兼具多种据素于一体。

2.7 言据性与其他概念之间的关系

Benjamin Lee Whorf（1938:280-286;1956:118-123）对 Uto-Aztecan Hopi 语的研究中，将引用和让步（近似于推测）视为情态，而不是言据性。但是，Whorf 在探讨 Hopi 语对于源自感知证据的信息，如"眼见"动词或"耳听"动词时，发现 Hopi 语对此类信息的语法处理是不一样的：表达此类信息的动词有可能是指示情态、引用情态或让步情态。欧洲的一些语言中也可以使用情态动词来表达言据性信息来源，如德语使用 *sollen*，法语用 *devoir*，丹麦语用 *zouden* 等。Hass 将 Tunica 语的一个后缀-*ani* 视为 30 个后接小品词之一，还将其标注为时态和情态后缀的子系统之一（Hass,1941:117-118）。Hoijer（1946:309-310）也将 Tonkawa（通卡瓦语）语中的引用后缀-*noʔo* 和描述后缀-*laknoʔo* 归属为后接小品词。Laurence C. Thompson（1979:744）从情态范畴研究了萨利希语系，指出"情态范畴包括很多言据性，如传闻信息、观察到的情景、预测等"。Wallace L. Chafe（1979:228）发现北美印第安卡多语系中的一些动词前缀可以表达言据性和情态。1986 年，F. R. Palmer 在著作 *Mood and Modality* 中将言据性界定为情态的一个子类予以探讨。1997 年，John Saeed 在 *Semantics* 一书中，则将言据性看作是独立的语言学分支，认为言据性和语气、情态是平行关系。

在世界上的很多语言中，言据系统与时一体系统、语气系统及情态系统是并存的，但是从上述研究中，我们发现学者对于言据性、语气和情态三者之间关系的界定并不统一，所以有必要梳理清楚言据系统与其他系统之间的关系。

2.7.1 言据性与情态

情态（modality）不同于时和体，它只涉及命题状况（status of the proposition），与事件的任何特征没有直接关系。

Lyons（1977:425）将情态定义为"说话人的观念或态度"，而 Willett（1988:53）将言据性定义为"说话人对所述情景的态度表达"。从两人的定义来看，情态即言据性。De Haan（1999,2001,2005）指出，言据性表明证据，而情态评价证据。因此，言据性更近似于表明说话人和事件或行为之间关系的直证类指示词。

Aikhenvald（2004）认为，情态系统不表达言据性，言据性也不表达情态。因为情态的核心是表达说话人对事件的评价或态度，而言据性的核心是表明信息来源，两者之间并不存在任何交集关系。此外,即使有些据素能表明说话人对所述事件正确性的态度,但这并非言据性的必要特征。她还发现,言据性标记语可以与认知标记语同时出现,但不能与动词的时体同时出现(Aikhenvald,2003)。

Fowler(1979)认为,情态可以表达说话人的评价或事物,"人们通过使用情态来约束对所说内容的真实程度,表达对所述内容和所指事件的观点"(Fowler,1979:85)。他还指出了能够表达情态的语言手段有情态助动词、情态副词、评价性形容词、评价性副词以及表达评价和预测的动词,如 *seem*,*guess*,*foresee*,*approve*,*dislike*,*believe* 等。广义言据性也可以通过使用词汇据素,如情态词、副词、名词、形容词、动词等表达说话人对所述事件的观点态度。Quirk 等人将情态看作是说话人对命题真实性的判断(Quirk et al.,1985:219)。因此,从 Fowler 和 Quirk 等人对情态的分析来看,情态即言据性。

在系统功能语法中,情态用于表达说话人对所说话语的可能性和必要性的判断(Halliday,1994:75)。Halliday(1994:88-92)从命题之间的逻辑关系出发,认为情态所表达的语义确定性介于"是"与"否"两个极端之间,是"说话人对所说话语的可能性和义务性的判断"(Halliday,1994:75);"情态表达了说话人对断言的有效性或提议的对与错的观点"(Halliday,1994:362)。Halliday 进而提出,情态系统含有两个子系统:情态化(modalization)和意态(modulation)。情态化指说话人对命题可能性(probability)和经常性(usuality)的判断,其中可能性还可以分为高值(如 *certain*)、中值(如 *probable*)和低值(如 *possible*)。意态指说话人对提议(proposal)的态度,涉及义务(obligation)和意愿(inclination)。而且,义务和意愿也分为高、中、低量值。例如,义务中从高值到低值的词汇有 *require*,*suppose*,*allow* 等;意愿从高值到低值的词汇如 *determined*,*keen*,*willing* 等(Halliday,1994:357)。情态系统的分类如图 2-5 所示。

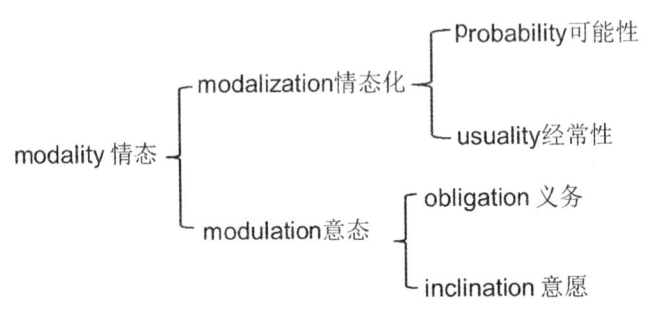

图 2-5 Halliday 的情态类型(1994:357)

Halliday 对于情态系统的分类和界定表明,说话人通过使用情态来表明自己对某件事情的立场(stance)和态度(Halliday,2005:176)。情态的核心是表达说话人对于事件的态度和判断,能够表明说话人对于命题的认知心理过程。情态可以通过以下方式来表达:情态助动词(modal operator)、语气附加语(mood adjunct)、形容词性谓语(adjectival predicator)、名物化(nominal equivalent)、情态副词(modal adverb)等。言据性也是由说话人使用据素来表明自己对某件事情的态度或对信息来源的可靠程度的评价。因此,从 Halliday 对情态的界定来看,言据性和情态并不是矛盾对立的关系,而是存在部分重叠交叉。但是,从 Halliday 对于情态的分类来看,情态并不包括信息来源,而是只传递说话人的观点和态度。那么,广义言据性的研究范畴显然是大于情态的,因为广义言据性除了可以传递说话人的态度和观点外,还涉及信息来源。如果从狭义言据性的视角看,言据性与情态则是截然不同的两个领域。

Palmer(2001)指出,情态与时—体关系紧密,不过仍存在差异,时—体指事件的具体特征,而情态指命题的状态(status)。例如,"*It's raining.*"采用了进行时,表明"下雨"这一事情的具体特征,而 *It may be raining.* 则是说话人的推测,是一种状态。Palmer(2001:1)还从现实(realis)和非现实(irrealis)的角度区分情态与非情态。前者指已经发生或正在发生的情景,可以通过感官被直接感知。后者则视情景为仅存在于思想领域中,是非现实的,要通过想象才能推断获得。例如,"*Mary is at home.*"描述了一个现实的情景,可以通过观察获得,而"*Mary may be at home.*"则是说话人的判断和推测,"Mary 在家"这件事并没有发生在现实情景中,而是仅存在于说话人的思想领域中,是非现实的。句中所使用的情态动词 may 是情态系统的一个子系统,因此情态属于非现实范畴。在此基础上,Palmer(2001)将情态分为两大类,即命题情态(propositional modality)和事件情态(event modality),其中命题情态包括认知情态(epistemic modality)和证据情态(evidential modality),事件情态包括义务情态(deontic modality)和动态情态(dynamic modality)。命题情态关注说话人对命题真值或真实状况的态度,其中包含的认知情态表达了说话人对于命题真实性的主观判断,证据情态则关注说话人所掌握的针对命题真实性的证据。事件情态关注说话人对命题的态度。其中,义务情态表示说话人认为主语有责任或义务采取某种行动,是客观必须的;动态情态表达主语有做某事的能力或意愿。Palmer(2001)还将证据情态进一步细化为感知的(sensory)和报道的(reported)。具体情况如图 2-6 所示。

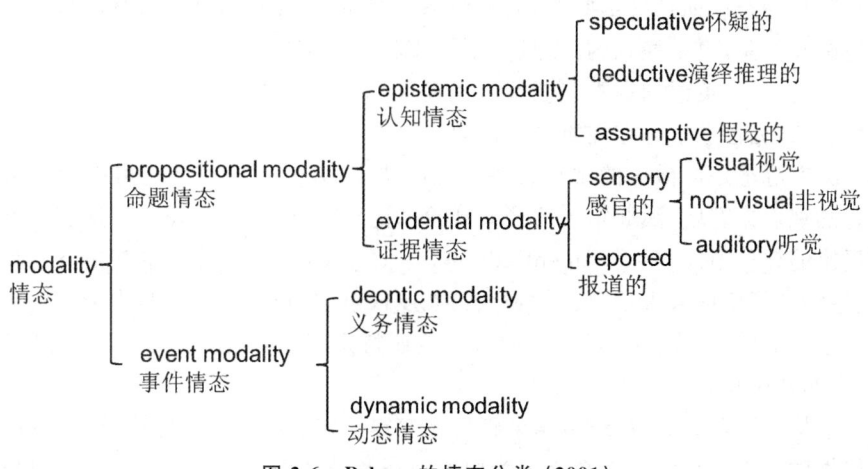

图 2-6 Palmer 的情态分类(2001)

从 Palmer(2001)对情态的分类看,他将言据性(即证据情态)归类为命题情态的一个子类,与认知情态并列。所以,从 Palmer 的分类看,情态和言据性之间是包含与被包含关系。Palmer 还指出,认知系统和言据性系统并非总是泾渭分明,截然分开的,而是有重叠交叉现象存在。例如,"演绎推理"既是认知判断,也需要证据支撑,可以出现在言据性系统和情态系统中。认知情态是说话人对知识陈述或信念陈述的态度或观点。"证据情态"将证据分为"感官的"和"报道的"。在言据性系统中,Willett 模式、Anderson 模式、Aikhenvald 模式和胡壮麟修正模式都提到了来自"感官的"信息来源,"报道的"则相当于言据性分类中的"传闻"。认知情态分为怀疑的、演绎推理的和假设的三个子类,这也与言据性的信息来源类似。例如,"怀疑的"近似于 Chafe 模式中的"信念",在 Anderson 模式和胡壮麟修正模式中都提到了"假设的","演绎推理"同样存在于言据性的五个模式中。此外,无论是哪一种情态类型,我们都可以发现,情态与事件的具体特征无关,主要表达说话人对事件的态度和对真值的判断。例如,"*She is probably there.*"句中 *probably* 表达说话人对命题"她在那里"的真值情况的主观判断;而在"*She must come*"中,*must* 表达了说话人认为句中主语"她"必须采取"来"这一行动的客观必然性,也表达了说话人的态度,是动态情态。由此可见,情态和言据性并非矛盾对立,而是存在重叠现象。另外,根据言据性的语义域及其与认知情态的关系,我们能够发现,说话人可以使用据素和认知情态手段来限制所述信息的真值承诺程度。区别在于,广义言据性除了反映说话人对于真值可信度的评价之外,还表明了信息来源,而认知情态仅表达了说话人对信息真值的评价态度。

此外,尽管 Palmer 将证据情态置于命题情态的子系统,将言据性等同于必需和可能性的判断,但是他认为无论是来自视觉、听觉或者非视觉的证据仅仅是针对命题真值的证据,并不涉及说话人的态度。这近似于狭义言据性——只探讨信息来源,即证据,从这一点看,情态和狭义言据性之间并没有非常清晰的界限。不过 Chafe 等人所持的广义言据性,除了表明信息的证据来源外,还会传递说话人对信息的态度和评价。因此,我们认为广义言据性的研究范畴要大于 Palmer 的证据情态范畴,但又小于 Palmer 的情态范畴,两者之间存在一种互相包含的现象。

Palmer(1990)还指出,英语中的情态意义主要借助情态动词、情态形容词和副词、名词等来传递,其中,情态动词是最重要的,因为情态动词在不同的语体中出现频率最高,能够拥有传递人的情感和意象,也是最难的,而且其语义多样且不确定(Palmer,1990)。Chafe 等人对言据性的研究也指出,英语的据素包括情态助动词、副词、名词、形容词和介词短语等。所以,从词汇层面看,言据性和情态存在重叠的现象。

Lyons 认为情态是说话人的观点或态度的语法表达手段,即说话人可以通过情态来表达对句子命题的观点或态度,因此情态可能有评价功能(Lyons,1977:452)。这有点近似于功能语法中所提出的评价附加语(comment adjuncts)。Lyons 将情态分为主观情态和和客观情态两类,主观性情态指说话人表达自己的观点与态度或意志与权威,而不是作为一个客观中立的观察者报道事件的状态(Lyons,1995:330)。他还特别指出,主观情态比客观情态要常见许多,客观情态非常少见。

Quirk 等人(1985:219)从逻辑角度将情态界定为句子语义的限定成分,用以反映说话人对命题可能性的判断。他将情态意义分为内在情态和外在情态。前者指说话人可以控制的行为和事件,近似于"义务情态",表达许可、义务、责任等意义;后者指事件的逻辑状态,等同于"认知情态",是对事件发展的判断,表达可能性、必要性或推断等意义。但是英语的副词功能较多,即使是同一个副词,也很难确定它属于言据性的范畴还是情态的范畴。

Givon(2001:30)认为情态是说话人对于命题态度的编码,进而区分了认知判断和评价判断,前者包括真值、确定性、信念和证据,后者涉及愿望、义务、参考和意向。所以,说话人的态度和判断应该是情态的核心。无论是认知判断还是评价判断所涉及的情态都属于广义言据性的研究范畴。这就意味着 Givon 对于情态的定义无法清晰地区分情态和言据性。

Faller（2002:87-90）持狭义言据性观点，她认为应该有一个上义词术语来涵盖言据性和情态，解决两者的重叠问题，因而创造了一个术语"认知言据（epistentials）"。她指出，如果某种语言将言据性包含在情态中，那么这种语言就应该有一套情态词，并且还应该有认知言据作为其子系统（Faller,2002:88）。英语语言中，所有的言据副词都是情态词，也就是说，情态词和词汇据素共存，认知言据可以同时表达情态和言据性。不过就副词的子类而言，英语有有限的认知情态词和认知言据副词，这样的话，后者可以被视为前者的子类。

综上所述，根据语言学者对言据性和情态的不同分类和界定，我们认为，言据性和情态之间存在分离、重叠和包含三种关系。如图 2-7 所示。

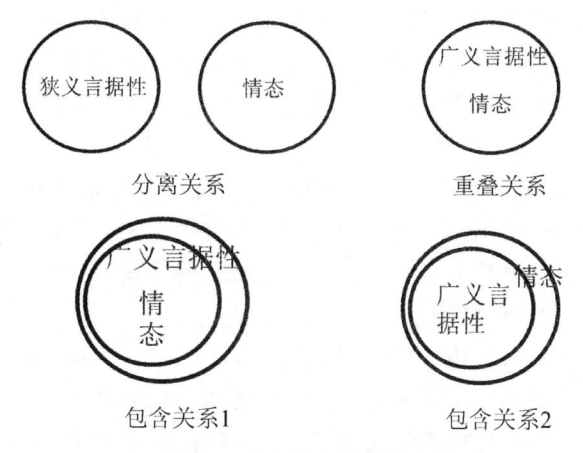

图 2-7 言据性与情态的关系

首先，狭义言据性系统只关注信息的来源，情态的核心意义在于表达说话人对于所述事件的观点和态度，但并不显性涉及所述信息的来源。因此，言据性与情态的研究范畴是分离的。其次，言据性和情态之间是重叠关系而不是包含关系，两个系统虽有不同但又存在交叉。据素通常都有情态意义，与情态概念重叠（说话人的判断和信念表达）。Chafe 的广义言据性理论关注说话人对于情景知识的态度，且言据性的概念并不局限于证据自身，这就意味着即使不考虑信息来源，词汇就可传递可信程度。Lyons（1977:425）将情态定义为"说话人的观念或态度"，而 Willett（1988:53）将言据性定义为"说话人对所述情景的态度表达"。从两人的定义来看，情态即言据性。所以，言据性系统和情态系统存在**语义重叠**。就词汇表达和语法表达来看，言据性和情态之间也存在重叠的现象，两者都可以使用情态助动词、副词、名词、形容词和介词短语等表达说话人的观点和态度。从语用视角看，当说话人对于所述信息来源有高确定性时，他/她会使用确信度较高的词语，这类似于 Halliday 所提出的情态量值分类。最后，情态与广义言据性之间存在相互包含关系。Matlock（1989:215 转引自 Dendale & Tasmowski,2001:342）认为，据素包含认知情态，是对说话人提供的信息来源和对信息确信程度的语言编码。所以，言据性包含情态。而 Palmer（1986:8）则持相反观点，从他对于情态的分类可以看出，他将言据性称为言据情态，与认知情态一起归为命题情态的子类。因此，情态包含言据性。由此可见，不同的语言在决定哪些形式或哪些意义属于哪个系统或范畴时具有一定程度的任意性。

2.7.2 言据性与语气

语气是说话人的观点或态度的语法化(Palmer,1986:16)。据素可以决定说话人对事件状态的确信度。系统功能学认为情态的任何表达方式都会涉及说话人对命题的态度,与语气有非常密切的关系,因此情态助动词、情态附加语都应归属于"语气块(Mood Block)"(Thompson,1996:54-55)。在英语语言中,说话人会根据自己的意图选择使用不同的动词形式。所以,语气是指动词的某种形态,与说话人对事件的看法或态度有关。Jakobson(1957)是首位清晰区分言据性和语法语气的学者,他将言据性看作是语法范畴的重要组成部分。1986年,英国学者Palmer在其专著 Mood and Modality 中,将语气和情态视为并列范畴予以讨论,但2001年,该书再版时,Palmer重新阐释了语气与情态的关系,认为语气是情态的子范畴。综上,2.7.1讨论的言据性和情态之间存在的分离、重叠和包含关系也同样适用于言据性和语气之间的关系。

Halliday(1985)将语气系统分为三类:陈述语气、祈使语气和虚拟语气。其中,陈述语气陈述事实,表示动作或状态是客观存在的、确定的或符合事实的,还有可能中性客观表达命题,陈述语气本身并不直接表达说话人对所述信息的掌握或确定情况。例如,"China is an Asian country."此句只表明一个客观事实。

祈使语气表示命令、请求、劝告、叮嘱、邀请等,如,"Please come here."在祈使语气中,语气和情态之间并不存在截然对立的关系,有时两者之间可以互相转换。例如,"Go home!"和"You must go home."中,前者是祈使语气,后者使用了情态助动词must,两个句子所表达的语义虽然并非完全等同,但具有相似之处。区别在于祈使句是命令,而含有情态助动词的句子则倾向于说话人认为主语有"回家"的义务和责任。情态动词也是据素,因此据素和祈使语气之间可以相互转换。

虚拟语气表示假设。虚拟语气表达了说话人的一种主观愿望或假设,可以采用多种语法手段予以实现,如谓语动词+that从句(主语+should+谓语动词),it is/was+形容词+that从句(主语+should+谓语动词)和名词+that从句(主语+should+谓语动词),if非真实条件句,wish表达主观愿望的非真实句、表示命令或要求或建议的句子、表示可能性、必要性或重要性的句子。例如,"I wish I could pass the examination."句中wish表达了说话人的主观愿望,could可以被视为情态动词,用于构成虚拟语气,也可以被视为据素,表达说话人的意愿。再如,"He suggested that we should leave early."含有情态动词should,表示建议的虚拟语气,Quirk等人将should称为"强制虚拟",是道义情态所表达的责任或义务(Quirk,et al.,1985:1091)。因此,虚拟语气实际上还是情态助动词should所表现出的语法功能和语义范畴。should也是言据性系统中所探讨的据素,其语义范畴和语用功能与道义情态和虚拟语气是重叠交叉的关系。

广义言据性的核心是关注信息来源和表达说话人对命题的态度。此外,五种言据性模式都含有假设、推理和演绎,Chafe模式还提到了信念。因而,言据性和语气之间仍然存在部分重叠关系,不过言据性的语义范畴要大于虚拟语气。

由此可见,言据性也可以通过陈述语气、祈使语气和虚拟语气来实现,言据性与语气之间存在部分重叠,不过言据性的语义范畴和语用范畴要稍微大于语气,可以认为言据性包含了语气。

2.7.3　言据性系统与时(tense)—体(aspect)系统

时和体都和句子中的动词或动词词组所描述的事件有关。"时"指事件的外部时间构成,如过去时间、现在时间和将来时间;"体"指事件的性质或内部时间构成,如一般、进行、完成等。语言可以采用多种方式表达时体概念。例如,英语语言中现在进行时的构成是 am/is/are＋动词 ing 结构,汉语用"在""正在"表达正在发生的事件或正在实施的动作等。类型学研究发现,很多语言中的"时"都具有据素的功能或意义,如土耳其语中的-msl,Wintu 语中的据素后缀等。但是,有些语言却没有语法范畴的"时",如拉萨地区的藏语。

Roman Jakobson(1971[1957])从类型学视域出发,提出的据素符号系统(notional system)$E^n E^{ns}/E^s$ 在区分时、体、语气和言据性的动词属性方面至关重要。Jakobson(1971[1957])指出,"体"(用 E^n 表示)表明被述事件(the narrated event)的本质,如指示了什么或事件的预测状态。"时"(用 E^n/E^s 表示)表明被述事件相对于言语事件(the speech event)的特征。由于被述事件发生的时间和言语事件发生时间之间的时间差,有的被述事件相对于当前的言语事件而言,是"过去的"。换而言之,这种指称依据言语情景的变化而变化,为表示此现象,Jakobson 创造了一个术语"移位(shifter)"来指"时态"。从这一概念看,据素也是一个特殊的"移位"。Jakobson 在他提出的言据性框架中,用 $E^n E^{ns}/E^s$ 来表示据素。和一般"移位"要考虑两个言语事件不同的是,据素中的"移位"要考虑 3 个言语事件,即被述事件、言语事件和被述言语事件,其中被述言语事件 E^{ns} 就是"信息来源",如传闻或感官信息。所以,据素是独一无二、与众不同的,因为据素显示了被述事件 E^n 和被述言语事件(the narrated speech event) E^{ns} 相对于言语事件 E^s 的特征。据素表明允许说话人预测在 E^s 中某一 E^n 的状态,也就是说,据素为预测实践状态提供了认知保证(epistemic warrant)。不过,据素本身并不表示信息来源,而是表示引用或汇报。这一特征就可以很好地区分什么是真正的据素,什么是传闻信息的预测。例如,在报道言语中,可以使用概念动词表述对感官信息的预测。

此外,据素和"体"之间也相互影响,相互作用。例如,Wintu 语中的非视觉感官据素通常与未完成体(imperfective aspect)一起使用,传闻据素和完成体(completive aspect)共用。

Palmer(2001)认为,时、体和情态是紧密相关的类型学范畴,情态独立于时、体之外,与时—体并列,时体陈述的是事件发生的时间、性质等客观信息,而情态的核心是主观性,即说话人对所述事件的主观态度,与事件本身及其时体特征没有直接关系,只是涉及描述该事件的命题的真实或非真实状况。

以英语为例,过去时不一定是单纯的过去时间概念,还可以表达愿望、报导等,既可以表示情态类型,也可以是言据性。例如,"No one believed that he **would** make suicide."此句中,would 是单纯的时间概念,表示过去发生的事情,与主句的谓语 believed 保持时态的一致。但在"I don't think that he **would** take such a decision."中,would 表示 I 的推测或个人信念,具有言据性的特征。

将来时也不一定是单纯的时间概念,在特定语境中,将来时可以表示假设、推测、愿望、意图和希望等言据性意义。反之亦然,据素也可以表示将来时。例如,"He **will** come tomorrow."句中

· 37 ·

will 是单纯的时间概念,并非据素。"*This study will shed light on English academic writing and teaching.*"句中 *will* 则具有言据性的特征,表达了说话人的愿望或推测。从历时的视角来看,有些语言的将来时是从表达情态的形式衍生而来的(Palmer,1986),也可以认为是从言据性的语法概念中衍生而来的。所以,言据性系统与时一体系统之间存在某种相关性,这种相关性并非稳定不变的,而是动态变化的,这一变化取决于语境。

2.7.4　言据性与主观性

主观性(subjectivity)是语言的普遍特征。语言的主要功能是描述我们对世界的认知和理解,世界是客观存在的,而我们用语言表述的过程中,则会存在认知差异。因此,我们的描述真值(truth)是相对的。

Finegan(1995:1)将主观性定义为"主观性涉及自我表达,以及说话人对于某一话语的观点或态度的表征,即说话人的自我印记"。如果主观性是说话人的自我表达,是自我印记的表征,那就意味着,只要我们使用语言描述事件,语言就不可避免地打上了主观性的烙印。"如果说话人的观点是普遍的,那么会存在说话人中立或客观的语言吗?"(Traugott & Dasher,2002:21)

Lyons(1982:102)将主观性界定为,"自然语言在其结构和正常使用方式中为说话人提供表达自我以及自己的态度和信念的方式"。他认为认知情态可以分为主观认知情态和客观认知情态(Lyons,1977:797)。前者是对事件的主观猜测,后者是根据事情进行的客观判断或推测。此后,他还强调主观情态是自然语言中普遍存在的现在,而客观情态则不然(Lyons,1982:113)。"相对而言,我们日常话语几乎没有中立的、不带感情色彩的、完全非主观的特征"(Lyons,1995:331)。Benveniste(1971:225-226)也曾经指出,"语言带有非常深刻的主观性印记,如果不是这样构造出来的语言究竟是否还能叫作语言"。所以,语言的本质特征就是主观性。

Palmer(1986)所提出的义务情态和认知情态也都涉及主观性,前者关注说话人和/或他人的行动,后者涉及说话人对命题信息的信仰、真实性的态度和观点。前文(2.7.1)探讨了 Palmer 所提出的情态和言据性之间的关系,Palmer 提出的证据情态是言据性的一部分,由此可知,言据性是带有主观性的。

Nuyts(2001)强调证据的地位和如何评价证据都因人而异,因时而异,因事而异。因此,他指出主观性的维度是据素条件(Nuyts,2001)。采用语料库研究方法,Nuyts(2001)对大量德语和丹麦语的文学作品进行研究后发现,认为情态助动词和情态副词用于表达主观评价这一结论是错误的。他进而指出,"主观性"和"客观性"是对立的概念,和证据的本质相关。如果证据是"好的(good)、数据或形式上可靠的(mathematically or formally reliable)",那么评价就是客观的(objective);相反,如果证据是"不好的(poor)或模糊的(vague)、直观的(intuitive)",那么评价就是主观的(subjective)。换而言之,如果说话人获取信息的渠道切实可靠,那么他/她对事情的判断就趋向于客观,可信度就较高;反之,则趋向于主观,可信度降低。例如,情态动词 *may* 和 *must* 可以用作推断据素,表达说话人基于证据的推测,类似于判断,带有说话人的主观性。再如,"引用"据素看似完全客观,实际上仍然是主观的,因为它不仅反映了说话人的信念，同时还表明信息引自他人，只是说话人通过引用他人的话语来降低自己对信息真值的承诺程度。

正如 Mushin（2001）所指出的，说话人或作者在选择据素之前就已经涉及主观性认知介入（subjective cognitive involvement）。他据此构建了言据性的认知立场选择模式（model of epistemological stance adoption）。如图 2-8 所示。

Mushin 模式强调说话人或作者选择和使用据素时所发挥的主观决定性作用，当说话人或作者面临多种信息来源可以选择时，他/她会依据交际目的、交际内容、交际环境等多种因素做出判断选择。据素选择过程就是一个认知过程，是一个受语境或其他因素影响的动态变化过程。所以，最终的语言和据素选择是有意识的、有意义的过程，也是主观介入的过程。

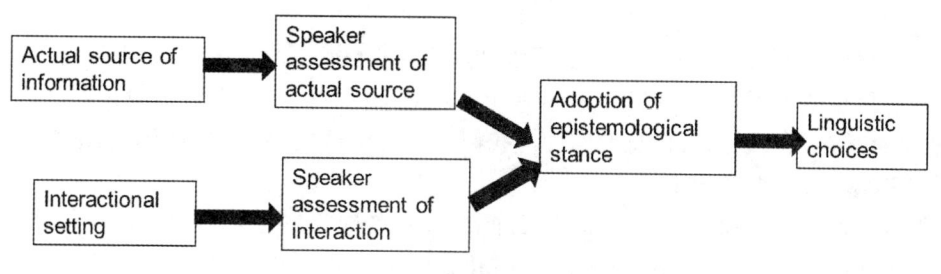

图 2-8　认知立场选择模式（Mushin，2001）

说话人或作者使用一系列语言手段来表达其对事情可信度的判断并实现交际，这些语言手段就是据素。广义言据性涉及报道信息来源并表达说话人对信息可靠程度的判断，所谓"证据"不过是被编码的信息在说话人的认知过程中的诸多思维维度之一。在交际过程中，说话人或作者介入了信息来源的说明以及对信息的态度，从语义上看，言据性具有主观性特征。因此，言据性不可避免地带有一定的主观性成分，换而言之，言据性也是主观性的。不过，主观性的强弱一方面取决于语境，一方面取决于说话人的据素策略。因此，言据性和主观性之间并非矛盾的，可以说，主观性是言据性的特征之一。

综上所述，我们认为，语言是一个动态的系统，其中的某一个子系统必然与其他系统存在某种联系。例如，时态是时间的语法表达方式，情态表明说话人对所述命题的态度和判断，言据性表明信息来源以及说话人对信息的态度，语气是情态的语法表达方式（Frawley，2005：12），情态的基本特征之一是主观性，言据性也表达了说话人的主观态度，言据性的基本特征之一也是主观性。凡此等等，言据性系统与情态系统、语气系统、主观性之间并非矛盾对立，而是相互包含，存在重叠交叉的现象。

2.8　小　结

本章介绍分析了言据性理论的概念框架。关于言据性的研究始于 1911 年，虽历经一个世纪的研究，但"总的来说仍处于襁褓期"（Willett，1988：51）。近年来，言据性研究似乎成了当前最热门的研究趋势（Aikhenvald，2004：16）。

早期的言据性研究多集中于具有语法范畴标记的语言，如印第安诸语、土耳其语、非洲诸

中美语言学硕博学位论文的言据性对比研究

语、藏语等,据素研究也仅限于形态据素。20 世纪 80 年代,随着美国功能主义的发展,美国语言学家 Chafe 发现,属于非屈折语的英语同样可以表达言据性,据素被扩大到词汇范畴。Anderson(1986)的研究发现据素可以省略,并提出了零据素这一概念。Laura Mazzoni 还讨论了意大利手势语中的言据性。Aikhenvald(2004)认为全球四分之一的语言都含有某种语法言据性。语言间的差异并非有没有言据性系统,而是用何种语言手段来表达言据性。例如,感官据素源自概念动词(perception verbs),如 *to see*,*to hear*,*to feel* 等;传闻据素源自质疑或潜势词汇(words of doubt or potentiality),如 Wintu 语的传闻据素后缀-*kEL* 就可能源自一个词素,意思是 *maybe* 或 *potentially*(Schlichter,1986:50)。引用据素通常来自话语动词,如 Nootka 语中的引用标记语-*we:ʔin* 的意思是 *it is said* 或 *s/he said*(Anderson,1986;Jacobsen,1986:16-17)。

关于言据性的定义主要分为狭义言据性和广义言据性。持狭义言据性观的学者认为言据性就是指明信息的来源,并由此衍生了其他方面的意义。而广义言据性则包括两个方面的信息:指出信息来源以及表达对信息的态度。我们对中美实证类语言学硕博学位论文的言据性对比研究采用广义言据性的定义。

根据言据性的狭义和广义语义范围,目前比较知名的言据性模式有 Chafe 模式、Anderson 模式、Willett 模式、Aikhenvald 模式和胡壮麟修正模式。胡壮麟(1994)认为 Anderson 模式和 Chafe 模式的不同之处在于:通过形态学、句法学和音系学给言据性成分定义;语言中有些表达方式虽具有言据性功能的含义,不认为是言据性成分;言据性成分只是在表述真实性事件中提供证据,对非真实性事件做陈述时可以省略。他认为按照 Anderson 模式,"对言据性的研究势必受到种种限制"(胡壮麟,1994:14)。Willett 模式的特点在于:以对数十种自然语言的分析为基础;把形式特征作为确定言据性成分的依据;把肯定性以及其他与言据性有关的因素排除在外;民间传说虽可与文化型证据联系,但与 Chafe 的"信念"似有不同(王天华,2010:82)。Aikhenvald 模式的特征为:进行了跨语言对比研究;区分了三组证据来源,即视觉与非视觉感官、推理与假设、传闻与引用;言据性独立于其他语言分类之外;据素与信度之间没有必然的联系;但她主要是针对语法据素的研究。胡壮麟修正模式将 Chafe 模式中定义模糊的概念和容易引起误解的因素予以修正,如将 Chafe 模式中的"???"具体化为"文化证据",将"证据"改为"感官的",将"语言"修正为"言语的",将"可靠程度""言语手段"和"期望"合并为"与知识相匹配的因素",但遗憾的是,他取消了信度的移动区间。另外,Chafe 模式和胡壮麟修正模式都没有讨论语境对于据素的影响。概而言之,虽然五种言据性分类各有特点,语义范畴亦不相同,但整体看,这五种模式还是有共同之处,区别只是针对信息来源是直接的,还是间接的,是听到的还是看到的,是归纳的还是演绎的,凡此等等。类属之间存在重叠和交叉之处,并没有矛盾对立的分类存在。由此可见,言据性是世界各种语言普遍存在的一种语言现象,不同的语言有不同的言据性表达方式,语法言据性多通过词缀、附着词素或小品词标注言据性,这被称为形态据素。例如,Eastern Pomp 人(美国加利福尼亚北部的北美印第安部落)所讲的霍次语就有四种据素后缀,置于动词之后表示信息来源,-*ink'e* 表示信息来源于非视觉感官,-*ine* 表示推理,-*le* 表示传闻,-*va* 表示直接知识。还有一些语言,如英语和汉语,不使用词缀表示信息来源,而是用词汇,如形容词、动词、副词、名词等,这被视为词汇据素。此外,语境有时可以隐性表达信息来源和说话人的观点态度,此时据素可以省略,被称为零据素。

在世界上的很多语言中,言据性系统与时体系统、语气系统和情态系统并存,有些含有语法言据性的语言,其言据性标记语与时体或认知情态并不相同,而有些非语法言据性的语言中,其言据性标记语与时体或认知情态存在某种交互关系,那么这三者之间究竟是一种什么关系,值得探讨。

Jakobson(1971[1957])所提出的据素符号系统 $E^n E^{ns}/E^s$ 在区分时、体、语气和言据性的动词属性方面至关重要。他对于据素的术语定义是,据素允许说话人预测 E^s 中 E^n 的 E^{ns}。语气则涉及 E^n 的参与者(P^n)和 E^s 的参与者(P^n)之间的关系。情态讨论的是 E^n 中真值域(truth realm)的导向定位(orientation),该真值和 E^s 有关,表明说话人对 E^n 的信念状况。言据性包括对某一命题断言的保证,但是保证 E^n 断言会影响 E^n 的真值判断。听话人通常会根据说话人使用或不使用某种证据来判断 E^n,进而推测说话人对真值的确信度。

根据语言学者对言据性和情态的不同分类和界定,我们认为,这两者之间存在分离、重叠和包含三种关系。首先,狭义言据性只关注信息的来源,情态的核心是说话人对信息的观点和态度,因此狭义言据性和情态的研究范畴是分离的。其次,广义言据性关注信息来源和说话人对信息的态度,词汇据素也是情态词,都可以传递出说话人对信息的态度,因此广义言据性和情态之间存在重叠关系。最后,言据性和情态之间存在相互包含关系。Matlaock(1989:215 转引自 Dendale & Tasmowski,2001:342)认为,据素包含认知情态,因此言据性包含情态。而 Palmer(1986:8)则认为言据情态和认知情态都是命题情态的子类,因而情态包含言据性。鉴于我们所探讨的是中美实证类语言学硕博英语学位论文中的言据性特征,英语语言采用词汇据素和零据素,讨论据素所构建的人际意义和对信息的态度评价,所以我们采用言据性和情态是重叠关系这一概念。

通过以上分析,我们认为言据性包含语气,即言据性可以通过陈述语气、祈使语气和虚拟语气来实现。尤其是虚拟语气中所使用的情态助动词也是据素,可以表达推测、义务、责任、认知等语义。

广义言据性涉及报告信息来源以及表达说话人对信息来源的态度和判断,所谓"证据"不过是被编码的信息在说话人的认知过程中的诸多思维范畴之一。因此,从语义上看,正如主观性是情态的特征之一,语气也具有主观性特征,言据性同样具有主观性特征,说话人或作者通过据素来实现交际目的。

概而言之,语言是文化的载体,反映人类的认知,语言具有一定的任意性,不同的语言都有其独特性,自然会有不同的语言体系,对于语言系统也会采用不同的划分方式和表达方式,不同的语言在决定哪些形式或哪些意义属于哪个系统或范畴时具有一定程度的任意性。而且,即使是同一语言仍是一个动态变化的系统,同一语言的某个子系统可能与其他系统存在重叠交叉或包含关系,不同语言之间的差异性更大,而且人类在使用语言的过程中也赋予语言以独特的文化特征。因此,没有必要彻底区分言据性系统、情态系统和语气系统。而对于主观性强弱的探讨,更多的是取决于文化差异、语境和语体特征,以及说话人为达成交际目的而采用的据素策略。

第三章 国内外言据性研究述评

3.1 导　言

本章首先概述了国内外言据性研究的现状；然后对国内外言据性的研究特色和研究角度进行了回顾，简单评析目前言据性研究中存在的一些问题；最后探讨了言据性研究的发展趋势。旨在勾勒出言据性的概貌和研究图示全景，对于言据性各个视角的研究都具备借鉴意义。

3.2 国外言据性研究述评

现代语言学奠基者 Franz Boas 认为，语言的差异不仅在于一个人会说什么，还在于要提供何种信息。1911 年，Boas 在研究印第安 Kwakiutl 语时发现一个有趣的现象，说话人在交际过程中必须说明所述信息的具体来源，表明自己所说的话有据可依。他借鉴英语名词 evidence 的概念意，创造了一个新词"言据性（evidentiality）"用来指称这一现象，意思是"言必有据"。

Longman Dictionary of Contemporary English（2005）对 *evidence* 的定义是 something, such as a fact, sign, or object that gives proof or reasons to believe or agree with something；在法律术语中指 the answers given in a court of law（法庭上的证词）。

Cambridge Advanced Learner's Dictionary（2008）对 *evidence* 的定义是 one or more reasons for believing that something is or is not true.

Oxford English Dictionary 对 *evidence* 的定义是：the available facts, circumstances, etc. supporting or otherwise a belief, proposition, etc., or indicating whether or not a thing is true or valid；在法律对白中，evidence 是 information given personally or drawn from a document etc. and tending to prove a fact or proposition; statements or proofs admissible as testimony in a law court.

从词典给出的解释看，*evidence* 有两个意思：语言学意思和法庭意思。从语言学意思的界定看，三本词典给出的解释侧重点并不相同，*Longman* 词典强调和证据有关的事物，*Cambridge* 词典则更倾向于说服他人的理由，*Oxford* 词典兼而有之，既指支撑信念的事实环境，也表明事件的真伪。这些差异为后来的研究者就言据性的语义范畴产生争议提供了依据。

Boas 认为，"尽管我们的语言（指英语）必须使用准确度、数字和时间，但是，我们发现在另一种语言中，说话者附近的地域，信息来源——所见、所听、所推断——也是语言的必要组成部分"（Boas, 1938: 133）。Boas 所提及的信息来源就是言据性。1947 年，Boas 创造了"据素

(evidential)"这一术语,用于描述印第安语中必须表达信息来源和肯定程度的后缀。作为 *evidence* 的同根词,*evidential* 同样具有两个意思:法庭意思和语言学意思,如果 *evidence* 相当于 *proof*,那么 *evidential* 可以解释为 to do with proof(处理证据)。不过,从 Boas 对言据性的定义来看,他所界定的"据素"的语义范畴较窄,仅指基于"信息来源"的推测,并非现代语言学言据性研究中的据素意义。直到 1957 年,Jakobson 才正式将"据素"这一术语纳入现代语言学语法范畴,他撰文指出:

"$E^n E^{ns}/E^s$ evidential is a tentative label for the verbal category which takes into account three events—a narrated event (E^n), a speech event (E^s), and a narrated speech event (E^{ns}). The speaker reports an event on the basis of someone else's report (quotative, i. e. hearsay evidence), of a dream (revelative evidence), of a guess (presumptive evidence) or of his own previous experience (memory evidence)."

Jakobson(1971[1957])创建的 $E^n E^{ns}/E^s$ 符号系统,将据素界定为"动词的不确定标记语,涉及三种事件:被述事件、言语事件和被述言语事件。说话人基于以下证据描述事件:某人的报道(引用,如传闻证据)、假想(设想证据)、猜测(假设证据)或本人以前的经历(记忆证据)"。这一符号系统为此后区分言据性与时—体概念、情态系统和语气系统奠定了非常好的理论基础。

到 20 世纪 60 年代中期,言据性和据素正式成为现代语言学中的术语。1986 年,Chafe 将据素由语法范畴扩大到词汇范畴,即有些语言可以通过形态据素表达言据性,而另一些语言则使用词汇据素表达言据性功能,从而赋予言据性的功能性概念。1996 年,Bussmann 将 *evidentiality* 收录到其编撰的词典 *Language and Linguistics* 中,这标志着言据性被正式纳入现代语言学的研究范畴。1997 年,语言学家 Saeed 首次将言据性纳入语义学的研究范畴。2001 年,言据性被纳入语用学的研究范畴。此后,有关言据性的研究在语言学界引起了越来越多的关注,具有突破性的研究是 Barnes(1984)对 Tuyuca 语的研究,Malone(1988)发现了南美洲的语言中存在较为复杂的多义据素(complex multiterm evidentials)。言据性逐渐成为被广泛认可的语言学研究分类,许多学者纷纷从类型学、语义学、语用学、术语学、跨语言学、社会认知语言学、系统功能语言学等视域进行更为广泛深入的探究,语言学与社会学和人类学等学科融入交叉,开启了百家争鸣之势。

3.2.1　语义范畴之争

虽然目前学者一致认为言据性是语言共存现象,但对于言据性的语义范畴仍然存在争议,这主要反映了两个派别之争。一派认为言据性的核心意义是用于说明信息来源,另一派则坚持言据性的主要意义有两个:表示信息来源以及传递对信息的态度。前者被称为狭义言据性,后者是广义言据性。

持狭义言据性观点的学者认为,将信息来源标注为语法范畴并不意味着知识或信息的信度或效度(Hassler,2002:157)。言据性的首要意义是信息来源,这包括获取信息的方式,但并不涉及说话者对命题的确定程度或对命题真伪的承诺。信息来源可能是正确的,而信息可能是错误的,反之亦然。说话者或作者对据素的熟练程度通常是其在语言社区中的地位标志或象征，表明他们对所存在的语言和社会规范的熟知程度。但是表达适当的信息来源，选择正确的信息源标注，与说话人或作者的认知立场、观点或个人可靠度以及确实性无关。一个据素可以表达多个相关信息来源。例如，同一个据素在不同的语境中可以指所听、所闻和所触。一个词素是否被认定为据素，关键在于其核心意思是否是信息来源，据素有可能用某个词汇重新描述，或可以在据素上添加一个词汇加以解释。例如，视觉据素可以被解读为 *I saw it*，报道据素可以用 *they told me* 加以描述。

持广义言据性观点的学者则认为言据性具有两个核心意义，即信息来源＋态度。Chafe 和 Nichols（1986:vii）提出了言据性的自然认知论（natural epistemology）。他们指出，真理是一个相对的概念。据素可以传递语言表述时所隐含的确定、不确定或可能等观点，这也反映了人类对于真理相对性的意识。虽然语言具有任意性，但是人类在发展过程中形成了对客观世界相似的认知，因此语言本身就具有非常丰富的、用于表达认知态度的语言资源。另外，人类使用语言进行交际的过程也是社会和文化交互的过程，这期间，说话人对所述信息的态度都表现在语言形式中，是对"知识来源和确信度"的一种"自然认知"（Chafe & Nichols，1986:vii）。这种"自然认知"可以通过语法范畴表达，如词缀、小品词、附着词等，也可以通过词汇表达，如英语和汉语就是用词汇来表达自然认知的。英语有很多名词、副词、形容词、动词和介词短语等词汇都可以表示对所述事件的确信度。例如，*probably*，*maybe*，*possibly*，*possible*，*impossible* 等可以表示"真理的可能性"，*actually*，*in fact* 可以表示对所述事件的不同期待，*guess*，*must*，*sound like*，*look like* 等用于表示对事件的推测。Mithun 认为词汇据素通常可以从所述事件的证据来源、准确度、可能性以及对可能性的期待等四个方面表达所传递信息的可靠性（Mithun，1986:89）。

本研究认为，对于言据性的语义范畴之争源自于对"*evidentiality*（言据性）"来源词 *evidence* 的不同阐释。*evidence* 一词来自于拉丁语 *evidere*，其中 *e* 的意思是 *out*，近似于汉语的"外在的，外显的"，*videre* 的意思是 *to see*，表示"看见"。从拉丁语的词源视角看，*evidence* 表示"外在可见的事物"。所以，*evidence* 最初的语义是信息来源，尤其是视觉信息。14 世纪，英语中 *evidence* 语义范畴得到扩展，表示 *information that helps form a conclusion*（有助于下结论的信息），含有"基于表象的推测"之意，并被引申为"*ground for belief*（信念的基础）"。因此，*evidence* 就可以表示基于信息来源（外在表象）的信念（即态度）。"据素"（evidential）和"证据"（evidence）之间的关系，如 Anderson（1986:273）所指出的，"据素（evidential）表达某人做出事实断言时所用的证据（evidence）"。由此可见，"据素"是抽象化的"证据"，用于总结一系列证据的共性特征。"据素"表明某一"证据"，是因信息获取方式不同而产生的不同"证据"类型。信息获取方式包括知识模式和知识来源，因此，"证据"是具象化的"据素"。语言学领域的研究性和法庭或辩论中提供证据无关，也无所谓真假。

下面我们来看看其他词典给出的语言学视域下 *evidence* 定义。例如：

(1)*Collins* 的定义 a. Evidence is anything that you see, experience, read, or are told that causes you to believe that something is true or has really happened. b. your basis for belief or disbelief; c. knowledge on which to base belief; d. an indication that makes something evident;

(2)*Longman Dictionary of Contemporary English* 给出的定义是 facts or signs that show clearly that something exists or is true;

(3) *Merriam-Webster* 将 *evidence* 界定为 a. something that furnishes proof；b. evidence suggests serving as proof of the actuality or existence of something；c. something which shows that something else exists or is true；d. a visible sign of something；

(4) *Webster's College Dictionary* 的定义是 a. that which tends to prove or disprove something；b. ground for belief；

(5) *dictionary.com* 的解释是 Evidence is any information so given, whether furnished by witnesses or derived from documents or from any other source；

(6) *British Dictionary* 给出的阐释是 a. ground for belief or disbelief；b. data on which to base proof or to establish truth or falsehood；

(7) *Farlex Trivia Dictionary* 给出了多个定义：a. a thing or set of things helpful in forming a conclusion or judgment；b. Something indicative；an indication or set of indications；c. ground for belief or disbelief；data on which to base proof or to establish truth or falsehood；d. a mark or sign that makes evident；e. that which tends to prove or disprove something；ground for belief；proof；

(8) *Kernerman English Multilingual Dictionary* 将 *evidence* 定义为 a. your basis for belief or disbelief；knowledge on which to base belief；b. information etc. that gives reason for believing something。

这些词典对 *evidence* 的阐释可以分为两大类：*evidence* 仅限于表明证据来源，如所见、所闻、所读、所经历等间接或直接的来源，如 *Longman Dictionary of Contemporary English* 和 *dictionary.com*；另一类则涵盖了信息来源和信念基础，如 *Collins*、*Merriam-Webster*、*Webster's College Dictionary*、*British Dictionary*、*Farlex Trivia Dictionary* 和 *Kernerman English Multilingual Dictionary*。词源和词典定义表明言据性的两大阵营分别借用了 *evidence* 的两个不同语义来源，但都赞成 *evidence* 的其中一个概念义："证据，作证，信息来源，证明某事存在或不存在的事实"等。所以，狭义言据性和广义言据性之间并非截然对立分离的，而是有交叉重叠部分——信息来源。另外，目前比较成熟的六种言据性分类模式（详见第二章）虽然也存在狭义言据性和广义言据性之分，但从分类看，彼此之间仍存在重叠交叉。例如，所有的模式都涉及"传闻"，都承认人们会依据已有信息进行"推理"。我们认为，从语义学的视域看，"词本无意，用而生意"，说话人在选择信息来源时已经显性或隐性地表明了个人观点和信念，参与了信息评价。在评判客观世界或客观事物时，并不存在绝对的客观。语言所传递的信息都具有主观性，反映了我们对主客观世界的认识。所以，我们更认同广义言据性，说话人在选择信息来源的同时也表达了个人信念。

3.2.2 术语之争

言据性在诞生之时就存在很多争议，如广义言据性和狭义言据性之争、据素类型之争、言据性和其他语言系统的概念术语之争。我们在第二章已经详细介绍了这些存在争议的概念，在此仅探讨言据性在语义概念和语法地位方面的术语之争。

首先，言据性的语义概念特征之争。从广义言据性的定义可以看出，言据性与确信度和可

中美语言学硕博学位论文的言据性对比研究

信度的概念交织在一起,而确信度和可靠性都和认知情态密切相关。在目前的语言学领域,学者们对言据性和认知情态之间的关系并未达成一致。有些学者认为言据性是认知情态的子类,如 Palmer(1986)和 de Haan(1997,1999,2000,2001);有些认为言据性就是情态,如 Willett(1988)、Donabedian(2001)和 Cornillie(2009);有学者从广义言据性出发,认为言据性包含情态,如 Chafe(1986)、Trask(1999)等。例如,Chafe 认为言据性包括知识获取模式,如感官证据和传闻证据,但他又指出有时言据性也"隐含可靠程度"(Chafe,1986:266);有学者认为言据性和情态是交叉关系,如 Van Der Auwera 和 Plungian(1998:86),理由是言据性有推测据素,表示说话人根据间接证据进行的推理或推测,情态含有认知类型,用于表达说话人对命题真实性的推测判断。所以,这两个概念在"推测值(inferential value)"上交集;还有学者认为言据性和情态之间没有任何关系,两者是各自独立的语言系统,如 Hardman(1986)、Aikhenvald(2004)和 Matthewson(2006,2010)。Aikhenvald 认为有些语言的语法体系中,言据性系统和情态系统是截然不同的两个系统,据素可以获得附属意义,如可靠性、可能性和或然性,即认知扩展(epistemic extension)(Aikhenvald,2004:6)。McCready 和 Ogata(2007)讨论了言据性、情态和或然性之间的关系,指出这三者之间是彼此独立的语言系统。有关言据性和情态以及其他概念之间关系的观点如此大相径庭,其原因正如 Dendale 和 Tasmowski(2001:342-343)所分析的那样,"在很大程度是因为探究言据性的语言来源不同,有些语言形式既表明信息来源,也表明说话人对信息可信度的态度"。从目前的研究状况看,大部分学者认为没有必要区分言据性和情态。

其次,言据性的语法地位之争。对于言据性的语法研究可以追溯到 Boas(1911,1938)对北美印第安诸语的研究,不过具有突破性的理论和实证研究则始于 20 世纪 80 年代,Anderson(1986:274)认为据素是一种特殊的语法现象。Lazard(2001)认为,虽然所有的语言都有表达信息来源的方式,但并不是所有的语言都有言据性这一语法范畴。有些语言的语法系统有特定的语法形式,具有语义和语用的双重功能,表达说话人所传递的信息来源。根据这一观点,Lazard 将语言分为三类:据素语法化的语言(如印第安诸语)、据素没有语法化的语言(如英语、法语、汉语)和据素正在语法化的语言(如亚美尼亚语、土耳其语、马其顿语、保加利亚语)。Aikhenvald(2004)认为,没有语法言据性的语言同样可以使用"据素策略"或"词汇手段"来表达信息来源。因此,语法言据性必须具备四个条件:第一个条件是"语义首要",即据素意义是词素的核心意义(Aikhenvald,2004:3);第二个条件是"强制性",指的是任何一个语法语篇中,每一个句子都必须至少标注一个据素(Aikhenvald,2004:10);第三个条件是"词形变化的组合式",据素与一个词组合成词形变化(Aikhenvald,2004:9);第四个条件是"词形变化的均匀性",意思是词形变化中的所有词素都以据素意义为其核心意义(Aikhenvald,2003:11)。Aikhenvald 界定的言据性语法范畴显然仅仅适于非屈折语。这四个条件并不适合于所有的语言,如英语、法语和德语等去语法化的屈折语言,以及非屈折语汉语,并非"强制性"指出信息来源。英语的概念动词既可以表达直接观察,也可以表示间接推测。例如:

(9) But witnesses later said that they ***saw*** employees beating at least some of the birds to death.

(10) Wexford leafed through it and ***saw*** that Hatton had paid twenty-five points for the lamp on May 22nd. (Aikhenvald,2004)

例(9)的动词 *saw* 表示信息是目击者（witnesses）通过视觉直接观察到的,而例(10)中的 *saw* 则是 *Wexford* 迅速浏览记录之后,根据单据中所显示的信息推测 *Hatton* 已付款。因此,概念动词 *saw* 既可以传递认知扩展,也同时可以作为据素的语法标记语。

3.2.3 类型学研究视域

言据性研究起源于类型学研究。Anderson（1986）是首位将言据性确立为独立的语法体系的学者。他指出言据性具有类型学的特征:"就类型学而言,据素包括词形变化、小品词或其他语法元素（不包括合成词或派生词）（Anderson,1986:275）"。目前的成果显示:首先,言据性普遍存在于各种语言中,不过有些语言强制要求使用据素,而有些语言则是选择性使用据素。其次,据素的表达方式各不相同,概而言之,有两种,即语法据素和形式据素。

Aikhenvald（2004）的类型学研究发现,言据性是语言共存现象,像这种说话时必须说明信息来源的语言大约占世界上所有语言的四分之一。在这些语言中,说话者必须使用某种语言形式,说出他/她的信息是自己所见、所听、从间接证据中推测而来、或是从别人那里听到的,等等。她将言据性的定义限定为指明信息来源,并认为这种意义的延伸可以衍生出其他方面的意义延伸。

有很多研究者致力于言据性的类型学研究。例如,Ballard（1971）对菲律宾语言据性的调查。Laughren（1982）对印第安 Warlpiri 语言据性的观察。Barnes（1984）对 Tuyuca 语的研究更是具有突破性意义。Aoki（1986）、Kamio（1997）、Trent（1997）、McCready 和 Asher（2006）讨论了日语的言据性特征和据素的语用功能。DeLancey（1986,1990）、Krisadawan（1993）、Sun（1993）和 Garrett（2001）调查了藏语的言据性和断言特征。Malone（1988）发现南美洲诸语中存在较为复杂的多义据素（complex multiterm evidentials）。Jakobson（1995）详细介绍了阿拉斯加中部地区 Yup'ik 爱斯基摩语的言据性特征和据素属性,Sellman（1996）则细致描述了该语言语法据素 =*gguq* 和-*llini*-的记叙功能。Gronemeyer（1998）探讨 Lithuanian 语言据性的语义基础。Floyd（1999）分析了 Wanka Quechua 语的据素分类结构特征。Faller（2002,2003）详细描述了 Cuzco Quechua 语的据素语义属性和语用功能,并着重分析了附着词-*Mi* 据素的条件限制。Dickinson（1999,2000）从语义和语用视角探讨了 Tsafiki 语的据素标记语和确切性标记语的分布特征和功能。de Haan（1999）讨论了丹麦语的言据性特征,认为言据性是情态的子系统。Dwyer（2000）分析了 Salar 语的言据性特征和据素属性。Mortelmans（2000）探讨了德语情态词 *mussen* 和 *sollen* 的认知据素本质。Schenner（2010）也对德语的报道情态进行了言据性的语义探索。Hassler（2002）讨论了拉丁诸语的报道言语中的言据性特征。Song（2002）、Chung（2006）、Lee（2010,2011）和 Kwon（2012）分析了韩语的言据性特征,以及据素标记语的类型学探究,解析了韩语的证据表达意义。Dixon（2003）描述了 Jarawara 语的言据性特征。Fortescue（2003）采用案例分析法讨论了西格陵兰岛语言的言据性特征和据素分类。de Reuse（2003）观察了阿拉斯加地区 Athabaskan 语的言据性特征。Dickinson 等人（2006）分析了 Cha'palaa 语和 Tsafiki 语的言据性和确切性之间的关系。Sauerland 和 Schenner（2007）观察了保加利亚语的据素属性和表达方式。Michael（2008）探讨了亚马逊地区的 Nantis 人如何在交际互动中使用据素来源来表达对话语篇中的个人责任,作者还从语言、知识和社会行为等视域分析了 Nanti 语中的据素应用在建构亚马逊社会生活中的功能,进而指出据素是社会交际的组成部分。Murray (2010) 从语义学和语用学的视角讨论了 Cheyenne 语的言据性特征,并分析了该语言中言据性和语气的结构和意义差异。Smirnova (2011) 探讨了保加利亚语语中认知情态和言据性的语法表达差异,他认为言据性和语气都是认知情态的语法表达,都具有认知情态意义。Sener (2011) 讨论了土耳其语的据素的语义和语用特征。AI-Malahmeh (2013) 分析了约旦阿拉伯语的据素意义,指出该语言中的据素具有认知情态意义。

类型学研究的结果显示,不同语言的据素类型不同,有的语言有两种据素,有的是三种、四种、五种、六种或更多,还有的语言不使用据素。即使有同样的据素类型,但其功能却不尽相同。从普通语言学的视域看,语言有其任意性,因此,不同的语言会采用不同的语言表达形式,如语法后缀或词汇短语。由此可见,类型学研究使用了不同的语法机制,相对缺少广泛的类型语法对于任何范畴的广泛类型学分析而言都是一个巨大的挑战。迄今为止,还没有广泛的类型框架用于分析不同的据素体系、语义、功能,以及与其他语法范畴间的互动方式(如人称、否定、从句类型等)。

我们认为,语言具有多样性,没有绝对一样的语言,但也不存在绝对不一样的语言,不同的语言之间共性和个性共存,我们不可能对所有语言进行穷尽性描述,更不能套用别的语言模式,而是对某一特定语言进行具体的描述和分析,从实际的语言形式和对语言功能的分析中生成语言理论。因此,研究的重点不是描述这些共性和个性,而应该是从多视角对其进行分析阐释。

3.2.4 跨语言研究视域

言据性的跨语言研究的目的是探索语言之间据素的地区扩散(areal diffusion)情况。跨语言研究是言据性研究的起源之一。目前的研究表明,言据性是存在于人类所有语言中的普遍现象(Aikhenvald,2004)。语言间的差异并不是有没有言据性,而是如何表达言据性意义、表达形式和语法范畴。

Woodbury (1986) 对比分析了 Sherpa 语和英语中言据性与时的交互性差异。

1988 年,Willett 从形式主义的角度出发,对 38 种自然语言进行了言据性使用策略的对比分析,从而开启了言据性的跨语言对比研究。他发现,除了两种语言之外,其他 36 种语言都使用语法形式作为据素。由此,Willett 指出,屈折语言使用语法形式,如词缀、小品词、附着词等作为据素,非屈折语则使用词汇据素,用词汇和短语表达言据意义。他还发现了一个特殊的现象——零据素(zero evidential markers),指说话人没有使用据素,但仍能传递言据性意义。这有点类似于 Jacobsen (1986:9) 提出的"对来自直接经验的信息常用零标记"和 Du Bois (1986:322) 提出的"自证(self-evidence)"术语,指"说话人没有必要说出证据,因为任何一个心智正常的人都可以通过自己的直接观察得到同样的结论"。Willett 的这一研究成果引起了越来越多学者的关注,开始在世界各语言中广泛分析零据素现象出现的原因、规律和功能。

Uriel Weinrich (1994) 对比分析了霍皮语、保加利亚语、土耳其语和德语,指出在这四种语言中,说话人都会使用言据性策略来表达对信息的不确定性,或者减少自己对所述信息要承担的责任。通过对比,他指出,对多种语言的言据性和据素的比较研究是没有穷尽的。因为,虽然据素是某一语言所特有的表达形式（language-specific expressions），但拥有共同的语义空间（universal semantic space），在此语义空间中，不同的语言所表达的意思是相近或相矛盾的。

Friedman（1999）对比分析了巴尔干语、拉丁语、阿尔巴尼亚语和土耳其语使用言据性表达确信和不确信的差异。

Donabedian（2001）也采用语言类型学，比较亚美尼亚语、保加利亚语、土耳其语、马其顿语中的据素，他认为可以根据据素是否语法化作为语法分类（grammatical typology）。据此，他将语言划分为据素已经语法化的语言、据素正在语法化的语言和据素没有语法化的语言等三类。

Valenzuela（2003）对比分析了 Shipibo-Konibo 语与 Panoan 语的言据性分类，指出两种语言的据素类型和功能存在共性与异性。

McLendon（2003）对比分析了一个语言分支（Eastern Pomo）与其同一语系（Pomoan）中其他语言的言据性分类，指出，即使是同一个语系中仍然存在言据性和据素差异。

Aikhenvald（2003，2004）的跨语言言据性研究表明，不同的语言使用者在描述同一件事时会使用不同的据素。例如，在描述从电视节目中看到的信息时，Qiang 语的使用者使用报道据素，而 Tariana 语则使用视觉据素（Aikhenvald，2003：23）。她进而指出，导致据素属性不同的主要原因是文化差异，这一观念为言据性的跨语言分析提供了新的视角。

Schenner（2010）对比分析了土耳其语和德语复杂句式中的据素功能。Krawczyk（2012）对比分析了阿拉斯加的 Yup'ik 爱斯基摩语和英语的言据性特征，他指出，据素的信息来源描述并不一定反映事实，如果将据素标记语仅仅简单化为信息来源，必将阻碍据素和证据所表达的事实。

跨语言研究是言据性研究的重要研究视角之一，为我们提供了新的视野，以一种全新的、以前未被描述过的语言来调查言据性现象。但是在两种语言之间寻找词语的一一对应关系，往往忽略了语言的文化特征。应该按照所调查的语言概念系统去定义物体，而不是重新编码语言。因此，跨语言研究应侧重于探索语言言据性和据素形式与功能的共性和差异性背后所隐藏的认知、社会、文化等因素。

3.2.5　认知语言学研究视域

语言和其他行为是相互依存的，不能孤立地研究语言。我们获取对世界认知的途径多种多样，如亲眼所见、思考推测或传闻，其手段主要是语言。语言并不仅仅是反映的工具，还是一种活动的方式。因此，人类的所有语言都有表达命题认知评价的手段。在交际过程中，我们有时会指出获得认知的方法，从而保证甚至强化断言的真值。这一语法化过程就是言据性。换言之，言据性关注信息来源或信息是如何获得的，即狭义言据性，这实际上是以间接的方式表明对信息的认知状态和态度。广义言据性则认为言据性不仅表达信息来源，而且涉及说话人对信息的态度。这两者更是建立在人类对客观世界的认知、观察和判断之上，其中所隐含的人类对客观世界的立场态度与自然生存环境以及所处的社会文化环境息息相关。不同语言的言据性表达方式和功能能够反映出人类的世界观、哲学观、意识形态、价值观等社会认知概念。

从微观层面看,任何交际都是一种双向的认知活动。

1986年,由Wallace Chafe和Johanna Nichols(1986)编辑的言据性研究论文集就被命名为《言据性:认知的语言编码》(*Evidentiality: The Linguistic Coding of Epistemology*),显然,他们认为言据性是个认知问题,即我们所说话的内容实际上是我们对主客观世界的认知。知识首先是我们生活在现实世界和社会中通过这样那样的实践获得的。

Schlichter(1986)对北加利福尼亚的印第安土著语Wintu语的研究发现,Wintu语必须使用三种据素标明信息来源:感官据素(指说话人看见或听见某事的发生)、传闻据素(表明说话人的认知基础是交际事件,如说话人被告知了某一信息)和推测据素(表明说话人基于其他事件对信息进行到了推测,而并非目睹)。例如,推测信息 He went somewhere. 推理的基础并非说话人亲眼看到"他离开",而是基于他不在周边或没有看见他的鞋子,或其他某种间接证据,进而推测出"他去了某地"。这一推理表明Wintu语是基于"间接感官证据(circumstantial sensory evidence)"做出的推测(Schlichter,1986:51)。Wintu语的使用者通过使用据素来表明他对世界的认知,并根据自己的经验来表达认知推理。

近年来,随着语言研究的社会认知转向,言据性研究开始广泛触及社会认知领域。例如,Mushin(2001)认为据素的语言选择就是认知立场的选择,进而分析了据素选择的认知过程。他指出,说话人在选择据素之前,会经历一个"认知分类和评估(epistemological classification and assessment)"的认知过程,这一过程包括对信息来源以及具体交际环境的评估。因此,据素的选择除了受到信息来源的影响之外,还会受到来自社会的、文化的、认知的、语用的等多种因素的限制和影响。Cornillie(2009)、de Haan(2005)和Bednarek(2006)也纷纷撰文讨论了言据性的认知意义和立场表达功能。他们都认为说话人能够编码个人观点,据素选择反映了说话人/作者的认知过程。Precht(2003)对比分析了言据性在英美会话中的情感表达差异,他在赞成据素选择是认知过程这一理念的同时,也指出言据性是文化在语言上的映射,即使同一语言仍存在文化差异,这一差异也是社会发展、文化多元性的结果,所以英美会话语中也存在据素选择的共性和个性特征。

一些学者研究了儿童和成年人习得言据性的认知过程。例如,Aksu-Koc(1988,2000)、Slobin(1986)、Courtney(1999)、Haviland(2004)、Parafragou等(2007)和Ifantidou(2009)分析了儿童语言习得过程中言据性的认知过程。Choi(1995)分析了儿童习得韩语母语的认知情态结构和功能的认知发展过程。Papafragou和Ozturk(2008)以土耳其语为研究对象,分析了儿童语言习得过程中是如何习得语言言据性以及相关推理能力的发展。他们指出,儿童有产出推理信息来源的能力,识别不同类型的信息来源,区分不同的据素标记语,将之与非言语信息来源类型建立图示,而且能准确理解言据性。他指出,即使儿童能够识别自己母语中不同信息来源的标记语,但是如果他们不具备熟练辨析非言语信息推理能力,也不一定能够完全掌握这些据素标记语的意义。反之,如果儿童无法识别其母语的据素标记语,他们即使已经具备熟练辨析非言语信息推理能力,同样无法正确使用据素标记语。Fitneva和Matsui(2009)对比分析了儿童和成年人的母语言据性习得过程和认知发展的相互作用。

Palmer(1986:54)认为,人们使用语言来传递信息,实质上就是把这一信息当作是有一定证据的信息传递给听话人的,所以,句子中的据素就是说话人对所述命题信息的来源和对所述命题信息的认知状态的编码。语言传递语义,语义再次被认知所构建,换言之,交际就是认知的相互传递、相互作用。因此,据素所传递的意义和认知就成为目前言据性研究的核心。

3.2.6 语用学研究视域

现代人类语言学奠基人 Boas 在 1911 年主编的《美国印第安语手册》的《序言》中指出,掌握语言是准确而透彻地了解(所研究的文化)知识的不可或缺的手段,因为通过聆听本地人的交谈和参与他们的日常生活可以获得很多信息,是不懂得该语言的观察者所无法做到的。Boas 还进一步指出,从理论上看,语言和思维具有密切的关系。只有通过语言才能了解一些无意义的现象——如意念的分类,以及怎样用相关的或相同的词语,或用比喻建立联想的方式来表达意念。社会语言学家 Austin(1962)强调语言是社会行为。Hymes(1972)指出应从三个层面分析言语行为:言语环境(speech situation)、言语事件(speech event)和言语行为(speech acts)。其中,言语行为是最小的分析单位,如问候、道歉、介绍、表扬、提问等。当根据某些社会规范组成一个连续的系列言语行为时,就成为言语事件,如交谈、访问、对话、打电话、网络交流等。言语环境是交际发生的上下文,即与言语行为相联系的典型环境,如生日聚会、家庭聚餐、拍卖、看球赛等。言据性是社会文化特征在语言上的特定表征,也是一种社会行为,涉及言语行为的各个层面。为了使语言在社会行为中产生效果,说话人必须选择适当的语言或表达形式来适应周边的社会环境。语用学就是研究符号和符号使用者之间关系的一门学科,除了涉及常识信念系统因素之外,还涉及语境、交际场景、话语篇章、交际意图、社会文化等方面的问题。成功的交际涉及说话人的意义、听话人的理解、说话人和听话人的共享背景知识、语言所隐含的信息、语境与意义之间的关系等。在社会交往过程中,说话人会根据社会目的、论证目的或修辞目的来选择据素,如误导信息、撒谎、模糊对命题真值的承诺、表现出对命题真值的信心等,从而使得据素具有语用功能,而且在语境中,据素会产生多种语用功能,话语的隐含信息会通过语境得以激活。

对于言据性的语用研究只能从广义言据性的语言范畴出发,因其不仅关注信息来源,还关注据素在特定语境中的语用功能。Chafe 是首位尝试从语用视角探讨言据性的学者,不过在语篇分析层面受到广泛关注的时间相对较短(Atkinson,1999;Fox,2001;Hill & Irvine,1993;Ifantidou,2001;Mushin,2001;Sakita,2002)。

Barnes(1984:262)研究 Tuyuca 语时发现,视觉据素位列该语言五种据素之首,在话语中必须使用。例如,当说话人看到一件正在讨论的事件发生时,即使他也同时听到了该事件的发生,也必须使用视觉据素。在 Tuyuca 语言系统中,使用传闻据素意味着说话人对所指信息缺少证据或对信息真值缺少信心。换言之,如果说话人看见事件的发生,他就应该用视觉据素予以标明,如果不是亲眼所见,则没有使用据素,这样,听话人就会推测说话人对信息并不确信。Barnes 指出,在 Tuyuca 语中,如果说话人不使用任何据素,那就意味着在语用上他对所断言的命题缺少一手证据,听话人就会假定说话人只是推测命题为真,或者他的断言仅仅是依据某种传闻信息或二手信息。那么,听话人就会认定说话人对于所预测的事件状态缺少信息。不使用显性据素,说话人在言语交际互动中就隐性表达出他缺少一手信息,从而构建了"互动推测(interactional inferential)"的语境。

Friedman(1986:168-187)的研究发现 Macedonian 语也有类似的语用效果。用视觉据素表明说话人目睹了事件过程，自己确信所述信息的真值，而用其他据素则表明说话人没有目睹事件发生，只有传闻证据。他还发现 Balkans 语的据素在交际过程中具有多种语用功能，据素功能的变化受到语用因素的影响。

Hill 和 Zepeda（1993）采用案例分析的方式，观察了说话人会根据个人经验描述事件的责任分布状况，指出说话人会根据交际目的，选择信息证据来源，以减少个人对事件真值的责任承担。

Mannheim 和 Van Vleet（1998:339）对 Quechua 语的调查也得到了类似的结论——据素具有多种语言功能。他们发现，说话人收到 E^{ns} 事件的感官证据，那么他在 E^s 事件中就是当事人，就需要使用-mi 据素，这表明，他相信信息是真的。如果说话人只有传闻信息（可能是他在 E^{ns} 中无意中听到了部分信息），他就可能只是模述信息，这时就会使用报道据素-si，该据素在语用上表明说话人不愿意对信息的真值负责（Mannheim & Van Vleet,1998:338）。如果说话人不使用目击标记语-mi（感官据素）或报道标记语-si（传闻据素），就会引发互动推测或语用推测。如果说话人没有使用据素，听话人就会认为说话人对所述信息的真值不确定。所以，据素缺失会意味着"说话人的意思是模糊的"（Mannheim & Van Vleet,1998:339）。需要指出的是，感官据素-mi 和传闻据素-si 与所述信息真值的确信度无关，却可以产生语用效果。

这一研究结果与 Anderson（1986:305）对 Kashaya 语和 Jaqaru-Aymara 语的研究结论刚好相反。Anderson 发现在这两种语言中，不使用传闻据素或推测据素意味着说话人有直接的目击证据，因而说话人非常确信所述命题的真值。Anderson 认为，如果说话人看见了 E^{ns} 中所发生的事件，那么他在 E^s 中就会扮演当事人的角色，这就意味着他会保证信息的真值。而另一方面，如果说话人对某一命题只有传闻证据或某种从感官证据推测而来的不太可靠的证据，那么他只是模述了信息，这也就意味着他不保证所预测事件的真值。因而，据素可以决定说话人对事件状态的确信程度。

此外，有些语言并不使用"交互推测"，而是注重"交互据素（interctional evidential）"。Lee（1943）对 Wintu 语的研究指出，该语言中的未完成标记语 *hEy-* 是感官据素，但 Schlichter（1986:54）则认为 *hEy-* 本身并非视觉证据，它是否具有据素的语用功能取决于所处的语境。因为在非过去语境中，如果未完成标记语没有和其他据素连用，那么听话人就可以推测说话人对所述信息有一手的视觉证据，所以对命题的真值具有确定性。

Mushin（2000,2001）探索了叙述语体中据素的语用特征。她指出真实的信息来源和语篇中的据素并非一一对应关系，而是在语篇中因语用因素而呈现出动态变化的关系。信息来源并非说话人或作者选择据素类型的唯一影响因素，大多数情况下，当说话人有多种据素类型可供选择时，他会先评估具体的交际环境，然后再选择在他看来适切的据素，有时，信息来源和据素编码相匹配，而有的时候因为语用功能，这两者并不匹配。此外，在确定某一认知立场之前，说话人首先会考虑交际环境以及自己的介入程度，因此，说话人会动态选择不同的据素来完成交际。因此，据素选择的决定性因素是交际环境和语境。例如，***Reportedly*** the miners are going out on strike. 该句中的命题信息 The miners are going out on strike 前面使用了报道据素 *reportedly*，表明这一信息来自于报道，是二手信息。除非说话人自己就参与了罢工（这样他就对命题断言有直接经验），使用 *reportedly* 就减弱了说话人对"罢工"事件的直接卷入程度,将责任归于第三方,从而缓和对事件承担的责任,因此该句表达了对命题信息的报道性认知立场(reportive epistemological stance)。在此例句中,信息来源和据素编码并不匹配,据素 reportedly 将说话人与"罢工"这一信息隔离开,从而避免了说话人对"罢工"所要承担的责任。由此可见,有些据素不仅可以表明真正的信息来源,还含有更多的语用功能,以实现修辞意图和交际目的。说话人或作者在选择据素之前就已经涉及主观性认知介入(subjective cognitive involvement),所以,对于据素的选择也是一个认知过程,这一过程除了受到信息来源的影响之外,还受到多种因素的限制和影响。不过,Mushin 提出的模式强调说话人或作者对据素选择和使用的作用,最终的语言选择是有意识的、有意义的。Mushin(2001)的这一研究成果与 Chafe(1993)和 Kuipers(1993)的观点相符。

Ifantidou(2001)以关联理论为理论指导,分析了据素的语用功能。他指出,听话人的关联期待与交际内容和假设语境产生互动,进而生成期待结果。由于不同的交际参与者不属于同一言语社区,有着不一样的文化背景,他们对会话中的意义会有不同的理解。

Faller(2002)从言语行为理论(speech act theory)视角,研究了秘鲁地区 Quechua 语的言据性特征,他发现,命题的真值条件水平(a truth conditional level)和言语行为水平(a speech act level)的意义取决于说话人使用何种据素,以及想要实现何种交际目的。

Precht(2003)对比分析了英式英语和美式英语对话中言据性的立场标记功能,指出文化差异会影响到交际双方使用不同的据素来表达他们的立场语气。Aikhenvald(2003,2004)也强调了据素能表达不同的语用意义,说话人会根据交际环境强化或淡化自己对于事件的介入,以实现交际目的。非一手信息据素可以疏离说话人对断言所要承担的责任,一手信息据素则加大了说话人对断言的介入程度。说话人/作者会根据交际目的有意识地在两者中做出选择。

还有一些学者讨论了言据性在交互建构权威、责任和权力的重要性,指出言据性具有交互协商责任的功能和社会互动功能(Atkinson,1999,2004;Fox,2001;Hill & Irvine,1993;Speas,2004)。

综上所述,语义是定位的意义(situated meaning),也就是说,意义是由言语活动参与者在特定的言语环境中建立并积极做出解释。任何语言都是在一定语境中进行的,与语言使用所涉及的认知、社会和文化的整体特性有关。言据性可以产生语用意义,不过受到社会、文化和认知等诸多因素的制约,不同的语言对于是否使用某种据素的语用解读并不一致。有些语言如果不用视觉据素,那么命题真值的确信度就比较低。而在有些语言中,不使用传闻据素或推测据素意味着说话人对所述事件有直接的目击证据,因而对命题真值的确信度较高。据素可以建构说话人对所述命题的信息来源和对命题信息的确信程度的互补关系,在语言形式和所达成的语用效果之间架构一座桥梁,从而实现说话人所期望的社会和修辞功效。

3.2.7 系统功能学研究视域

胡壮麟(1994)和 Plungian(2001)将言据性的研究角度归为两类:一类是由形式到功能,即先研究言据性系统或据素形式,然后再讨论其具体功能,主要代表学者是 Willett(1988);另一类是由功能及形式,先确定言据性的功能,然后再根据功能讨论语言的表达形式(据素),主要代表学者是 Chafe(1986)。

早期的言据性研究多从形式主义的角度出发,把形式特征作为确定据素的依据,而忽略了语境因素以及语言的意义和功能。这一时期虽对诸多语言进行了探讨,但研究结果的重复性较大,进展缓慢,没有涉及语言研究的本质,研究多集中在个性特征,缺少语言共性的探讨。另外,从人际交往和语用考虑,仅从形式主义角度界定言据性及据素特征,否定了语言是动态变化的这一本质特征,必然过于狭隘。1986 年,Chafe 首次从功能主义角度出发,认为英语可以表达言据性功能,但由于英语是屈折语言和非语法化语言,言据性的表达方式并不是语法后缀,而是借助于词汇,如 *I suppose*,*I think*,*must have been*,*look like*,*possible*,*probably* 等。这种采用功能主义研究言据性的方法拓展了言据性的研究范畴,语言的各种形式特征,如时、体、情态、词缀、附着词、小品词、词汇等都可以作为据素,据素的形式与功能并非一一对应,而是依据语境的变化而变化,同一个语言形式可以担当不同的据素类型,发挥不同的功能。Chafe 的研究成果使得言据性研究取得了突破性进展,越来越多的学者在关注言据性的语言个性特征的同时,开始深入探讨不同语言言据性的共性特征。

Curnow(2002)认为言据性和第一人称代词之间存在互动关系,并区分了交互类型。他从功能主义视角出发,指出言据性和第一人称代词所传递的信息都具有主观性色彩。随后,Halliday 和 Matthiessen(2004:605)从系统功能学理论出发,探讨了言据性的社会和人际功能。他们认为,"命题不是由说话人评估的,而是由他人管理评估的","评估即言据性"。言据性可以用动词从句、概念心理从句、词汇、短语等表达,如 *people say that*,*they say that*,*I hear that*,*evidently*,*reportedly*,*supposedly* 等。系统功能学为言据性的社会和功能研究提供了理论支持和全新的研究方法,并从两个方面对言据性的语篇话语分析产生了积极影响:一是强调文化语境(决定有哪些潜在的行为可供选择)和情境的上下文(决定从行为备选中做出什么真正的选择);二是提出从"可以做(can do)"到"可以表达(can mean)"和"可以说(can say)"的公式。也就是说,潜在的行为可以通过选择潜在的意义转化为潜在的语言。这一观点为我们从社会、认知、文化、功能、语体等视域探索言据性的特征指明了方向。另外,言据性对于信息来源的这一情态意义的研究在一定程度上丰富并扩展了系统功能学的人际意义内涵,确定了情态和言据性的逻辑内涵关系。

3.2.8 语类学研究视域

Bourdieu(1991:139)认为,一部作品应该在形式上和内容上都与其特定的领域相符。特定领域需要特定的语言表达范式与之相符,这在语言风格学和修辞学中被称为语言体式或语言体裁,是语言的功能变体。从术语定义看,语体或语类指适应不同的社会活动领域的交际需要所形成的具有一定功能风格特点的语文体式(《辞海》,1987),这些规范化的语言格式具有继承性。在社会交际中,人们会根据不同的交际环境、交际对象和交际目的来有效地组织语言,不仅要选择交际内容,还要选择表达手段,如词汇、句法、修辞等,更要遵循社会文化规律,相似的交际环境、交际对象、交际领域、交际目的就会以"群"(group)的形式固定下来,而与之最相适应的言语表达就会以"语类(genre)"的方式规范下来,被言语共同体成员所确认,进而形成一个完整的语体系统。在同一个语类中,言语表达手段,如词汇选择、句法特征、修辞手段等语言特点具有相似性。因此,语类作为一个术语,表明说话人或作者使用何种特定的语言来适应交际环境,并基于共性特征对文本进行分类(Hyland,2005),以实现不同类型的社会和交际功能。

Bhatia(1993:11)认为语类分析可以更加深入地分析学术语篇和专业语篇,是分析形式功能关系非常有效的工具。语类不同,语言特征便有差异,作为语言重要特征之一的言据性和据素同样也会呈现出不同的特征。据素不仅能够表达概念意义和语用意义,而且还能传递出不同语类所隐含的意识形态、社会功能和交际意图。一些学者将言据性及据素策略运用到新闻、法律、学术等书面语类以及演讲、会话等口语语类中,观察言据性在不同类型语篇中的具体表现,探讨言据性与语类之间的相互作用。

Boas 是首位从语体视角探讨据素功能的学者。他在 *Language and Culture*(1942)一文中,讨论了 Kwakiutl 语的据素对于新闻报道的潜在功能。

Chafe(1986:262-272)是首位对言据性进行跨语类学研究的学者。他对比分析了英语会话(conversation)和学术写作(academic writing)这两种语类的言据性使用特征,他发现,每1 000 词的会话中出现 60 次据素,每 1 000 词的学术作品中出现 64 次;发现两者都强调"知识的可信度",并且都倾向于使用"归纳"手段来获取知识。不同的是,会话语体侧重于使用模糊语以及其他与期待相匹配的手段,"预期"型据素使用较多,而学术写作更注重"演绎"手段,而且,学术写作中出现频率最高的是报道据素,因为"学术文章的大量例句是引证的"。Chafe 的这一研究为随后言据性与语篇分析相结合提供了科学的范例,他所采用的相对词频统计方法为后来的据素统计分析所广泛采纳,是言据性实证分析的主要方法论。不过,遗憾的是,由于Chafe 在他建构言据性分类模式时并没有涉及语境因素,该论文未探讨言据性在学术语篇中的语用功能。

Viechnicki(2002)采用个案分析法,以两篇科学论文为语料,从句法特征的角度分析了科学语篇的言据性特征,指出作者根据论文的性质和内容以及学术共同体成员作为信息接受对象,而适时选择恰当的词语和句式风格,形成恰当的学术语类,实现学术论文的社会交际和人际交际功能,论证了言据性研究成果可以应用于专门用途英语写作、教学和引用研究。

Aikhenvald(2003,2004)从语类和文化角度详细描述了言据性的语篇特征。她指出言据性具有语体标记语的功能,因为在表述某些知识时必须含有某种惯用据素(Aikhenvald,2004:310),而据素的选择与语类密切相关。例如,Jarawara 语的使用者在描述自己做的梦时要用视觉据素(Aikhenvald,2003:22),而在讲述民间故事时则要使用报道据素(Aikhenvald,2004:311)。据此,她指出,语类能够影响到据素的选择。只有将言据性置于特定的语类中,我们才能发现语言的本质和功能。

还有一些学者探讨了同一语类内,不同话语使用者的言据性使用特征。例如,Precht(2003)对比分析了英式英语和美式英语会话语体中言据性的立场标记功能,即使是在同一种语类中,文化差异也会影响到交际双方使用据素传达个人立场态度。Barton 强调要从功能的角度来理解英语中的据素(Barton,1993:746)。他选取了专家学者在期刊 *Chronicle of Higher Education* 上发表的 100 篇评论和不同专业大学生所写的 100 篇议论文作为对比语料来源,采用话语分析的方法,对比分析了据素的使用情况。研究发现,专家和学生选择的据素类型存在差异,专家比学生更多地使用了第一人称,从而在文章中积极建构作者身份,凸显个人话语,而学生则较少使用第一人称,淡化了作者身份。因此 Barton 指出,专家和学生采用了不同的方式来表达自身的认知立场。

综上所述,语类的规范性对于语言特征具有极强的约束性,言语社区成员不但在使用语音系统、词汇和语法系统方面,而且在使用特定的因素、词项和语法形式与结构的频率方面都十分相似。换言之,相似的不仅是使用了什么,而且还包括使用了多少。言据性的语类研究视角有助于我们发现在不同类型的语篇中,以及在同一类型的语篇中,言据性与语类之间是如何相互影响、相互作用的。

3.2.9 自然语言处理领域

随着语料库语言学的兴起,目前对于言据性的研究不再局限于单一语篇或数量有限的语料分析,而是采用大规模自然语言,使用大数据对自然语料进行标注、分析和批处理,以提高研究结果的信度和效度。言据性的标注既可以表明据素类型,也可以判断命题信息的可靠性以及确信度。一些学者开始利用语料库语言学来研究言据性所表现出的信度。例如,Weerkamp 和 Rijke(2012)采用语料库研究范式,对据素类型和可信等级进行标注,利用言据性来判断博客内容的可靠性,为提高博客检索效果提供数据依据。

3.3 国内言据性研究述评

早在南北朝时期,言据性就引起了中国传统语言学的注意。马建忠(1898)全面描写了古代汉语的言据性(刘永华,2006)。1982 年,中国学者吕叔湘在《中国文法要略》中探讨了汉语的"传信"和"传疑"范畴,指出这两者都是用来阐释汉语虚词所表达的语气,与人的认识有关(吕叔湘,1982:251)。这类似于言据性范畴。"传信助字,为'也''矣''已'等字,决辞也。传疑助字,为'乎''哉''耶''欤'等字,诘辞也。"(马建忠,1983:323)"决"与"诘"相当于吕叔湘(1982:258)所说的"直陈"与"疑问"两种语气。将西方言据性理论引进国内的学者是胡壮麟教授。1994 年,他在《语言的言据性》一文中简单介绍了国外言据性研究概况,回顾了 20 世纪 80 年代国外言据性研究的进展,并评析了三个具有代表性的言据性模式(Chafe 模式、Anderson 模式和 Willett 模式)的优劣,为我国言据性研究打开了一扇大门,并引起了越来越多中国学者的关注。不过,目前国内对 evidentiality 及 evidential 的中文译语并不统一,具体如表 3-1 所示。

表 3-1 国内言据性的术语翻译

学者	时间	evidentiality	evidential
胡壮麟	1994	可证性	证素
张伯江	1997	传信范畴	传信表达
徐盛恒	1999	实据性	
严辰松	2000	传信范畴	传信语

续表

学者	时间	evidentiality	evidential
沈家煊	2000	传信性	传信
张成福,余光武	2003	传信范畴	传信表达
廖巧云	2004	实据性	
江荻	2005	示证性	
房红梅	2006	言据性	据素
朱永生	2006	言据性	证素
丁由志	2006		据由
李健雪	2007	实据性	实据性策略
王天华	2010	言据性	

目前国内言据性研究主要有四类：理论引介、理论完善与创新、汉语言据性研究和语篇分析。

3.3.1 言据性理论引介

1994年，我国语言学学者胡壮麟首次将言据性介绍给国内语言学界。他陆续发表的系列文章，如《语言的可证性》(1994)、《可证性、新闻报道和论辩语体》(1994)和《汉语的可证性和语篇分析》(1995)系统介绍了国外言据性的研究状况和最新研究成果，并指出 Chafe 模式基本适用于汉语的言据性分析，针对 Chafe 模式的模糊之处，他提出了修正模式，将"文化证据"纳入胡壮麟模式之中。胡壮麟兼顾理论探讨和实证分析，从认知、语篇、功能、哲学、语体等多角度分析了英语新闻报道中言据性的使用情况，还结合 Chfae 对英语会话语体和学术语篇的言据性研究，采用定量研究方法，对比分析了英语书面语、会话、新闻报道和辩论等四种语体中据素使用频率的异同，阐释了据素的语体功能。其研究为后来的研究者奠定了坚实的理论基础和方法论基础。

张伯江(1997)评述了美国的言据性研究，详细介绍了英语据素的演变途径和语义图的构建框架，并据此归纳了三种汉语言据性表达方式，梳理了汉语语法系统中时系统、语气系统、情态系统和言据性之间的关系，为日后汉语言据性研究奠定了扎实的基础。

徐盛恒(1999)概述了"实据性"的概念，将其界定为"语言运用者对有关事态的认识可以转化为语言运用的信念，成为某些语法规则据以抽象的实据"。

严辰松(2000)主要介绍了 Chafe 模式的五个基本要素之间的关系：知识、可靠程度、知识获取方式、知识来源和知识与期望的差异。

牛保义(2005)较为全面地综述了国外言据性研究立场，介绍了言据性范畴的概念范围、据素的语法化、据素的语义对比和据素的认知语用研究四个方面的内容。他指出，言据性研究不但可以更多地了解语言自身的重要组成部分，而且可以了解人们的认知规律和语言规则之间的对应关系。

房红梅(2006)对国外言据性研究进行了更为系统的述评。她对国外言据性的发展历程、定义、类型以及言据性研究的特色与研究角度进行了详细的介绍和评论,并简单评析了言据性研究的优势及存在的问题。她强调"言据性研究进一步证明了真理的相对性和语篇的动态性和构建性"。之后,房红梅、马玉蕾(2008)撰文梳理了言据性、主观性和主观化三个概念之间的关系,尝试从历时角度阐释言据性的主观化过程,但作者没有提供可信的具体语言证据来验证这一结论。

3.3.2 言据性理论完善与创新

1994年,胡壮麟以功能主义理论为框架,指出Chafe的言据性分类模式存在模糊、不清楚的地方,提出应将"文化证据"纳入言据性的范畴,并借此提出了修正模式。他将据素分为七种:言语据素、感官据素、假设据素、文化传统据素、信念据素、信度据素和预期据素。同年,在《可证性、新闻报道和论辩语体》一文中,胡壮麟指出,有些据素的判断超越了句子的范畴,要依据上下文来判断据素属性,而且还存在据素省略的现象和复合使用的现象。据此,胡壮麟制订了四条言据性隐含规则:

规则Ⅰ:如果一个陈述已被公认为事实或常识,易为听话人所理解并可验证,说话人可不使用证素标记。

规则Ⅱ:当某人谈到自己正在进行的活动时,不论是体力的或心理的,可证性是隐含的。

规则Ⅲ:如果一个理由在上下文中和社会生活中持之有理,人们在演绎部分可以省略这方面的证素。

规则Ⅳ:当为同样的功能反复使用同样的证素时,说话人可以酌情省略一些证素。(1994:25-26)

胡壮麟的研究基于Chafe模式,又修正了Chafe模式的不完善之处。尤其是他提出的零据素判断规则对于据素属性分类及其功能探讨尤其重要。他还从语篇分析、语体、认知、文化等多角度阐释据素,为后来的研究者奠定了良好的理论和方法论基础。

张伯江(1997)也颇具建设性地提出了汉语据素的三种表达形式:用插入语表达信息来源,用副词表示对事实真实性的态度,用句末语气词传递说话人对事件的确信程度。他的研究成果为现代汉语的言据性研究提供了全新的视角。

徐盛恒(1999,2004)从认知的角度,根据if条件句的逻辑属性和实据性理论的原理,建立了"逻辑—实据"语用澶变理论框架。他认为"实据"指对句法规则的形成产生影响的客观外界的事实依据,据此,他将条件句分为两种:逻辑条件句和实据条件句。他所建构的语用框架为条件句的跨语言对比研究提供了分析模式。

房红梅(2005)认为Chafe提出的广义言据性的语义范围偏大,她对此进行了修改,认为言据性是指明信息的来源和作者对信息的事实性的态度表达。

朱永生(2006)在综述国内外言据性研究成果的基础上,详细描述了汉语的言据性和据素表达方式,并从理论上讨论了汉语言据性的可信度和主客观取向。

孙自挥(2007)采用Willett模式对科学语篇中的言据性进行了哲学意义上的探究,他认为引证据素的功能在于将其所引证的内容作为研究者自己的理论阐释或构建的基础或起点，是研究者构建自我或身份的一种重要手段，是研究者意图得到学术共同体认可所提供的一个互文保障。

2010年，王天华运用范畴和原型的概念解释了言据性的三个层面（信息来源、信息途径和途径类型），对Chafe模式、Anderson模式和Willett模式进行逐一介绍和分析，并从认知语法出发，以Bermudez（2006）的参数模式（parameter-based model）为基础，运用认知语法中的范畴和原型等概念，解释了言据性的语义范围，指出这种语义范围中据素的等级特征，为言据性语义范围的建构提供了新的思路。

还有一些学者从认知视角探讨了语篇言据性的认知建构框架（王国凤、庞继贤，2013；陈征，2015）。

此外，苏祺（2013）和苏祺等（2011）从自然语言处理领域，讨论了在语料库中标注言据性类型的技术问题，为计算机自动识别信息的可靠性提供更为可靠的语言特征依据，还利用词汇据素对Yahoo! Answers中提供的答案的可靠性进行了判别，他们的研究成果为言据性和语料库语言学相结合提供了技术支持。

3.3.3 汉语言据性研究

1995年，在《汉语的可证性和语篇分析》一文中，胡壮麟借鉴Chafe和Nichols的观点，以功能主义理论为框架，从知识来源和认知方式两个方面讨论了汉语言据性的类型和表现形式，尝试将汉语的据素表达用于语篇分析中，从而揭示不同语类的语篇特征。他是国内首位将言据性与语篇分析相结合的学者，这一研究成果为我国内进行言据性的语篇分析奠定了良好的基础。张伯江（1997）也是较早系统介绍言据性的中国学者。他将其译为"传信范畴"。通过英汉言据性的对比分析，他强调应从广义言据性的定义来理解汉语，并指出汉语的据素有三种形式：是用"插入语"来表示信息来源；二是用副词来表达说话人对事实真实性的态度；三是用句末语气词表示说话人传递确信的程度。

张成福和余光武（2003）从言据性的功能出发，在总结国外言据性研究成果的基础上，探讨了汉语据素的特征，提出了汉语言据性研究框架，将汉语据素分为显性（或眼见）、引证、推断和转述四类。以汉语插入语为例探讨了四种据素的语用功能，并提出了插入语言据性表达的等级关系（陈实功能＞总结功能＞推测功能＞阐释功能＞转述功能）。他们的研究采用从功能到形式的方式，忽视了功能与形式之间不一定存在一一对应关系。另外，他们提出的汉语插入语传信功能的等级关系也缺少理论依据，经不起推敲，并不具备普遍性和推广性。

刘永华（2006）详细梳理了《马氏文通》的言据性研究，指出汉语的言据性研究是世界上最早的据素功能研究，《马氏文通》构建了非常完备的古代汉语言据性系统，非常清晰地区分了言据性和时体、语气，对于现代汉语的言据性研究具有较强的溯源价值，并提供了视角依据。

朱永生（2006）进一步探讨了汉语表述信息来源的手段，依据Aikhenvald（2004）模式将汉语言据性分为目击型和非目击型两种，指出现代汉语言据性有句式标记和词汇标记两者标记形式，进而从社会和心理角度探讨了汉语言据性的程度和取向。他的研究成果是对汉语言据性研究的有益尝试，为汉语言据性研究奠定了类型框架并指明了研究方向。但是，朱永生主要是从语义范畴审视了汉语的言据性和据素特征,并没有从语篇层面予以探讨,因此其适用性和可行性有待进一步商榷。

樊青杰(2008)基于汉语口语语料分析,探讨了言据性在汉语中的语言表现形式,构建了汉语言据性模式,提出了八类据素,研究说话人在会话中如何使用据素来表达信息来源以及自己对所传递信息可信度的判断,并探讨了汉语言据性与礼貌的对应关系。

陈颖(2009)撰写了国内首部介绍汉语言据性的专著。她运用主观性理论对汉语的言据性类型和据素表达做了较为细致的分类描述,包括词汇(如动词、副词、语气词)和句式结构(如感官动词结构、中动结构、插入语、复句等),她还对比讨论了言据性在三种不同语类(外交话语、学术话语和历史教材)中的特征,对自己所构建的据素分类进行了验证。

乐耀(2014)讨论了汉语言据性的内涵和外延,认为言据性的核心意义是表达信息来源和信息获取方式,其意义外延是信度。作者还提出了两条句法标准:据素不是主要谓语成分,据素不能被否定或强调。

3.3.4 语篇分析

胡壮麟(1994)强调言据性是进行话语分析和语篇分析的重要手段。他采用 Chafe 的框架,分析了新闻报道和辩论语体之间的据素使用差异,指出在新闻报道中多使用传闻据素,在辩论语体中则多使用归纳据素。胡壮麟的研究开创了国内言据性研究的理论应用之路,在理论和方法论上都为后来的研究者奠定了坚实的基础。

根据研究对象和方法,言据性理论的语篇分析可以分为五类:第一类是英语语篇分析的个案研究。现有文献绝大多数都与语篇分析有关,主要考察外语环境下的中国英语语篇与以英语为母语的语篇中的言据性特征和据素使用特征;第二类是汉语言据性研究,侧重于探讨汉语的言据性和据素的宏观及微观特征;第三类是英汉语篇比较的类型学研究,主要考察英汉语篇中言据性使用的异同;第四类是跨语类对比分析,目的是探讨言据性在不同语类的异同,研究的语言对象主要是英语;第五类是言据性研究成果应用于教学的研究。

3.3.4.1 英语语篇分析

目前国内绝大多数对言据性理论的应用研究都是英语的语篇分析,语料来源是中国人所写的英语语篇与以英语为母语的人所写的英语语篇,目的在于通过对比语料来源,揭示外语环境下的英语语篇言据性与英语母语语篇言据性之间存在的差异。这种研究被广泛用于学术语篇、新闻语篇、政治语篇、法律语篇、口语会话等的语篇分析,充分反映了言据性理论作为话语分析和语篇分析的适用性。例如,汤斌(2007)采用定量与定性相结合的研究方法,从系统功能主义的视角分析了英语疫情新闻中言据性的语篇特征。他分析了据素在语篇中的概念意义与人际意义特征,力图揭示疫情新闻中潜在的意识形态意义。

李健雪(2007)从语用的角度,采用言语交际认知模式,依据 Chafe(1986)的言据性模式构建了书评言据性认知语用分类(如图 3-1 所示),进而分析了言据性策略对英语学术书评建构的影响、影响方式和程度,指出言据性策略能够体现书评作者与读者、原作、原作者、书评本身之间的多维动态关系,书评作者介入度越高,则信念策略和期待策略越高,若介入度越低,则转述策略越高而信念策略越低。所以,言据性策略与书评语篇性质之间存在内在关系,并决定书评的类别。由此揭示了书评作者通过采用不同的言据性策略来调节作者的介入程度对学术书评语篇建构的动态作用。

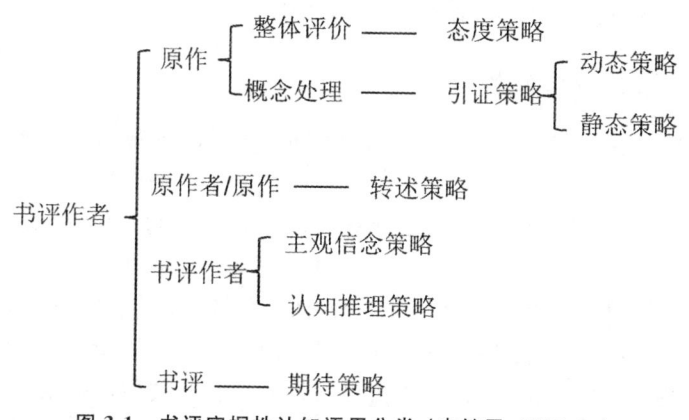

```
                    ┌ 整体评价 ──── 态度策略
              ┌ 原作 ┤                        ┌ 动态策略
              │     └ 概念处理 ──── 引证策略 ┤
              │                              └ 静态策略
              │
              ├ 原作者/原作 ──── 转述策略
   书评作者 ──┤
              │         ┌ 主观信念策略
              ├ 书评作者 ┤
              │         └ 认知推理策略
              │
              └ 书评 ──────── 期待策略
```

图 3-1　书评实据性认知语用分类（李健雪,2007:31）

杨林秀（2009,2012）以中外英语期刊论文中的言据性资源为研究对象,结合房红梅（2005）对言据性人际功能的分析,提炼出学术论文中四种常用的据素类型:感官据素、信念据素、汇报据素和推断据素,从语体和人际功能视角分析了英语科研论文的言据性语篇特征。他指出,语类和人际功能和言据性的使用以及据素选择之间存在双向影响和制约关系。前者指语类和据素类型的相互依赖关系,后者指言据性能够实现科研论文中的三种人际功能:作为评价手段的言据性,作为元语篇的言据性和体现作者身份的言据性。

孙自挥、陈渝（2010）开展了我国英语专业本科生学位论文中据素与论文质量的相关性研究。他们考察了 60 篇本科生英语毕业论文,发现言语证据、感官证据以及演绎证据的使用与学生论文质量成正相关,信念据素呈负相关,可靠度证据与论文质量的关系不明显。

张云玲（2012）统计了据素在口语语体的类型分布,从言据性的人际功能视角简单分析了奥巴马政治演说的劝说功能,但她并没有讨论演说体的言据性语篇修辞特征是如何构建的。

徐昉、龚晶（2014）基于我国英语专业语言学方向本科、硕士和博士毕业论文语料,通过比较应用语言学国际权威期刊论文的言据性资源使用特征,力图描述中国学习者使用言据性资源的特点。结果发现,我国学生虽然在使用据素的总量上与专家没有显著差异,但是在据素使用以及语言实现方式的选择上存在较大差异。本科论文出现言据性资源的误用,硕士阶段尽管数据显示出少用部分据素的趋势,但是正确使用据素的能力有进步,而博士阶段与专家最接近,多用汇报据素和推断据素,少依赖感官据素。他们指出,感官据素的使用频率随着教育程度的提高不断下降。

俞碧芳（2015）讨论分析了国外博士论文摘要的言据性。她的研究表明,即使是同一个语类,但专业方向不同,其言据性会呈现出不同的特点,据素类型的分布也是共性和异性共存。

王淑雯等（2016）采用语料库研究方法,对比分析了中美实证类语言学硕士学位论文中言据性资源特征以及据素语言呈现方式的特点,发现两国学位论文在据素类型的分布上具有一致性和不均衡性,研究方法会影响据素类型的选择,中国学生受到汉语思维文化的负迁移,立场表达模糊,在英语学位论文中表现出中介语特征和"读者负责型"的汉语语篇特征。另外,王淑雯等（2016）的研究指出，据素类型和使用频率受到研究方法的影响，与教育程度无关。

还有一些学者讨论了英语语篇中据素的微观特征，如转述动词（陈建林，2011；陈嵩嵩，2010；贺灿文、蒋岳春，2007；娄宝翠，2011，2013；辛斌，2006，2008；张军民，2012）、立场标记语（徐昉，2015；徐宏亮，2011）和名词（娄宝翠，2013）等。

3.3.4.2　汉语言据性分析

汉语言据性研究主要有两类：一类是对汉语词汇、句式的微观据素分析，另一类是将言据性与语篇分析相结合。

对汉语据素的微观特征的分析主要是针对汉语的词汇和句法结构，如李讷等（1998）运用功能语法理论，从话语分析角度研究了汉语句末语气词"的"的据素功能，为汉语言据性研究打开了新的视角。袁毓林（2003）虽然不赞成李讷等人将"的"归为句末语气词的观点，认为"的"是结构助词，不过他承认"的"可以做据素。严辰松（2000）采用 Chafe 和 Nichols 的言据性分类方法，分析英语如何表达言据性，并指出汉语同样存在类似的据素。杨永龙（2000）分析了近代汉语反诘副词"不成"的来源及虚化过程，对汉语副词进行了言据性研究。李晋霞和刘云（2003）从语义范畴出发，阐释了"如果"句式与"如果说"句式之间的差异，指出前者侧重于逻辑推理，后者倾向于隐喻推理。该研究视角颇具新意，但并未深入探讨"说"的演变过程。陶红印（2007）基于语料库对"仿佛""好像"和"似乎"这一组近义据素的语类特征和功能进行了分析，她采用定量研究的方法，指出"似乎"用于新闻报道中时，常与一些习语连用，在学术语篇中可以表达主观认知立场；"好像"多用于口语，表达说话人不确定的主观态度或不太确信的认知立场；"似乎"基本不用于口语，在书面语中较少表达主观认知立场。该研究的优点在于采用语料库研究范式，将汉语词汇的使用频率、语体分布（口语和书面语，书面语又具体分为新闻语类和学术语类）与据素的语用功能和认知立场表达相结合。史金生（2010）从话语功能视角考察了汉语句末语气词"呢"的言据性特征，对于汉语语气词的言据性研究颇有启发意义。乐耀（2011）分析了汉语"人称＋了$_2$搭配"的言据性特征。

还有一些学者从语篇视角探讨了汉语的言据性特征。例如，谢佳玲（2008）采用大规模语料，通过定量统计，考查了汉语言据性在不同类型的新闻报道（政论、财经、地方）中使用的频率和特征。她指出，据素类型的选择与新闻记者在报道中所要遵循的交际原则（客观性）、新闻的题材内容、语体功能等密切相关。孙自挥等（2012）以言据性理论为研究框架，以《西藏民主改革 50 年白皮书》为语料分析对象，统计分析了该书中据素的使用情况，分析了证据手段在国家话语中的动态建构功能，探讨了语言现象背后的社会、认知机制。乐耀（2013）从语用角度对比了汉语直接引用和间接引用在言据性方面存在的差异，认为直接引用有助于减缓说话人对信息可靠度的责任，而间接引用则有助于降低信息的可靠性。乐耀（2013）指出言据性是汉语会话话题生成的一种策略，汉语据素是一种动态的交际活动。

从目前的研究来看，汉语言据性的研究成果主要集中在词汇的微观层面，对于语篇分析相对较少，这可能是因为汉语的词汇、句法和语用相对比较复杂，对于语境的依赖较大，目前学界尚没有对汉语的据素构建一个严整的系统，故在对其进行界定和探讨中还有诸多问题亟待解决。

3.3.4.3 英汉语篇的言据性对比研究

1994年,胡壮麟从功能主义着手,通过英汉语言对比,论证了汉语的言据性手段,通过分析小品文、古文、通俗科技文章、新闻等四个语类,论证了言据性分析是语篇分析的一个有效手段,有助于发现不同语类的某些特征。他指出,有些据素超越了句子的界限,要进入语篇的领域才能理解,特别是以零形式隐含的据素与上下文有紧密关系。在此论文中,胡壮麟援引了Chafe(1986)的据素分析方法,论证了据素的平均密度和对据素的择用,可以从一个侧面描写语篇的语类特征。他的此项研究打开了国内言据性语类分析的大门,为言据性的类型学、语类学和语用学研究提供了方法论。

王国凤和喻旭燕(2011)采用类型学研究,从广义功能主义视角,对比分析了中美两大主流媒体《光明日报》和《华盛顿邮报》新闻语篇在语篇层面的言据性特征,指出汉英新闻语篇在言据性方面的共性大于差异性,据素的功能和意义基本对等,不过汉语新闻语篇中的评论数量大于英语。他们的研究有助于理解新闻语篇的语类特征,以及社会文化因素对新闻语篇的影响。

崔林和成晓光(2014)对比分析了英汉学术论文中动词性据素使用情况,指出中西文化和思维差异是英汉动词性据素呈现显著性差异的根本原因。但是,他们在文中所引用的句子都是英语,没有一个汉语例句,因此该研究的信度需要进一步验证。

陈征(2015)对比分析了英汉学术期刊综述类论文的言据性特征,指出这两种语言在言据性方面存在表述差异和语用策略差异,进而探讨了此类论文实现语类规范的语篇策略。

杨快和马彦(2015)采用定量研究方法,对比分析了英汉新闻转述言语的言据性功能。他们指出,英汉转述语在位置分布和知识可靠性方面总体趋同,但在据素视频率及分布上却存在差异性。

3.3.4.4 言据性的跨语类对比分析

国内首位进行言据性跨语类对比分析的学者是胡壮麟(1994),他撰写的《汉语的可证性和语篇分析》和《可证性、新闻报道和论辩语体》为后来国内进行言据性的语篇和语类分析奠定了方法论和理论基础。在《可证性、新闻报道和论辩语体》一文中,胡壮麟对比了言据性在新闻语篇和论辩语篇中的特征,指出据素是语篇的重要组成部分。胡壮麟根据统计报导,新闻报道中,每1 000词的据素出现77.6次,明显高于Chafe的英语会话体和学术论文体;论辩语篇中,每1 000词出现43次,据素不突出。此外,论辩语篇使用较多的是基于假设的"演绎"型据素,原因是论辩语体侧重于"以理服人",注重说话人的观点表达,新闻报道则全部依赖"传闻"型据素,因为新闻多是"重复别人的话语",强调"信度",同时减缓记者对所报道事件要承担的责任。

陈颖(2009)对比讨论了言据性在三个不同语类(外交话语、学术话语和历史教材)中的使用特征,指出言据性与语类功能密切相关。

谢佳玲(2008)的调查显示,即使在同一语类中言据性的使用特征也存在差异。她统计了政论新闻、财经新闻和地方新闻的据素类型和使用频率,发现政论和财经类新闻以报道据素为主,地方新闻则侧重于感官据素。这验证了据素具有表达新闻记者对所报道事件内容的态度的功能,也说明据素类型与新闻报道的客观性、题材和目的等关系密切。

郭红(2012)采用定量分析方法,考察了汉语语气词"嘛"和"呗"在不同语类(文艺、科技、新闻、公文和会话)中的使用频率和语用功能,指出这两个词在语义上既有交叉又有侧重,前者强调"显而易见",重在说理,后者侧重"情况唯一",重在道情。

3.3.4.5 言据性研究与教学

将言据性研究成果与教学相结合的研究非常少。张点和胡剑波(2015)尝试将言据性策略与大学英语课堂教学相结合,指出言据性策略有助于顺应语境并对课堂话语进行显性和隐性指导,从而建构动态话语。但遗憾的是,他们没有验证这一教学策略的效度,是否具有推广价值仍有待检验。

综上所述,现有研究表明言据性已经得到国内语言学界的关注,逐渐成为语言学研究领域中重要的研究课题,吸引了越来越多的学者致力于此领域的研究并取得了丰硕的研究成果。

3.4 言据性研究简评

自1986年言据性研究被正式确定为现代语言学的重要研究领域以来,国内外学者从不同的研究视域、采用不同的研究范式对言据性进行了多视角的探究,研究成果日渐丰硕,丰富和扩大了语言学的研究领域。从最初的语义学术范畴争议到现在日渐清晰的研究领域界定和达成的共识,言据性研究为我们展示了一个语言学研究的新视角,成为现今语篇、语用和语类分析的重要手段,对于推动语言的深入研究具有一定的理论指导意义和实际意义。

3.4.1 言据性研究的优势

第一,言据性的类型学研究和跨语言研究向我们展示了语言的独立性、丰富性和复杂多样性,共性和异性共存的有趣现象。言据性是存在于人类所有语言中的普遍现象(Aikhenvald,2004;McCready,2010)。语言间的差异并不是有没有言据性,而是如何表达言据性意义、表达形式和语法范畴。言据性体系的复杂性在于,语言要表达不同类型的信息来源,许多语言标注某人所报道的信息,有些语言则区分两种据素,如一手信息来源和非一手信息来源,有些有六种以上,有些语言有一种据素(如报道或非一手),有些则根本没有据素。极少数语言对比视觉信息或嗅觉所得信息或各种推断。例如,印第安诸语中据素标记的强制性特征,据素表达形式多样,如语法后缀、词汇短语、零据素等。从普通语言学的视域看,语言有其任意性和独立性的特征,因此不同的语言会采用不同的语言表达形式。屈折语和非屈折语所展现的据素特征存在差异和共性,如英语是屈折语,汉语是非屈折语,但英语并未像印第安诸语那种屈折语采用语法后缀形式的据素,而是采用了与汉语相同的词汇据素。这些研究成果为普通语言学研究提供了依据,并极大地丰富了当今的语言学研究。

第二,言据性研究拓展了形式主义和功能主义的研究范畴。目前语言学界主要的流派就是形式主义和功能主义。从形式主义视域出发的言据性研究让我们领略了语言形式的多样性和趣味性。功能主义视角的言据性研究则让我们认识到了语言的复杂性和多变性。语言形式与语言功能并非一一对应的关系,而是存在"多对一"或"一对多"的语言现象。无论是狭义言据性还是广义言据性,强调说明信息来源的同时就暗示了信息的可靠性,因为一般情况下,当人们认为所述信息是毋庸置疑的事实时,是不会说明信息来源的(Chafe & Nichols,1986)。正如 Halliday(1994:89)所提出的,"只有当你不肯定的时候,你才说你是肯定的"。言据性所表明的信息可靠性介于"是"与"不"之间的观点恰好与 Halliday 系统功能理论对情态语义的界定——情态是属于"是"与"否"之间的语义域相吻合。因此,表示信息来源的据素是一种隐性的情态意义,对信息来源可靠性的态度是一种显性的情态意义。而系统功能理论对于情态意义的阐释并未涉及信息的可靠性。鉴于此,我们认为,言据性在一定程度上是对系统功能语言学的一个补充,极大地丰富并拓展了系统功能学的人际意义建构的内涵以及评价理论所探讨的评价资源和评价意义。

第三,认知语用视域的研究让我们有机会洞察人类习得语言的认知发展历程和语言的主观性本质。不同语言的言据性表达方式和功能能够反映出人类的世界观、哲学观、意识形态、价值观等社会认知概念。Nuyts(2000,2001)强调证据的交互主观性本质,说话人的认知评价是基于某一证据之上的,如果这一证据是一个群体的人所共享的知识(包括说话人和听话人),那么认知评价就是客观的,因为群体对认知真值共享责任。相反,如果仅有说话人一人拥有证据,那么认知评价就是主观的,因为只有说话人自己对认知真值负责。据素可以建构说话人对所述命题的信息来源和对命题信息的确信程度的互补关系,在语言形式和所达成的语用效果之间架构一座桥梁,从而实现说话人所期望的社会和修辞功效。

第四,言据性的语类和语篇研究表明言据性是分析形式功能关系非常有效的工具。语类不同,语言特征便有差异,作为语言重要特征之一的言据性和据素同样也会呈现出不同的分布和语义、语用特征。据素不仅能够表达概念意义和语用意义,而且还能传递出不同语类所隐含的意识形态、社会功能和交际意图。因此,言据性与语类相互影响、相互制约。一方面,言据性需要适应语类特征的要求,另一方面,语类因素决定据素的选择。

3.4.2 国内外言据性研究的特点

国外的言据性研究硕果累累,我国的言据性研究虽然刚刚兴起,但发展速度较快。对汉语言据性的研究处于起步阶段。从目前的文献可以发现,国外的言据性研究主要是理论探讨,兼顾应用研究。研究视角涉及类型学、跨语言学、认知学、系统功能学、语用学等诸多领域。结合言据性理论进行了其他理论,如系统功能理论、评价理论、情态意义、时体、语气、确信度等的深入探究。国内研究在理论方面以引介为主,具有批评性和创造性的探究类研究相对较少,尤其是类型学、跨语言学和认知等视角相对比较匮乏,对理论的完善、修正、结合言据性理论进行其他理论探究的文献验证匮乏,没有从哲学角度审视言据性理论,至今仍未勾勒出符合汉语语言特征的言据性系统。言据性研究侧重于对理论的应用和评价。应用类文献中对具体语篇或某一特定语类语篇的话语分析占绝大部分,但对于翻译、教学、社会现象解读、跨文化等的应用研究相对较少。相比较而言,国外言据性研究的视角较为宽广,富于创造性;国内言据性研究的视角较窄,新意欠缺、深度不足,尤其是类型学和跨语言研究严重欠缺,重复性研究较多,缺少创新。

3.4.3 未来的研究方向

3.4.3.1 言据性理论的进一步完善

没有任何一个理论是完美的,言据性理论还存在以下不足或值得深思的地方:(1)言据性的哲学基础是什么。(2)迄今为止,还没有广泛的类型框架用于分析不同的据素体系、语义、功能,以及与其他语法范畴间的互动方式(如人称、否定句、从句类型)等。(3)语境环境中的据素类型难以识别和区分。(4)没有统一的据素分类标准。(5)据素语言表达形式的范畴化探讨不足。(6)向语法和篇章层面的拓展不够深入。(7)交际分为言语交际和非言语交际,既然言据性是交际手段,那么它如何表现在非言语交际,如身势语言中。

3.4.3.2 言据性理论应用的空白:研究对象

虽然国内言据性理论的文献中应用研究占绝大部分,但主要是书面语体研究,还存在一些研究对象空白,如对口语会话体,尤其是医患对话、法庭对话等,军事情报以及网络用语等的分析较少,对身体语言如何表达言据性还无人论及。利用言据性理论解决实际社会问题也有广阔的研究空间。

3.4.3.3 言据性理论的本土化

汉语语言界自南北朝时就已经开始了言据性的研究,但缺乏系统论述。将言据性应用于汉语研究可以实现以下目的:反思言据性的理论体系,对之进行修正和完善;借鉴言据性理论,勾勒出汉语的言据性特征,构建汉语的言据性系统;结合古代汉语的言据性研究,创立汉语特有的言据性理论框架。

3.4.3.4 言据性的跨语言和类型学研究

中国是一个多民族国家,有 56 个民族,各个民族还有多个分支,不同民族的语言都有其独特的言据性和据素形式,但目前言据性的类型学研究主要是汉语,只有个别探讨了少数民族语言的言据性(如林青,2014)。对少数民族语言的言据性和据素进行研究,并与汉语或英汉比较、融合,也是一个亟待进行的庞大课题。众多少数民族语言之间以及与汉语之间是否存在类似于语言家族系谱的关系?言据性的类型学现象的特点是什么?据素表达方式是什么?这些都是值得探究的课题。

3.4.3.5 言据性理论与语用、认知、跨文化等相关领域的跨学科结合

语言学研究呈现出跨学科交叉研究的趋势,对于言据性的研究也不例外。从语用的角度考查言据性的语义和语用本质、据素的选择策略、选择动机、交际功能、人际意义、礼貌等是值得继续深入的领域;从认知角度讨论言据性和据素的选择和理解机制,目前尚少有研究涉及。语境文化对于外语学习者或二语学习者对据素选择的影响和阐释没有被研究探讨过。

3.4.3.6 研究言据性的新方法

目前国内外学者习惯采用的言据性理论的应用研究方法有两种:一种是分析某个或某类语篇中的言据性特征和据素分布特征,语料的篇幅受到限制,研究结果的效度也受到质疑。另一种是采用语料库研究范式,该范式能够突破语料数量的限制,并为据素的识别、检索和量化提供更可靠、更强大的工具,大大提高研究结果的效度。但语料库的建设相对比较复杂,语料选择、净化和标注耗费大量的人工。文献检索发现,国内言据性的语料库研究范式或者选用10多年前的大学英语四六级考试语料库,或者是学者自己选择学术论文的摘要作为语料来源,或3~30篇文章即可建库。目前研究库容量较大(90篇),语料较新的是王淑雯等(2016)的中美实证类语言学硕士学位论文语料库,语料库并未充分发挥其处理大规模语料的优势。

3.5 小　结

本章对国内外学者的言据性成果进行了归类分析,这些数据不但显示了言据性研究的热点区域,也使我们清晰地看到在诸多方面取得的重大进展,更重要的是使我们发现了研究中存在的问题,并促使我们思考这些问题的症结所在以及未来言据性的发展趋势。其目的在于使我们对当代言据性研究发展的现状及存在的问题有一个全面系统的了解,从而在未来的学术研究中做出创意新、质量高、有前瞻性的研究成果。

近30年来,言据性及相关理论、概念和应用研究发展迅速,取得了长足的进步。研究者从不同视角探索了言据性和据素形式与功能。有些学者从类型学角度关注不同语言是如何采用具体的语法形态或词汇形态来表达信息来源这一语义范畴(如 Aikhenvald,2003,2004;de Haan,1999;DeLancey,1986;Lazard,2001;Willett,1988;严辰松,2000 等),有些学者提出了言据性模式(如 Aikhenvald,2004;Anderson,1986;Chafe,1986;Plungian,2001;Williett,1988;胡壮麟,1994);有些学者不再满足于"语言是用于交际的符号系统",而认为语言是人脑的一种物质状态,是思考和自我心理调节的手段,是人对于世界认知的一种媒介,他们着力于从认识视角研究言据性,探索人们使用据素表达信息来源、传递对信息态度的认知过程(如 Chafe & Nichols,1986;de Haan,2005;Mushin,2001 等);有的学者从儿童言语习得角度讨论不同母语的儿童掌握言据性的认知过程,借此观察语言的发展和儿童认知能力形成的相互作用(Aksu-Koc,1988;Courtney,1999;Fitneva & Matsui,2009)。一些研究人员不再拘泥于对个别语言的具体语言事实的描写,不再停留在对具体语言的具体的语言现象的归纳分类描写上,而是从对具体语言现象的观察出发,研究各语言现象和事实之间的内在联系,在联系中寻找事实的系统性成因。他们从语用、话语分析、互动交际、社会行为、文化、功能等角度来研究言据性,指出言据性研究在研究词汇和句子之外,还必须研究句子与句子之间的相互依存关系,即语言事实与语言事实间的依存关系,语言不只是句子还应是句子间的依存关系,言据性如何帮助构建会话话题的互动性,以及如何传递说话人对所述信息或命题的态度(Chafe,1986;Faller,2002;Fox,2001;Kamio,1997;Karkkainen,2003;Trent,1997)。Anderson (1986)、Friedman(1986)、Ifantidou(2001)和 Mushin(2000,2001)从语用角度讨论了言据性和据素如何实现交际目的,指出言据性有助于说话人更好地利用语法手段和词汇手段来传递所述信息的来源并表明对信息的态度及其确信度的承诺,同时也有助于听话人更加准确地领悟说话人的意思及其态度。还有一些学者从语类学角度探讨,指出说话人或作者根据不同的交际功能、交际目的、交际内容、交际范畴、交际场合、交际对象、语境需求等采用不同的据素表达方式,分析言据性在不同语类中的分布和适应情况,并进而归纳出据素的语类本质和共同特征,如口语语类(包括会话和演讲)和书面语类(包括法律、学术、政论、新闻等),强调不同的语类在言据性的表达上存在较大的差异,即使是在同一语类中也同样存在差异(Boas,1942;Chafe,1986;胡壮麟,1995;王淑雯,2016)。

这些研究者虽然从不同的视角探讨了不同语言的言据性和据素表达特征,他们的研究结论由最初的颇具争议逐渐过渡到趋同:言据性是语言的共生现象,区别只是表达方式不同,有的语言用语法词缀作为据素,有的则用词汇作为据素;言据性揭示了语言、语言使用者和世界这三者的互动关系,反映了语言使用者对世界的认知;即使是同一种语言,据素的语义和语用也会受到语类的影响;言据性在本质上是主观的;言据性是动态的语言现象;应该根据语境确定据素类型及其功能;对于言据性的研究不应仅仅局限于句子层面,而应从语篇层面予以分析;社会文化差异会直接影响据素的使用。

正如一些语言学家(Anderson,1986;Lazard,2001;Plungian,2001)所指出的,对某种或多种语言的言据性语言表现方式的研究与比较是没有止境的,尽管言据性的语言表现形式各不相同,是某种语言所特有的(language-specific),但它们拥有共同的语义空间(universal semantic space),在这一语义空间中,每种语言之间都有着相似或相矛盾的语义范畴,反映着人类的认知结构。

从目前的研究成果看,言据性存在于世界各种语言中,因此该理论对于某一语言的研究和跨语言对比研究都具有普遍适用性。言据性研究为我们打开了语言研究的新视角,对推动今后的语言研究、语篇研究、语类研究、社会文化研究和认知研究具有一定的实际意义。

第四章 学位论文言据性的理论分析视角

4.1 导 言

本章重点介绍学位论文言据性的理论分析视角——语类学和社会文化理论。首先,梳理了当前学术语篇的言据性在研究视角、研究方法和研究对象等方面存在的不足;然后探讨了语类学对于分析学位论文的可行性;随后详细阐释了社会文化理论及其用于分析学术语言的合理性;最后总结本章主要内容。

4.2 学术语篇的言据性分析述评

学术语篇包括学术期刊论文、学位论文、教材、研究报告、项目申请、书评、检查报告等。近15年来,国内学术语篇研究领域在构建学术语篇的宏观结构和透视学术语篇的微观构成方面取得了较大成绩。但在研究视角、研究方法和研究对象等方面仍存在不足。主要表现为:一是研究视角过于单一。我们对我国中文核心期刊上有关学术语篇言据性研究的文章进行检索,发现以系统功能语法为研究视角和分析框架的研究占65%,言据性分析的切入点多集中在系统功能语法(如唐叶青,2004)、评价理论(如吴格奇,2011)、标记性主位理论(如余渭深,2002)等。系统功能语法确实不失为语篇研究中的有效理论,因为首先该理论强调文化语境和情境语境对于语篇宏观结构以及微观构成的影响,其中微观构成也包括言据性;其次,该理论提出了从 can do 到 can mean 到 can say 的语言行为观,认为作者可以选择潜在的语言表达潜在的意义并最终实施潜在的行为。但是,过于单一的分析视角并不利于我们对言据性进行更为全面深入的探究。

二是研究方法尽管在总体上较为合理,但还可以进一步丰富。检索发现,在研究方法上,大部分国内研究均为实证研究,理论研究较少,如胡壮麟(1994,1995)、张伯江(1997)、徐盛恒(1999,2004)、严辰松(2000)、房红梅(2005,2006)、朱永生(2006)、王国凤和庞继贤(2013)等,实证研究较多,且多采用定量研究与定性研究相结合的研究手段,其中在定量研究中多采用对语言特征进行频率统计的方法。近年来,随着语料库语言学的迅速发展,越来越多的研究开始采用语料库研究范式,这使得研究数据更加客观并具有可信度。但是,从目前的检索情况看,语料库库容量都比较小。

三是研究语料多为期刊论文,对学位论文的探讨较少,如杨林秀(2009,2012)、孙自挥和陈渝(2010)、陈征(2013)、俞碧芳(2015,2016)等,对比分析的更少,如徐昉和龚晶(2014)、王淑雯（2016）。

本研究在研究视角上，吸纳国外采纳较广的社会文化理论，结合语类学，分析探讨中美实证类语言学硕博学位论文的言据性资源特征和据素使用特征。Martin 和 Rose（2003）认为语篇涉及文化、意义和措辞，需要从语言学和社会学整合的视角来研究。也就是说，语篇分析既要借助语法学家的工具来识别文本中词句所扮演的角色，又要采用社会学家的工具来解释这些词句是如何表达意义的。Verschueren（2000:7）也指出，任何语言使用都是在一定的语境中进行的，与语言使用所涉及的认知、文化和社会的整体特性有关，从微观层面看，任何交际都可视为一种认知活动，是双向活动。然而，国内学者对社会文化因素对学术语篇构建的影响还未给予充分的重视。

4.3 学位论文的语类学分析

学术语篇是书面语的一个变体，关注的是学术语境中特定群体的具体交际需要和实践（Hyland & Hamp-Lyons,2002:2），其目的是与学术共同体成员开展学术研究与交流。学位论文是学术语篇的一个次类。随着全球化的进程，英语成为重要的国际交流工具，学术英语的地位也日益突显，成为当前学者和学生进行专业知识学习，开展学术交流的重要工具。20 世纪 60 年代，对于学术英语的语篇和语类特征的研究逐渐得到了重视。学术英语的研究重心由最初的语域分析（register analysis）调整到语篇分析或修辞分析（discourse or rhetorical analysis），最后发展为语类分析（genre analysis）。

4.3.1 语域分析

1964 年，Halliday 及其研究团队在《语言科学与语言教学》一书中首次提出了"语域分析"的概念。他们认为，可以通过统计分析词汇和句法特征在语篇中出现的频率，对运用于特定交际场合与职业领域的言语变体（speech variety）进行分析和描述。他们提出的频率统计法目前仍然被广泛用于分析探讨词汇和句法特征，语域分析方法也被证明具有较强的客观性和科学性，但其不足之处也很明显：一是其分析主要局限于句子层面，而未考虑语篇的多种特征；二是作为一种描述性方法，它不能解释为什么特定领域需要使用特定的言语形式（李小坤,2012）。

4.3.2 语篇或修辞分析

20 世纪 70 年代，一些学者意识到语域分析法的局限性，开始将学术语篇研究的重心调整到语篇和修辞层面。Halliday 和 Hasan（1976）在《英语的衔接》（*Coherence*）一书中，不仅分析了基本的句际衔接，还研究了语篇的整体连贯。Widdowson（1978）进而区分了语言的运用与用法（Use and Usage），指出应该采用更为系统、全面的方法来研究语言的运用（Widdowson,1979；转引自 Swales,2001:46）。语篇分析或修辞分析的目的是尝试确定言语成分在各种变体中的构成是否具有在其他变体中所没有的特殊功用，是否获得了与该言语变体修辞目的相关的价值（李小坤，2012）。语篇分析或修辞分析法的侧重点不是为了发现和描述言语成分在各种言语变体中的分布状况，而是聚焦于语篇或修辞，但其不足之处在于忽略了语言特征的研究。

4.3.3 语类分析

20世纪80年代，随着学术英语研究的不断深化，语类学和语类分析成为学术论文研究的焦点。1981年，Tarone及其团队在分析天体物理学期刊论文的被动语态用法时发现，科技论文的交际功能和论文内在的信息结构以及表达方式之间具有相关性，形式与功能彼此相互影响，彼此统一。在这一研究中，他们提到了"语类"（genre）概念，认为语类不仅可以考察语篇的语言特征，而且还可以进而了解这些语言特征所要实现的修辞功能和交际功能。1984年，Martin（1984:25）将语类定义为"作为文化成员之一的语言使用者所参与的有步骤的、受目标驱动的、有目的的社会活动"，提出可以从社会文化视角分析语类。由此可以看出，语类是人们对特定语境做出反应和期待、高效做事的一种话语方式。语类分析从语境、文化、认知等视角整体讨论并解释特定语类的交际目的及其生成缘由，试图揭示隐藏在语篇背后深层次的社会文化和认知上的动因。

1985年，Hasan在系统功能语法框架内，从语义学视角研究语类，解释语篇结构。1999年，Martin发现不同学科（如科学、历史、文学）的语篇有着不同的组织结构，他尝试希望从文化视角对此加以解释。Martin和Rose（2003）构建了一种用于语类结构分析的"文化—语义—语法"模式，将语类结构放在文化语境层面，通过特定社会活动的常规步骤对其加以解释。因此，他们构建的语类分析模式很适合于采用社会文化视角的学者（杨雪燕，2007）。

1990年，Swales从社会修辞（sociorhetorical）视角出发，把语篇视为社会环境下的交际，在此基础上建立了他的语类理论，并提出了"语类分析方法"，即一种语篇结构分析模式。他运用此方法探析了学术和科研英语（Academic and Research English），并提出了著名的英语学术期刊研究论文（research articles）的引言分析框架——CARS模式（Create A Research Space）。随后，这一模式被广泛运用于分析其他语类及其次语类（sub-genre）。研究对象不再是科技论文、学术论文等笼统的语类，而是学术期刊论文、会议论文、基金申请书、学位论文等具体的语类（Bhatia，1993；Hyland，2006:1）。在研究方法上也不再局限于语言学和传统的语篇分析（textual analysis），而是不断汲取对比语言学（contrastive linguistics）、社会语言学（sociolinguistics）、语用学（pragmatics）、认知语言学（cognitive linguistics）、语料库分析（corpus-based analysis）、批评性话语分析（critical discourse analysis）和积极性话语分析（positive discourse analysis）等方面的研究成果（如Bhatia，2008；Bizzel，1992；Canagarajah，2002；Flowerdew，2002；Hyland，2009；McNamara, et al.，2010；Ruiz-Garrido, et al.，2010；Silver，2003）。这些研究结果都表明，同一种语类可能为诸多学科所共有，尽管各学科探究的内容各不相同，但语篇宏观结构和语言微观层面会有共性。此外，不同语类之间存在差异性，这种差异不仅表现在宏观结构，同样也体现在语言选择和语义传递方面。不同学科之间存在语类的差异性，即使是同一学科中也有语类差异。以语言学研究方向为例，存在期刊论文、学位论文、学科论文、研究报告、开题报告、项目申报、结题报告等不同的子语类。即使是学位论文，也存在本科、硕士、博士间的子语类差异。而且不同的语言文化背景对语类结构同样有影响。例如,英语的演绎式思维模式与汉语的归纳式思维模式,英语的精确性语言特征与汉语的模糊性语言特征等,均在语类结构中得到体现。概而言之,不同学科同一语类的语篇具有类似结构说明语篇宏观布局和语言微观选择具有通用性。同学科跨语类研究或同语类跨学科研究或同语类跨学科跨文化研究的学术语篇都具有共性和差异性,专业方向完全不同的学位论文之间有语类共性,专业方向相同的学位论文之间则有可能存在语类的差异性。

近十年来,语类分析的领域进一步扩大,研究中不再满足于文本分析,而是逐渐转向对话语社团(discourse community)人际意义建构的研究和批评语类分析(critical genre analysis)。学位论文语类分析的目的是探究学位语类在宏观语篇结构层面和微观词汇语法层面的特征。宏观语篇结构研究主要是语步(move)和步骤(step)分析,如引言、文献综述、方法论、结果与讨论、结尾、摘要、致谢词等。目前被广泛采纳的分析模式有三个:一个是Swales(1990)最早提出的三语步模式CARS(creating a research space),即确立研究领域(establishing a territory)、建立研究空间(establishing a niche)、填补研究空间(occupying the niche),该模式为分析学术论文如何运用词汇语法资源,以实现交际目的提供了重要研究范式;二是Swales(2004)以及Santos(1996)和Hyland(1998)针对科技论文语类提出的五语步模式IPMRC(Introduction-Purpose-Method-Results-Conclusion),该模式为将语类学理论用于指导学生的学术论文写作提供了很好的指导范例;三是Salvager-Meyer(1992)和Bhatia(1993)针对摘要分析提出的四语步模式PMRC(Purpose-Methods-Results-Conclusions),这一语类分析路径为探究某一领域语类的特征奠定了基础。微观词汇语法层面的研究主要是分析人称代词、模糊限制语、语体、时态、情态动词、据素等的分布状况以及使用频率,以探究语言形式的功能,以及文化语境与语类的关系。

4.3.4 学术论文的语类分析

学术论文是研究者以书面语方式向学术共同体成员提出新问题、新思想、新观点、新论断、新理论和新动态的手段。从语言层面看,学术语篇要求使用正式语体。从语篇层面看,学术论文具有客观严谨的特点。因此,作者通常会尽量客观地陈述事实,避免表达个人观点和态度。但是近年来,越来越多的研究指出,学术论文是作者高度参与的社会性言语行为(Hyland,2000:1),作者、主题及读者之间要进行动态交互,达到传递作者个人意图或实现交际目的(Bhatia,2008)。这说明,学术论文作者在借助论文向读者客观介绍研究成果的同时,还要阐明自己的立场,并尽可能说服读者认同自己的观点,让他们相信"我们所做出的判断和结论是合理的、令人信服的"(Glanville,1998)。如何使自己的学术观点"言之有据"和"言而有信"正是近年来颇受关注的言据性理论(evidentiality)所探讨的核心。言据性研究说话人(作者)对信息来源及其可靠程度在语言中的表达形式,同时用语言编码反映说话人(作者)对所述命题信息的态度评价和介入程度,是学术论文中常用的言语证据手段(Chafe,1986)。言据性在语言中的呈现方式被称为"据素"(evidential)。

从目前的研究看,学术论文语类学研究主要有八个范畴:(1)理论探讨(Bhatia,1993,2004;Graetz,1985;Martin,2003;Swales,2004;张德禄,2002);(2)语类分析的语义视角

(Hasan,1985);(3)语类分析的社会文化视角(Martin,1984,1992;Martin & Rose,2003; Swales,1990);(4)语类集对比研究(Orlikowski & Yates,1994;Samraj,2005;叶宁,2008); (5)同学科跨文化比较研究(Hyland,2005;Hyland & Tse,2004;Martin,2003;Swales,1981, 1990,2002,2004;姜亚军、赵明炜,2008;鞠玉梅,2004;张晓明等,2012);(6)跨学科比较研究 (Hyland,2004;Hyland & Tse,2004;Samraj,2008;Pho,2008;叶云屏、柳君丽,2013;俞碧芳, 2016);(7)基于语类的教学研究(Badger & White,2000;Feez,1998;Martin,2003;Swales & Feak,1994,2000;韩金龙,2001;韩萍、侯丽娟,2012;徐有志等,2007);(8)跨学科跨文化比较研究(Melander,et al.,1997)。而且语类研究以学术论文为主要研究对象,而篇幅较长的硕博学位论文则鲜有人问津。CNKI检索结果发现,(1)对同学科学位论文摘要的语步结构研究较多(如 Bunton,1998,2005;邓鹏鸣,2010;冯茵、周榕,2007),少有涉及微观语言(如孙迎晖,2008;唐叶青,2004);(2)对跨学科学位论文摘要的对比分析关注较少(陈明芳,2008;叶云屏、柳君丽,2013;俞碧芳,2016),不过没有谈及微观语言层面特征。

本研究并不探讨学位论文的宏观结构特征,即语步(move),只是借鉴 Swales(1990)提出的社会修辞(即语类)视角和 Martin(1984,1999)强调的社会文化视角作为学位论文语类微观层面中言据性的语类分析视角。因为,Swales 研究语类的初衷就是服务于"学术英语"这一特定语类(学位论文是学术论文的一个次类)。他(1990:46)提出的两个概念可以用于分析学位论文的言据性特征,一是"话语社团",即为了实现共同交际目的而聚集在一起的人群;二是"语类",即话语社团内用于实现共同交际目的的工具(即语言及其体现方式特征)。Martin(1984,1999)将语类视为通过语篇完成的社会活动的全过程,从社会文化语境层面,通过特定社会活动对语类特征加以解释。因此,他的语类分析模式很适合于采用社会文化视角的语篇分析。此外,语类分析强调的是某类语篇的区别性结构特征,它超越了对语篇语言特征和修辞功能的简单描述,而力求解释语篇建构和语言运用的理据,探讨语篇建构背后的社会文化和心理认知因素(李小坤,2012)。

4.3.5 学位论文言据性的语类研究

学位论文是检验硕博学生完成硕士和博士培养质量的重要标准之一,也是探讨学生学术社会化过程的一个重要窗口。学位论文是学术论文的一种重要次语类,其言据性特征既有着类似于学术论文的语类特征,必须符合特定学科的期待和以言行事的规范,有明确的交际目的,这些都是其学科文化和认知所体现的动因。但同时又因写作主体、写作要求、写作目的、身份特征等的不同,与学术论文存在着语类差异。从这两个意义上讲,运用语类分析对比分析中美实证类语言学硕博学位论文语类的微观语言特征具有重要的现实意义。首先,通过对比分析中美语言学硕博学位论文的学科期待,我们既可以揭示英语学位论文写作中的言据性整体特征和据素特征,也可以了解语言学学科社团成员在这一语类实践活动中所表现出的认知、文化等差异,从而为设置课程、确定教学内容、实施教学改革等提供重要依据。其次,通过综合运用文本分析、语境分析和批评分析方法深入探讨中国语言学硕博英语学位论文语类在语言微观层面所存在问题及其成因,并据此提出相应的措施。

语类研究成果表明,学科间和学科内都存在语类结构的异同。同理,学位论文的言据性特征与期刊论文的言据性特征之间也是共性与异性共存。共性在于有相似的交际目的和学术语言的规范要求,如引介前人研究成果并加以评价,提出研究问题,描述收集和分析数据的研究方法,解释观察到的一系列数据,推断可能性等,还有正式、客观、谨慎、得体的语言选择和修辞选择;差异性在于写作主体和规范不同,如期刊论文的写作主体主要是比较成熟的研究人员,而学位论文的写作主体则是作为学术新人的学生,期刊规范与学位论文规范要求不同。由此可见,作为学术新人的硕士生作者,介于学术新人和成熟研究者之间的博士生作者,其学位论文的言据性和据素类型表现出不同于成熟学者的特征,而且彼此之间也会存在异同。另外,硕博生在用英语撰写学位论文的过程中也面临更多的挑战,如专业规范、语类规范、英语语言文化规范、母语影响等。再者,随着学科间的不断融合,语言学这一社会科学也开始借鉴自然科学的研究方法,呈现出更加复杂多样的子语类特征。通过语类学视角的对比分析,可以发现中美硕博生在学位论文这一特定语类中的言据性特征及其意义,进而提高学生对特定语类的意识,并融入自己的学位论文写作任务之中。从这个意义上讲,从语类学视角探索中美语言学(实证类)硕博学位论文的言据性特征具有重要的理论意义和实践意义。

目前,国内对学位论文的言据性研究主要集中在国外博士论文摘要分析(俞碧芳,2015)、我国英语专业本科生毕业论文中据素与论文质量的相关性研究(孙自挥、陈渝,2010)、我国英语专业学生毕业论文中言据性资源在本硕博三个阶段的使用特点(徐昉、龚晶,2014)、中美语言学硕士学位论文言据性对比分析(王淑雯,2016)。但只有王淑雯(2016)的研究考虑到了所选硕士学位论文的研究方向和研究方法也是一个次语类,影响了言据性资源和据素的使用。此外,目前的研究尚未涉及就中外硕博学位论文进行对比研究。相对于语言学博士,硕士生面临的挑战更大。因为正如 Cansanave(2002)所指出的,硕士生的社会身份介于新手和专家之间,他们有着两到三年的学术学习,具备了一定的专业学术素养,但是较少参与学术活动,学术经验积累不足。在撰写学位论文时,硕士生既需要熟悉语言学本专业的学科知识,又要用英语撰写学位论文,熟悉学位语类规范要求。美国教育比较重视语类学知识的传授,在中学即开始语类学的相关写作指导。因此,他们能较好地把控学位论文的语类规范,并积极建构意义、身份等学术实践活动,硕博生学位论文言据性的语类特征对于促进我国外语教育领域的语类学教学具有一定的启发和借鉴作用。而且,实证类研究中所采用的定量研究方法、定性研究方法和混合法汇集了社会科学和自然科学的研究方法,这可以被视为语言学学位论文的子语类,其中所体现的言据性资源和据素特征对于其他学科语类也有借鉴作用。

综上所述,语类学可以用于探讨中美实证类语言学硕博学位论文的言据性特征及其背后所反映的社会文化因素。而且,选取英语学术语篇中相对薄弱的英语硕博学位论文为研究对象,有利于推动英语学术语篇语类研究的多样性和理论创新,也是促进我国硕博生和学者参与国际语类和学位英语研究的积极尝试。

4.4 社会文化理论(sociocultural theory)

社会文化理论(sociocultural theory)是在著名学者 Vygotsky 提出的儿童认知发展理论——文化历史心理学(cultural-historical psychology)基础上发展而来的,该理论强调社会文化因素在人类独特的认知功能发展中的核心作用（Lantolf & Throne,2006:1）。

4.4.1 语言交际观

从语言学视角看,社会文化理论的基础是语言交际观,即语言研究不能仅仅是聚焦于语言形式,更要探究语言的意义特征（而不是形式特征）,尤其是概念意义（conceptual meaning）。语言形式的意义不是静态的、一成不变的,而是依据社会互动交流而实时产生的,具有动态变化的特征。因此,语言形式与意义是辩证的相互依赖。尤其是语言的概念意义的产生和发展更是与社会文化以及人类的认知密切相关的,同一个语言形式在由相同社会活动构成的不同社会事件中会产生不同的意义。正如 Lantolf 和 Thorne（2006:4）所指出:"……社会文化理论是一种中介心理发展理论（a theory of mediated mental development）,它与强调交际、认知和意义的语言理论最适切,而与注重结构的形式主义语言立场不切合。"文秋芳（2008）也认为,"语言是社会现象,无法分割语言学习者运用语言参与社会交际活动,获得语言和文化知识转而成为个人脑力活动的材料。"学位论文是作者利用语言符号与学术共同体成员进行交际的过程,在这一过程中,作者有意识地选择他们认为有意义的语言符号来传递个人信念,完成交际活动,实现交际意义。因此,作者选择据素的过程就是一个认知过程,这一过程除了受到信息来源的影响之外,还受到多种因素的限制和影响,如作者的社会背景、文化、认知状况、思维模式等。而且,即使是同一个据素,由于出现在不同的语境中,其意义特征,尤其是概念意义特征就会产生变化。从这个意义上看,语言能够真实地反映作者的交际意识和交际行为,以及隐藏于其后的社会文化影响。Mushin（2001）认为说话人/作者在选择据素之前就已经涉及主观性认知介入（subjective cognitive involvement）。他提出的言据性分析模式强调说话人或作者对据素选择和使用的作用,最终的语言选择是有意识的、有意义的。中美实证类语言学硕博学位论文的作者来自两个截然不同的社会文化,他们的论文必然会受到各自母语文化所侧重的思维方式和情感表达方式等社会文化因素的影响。

4.4.2 社会文化互动观

Vygotsky（1987）将"认知发展"界定为社会共享活动内化过程的迁移。Donato 和 McCormick（1994）指出,社会文化互动对于个人的认知发展起着重要作用。个体的认知意义和知识建构与所处的社会文化环境是密切相关的。Vygotsky（1987）将语言视为一种符号工具（semiotic tool）,并强调语言是人类实现社会生存目标的手段,并在实施社会行动和社会互动的过程中得以动态发展。Wells（1994）对比了社会文化理论创始人 Vygotsky 和系统功能语言学创始人 Halliday 提出的语言观,指出 Vygotsky 和 Halliday 所持的都是语言的文化工具观,即语言是一种功能特别强大的符号工具。由于语言的语义结构,编码了特定文化的经验理论,以及通过其他认知工具获得的知识,使语言使用者能够通过彼此互动来协调他们的活动,反思他们对经验的阐释,同时又共享这种阐释（Wells,1994:72）。个体以语言和其他符号系统作为思考和发展认知的中介工具,在与社会文化互动的过程中,建构自己的知识体系,并依据自己的社会文化和认知储备对这一知识体系进行反思和进一步的验证,从而使得自身的认知呈现螺旋式推进的态势。因此,语言是进行社会性互动以及文化共享和传递的主要手段和途径,也是语言使用者的认知基础。学位论文作者在撰写论文的过程中,就是使用语言符号作为中介工具,与学术共同体这一社会文化组织进行互动,一方面将自己的学术观点传递给学术共同体成员,另一方面也接受来自学术共同体成员的反馈与评价。从这个意义看,硕博生撰写学位论文的过程也是他们社会化的过程。

4.4.3 认知观

从起源上看,社会文化理论并不是关于社会或文化,而是关于人的认知如何发展的理论(Vygotsky,1978)。该理论认为,人类的认知发展经历从物质调控(object-regulation)到他人调控(other-regulation),再到自我调控(self-regulation)的过程,在这一过程中,语言是最基本的调控工具,是个体思考与认知发展的中介工具。所谓"中介",是指人"调节物质世界或个人世界与彼此的社会和心智活动"的过程(Lantolf & Thorne,2006:79)。该理论还强调语言发展过程是一个不断发展的连续体,其中物质调控是这个连续体的起点,学习者在社会化过程中不断受到来自社会文化等因素的他人调控,然后不断调整自己的认知水平,经过"内化",最终实现"自我调控",因此自我调控被视为这一语言学习连续体的终点。由此可见,语言的获得在促进个体认知发展的同时,作为中介物帮助学习者建构自己有关世界的认知,并在与他人的互动中不断调控自己的认知中介——语言。从这个视角看,社会文化理论认为,人的心智活动本质上是社会的,人类认知的发展是个人主体与其所处的社会文化历史环境(或称客体)不断交互的结果(Wertsch,1985),且交互并不直接发生,连接个体与交互活动并促成发展的是语言工具(Vygotsky,1978;Engestrom,1987)。调节工具既有物理工具,如锤子、斧头等,也有诸如语言、符号等的文化制品(cultural artifacts)(Vygotsky 1978;Leont'ev,1981;Engestrom,1987,2001),其中语言是最重要的心理工具和中介工具。也有学者认为,社会文化理论实际上是关于人如何运用中介工具开展社会活动的理论(Swain & Yang,2008)。由此可见,社会文化理论提出认知观,以及知识内化的社会化过程有助于本研究观察我国语言学硕博生是否能将英语与其思维进行有机结合,结合程度如何,以及能否利用英语进行思维,最终实现自我调控的程度如何。

4.4.4 二语习得研究

社会文化理论从其独特的语言观出发,对二语习得中的一些重要问题,如"错误""母语迁移""语言水平"等提出了新的研究视角和解释(Ellis,2008:548)。社会文化理论认为,二语学习者的"错误"可能是不同的思维形式导致的(Frawley & Lantolf,1985:19-44)。Frawley和Lantolf(1985)提出了"连续接触原则"(the principle of continuous access),用于解释二语学习者所出现的二语"倒退"(regression)或"滑坡"(backsliding)的现象,认为这种现象源自于学习者在尝试较难任务时,往往会依赖自己以前所获得的、完全内化了的某个结构形式,但有可能会失去控制,而不得不重新尽力自我调控。因此,"错误"所反映的不一定是某一知识的欠缺,而是学习者正在从事的学习活动的特征。针对"母语迁移"这一现象,社会文化理论聚焦于学习者能否成功运用二语来中介自己的心理活动予以解释。Lantolf（2006）认为，学习者可以获得二语的概念，但其成功的程度有限，母语概念的影响极为广泛。就语言水平而言，社会文化理论认为，语言水平是心理工具的外在语言反映，二语水平的高低取决于学习者能否用二语来调控自己的心理活动。Frawley 和 Lantolf（1985）指出，二语初学者只能用二语来调控自己的社会活动，而不能调控自己的心理活动；而处于高级阶段的学习者不仅能用二语来实现社会功能，还能用二语来调控自己的思维。二语习得是人类认知的组成部分之一，语言与认知密不可分，语言处理过程必须依赖基本的认知能力（DeKeyser & Juffs, 2005）。但二语习得不是一种脱离社会文化环境的孤立语言活动，学习者个体的思维过程和语言能力的发展亦受到语言事件发生的社会文化环境的影响以及作为活动主体的学习者的内在积淀的文化、历史、规则等诸多因素的影响（Kramsch, 2000）。从这个角度看，社会文化理论与二语习得研究的结合，有其深厚的理论和哲学依据，侧重于探讨二语习得的社会属性以及社会文化因素的隐性和显性影响。对于中国语言学硕博生而言，英语是他们的二语，他们的英语语言水平基本上可以代表国内的最高水平，他们运用英语撰写学位论文的过程就全面反映了他们二语习得过程中的认知和社会文化属性。由于近年来国内硕博研究生的不断扩招，他们的二语（本研究中的英语）语言水平到底在哪个层面，是成功还是失败，能否运用二语来实现社会交际功能并调控自己的思维，是值得深思的问题。

综上所述，社会文化理论从人类认知过程以及人类社会和文化发展的视角，阐释了语言的社会属性，聚焦语言与认知及社会文化因素的密切相关性，强调社会文化因素会影响语言使用者（包括母语和二语）的思维模式、认知特征、社会文化属性、理论价值观、语言选择、人际关系建构、共享背景知识等。本研究认为，学位论文写作是一种社会文化实践（sociocultural practice）过程，在这一过程中，中美语言学硕博生借助同一个中介工具——英语去探究学术问题，并完成与学术共同体成员的社会交际互动，而这一交际过程显然离不开认知和社会文化等因素的影响。因此，社会文化理论所强调的语言交际观、社会文化互动观、认知观和二语习得研究成果有助于本研究更加深入地探讨中美语言学硕博英语学位论文所表现出的言据性特征，为言据性研究提供深厚的理论支持并开辟新的研究领域。

4.5 小　结

本章主要梳理了学位论文言据性的理论分析视角——语类学和社会文化理论，旨在以这两个理论为出发点和理论分析基础，深入探究中美语言学硕博生的学位论文语类的言据性使用特征以及社会文化因素的影响。其中，语类学具有较强的宏观语篇结构和微观语言特征研究的针对性（注：本研究仅关注微观语言层面的言据性特征），语类分析强调的是某类语篇区别于其他语类的特征，力求解释语篇建构和语言运用的理据，探讨语类特征背后所隐含的社会文化和心理认知因素，这又恰恰吻合了社会文化理论的本质特征。此外，语类分析在诞生之初就是为学术语类服务的，因此，语类学视角同样适用于作为学术语类一个子语类的学位论文分析。Martin（1984, 1999）以及 Martin 和 Rose（2003）将语类视为通过语篇完成的社会活动的全过程，从社会文化语境层面，通过特定社会活动对语类特征加以解释。因此，他的语类分析模式很适合于采用社会文化视角的语篇分析。

综上所述,语类学和社会文化理论相结合,可以用于深入探讨中美实证类语言学硕博学位论文的言据性特征及其背后所反映的社会文化因素。而且,选取学术英语语篇中相对薄弱的英语硕博学位论文为研究对象,有利于推动英语学术语篇语类研究的多样性和理论创新,也是促进我国硕博生和学者参与国际语类和学位英语研究的积极尝试。

第五章 研究设计

5.1 导　言

本章重点介绍中美实证类语言学硕博学位论文言据性对比研究的研究设计。首先，介绍了研究问题，其次介绍了研究方法，包括语料库建设、研究工具、统计方法。最后，结合 Chafe (1986) 和 Aikhenvald (2004) 提出的据素分类模式，结合学术语篇的语类特征以及我们所观察统计的结果，提出本研究的据素分类和语言呈现方式。

5.2　研究问题

本研究采用语料库研究范式，自建四个中美大学英语专业语言学研究方向的硕博学位论文中的实证类论文语料库，确定据素类型及其语言呈现方式，将定量数据分析与定性语篇分析相结合，旨在回答以下 4 个研究问题。

(1) 中美语言学方向实证类硕士学位论文的言据性资源和据素特征是什么？
(2) 中美语言学方向实证类博士学位论文的言据性资源和据素特征是什么？
(3) 中国语言学方向实证类硕博学位论文的言据性资源和据素特征是什么？
(4) 美国语言学方向实证类硕博学位论文的言据性资源和据素特征是什么？

5.3　研究方法

该小节重点介绍本研究所采用的研究方法，包括语料库建设、研究工具、定量研究、定性研究、统计方法等。

5.3.1　语料库建设

语料库（corpus，其复数形式是 corpora）一词源于拉丁语，意思是 body（文集），指一系列文本的集合体。现代意义中的语料库指"电子文本集"（a collection of texts stored in an electronic database）。语料库的统计数据来自真实语言，且基于大型语料库所得到的数据避免了偶然性，其结论更具有说服力。

5.3.1.1 语料采集

语料采集是一个较为烦琐的过程。为了使语料具备可比性,具有时效性和代表性,研究数据更加可靠,本研究语料选自 2012—2016 年国内和美国大学英语专业语言学研究方向的硕博学位论文中的实证类文章。实证类文章指采用数据、问卷、实验、访谈、收集语料或统计等找到或验证论文结果的研究,采用定量研究与定性研究相结合的混合研究方法。所谓定量研究是以数字形式呈现数据,采用统计方法分析数据,包括调查问卷、实验及准实验研究等;定性研究则是以文字形式表现数据,用文字描述来分析数据(Niglas,2010:220),如个案研究、行动研究、访谈、学习日志、民族志研究、现象学、叙事学、语篇分析、话语分析等(van Maanen,et al.,1982;Hammersley & Atkinson,2007)。混合法指的是同一研究兼用了定量研究和定性研究两种研究方法(Bryman,2015:635)。例如,在同一研究中,问卷调查与访谈相结合,或实验法和个案研究相结合。我们所采集的中美语言学硕博学位论文的实证类文章都采用了问卷调查与访谈或日志相结合的混合法。

我们以"二语习得"为关键词,在"中国优秀博硕士学位论文全文数据库"中检索国内大学英语专业 MA 的硕士学位论文和博士学位论文,筛选出符合本研究设计的实证类硕博学位论文,样本涵盖 985、211 和普通高校,通过邮件和其他方式确定作者没有出国留学经历,以减少所选样本受到的英语文化的影响。最终筛选出符合条件的硕士学位论文 45 篇,博士学位论文 30 篇,分别作为中国实证类语言学硕士学位论文和中国实证类语言学博士学位论文这两个语料库的语料来源。在"ProQuest 学位论文全文数据库"(http://pqdt.lib.sjtu.edu.cn/Search-Results.aspx? c=29&pm=0)中,以 second language acquisition 为关键词检索美国大学英语专业硕士学位论文和博士学位论文,通过邮件和其他途径确定了作者的美国身份和英语母语背景,最终选取了符合预设条件的 45 篇硕士学位论文和 30 篇博士学位论文,分别作为美国实证类语言学硕士学位论文和美国实证类语言学博士学位论文这两个语料库的语料来源。

本研究选择了英语专业同一研究方向、同样研究方法的硕士和博士学位论文建设语料库,主要基于以下几方面的考虑。

第一,就体裁而言,学位论文属于学术论文的范畴,学位论文是中美学生在研究生硕士和博士学习阶段必须完成的学术写作任务。

第二,硕士和博士研究生经过 3~6 年的系统学习,具备了较为系统的基础理论知识和研究方法,与本科生相比,他们的毕业论文更接近学术论文的规范要求。

第三,语料来自同一领域,研究方法为定量研究与定性研究相结合的混合法,涉及调查法和访谈法相结合,这样平衡语料是因为 Hyland(2012)指出,学术话语不是简单的同质性体裁,不同学科有其各自的研究背景、方法、目的和手段。此外,王淑雯(2016)的研究发现,研究方法的选择会影响到言据性资源和据素,尤其是感官据素的使用频率。因此,限定语料来源有助于减少因不同研究领域和不同研究方法所带来的语料差异和数据统计差异,所得到的据素类型统计数据也更具有说服力,研究结果更为可靠。

第四,对于语料来源考虑其语言学习背景,主要是为了更好地从跨文化视域和对比语言学角度,对比分析我国英语专业硕士和博士学位论文与以英语为母语的硕博学位论文之间在言据性方面所存在的差异,研究我国的英语专业硕博学位论文在英语写作方面受到了多大程度的汉语母语的影响,对于提高我国的英语学位论文写作质量和学术论文写作教学具有指导作用。限定我国硕博生没有出国留学的学习背景,是因为我国绝大多数学生都是在国内完成英语学习的,所选取论文语料更能直观反映当前我国硕博生的真实英语水平。选择美国硕博学位论文是因为美国是科研大国,尤其是很多语言学方面的高级学术期刊都是美国学术机构的。另外,目前国内的英语教育多选用美式英语,大部分英语测试也都采用美式英语,如大学英语四六级考试和研究生入学的英语测试中的部分语料选择美国杂志 *Economist*,美式英语在中国有较大的影响。再者,美式英语与其他英语变体,如英式英语、加拿大英语、澳大利亚英语等,在词汇、搭配、语义、语用、功能等方面存在语言变体差异,如果变量过多,会影响本研究的信度。

第五,在某种程度上,英语专业的硕士和博士代表了我国英语学习的较高和最高水平,他们所撰写的学位论文更能观察出近年来我国英语教育所取得的成果和存在的问题。将之与本族语硕博学位论文相比,有助于发现我国英语教和学所存在的具体问题。另外,英语专业的硕博生也是未来语言学学术研究领域的主力军,对于其目前英语学术写作质量的评价分析可以为他们以及其他学术共同体成员的学术发展提供直观的参考依据。

第六,选择实证类论文是因为它所采用的研究方法,尤其是定量数据分析,源自于自然科学。本研究选取的语料都兼用了定量研究和定性研究的混合法,而其中的定量研究需要对图表、图例和数据加以表述、阐释和推断。因此,本研究结果同样适用于自然科学和其他社会科学领域的英语学术论文写作。此外,文秋芳和林琳(2016)的调查发现,2001—2015 年间,国内应用语言学所采用研究方法中,定量研究法占绝对优势,远远超过定性研究法和混合法,这不仅是目前国内顶级期刊中应用语言学的研究方法趋势,同时也能反映出国内硕博学位论文所采用研究方法的整体趋势。实证类论文其他部分,如探讨理论和文献综述等,在学术论文中更是具有普遍适用性,无论是社会科学还是自然科学领域的学术论文都要进行理论和文献综述。

概而言之,本研究共建立了四个语料库,其中两个是学习者语料库(learner corpus),分别是中国实证类语言学硕士学位论文语料库(简称为 CM)和中国实证类语言学博士学位论文语料库(简称为 CD);另外两个对照语料库是本族语者语料库(native speakers corpus),包括美国实证类语言学硕士学位论文语料库(简称为 AM)和美国实证类语言学博士学位论文语料库(简称为 AD)。

5.3.1.2 语料整理与净化

由于所选取确定的学位论文都是 pdf 或 caj 格式,我们用 FineReader 软件将其转化为纯文本格式,并加以整理。在文本整理中删除了一些空行、换行符、不符合规范的符号格式、非英语字符等,使用 UTF-8 对文本进行了编码保存。所有语料均仅限于论文的正文部分,剔除论文题目、关键词、摘要、目录、参考文献、致谢语、附录和图表及其文字等;考虑到中美学生作者真实的英语文字水平,正文部分中直接引用的文献和访谈内容,如加了引号或独立成段的文字,不算字符数,也不统计其中所含有的据素;语料中的语言错误一律保存,不做修改处理,在进行定性分析时,亦保留原有错误。

经过净化处理后保留的 CM 库容共 788 112 个形符,其中最长的论文 22 342 个形符,最短的论文17 027个形符,平均每篇约17 514个形符;CD库容共1 305 683个形符,其中最长的论文84 819个形符,最短30 058个形符,平均每篇43 525个形符;鉴于本研究中还采用了定性研究方法,需要从语料库中选择特定语料,因此经过净化处理的论文均被加以编号,如CM1表示语料来自中国实证类语言学硕士学位论文语料库中的第1篇论文,CM2以此类推;CD1表示语料选自中国实证类语言学博士学位论文语料库中的第1篇论文,其他类推。

AM库容为941 088个形符,其中最长的论文29 662个形符,最短的论文12 835个形符,平均每篇约20 913个形符;AD库容为1 632 272个形符,其中最长的论文97 718个形符,最短32 372个形符,平均每篇54 409个形符。与中国硕博论文一样,美国硕博论文进行了同样的编号,如AM1、AD1等。

5.3.1.3 语料标注

语料库标注是重要的检索依据,研究完备的标注设计为后期研究的信度提供了重要保障,本研究采用人工标注,根据据素类型和语言呈现方式,结合语境,对四个子库的据素进行赋码标注。制订赋码方案和码集(tagset),并在设计前进行了先导分析,设计后实施了试验性赋码(trial tagging),确认无误。为了保证标注的正确性,正式标注前,我们对四位标注人员进行了反复培训和试验赋码。在标注过程中,不断抽查,检验信度。对于标注过程中存在争议的部分,反复探讨达成一致。在标注结束后,再次抽样检查,确保标注的准确率。

5.3.2 研究工具

本研究采用日本早稻田大学Laurence Anthony设计的语料库分析工具AntConc3.2.0作为据素检索和统计工具,用SPSS 16.0和Excel作为数据分析工具。

确定统计方法。语言项目在语篇中的出现频率是语言学家公认的一个重要特征。英国心理学家Ellis认为,频率是语言习得的关键,因为语言规则源自于学习者对语言输入分布特征的分析(Ellis,2002:144)。语言学家Leech(2011:17)指出,凡是涉及学习者语言输入、语言使用和语言评估的研究都应该以频率信息为指导。言语社区成员在同一语类中使用特定的词汇、语法形式、句式结构的频率方面十分相似,这种相似不仅仅是使用了什么,还包括使用了多少。因此,要想对比分析中美实证类语言学硕博学位论文的言据性特征,就可以按照每种据素的出现频率来统计据素的频率分布。鉴于四个语料库的库容量不同,为了使统计数据具有可比性,我们对所观察语料的频数进行了标准化,根据库容和实际频数的多少,我们采纳Chafe(1986)和胡壮麟(1994)所设计的言据性统计分析方法,按照每一千个词出现某一词汇或短语等语言单位的频数来统计,即千词频。标准化前的词汇出现频数用"频数"(occurrences)表示,标准化后的频数用"频率"(frequency)来表示。

由于语境会影响到据素类型的属性,而且词汇与据素并非一一对应关系,为了确保研究中所统计的据素词频数的正确率,我们将经过软件AntConc3.2.0统计的据素进行人工筛选。根据内容分析法介绍的信度检测方法,本研究的人工筛选分别由三个评判者独立完成,要求他们按照事先确定的分析维度,对四个语料库样本中的据素进行独立评判分析,然后根据信度测试公式R=n+K/[1+(n−1)+K]进行计算。其中,R为信度,K是平均相互同意度,n是评判者人数。计算后得到的评判信度分别是 R（CM）＝0.925,R（CD）＝0.931,R（AM）＝0.933,R（AD）＝0.928,信度值均大于0.90,本研究所采用的据素统计数据具有可信度。接着,利用 AntConc3.2.0 软件统计出各类据素的出现频数和千词频,并进行标准化分析。最后,用数据统计分析工具 SPSS 16.0（Statistical Package for Social Sciences）和 Excel,对 AntConc3.2.0 检索统计和人工筛选后最终确定的数据进行卡方检验和独立样本 t 检验,观察并判断中美实证类语言学硕博论文中言据性表现出什么样的使用趋势,各类据素的词频以及语言呈现方式的频率是否呈现出什么样的特征,并分析这些产生特征的主要原因。

5.3.3 研究方法

本研究采用定量研究与定性研究相结合的混合法。现代语言学的一个鲜明特征是学科的交叉性。定量分析依靠的是数据,定性分析依赖的是语言,两者相辅相成,互相补充,从不同的角度探究同一语言现象,相互引证,由表及里,深入事物的本质,使观察更为全面深入,提高观察的信度和效度,有助于我们更加全面、深刻地认知世界。

定量研究的目的是追求研究的客观性和系统性,通过设计和统计来认识中美实证类语言学硕博学位论文的言据性特征。定量研究的优点在于经济可行、精密准确,易于分析,其信度、效度、可信度等都可以量化,结论有力,令人信服。从本体论的角度看,定量研究认为世界是客观存在的,研究要摆脱主观看法来认识世界;从认识论的角度,定量研究认为真知源于实验,研究就是要确定因果关系,研究结论要具有普遍性和概括性（Bryman,2015;Creswell,2015;陈向明,2000;刘润清,2015）。本研究要对四个语料库中的各类据素进行统计观察,运用形式化的手段,如数字、图形、图表等,了解言据性资源和据素类型的统计学特征,研究语言现象和事实之间的内在联系,在联系中寻找事实的系统性成因。但是,定量研究关注的是比较单一的数字,牺牲了语料的特殊性和独特性,得到的是更为抽象概括的事物间的相互关系,但却无法对这种关系进行深入具体的探究。定量方法在广义社会语言学里的典型的应用是研究语言差异、语言维持和转换、语言态度等方面的问题。因此,该研究方法完全适用于本研究。

定性研究认为世界上并不存在绝对客观的事物,任何实验的研究都会受到研究者自身所处的社会文化等因素的影响。从本质上讲,研究者自身就是研究工具的一部分,实际上他们主观介入了自己所从事的研究,如对于研究对象的选择、变量选择控制、研究设计、取样等。因此,在学术研究过程中,他们不可能做到绝对的客观。这就意味着,在学术研究中,仅仅依靠定量研究,难以揭示语言的复杂性、动态性及不确定性,采用定性研究法以弥补量化研究的不足（Flick,2014;Taylor,et al.,2016）。定性研究所收集的数据主要是词语或语言,而不是数字。词语或语言能直接、具体、生动地说明现象,相较于单一的数字能获得更多的信息和启发,说服力更强。定性研究更注重研究者对研究对象的深度描述和阐释,以了解事件发生的过程和变化轨迹（Bryman,2015;Creswell,2015;陈向明,2000）,其优势在于能够全面反映所调查事物的背景和各方面影响因素,将注意力集中在事物的复杂性,各因素的相互作用以及环境的影响性、独特性,可以进行差异对比。相较于定量研究,定性研究强调的是真实性和可信度,而不是普遍性和推广性（Denscombe,2014）。但是定性研究的局限性在于研究样本较小,不具备普遍性。本研究采用定性研究是基于以下几方面的考虑。首先,语言和其他行为是相互依存的,不能孤立地研究语言。其次,本研究是对比分析,各种语言之间有很大的差异性,外语学习者和母语学习者之间同样存在差异性,需要对这些差异做具体的描述和分析。最后,语言理论有可能从自然语料调查和对语言功能的分析中得到提炼。

本研究采用的兼具定量研究和定性研究的混合法,可以将两种研究方法进行优势互补。定性数据主要是词语或语言,但词语或语言比数字复杂,而且一词多义,离开了上下文就丧失了意义。定量数字没有那么含糊,而且处理起来比较方便,统计结果具有普遍性规律,但无法从微观视域对词语或语言进行具体分析。混合法则较好地扬其长、避其短。研究的关注点更为广泛,得到的信息也更加充实详尽,可以使研究更为全面,研究结果更加可信。

综上所述,我们认为,基于语料库研究范式所提供的大量真实自然的语料,使用定量研究和定性研究相结合的混合法来探究同一语言现象可以互相引证,提高观察的信度和效度。

5.4　据素分类

本研究结合 Chafe(1986) 广义言据性分类模式和 Aikhenvald(2004) 狭义言据性分类模式,以及学术语篇的语类特征和自建语料库所选语料的研究方法、研究内容、研究主题以及我们观察统计的结果,提炼出了适用于实证类学术语篇的据素分类,并归纳了各类据素中常用的语言呈现方式。

Chafe(1986) 从广义的角度把言据性分为知识来源和获取知识的认知方式。其中知识来源包括四个因子:???、证据、语言和假设;知识获取方式也分为四个因子:信念、归纳、传闻和演绎。Chafe 将知识来源的四个因子分别与知识获取方式的四个因子一一对应。但是 Chafe 模式中存在一个严重的问题,就是难以确定据素的词汇表达手段,这就需要我们在自己的研究中,根据所选语料的研究内容、研究方法、研究主题、研究体裁等归纳并确定英语据素的词汇表达手段。另外,Chafe 模式仅仅以知识为基础,没有考虑到人们在使用语言时,赋予语义以大量的修辞因素。而且语用语境变化导致的据素的一词多义现象,使 Chafe 的据素范畴边界更加模糊多变。针对 Chafe 模式的这一问题,我们在据素分类和统计中采用了多人评注、多方验证的方法,在语境中确定据素属性,保证据素边界的清晰性,确保据素统计的可信度。尽管 Chafe 模式存在争议,但该模式最重要的成果在于它指出说话人可以选择不同的据素来表明他/她对所述信息的确信度,这也是我们采用 Chafe 模式的主要原因。还有一个主要因素是,Chafe 是首位对言据性进行实证对比分析的学者,他采用千词频(某一据素在每一千个词中出现的频率)的统计方法,对比分析了英语的日常口语(conversation)言据性和学术论文(academic writings)中言据性的据素分布特征,发现不同的语类在言据性的使用方面存在差异。这一研究为后期言据性的研究和发展奠定了良好的方法论基础,并具有较强的可操作性和可复制性。本研究是对比分析同一语类、不同社会文化背景的学位论文在言据性资源方面所表现出的特征,完全可以借鉴 Chafe 的实证研究模式。

Aikhenvald(2004) 从狭义的角度把信息来源分为三组,共计六类:视觉与非视觉感官、推理与假设、传闻与引用。其中,"视觉"指通过所见而得的信息;"非视觉感官"指通过听觉、嗅觉、味觉和触觉而得的信息。"推理"是由可见证据或具体证据或结果而实施的,表明信息虽然不是个人亲身观察或亲身经历而来,但可以从间接证据中推断而来,包括从直接经历推断而来的信息、由常识推断而来的信息、说话人有相似的经历而推断或假设而来的信息以及过去经历的延期实现的信息;"假设"则是基于所有非视觉结果之上的,包括逻辑推理、假设或常识性知识。"传闻"是不知报道源的报道信息,表明所述信息有可能是准确的,也有可能是不准确的,说话人仅仅是转述了听到的信息;"引用"是指出引用源的报道信息,表明信息来源是直接引用,所用信息准确无误,但说话人不予阐释。Aikhenvald 模式的优点在于很好地区分了"传闻"和"引用",指出两者的区别在于是否提及引用源。学术语篇的语类特征之一就是"引用"他人观点为自己的论文服务。我们所选择的语料都是实证类学位论文,采用的研究方法都是问卷调查和访谈或日志,数据来源必然会涉及"视觉"和"非视觉感官"(如听觉),对所得数据的分析则存在或然性,因此会用到"推理"和"假设"。简而言之,Aikhenvald 模式提出的据素分类对于实证类学术论文具有较好的借鉴价值。但是,由于 Aikhenvald 倾向于狭义言据性,她没有探讨信息来源的可信程度或说话人的态度判断,这就需要我们从 Chafe 的广义言据性中予以弥补。

本研究采用广义言据性的视角探索英语学术语篇的言据性性特征。我们认为言据性既要"言之有据"更需"言而有信"。言据性应该是研究说话人(作者)对信息来源及其可靠程度在语言中的表达形式,同时用语言编码反映说话人(作者)对所述命题信息的态度评价和介入程度,是学术论文中常用的言语证据手段(Chafe,1986)。言据性在语言中的呈现方式被称为据素(evidential)。经过 30 多年的研究历程,虽然迄今为止,对于言据性的语义范畴和分类没有统一的界定,但国内外学者就言据性在学术语篇中的重要性已经达成共识——据素的恰当使用有助于作者在尽量保持学术论文客观性的前提条件下,对命题来源及其可靠性进行认知编码,与读者就命题意义进行磋商,协调作者与读者在对命题达成共识的过程中的交流互动(Barton,1993;Chafe,1986;Viechnicki,2002;孙自挥、陈渝,2010;王淑雯,2016)。

学术论文是研究者以书面语方式向学术共同体成员提出新问题、新思想、新观点、新论断、新理论和新动态的手段。从语言层面看,学术论文是书面语,要求使用正式语体。从语篇层面看,学术论文具有客观严谨的特点。因此,作者通常会尽量客观地陈述事实,避免表达个人观点和态度。但是,近年来,越来越多的研究指出,学术论文是作者高度参与的社会性言语行为(Hyland,2000:1),作者、主题及读者之间要进行动态交互,达到传递作者个人意图或实现交际目的(Bhatia,2008)。因此,学术论文作者在借助语言向读者客观介绍研究成果的同时,还要阐明自己的立场,并尽可能说服读者认同自己的观点,让他们相信"我们所做出的判断和结论是合理的、令人信服的"(Glanville,1998)。学位论文是检验硕士生培养质量的重要标准之一,研究生撰写学位论文的过程实际上是接受一个比较严谨、完整的学术训练的过程(谢天振,2005),故硕士和博士学位论文也属于学术论文的范畴。

学术论文因不同的研究领域、研究内容、研究主题、研究方法、作者教育程度、作者语言背景等而在言据性上表现出差异(Chafe,1986;Fox,2001;Kamio,1997;Karkkainen,2003;陈征,2015;李健雪,2007;孙自挥、陈渝,2010;王淑雯,2016;徐昉、龚晶,2014;杨林秀,2009,2012;俞碧芳,2015,2016)。鉴于这些差异性因素对言据性使用特征和趋势的影响,本研究为保证研究结果的信度,严格控制变量,将语料限定为实证类语言学学位论文。

结合 Chafe(1986)广义言据性分类模式和 Aikhenvald(2004)狭义言据性分类模式,以及学术语篇的语类特征和自建语料库所选语料的研究方法、研究内容、研究主题以及观察统计的结果,我们提炼出了适合于实证类学术语篇的据素类型,将据素分为感官据素(sensory evidential)、信念据素(belief evidential)、引用据素(quotative evidential)和推断据素(inferring evidential)四类。

第一,感官据素是作者通过视觉或听觉直接得到的证据。我们所选取的实证类论文都采用了调查法和访谈法或日志,作者在撰写论文时需要将问卷调查的结果设置为图表,并对图表中的数据进行描述,这是视觉据素子类。还要将所听到的访谈内容转为文字予以引用描述,我们将其界定为听觉子类(由于日志也是文字信息,为了与定量数据区分,也被视为听觉据素)。这些由图表和访谈(或日志)所观察到的现象或调查得到的数据等,属于第一手的信息。Chafe(1986)认为,在学术研究中,通过感官而感知到的现象、数据和结果等,通常具有较高的可信度。在实证研究中,感官据素(包括视觉据素和听觉据素)是作者获取一手研究信息的重要手段,也是被广泛采用的据素类型。

第二,信念据素。学术论文不仅仅是单向地向读者报道客观事实,而是向读者阐明自己的立场,推销自己的观点,是一种作者参与的社会性言语行为(吴格奇,2010)。信念据素是说话人或作者或语篇中有关人物自己的观点、想象或臆测的东西(胡壮麟,1995)。本研究中提出的信念据素仅限于作者的个人信念或观点。杨林秀(2009,2015)认为信念据素可以是主观的,也可以是客观的,然而"无论说话人对所提供的信息持肯定或不肯定的态度,都不可避免地、或多或少地带有主观性的成分"(房红梅、马玉蕾,2008:9)。信念据素表明信息来源于作者个人的态度或观点,都会带有主观性,这有悖于学术语篇的客观性,所以信念据素是所有据素中使用频率最低的(Chafe,1986)。正如我们在第二章所探讨的,言据性带有主观性,故而信念据素同样是主观性的,能够显性或隐性地表达作者的个人观点或态度。此外,学术论文的目的有二,其一,传递作者的学术信念,其二,说服学术共同体成员同意作者的观点。就社会交际目的而言,作者既要对自己的学术研究有信心,又要根据自己的学术身份,礼貌适度地传递自己对研究理念或研究成果的信心,协调与读者的协商空间,体现出作者希望与读者积极协商、竞争协作的学术观念,不至于引起读者或学术共同体成员的反感,减少不必要的摩擦,调节人际关系。但又不能表现出过于谦虚以至于显得不自信。因此,如何恰当表达信念是学位论文的重要手段,也是无法回避的据素类型。

第三,引用据素。在学术论文中,作者通过对相关领域其他研究者的研究成果的报道引证,表达对引用文献和前人研究者的尊敬,将自己的研究与前人研究之间建立链接,展示作者对研究领域的熟悉度,确定自己的学术身份。胡壮麟(1994)认为,指出信息来源可以增加信息的可靠性。Hyland(2000)认为引用据素的使用有助于"详细阐述共享学科语境,揭示对社团知识的适应"。在学位论文中,作者引用其他学者的相关研究、观点和数据来支持自己的研究,一方面可以表明自己对该领域有相当深厚的了解,能引起学术共同体的共鸣,突出自己研究的意义,另一方面,可以提高信息的确定性,减弱作者自己对信息来源要负的责任。因此,恰当使用引用据素是学位论文规范性的必要条件。

第四，推断据素。在学位论文中，作者为了促使读者接受自己所传递的学术信息，对获取的证据或某些现象或数据做出阐释和讨论。尤其是在实证类论文中，作者普遍采用了调查法和访谈法（或日志），感官据素所得到的数据本身是没有意义的，需要作者对其进行阐释，进一步的概括归纳或演绎推理，以揭示现象、数据等背后可能隐藏的规律或模式，是获取知识的一种重要手段。然而，学术研究具有或然性，对于现象或数据的解释不一定只有一种，因此推断据素是实证类学位论文的重要据素类型。从来源看，推断可以分为两类，一种是基于所视或所听的结果，如图表数据、访谈记录，类似于"归纳"；另一种是基于论证、常识和最终的推测，倾向于"演绎"。推断过程是作者将自己的认知过程传递给读者、与读者进行学术磋商的过程，恰当使用表示可能性、或然性的推断据素能够使得学术语篇更具客观性，调节作者对自己观点态度的确信程度，并能有效弱化自己作为研究者对命题真值可能要承担的风险责任，体现出对其他多种解读可能存在的意识和尊重，表现出与读者进行积极对话的态度，从而提高自己的学术信息可靠度，促使读者接受自己的学术观点。

根据据素分类和四个子库的语料阅读梳理，我们将每类据素在语料中的语言呈现方式在前人研究的基础上进行了调整和扩充，具体如表 5-1 所示。

表 5-1 据素类型的语言呈现方式

据素类型		语言呈现方式	举 例
感官据素	视觉据素	I/we＋视觉动词	I/ we see；I/ we observe
		it (can) be seen	it is seen that；it can be seen
		as 结构	as we can see；as seen in Table 1
		X＋动词	Table 1 shows/reveals/presents/illustrates/demonstrates/depicts
	听觉据素	X＋动词（访谈）	Student A says/states/explains/notes/responds/mentions/claims
		X's＋名词	Student A's response/claim/suggestion
信念据素	动词类	I/we＋心理动词	I/we think/believe/suggest /advocate
		it＋情态动词＋be＋动词过去分词＋that 从句	it can be concluded that-；it may be argued that-；it might be suggested that-
	非动词类	介词短语	in my view/opinion；from my perspective/viewpoint
引用据素	动词类	X＋动词	sb. argue/maintain/suggest/note/state/note/find
		it is＋动词过去分词	it is argued/ reported/believed；it has been studied
		as＋动词过去分词＋by	as cited by；as studied by
	非动词类	括号引用	(X，2013)
		X's＋名词	X's study/suggestion/claim/observation/finding
		介词短语	according to X；in X's view；from X's viewpoint

续表

据素类型		语言呈现方式	举 例
推断据素	动词类	情态动词	can;could;may;might;should;must;will;would
		半系动词	seem;appear
	非动词类	情态副词	maybe;clearly;possibly;evidently;certainly;seemingly; probably;possibly;undoubtedly;generally;perhaps
		It is+形容词结构	it is possible/likely/clear/certain/evident/essential that
		介词短语	in general;in essence
		名词	possibility;certainty

注：表5-1中给出的"举例"只是列举了据素语言呈现方式的部分内容，详细情况见言据性资源分析。

在对据素类型的具体语言呈现方式的分类方面，我们从词性和句法结构上考虑，这是因为汉英两种语言在句法层面存在一定的差异，主要表现在英语是名词性语言，倾向于多使用名词，叙述呈静态；汉语是动词性语言，倾向于多用动词，叙述呈动态（连淑能，2010）。尤其是在英语学术性语类中，学者更倾向于名词化语言。而本研究希望通过对比四类据素的语言呈现方式，观察中国学生在撰写英语学位论文时，在多大程度上受到了母语的影响，中介语现象的具体表现是什么，是否存在过度使用某些词汇的现象。

此外，由于语境不同，同一个单词存在多义现象，有可能分属于不同的据素类型，或者是非据素。例如（所有例证均为原始语料，保留语言错误）：

(1) The instructions and the rubric for the composition 1 were stated very explicitly and sequenced in a very direct manner;therefore,it was easy for high intermediate learners to interpret it and write clearly. (AM 12)

(2) Krulatz (2013) also stated that lack of interaction was one of the major problems she observed. (AM 12)

(3) Also,student 11 stated,"And as all the grades will be put on the Canvas instantly, we can check them right after we finish the homework or exams and get detailed, personal feedbacks." (AM 12)

(4) Based on my experience in the f2f format, it could be stated that there should be some extrinsic motivation to keep students' attention in class;therefore,in-class quizzes whose answers are given throughout the lectures should be a regular part of the courses to help students' keep focused on the class. (AM 12)

上述四个例证均来自编号为AM12的语料，虽然都用到了state，但由于语境不同，它们的据素属性也不同，例(1)中的stated并不是据素，在句中的语义相当于给出写作要求（writing direction）；例(2)是引用据素，用于引出其他学者的观点；例(3)源自于访谈，属于感官据素中的听觉据素；例(4)的语言呈现方式 *it could be stated* 则属于信念据素，用于表达个人观点。

再如：

(5) Students showed more improvement when their pre-test scores were lower and less

improvement when their pre-test scores were higher. (AM 10)

(6) Table 3 shows that some students developed more confidence that their response was correct, choosing to answer definitely sure 12 times in the post-test compared to only 6 times in the pretest. (CM 3)

例(5)和例(6)都使用了动词 show，但从语境判断，例(5)中 showed 的意思是"表现出"，并不是据素；例(6)中的 shows 用于描述图表信息，是典型的感官据素中的视觉据素。

综上所述，词汇和据素之间并非一一对应关系，其语义及功能由语境决定。这也是本研究对语料库标注人员进行反复培训，在标注过程中不断复查并检测信度的原因。

5.5 小　结

本章重点介绍了研究设计，包括研究问题、研究范式、研究方法、语料库建设、研究工具和据素类型等。

本研究旨在回答4个研究问题，即(1)中美语言学方向实证类硕士学位论文的言据性资源和据素特征是什么？(2)中美语言学方向实证类博士学位论文的言据性资源和据素特征是什么？(3)中国语言学方向实证类硕博学位论文的言据性资源和据素特征是什么？(4)美国语言学方向实证类硕博学位论文的言据性资源和据素特征是什么？

为了使研究结果更加可靠，我们采用了语料库研究范式，定量研究与定性研究相结合的混合法。

随着计算机和网络技术的发展，语料库以"非人类所及"的大规模真实语料检索和数据驱动等优势，逐渐成为目前社会科学研究的主要研究范式。借助计算机对数据的超强处理能力，语料库方法把基于大规模语义数据的自然语言带入语言学研究领域，研究者关于语言的本质、构成、意义、功能等领域的研究摆脱了依赖直觉和主观臆断的分析模式，而是基于数据的客观判断或推测，对大批量自然语言的数据进行归纳和高度概括，从中发现使用规律，揭示隐藏的使用模式和特征，使定量研究更为精确可靠。而且，定性研究需要进行抽样检查，加深对研究样本的了解和阐释。定性方法和定量方法互相补充，相得益彰，可从不同的角度来加强我们观察问题的深度。

本研究所建立的语料库具备以下四个特点：第一，严格控制变量。所有语料来自2012—2016年的中美硕博生撰写的实证类语言学学位论文，研究方向都是二语习得，且都采用混合研究法，避免了因研究主题、研究内容、研究方法、语域分布、语义嬗变、母语背景等对变量对据素类型和词频的影响；第二，以国别（中美）和教育程度（硕博）为标准进行分库建设，为考察各个子库的言据性特征，或开展学习者语料与本族语者语料的言据性对比研究，以及不同水平的学习者言据性比较研究提供方便；第三，可以纵向考察中国硕博阶段学生英语学位论文写作能力和中介语的发展情况，或美国硕博阶段学位论文的写作能力；也可以横向交叉对比研究中美硕博学位论文的写作情况；第四，所有的语料都进行了据素及据素语言呈现方式的赋码，并进行了信度检测，保证了研究统计的可信度，也为本研究的可复制性提供可靠的依据。

唯有依据较大库容的语料库所提供的翔实、自然、真实的证据，我们才可以发现共性和异性,甚至是细微差异,并对其进行科学而全面的描述和阐释。虽然本研究所建立的四个子库的库容不大,但为今后开展大规模基于外语学习者和母语学习者的对比研究提供了理论和方法上的启示,具有较为广阔的应用前景。

为了更加全面深入地研究中美实证类语言学硕博学位论文的言据性特征和据素特点,本研究采用了定量研究和定性研究相结合的混合法。通过定量研究观察据素类型及其语言呈现方式在语料库中的分布频率情况,发现言据性的统计学特征和概率特点,从特殊到一般,倾向于演绎。通过定性研究对具体的言据性现象进行充分性解释,揭示言据性特征所隐含的社会、文化、认知等本质,从一般到特殊,深入现象的本质,侧重于归纳。这两种研究方法的混合可以优势互补,从不同的角度加强观察问题的深度。

最后,本研究根据前人的研究结果以及所建语料库的语料统计,提炼出了实证类论文常用的四种据素类型:感官据素、信念据素、引用据素和推断据素,并汇集了各类据素常用的语言呈现方式。

第六章 中美语言学硕士学位论文的言据性对比分析

6.1 导 言

本章重点对比分析中美实证类语言学硕士学位论文的言据性特征以及据素特征,并从语类学和社会文化视域对其进行分析。对90篇中美实证类语言学硕士学位论文语料库的统计分析发现:(1)两国实证类语言学硕士学位论文均使用了感官据素、信念据素、引用据素和推断据素,在据素类型的分布上具有一致性和相似的不均衡性;(2)研究方法会影响感官据素和推断据素的使用频率;(3)中国硕士生显著多用感官据素,少用推断据素和引用据素,表现出"读者负责型"的汉语语篇模式;(4)两国硕士生在各类据素的语言呈现方式上存在使用频率和多样性的差异,中国硕士生的语言较为单一,有效词汇产出量不足,且在使用质量上出现中介语特征。针对中美语言学硕士学位论文所表现出的言据性资源的异同,本章从语类学和社会文化理论视角予以深入解读。

6.2 研究问题

本章重点回答以下三个问题。
(1) 中美实证类语言学硕士学位论文的言据性分布规律及其原因是什么?
(2) 不同类型的据素在中美实证类语言学硕士学位论文中的分布情况及其原因是什么?
(3) 不同类型的据素在中美实证类语言学硕士学位论文中的语言呈现方式有何特点?

6.3 言据性整体特征对比分析

经过统计,中美实证类语言学硕士学位论文在感官据素、信念据素、引用据素和推断据素的使用情况如表6-1和图6-1所示。

表 6-1　中美实证类语言学硕士学位论文言据性资源统计表

据素类型	中国实证类语言学硕士学位论文 出现频数	频率	百分比	美国实证类语言学硕士学位论文 出现频数	频率	百分比	卡方值	P值
感官据素	2196	2.786	14.9%	2151	2.286	10.8%	18.069*	0.014*
信念据素	477	0.605	3.2%	816	0.867	4.1%	−4.751	0.184
引用据素	6013	7.630	40.8%	7551	8.023	37.8%	−9.372*	0.015*
推断据素	6041	7.665	41.1%	9453	10.044	47.3%	−26.573**	0.000**
总计	13137	18.686	100.0%	19971	21.220	100.0%	−27.426**	0.000**

注：频率指每千词出现的词频数；* 表示 $p<0.05$；** 表示 $p<0.001$。下同。

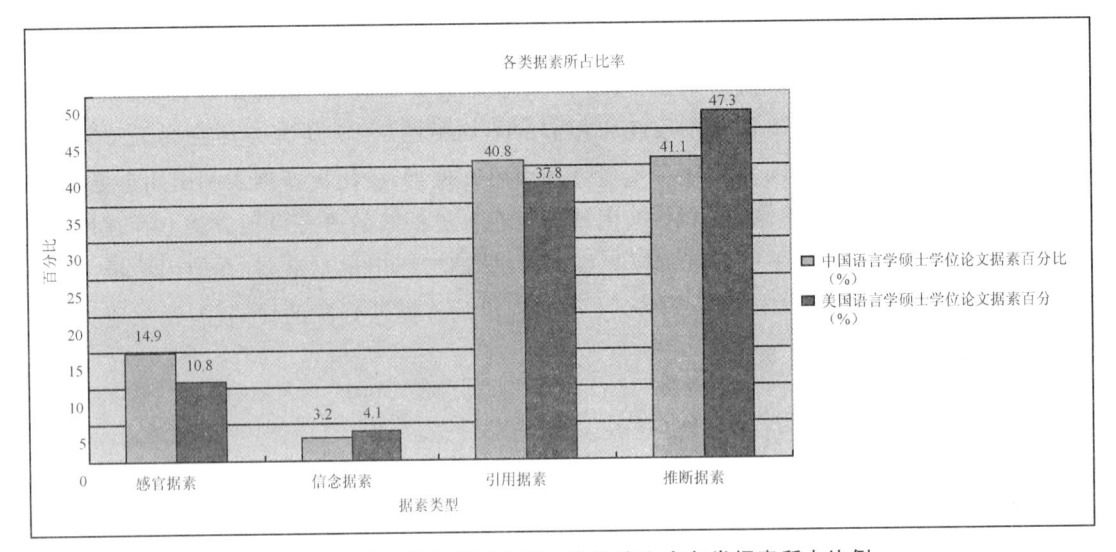

图 6-1　中美实证类语言学硕士学位论文中各类据素所占比例

从表 6-1 和图 6-1 中我们可以看出，中美实证类语言学硕士学位论文均使用了这四类据素：感官据素、信念据素、引用据素和推断据素。

从四类据素的分布情况来看，中美实证类语言学硕士学位论文中据素类型的分布具有一致性特征。均是推断据素出现的词频数高（7.665：10.044），其次是引用据素（7.630：8.023），然后是感官据素（2.786：2.286），出现频率最低的都是信念据素（0.605：0.867）。这表明，同美国硕士生一样，中国硕士生能够掌握言据性的功能、实证类学位论文的语类特征以及写作规范，有意识地使用不同类型的据素来表明信息来源，并传递自己的学术观念，尝试与学术共同体成员实现学术交际的目的。

图 6-1 还显示出了据素类型分布的不均衡性特征。其中，推断据素（41.1% vs 47.3%）和引用据素（40.8% vs 37.8%）在四类据素中的所占比例较高，感官据素（14.9% vs 10.8%）和信念据素（3.2% vs 4.1%）的比例较低。首先，实证类论文是在人工控制条件下，通过干预和控制研究对象来观察其可能存在的某种规律的一种语类语篇，调查对象受人工干预，具有或然性，那么调查和研究结果同样具有或然性，作者需要对数据隐含的信息进行合理

客观的推测,做出科学合理的解释或推断,完成学位论文的语篇语类建构,并说服学术共同体成员赞成其观点。对于数据进行合理推测是实证类学位论文的主体,因此推断据素使用频率最高这一特征符合实证类论文的语类特征。图6-1显示的推断据素分布特征也表明中美语言学硕士都能较好地掌握实证语类的语篇建构特征和学术规范要求,在论文中就数据所表现出的必然性或可能性进行了合理的推断阐释,积极建构协商空间,与读者进行学术交流。其次,在学位论文中,作者需要引用其他学者的相关研究、观点和数据来支持自己的研究,一方面可以表明自己对该领域有相当深厚的了解,能引起学术共同体的共鸣,突出自己研究的意义;另一方面,也可以在自己的研究和前人研究之间建立学术关联,做到"言之有据"。但是,过度引用会减弱作者自己的学术声音,不利于构建学术身份。因此,引用据素的使用量仅次于推断据素,中美硕士生都能很好地理解引用据素的功能并合理运用。再次,实证类学位论文采用的是定量研究与定性研究相结合的混合式研究方法,数据来源有两类:一类是以数字或图表为表现形式的调查问卷数据或成绩数据所构成的定量研究,这是来自于对数据直接观察的视觉据素,另一类是以语言描述为特征的访谈数据或日志数据构成的定性研究,这是作者听到的数据,属于听觉据素。实证类学位论文需要作者使用感官据素(包括视觉据素和听觉据素)来描述和分析信息来源。但由于数据本身是为学术观点服务的,对于数据的表层文字描述并非实证类学位论文的重心,表6-1和图6-1均表明两国硕士生都能理解感官据素的辅助功能。最后,"信念"带有较强烈的主观色彩,不符合学术论文追求客观性的理念,不宜多用。另外,硕士生是学术新手,学术能力并不成熟,他们在表达信念时更为谨慎。因此,两国硕士学位论文中的信念据素使用频率都是最低的。这既符合学术语篇语类追求客观性和严谨性的特点以及传递学术信息的目的,也符合硕士生的学术新手身份。由此可见,中美语言学硕士生能够较好地掌握实证类论文的语类特征,恰当使用推断据素、引用据素、感官据素和信念据素,表现出一定的学术素养。

但是,表6-1显示,中美实证类语言学硕士学位论文中言据性的整体使用情况仍然存在显著性差异($p=0.000<0.001$),中国硕士生四类据素的总词频数是18.686,美国硕士生四类据素的总词频数是21.220,中国硕士生显著少用据素(卡方值$=-27.426$;$p=0.000<0.001$)。这可能是因为中国硕士生虽然能够掌握学位论文的语类特征,尽量追求"言而有据"和"言而有信",但并没有完全掌握言据性的语用功能,不能像美国硕士生那样熟练驾驭各类据素,实现学位论文的交际目的。

另外,在四类据素的使用方面,与美国硕士生相比,中国硕士生显著多用感官据素(卡方值$=18.069$,$p=0.014>0.001$),这说明中国学生倾向于依靠第一手直接证据——图表数据和访谈或日志内容。中国硕士生显著少用推断据素(卡方值$=-26.573$,$p=0.000<0.001$)和引用据素(卡方值$=-9.372$,$p=0.015>0.001$),推断是在第一手直接证据的基础上,就数据所隐含的信息或相关事件的潜在可能做出的相关推测,应该是实证类学位论文的核心所在,而中国学生显著少用此类据素,有可能是受到母语的归纳式思维模式的影响,没有较好地掌握英语所体现的演绎式思维模式。而引用据素的目的是在个人学术作品与前人学术研究之间建立学术关联,中国硕士生显著少用引用据素有可能是对文献梳理时缺少学术规范,忽视"言而有据"所致。中国语言学硕士生对于信念据素的使用频率虽低于美国硕士生,但两者之间没有显著性差异(卡方值$=-4.751$,$p=0.184>0.05$)。这表明,在学术信念传递过程中,两国语言学硕士生都能够恰当进行自我学术身份定位,采用谨慎的态度表达信念,不过美国学生比中国学生更加注重个人学术观点的表达,并能通过引用他人的成果验证个人观点,以期在学术共同体中引起更大的共鸣,而中国学生在传递信念时较为保守谨慎。

6.4 感官据素对比分析

在学术语篇中,作者需要通过引经据典,明确研究背景,提出研究问题并得出结论。而选择何种论据为自己的观点做铺垫、求验证,则由作者判断取舍,这一过程不可避免的带有主观性。由此可见,学术语篇是作者高度参与的社会性言语行为。尤其是社会人文科学在看待问题和解决问题上表现出多维性和多视角性,即使针对同一个研究问题也很难做出正确或错误的判断,因此主观色彩更加突出。为了降低主观性,提高科学性和客观性,随着跨学科和多学科研究的融合,人文科学研究也开始借鉴自然科学的研究方法,采用实证研究或实验研究,将定量研究与定性研究相结合,既注重经验证实又注重解释建构。Kelly 和 Bazerman(2003)的研究发现,在科学论文中,有关实验或观察的句子数量占全文句子总数的三分之一到四分之一。感官据素指人们通过视觉或听觉直接得到的证据,如学术研究中所观察到的现象或调查得到的数据等,属于第一手的信息,研究人员再对这些现象或数据加以分析阐释,进而概括或归纳出其背后隐藏的规律。Chafe(1986)认为,在学术研究中,通过感官而感知到的现象、数据和结果等,通常具有较高的可信度。在实证研究中,作者需要采用问卷调查、成绩分析和访谈、日志、观察等研究方法,对所收集到的数据做进一步的概括归纳或演绎推理,是获取信息的一种重要手段,因而感官据素就成为被广泛采用的据素类型。从感知视角分析,感官包括所看(如实验数据)和所听(如访谈数据),即感官据素。据此,我们将感官据素分为两类:视觉据素和听觉据素。国内研究者也曾就学生学位论文中的感官据素展开调查。孙自挥和陈渝(2010)对我国英语专业本科毕业论文的调查显示,感官据素的使用与论文得分之间存在显著性正相关。这说明,感官据素的恰当使用能够提高毕业论文的质量。徐昉和龚晶(2014)将我国英语专业语言学方向本科、硕士和博士毕业论文与应用语言学国际权威期刊论文进行比较,发现我国学生显著多用感官据素,但其使用量随着教育程度的提高不断下降,表现出"本科生使用量＞硕士生使用量＞博士生使用量"的趋势。此外,听觉据素没有在国外期刊论文中出现。但他们的研究没有指出所选样本的研究方法是否相同,而且研究样本系随机选择。我们认为,如果学术语篇采用问卷调查或测试与访谈相结合的方法,那么视觉据素和听觉据素都是不可避免的,其使用量应该与研究方法呈正相关,与教育程度的关系不大。

中美实证类语言学学位论文的视觉据素和听觉据素的使用情况统计如表 6-2 所示。

表 6-2　实证类语言学硕士学位论文中的感官据素频率统计表

据素类型	中国实证类语言学硕士学位论文			美国实证类语言学硕士学位论文			卡方值	P 值
	出现频数	频率	百分比	出现频数	频率	百分比		
视觉据素	1755	2.250	79.9%	741	0.906	37.4%	13.243**	0.000**
听觉据素	441	0.566	20.1%	1409	1.516	62.6%	-11.139**	0.000**

表 6-2 显示,由于论文采用相同的研究方法,中美硕士生都使用了视觉据素和听觉据素,能够理解这两种据素的功能——突显研究的科学性质,表明研究结果或研究发现是建立在客观、合理的观察之上,同时弱化作者对数据阐释过程中所表现出的主观性,帮助作者树立客观的作者形象。但中国学生显著多用感官据素(卡方值=18.069,p=0.014>0.05),占据素总词频数的 14.9%,比美国学生高 4.1%(见表 6-1)。这表明中国学生似乎更依赖第一手实践资料作为证据,尽量与所陈述命题之间保持一定距离,并主要依赖数据说服学术共同体成员信服自己的观点,还有可能是中美语言学硕士生对于数据的本质和功能的理解不同所致。

从表 6-2 可以看出,中国学生使用视觉据素的词频数(2.250),占感官据素的 79.9%,显著高于美国学生的视觉据素(0.906)(卡方值=13.243,p=0.000<0.05),听觉据素的词频数(0.566),占感官据素的 20.1%,显著低于美国学生(1.516)(卡方值=-11.139,p=0.000<0.05)。由此可见,中国硕士生过度依赖视觉据素,该据素的使用比例是听觉据素的 4 倍左右。与此相反,美国硕士生的听觉据素比例(62.6%)则高于视觉据素比例(37.4%),显著多用听觉据素,却能够在两类据素之间做到更好的平衡。

通过对所有语料中的视觉据素和听觉据素再一次梳理我们发现,中国硕士生的 45 篇学位论文中都使用了视觉据素和听觉据素,而美国硕士生学位论文中的 42 篇使用了视觉据素,44 篇使用了听觉据素。鉴于此,所选语篇具有很强的可比性,但在视觉据素和听觉据素的使用方面出现如此大的反差是值得注意的现象。

6.4.1 视觉据素对比分析

正如前文所述,本研究所选择的中美实证类硕士学位论文具有很强的可比性,但两国硕士生对视觉据素的使用却出现了截然相反的情况,中国硕士生使用视觉据素的频率远远高于美国硕士生,这是值得深思的现象。

6.4.1.1 视觉据素的词频使用特征对比分析

我们通过定性研究方法,仔细阅读了两国硕士学位论文后发现,中国硕士生学位论文中的视觉据素词频显著高于美国硕士生学位论文(卡方值=13.243,p=0.000<0.05),是因为中国硕士生对于数据的处理是穷尽性的,无论数据是否有价值,是否有意义,是否显性展现在图表中,学生都加以逐一详细描述。统计发现,大约 42% 的中国学生将 SPSS 软件或 Excel 软件导出来的所有数据图表都进行了一一罗列,或重复描述同一个图表,用语言对图表中的数据进行穷尽性描述,从而导致视觉据素的使用大量增加,其中一个学生的视觉据素使用频率更是高达 67 次。例如:

(1) Table 3.10 <u>shows that</u> the mean of 139 subjects' motivational intensity is 19.98, which is lower than 24.00, the medium value of motivational intensity. <u>According to the table</u>, the mode is 21.00, indicating that most students' English learning motivation is at the lower middle level. <u>It can be seen that</u> among the 139 students, the lowest learning motivation intensity value is 12.00, which is the lowest score of the questionnaire. The highest value is 29.00, which is just a little higher than 24.00. (CM 27)

在例(1)中,中国学生针对同一个数据表 Table 3.10 的描述使用了 3 个视觉据素,即 shows,According to the table 和 It can be seen that 结构,对图表中显示的数据用文字进行了再次表述,但没有解读这些数字的含义,而是将这些问题抛给了学术共同体成员,由他们自行分析。实际上,在学术研究中,之所以使用图表,是因为图表更加清晰、简洁、明了、直接,图表中的数字是显而易见的,作者无须再次用文字来详尽描述数字本身。

再如:

(2) The table 2-4 is the result of Reliability Analysis of TPDI. There are four dimensions in TPDI. The Cronbach α of ELPCC is 0.888; the Cronbach α of VFLTP & PE is 0.752; the Cronbach α of VFLTL is 0.761; the Cronbach α of VLTLD is 0.867. The Cronbach α of ELPCC and VLTLD is greater than 0.8, which means the internal reliability of the two dimensions is in high level. The Cronbach α of VFLTP & PE and VFLTL is greater than 0.7, which means the internal reliability of the two dimensions is acceptable. What's more, the Cronbach α of Teachers' Professional Development as a whole part is 0.951. It reveals that the scale of TPDI is acceptable for this study. To sum up, the reliability of scales adopted in this paper both have been tested by Reliability Analysis Test and the Cronbach α for both scales is higher than 0.8 which signifies that both scales are acceptable with high reliability. (CM 2)

例(2)虽然没有用到视觉据素,但作者用大量的文字逐一罗列了所做调查问卷四个维度的信度值,即"The Cronbach α of ELPCC is 0.888; the Cronbach α of VFLTP & PE is 0.752; the Cronbach α of VFLTL is 0.761; the Cronbach α of VLTLD is 0.867. The Cronbach α of ELPCC and VLTLD is greater than 0.8, The Cronbach α of VFLTP & PE and VFLTL is greater than 0.7, the Cronbach α of Teachers' Professional Development as a whole part is 0.951, the Cronbach α for both scales is higher than 0.8."等。这些数值清晰明了地标注在图表中,数值的意义也是学术共同体成员所熟知的,作者完全没有必要浪费如此多的文字予以一一描述,而且内容重复累赘,语言单一。因此,整段描写显得非常空洞乏味,没有实质性意义,更没有起到传递命题信息,实现交际意义的功能。

相较之下,美国硕士生则是将图表进行了整合,没有就图表中直观的数字进行逐一描述,而是聚焦于数字背后所隐含的信息。例如:

(3) Table 2 below presents the number of times indicative mood modalities were presented to the participants in the pre and post-test (50 times in the pretest and 45 in the posttest) as well as the number (raw number and percentages) and types of verb forms given for the indicative modalities presented. The results show that the changes made overtime when dealing with indicative modalities were significant, indicating that students were able to change their understanding and develop key concepts that helped them answer more accurately and provide more complete explanations. (AM 8)

例(3)作者则仅用了 1 个视觉据素 presents。另外,作者通过 show 和 indicating 对于数字所要传达的信息进行了详细的解读,表现出作者强烈的读者意识。这种整合使得美国硕士论文中的视觉据素词频使用率大大降低。

再如：

(4) Table 4 shows the subject and item reaction time and accuracy means for the lexical island and giant component words. Reaction times for lexical island words (M=956 ms, SD=55 ms) were faster than reaction times for giant component words (M=968 ms, SD=72 ms), and this was consistent across subject means as well.

Accuracies were very high across both lexical island and giant component conditions, although slightly higher accuracy rates were observed for the lexical island words (M=97.71%, SD=3.41%) as compared to giant component words (M=94.46%, SD=4.94%). This was consistent across subject means as well. The fact that accuracy rates are close to ceiling could explain why the location of word within the network did not significantly affect accuracy rates.

This also suggests that there was no speed-accuracy trade-off in the performance of the task.

The results of the word naming task is compatible with the hypothesis that lexical island words are processed more quickly than giant component words. As mentioned in the Introduction, the spreading activation framework can be used to account for the present results. (AM 19)

例(4)的作者也仅用了1个视觉据素shows表明Table 4的主题，即the subject and item reaction time and accuracy means for the lexical island and giant component words。随后对图表数据所表现的意义和其所隐含的信息进行了深入解读。该作者并没有像中国硕士生那样聚焦于数据描述，而是将重点放在数据解读。譬如，例(4)中的"The fact that accuracy rates are close to ceiling could explain why the location of word within the network did not significantly affect accuracy rates."以及"This also suggests that there was no speed-accuracy trade-off in the performance of the task."这两句中的explain和suggests都对数据的意义进行了很好的推测和阐释。另外，"The results of the word naming task is compatible with the hypothesis that lexical island words are processed more quickly than giant component words."句中的hypothesis也很好地呼应了自己的研究假设，边分析边回答研究问题，逻辑清晰，符合学术研究的语类规范。而且，"As mentioned in the Introduction, the spreading activation framework can be used to account for the present results."此句中的As mentioned in the Introduction又呼应了Introduction部分，引领读者回顾该部分的内容，构建了良好的篇章结构。

再如：

(5) Table 5 presents the results of regression analyses on lexical decision reaction times.

In Step 1, familiarity, positional probability and stimulus duration significantly predicted lexical decision reaction times. Familiarity was negatively correlated with reaction times, standardized β=−0.475, t(86)=−5.12, p<0.001, such that more familiar words were responded to more quickly than less familiar words. Positional probability was positively correlated with reaction times, standardized β=0.284, t(86)=2.37, p<0.05, such that words with high phonotactic probability were responded to less quickly than words with low phonotactic probability. Stimulus duration was positively correlated with reaction times, standardized β=0.341, t (86) =3.66, p<0.001, such that words of longer durations were responded to less quickly than words of shorter durations. Together, the variables entered at Step 1 explained 45.2% of the variance in lexical decision reaction times, accounting for a significant proportion of the variance in lexical decision reaction times, R2=0.452, F (9,86) =7.86, p<0.001.

In Step 2, location significantly predicted lexical decision reaction times, standardized β= −0.203, t (85) =−2.52, p=0.01, such that lexical island words were responded to more quickly than giant component words, and accounted for an additional 3.8% of the variance, ΔR2=0.038, F (1,85) =6.35, p<0.05. Together, the variables entered at both steps explained 49.0% of the variance in lexical decision reaction times, accounting for a significant proportion of variance in lexical decision reaction times, R2=0.490, F (10,85) =8.15, p<0.001. (AM 19)

同例(4)一样,例(5)也只用了一个视觉据素 presents,告知 Table 5 所反映的研究结果 the results of regression analyses on lexical decision reaction times,随后作者将数据与分析紧密结合,重在分析阐释数据所反映的现象。

综上所述,由于中国硕士生倾向于对数据进行"穷尽性"描述,表现出重陈述轻分析的特征,聚焦于是描述性研究,因而出现了过多使用视觉据素的现象。但美国硕士生则轻描述重分析,对于图表中显而易见的数字信息并不借助于文字进行重复性描述,而是将重点放在阐释数字背后所隐藏的信息,更倾向于解释性研究。因此,他们所使用的视觉据素频率显著低于中国硕士生。由于美国硕士生聚焦于阐释数据所隐含的信息,这也就解释了为什么其推断据素频率显著多于中国硕士生;而中国学生聚焦于视觉据素的显性描述,并非数据的潜势解读,从而导致了推断据素的显著少用。

6.4.1.2 视觉据素的语言呈现方式对比分析

本研究发现中美实证类语言学硕士学位论文视觉据素的语言呈现方式存在共性和差异性共存的现象。视觉据素的语言呈现方式如表 6-3 所示。

表 6-3 视觉据素的语言呈现方式

据素类型	语言呈现方式	举 例
视觉据素	it (can) be seen	it is seen that; it can be seen
	as 结构	as we can see; as seen in Table 1
	X+动词	Table 1 shows/reveals/presents/illustrates/demonstrates
	I/we+动词	I/we see/find/observe
	see 结构	see Table 1; see Figure 1

表 6-3 所列举的视觉据素语言呈现方式在中美硕士学位论文中均有使用,这表明两国学生都能够使用适当的词汇和语法结构描述图表数据,都掌握了学术论文中描述图表数据信息

的基本语言规范。但中国学生的词汇相对单一,并有语用错误现象。

通过对语料库的仔细梳理发现,在表6-3所列举的视觉据素5种语言呈现方式中,中美硕士生使用率最高的都是"X+动词"结构和"I/we+视觉动词(see)"结构。在"X+动词"结构中,使用频率最多的动词都是show和present,而且在词汇的多样性上没有表现出差异,都使用了如reveal,portray,demonstrate,illustrate,depict等动词来描述图表。这表明,"X+动词"结构是中美硕士生最熟悉的数据描述形式,而且所使用的动词具有定量分析的子语类特征。

然而,值得注意的是,有37篇中国实证类语言学硕士学位论文使用了大量的"according to X"结构(共306次,在视觉据素语言呈现方式的频率中排第3),不过这种语言形式没有出现在美国实证类语言学硕士学位论文中。例如:

(6) According to Table 4.2, the mean of their motivational intensity is 19.98. (CM 16)

Collins给出的according to释义是:*is used in front of a person, book, document, etc. when you want to say that you have obtained some information from them*。显然,according to主要用来表示信息源自他人或其他的地方,多指二手信息。但图表数据是作者的第一手信息来源,并非道听途说的消息。因此,中国硕士生在according to的使用上表现出中介语学术写作的特征,并被过度使用。这一方面可能是受到汉语母语"根据"的影响,学生将其直译为according to,但是却忽略了according to的语义内涵和语用功能。另一方面可能是中国学生较早接触according to及其语义,形成了思维定式,一旦遇到"根据",首先想到的就是according to。再者,中国硕士生的词汇储备量不足,词汇的有效产出更加有限,无法做到"多词一义"。

另外一个被中国语言学硕士生误用的视觉据素语言呈现方式是"from Table X"和"from the above table"结构。例如:

(7) From table 3.1, 64.3% of students choose this course not for graduation (Q1), and 54.0% of students choose this course not for degree (Q3). 72.2% of students do not like English academic writing (Q5) and 56.3% of them agree with the satisfaction from publication (Q7). Only 30.2% of students hope they have opportunities to study abroad (Q4), 48.4% of them choose this course for attending international academic conferences (Q6), and 75.4% of them learn English academic writing for publication (Q8).

From table 3.2, the mean value of academic communication is the highest (2.4970) among the three factors, so the reason for students choosing this course is for academic communication. The mean score of writing interest is not high (2.3300). That is to say, students' writing interest is not strong. The mean score of graduation requirement is the lowest (1.9850), which means the reason for students choosing this course is not for graduation requirements, but for their personal needs.

In summary, the mean scores of students' academic writing purposes all less than 2.5, that is to say, students' academic writing purposes are not strong.

From table 3.3, 68.3% of students haven't mastered the discipline vocabulary (Q1), 87.3% of them do not know how to choose appropriate words when they do English academic writing (Q2). 84.9% of them tend to translate the Chinese words into English (Q3), 71.4% of them are troubled by the differences of sentences structures between Chinese and

English (Q5). Over than 50% of students are tend to imitate the formats or sentences in foreign articles (Q6,Q7 and Q8). 56.3% of students have difficulty in tense (Q9), and around 60% of students are confused by voice in English academic writing (Q10 and Q11). 94.4% of them consider that their sentences are non-native (Q12) and tend to use simple sentences (Q13 and Q14). 50% of students are used to translate their Chinese papers into English (Q15 and Q16), and 68.4% of them have serious problem in grammar (Q19).

Students' problems in language use mainly reflected in limited discipline vocabulary, word choice, sentences structure and syntax. From table 3.4, the mean value of language use need is the lowest (2.1025) among the four factors, so the students have very strong needs in language use.

The mean value of genre convention need is not very high, so the genre convention should be improved.

Another problem is that students are lack of mother language need (2.5733). Generally, postgraduates are used to translating Chinese words or Chinese papers into English directly when they write. It is a bad habit for it ignores the differences between Chinese writing and English writing. Those literally translated sentences would lead to the logic disorder, grammar mistakes, and non-native expressions.

In addition, students have difficulties in tense, voice, objective expression, and grammar. The mean value of grammar need is quite low (2.3260), compared with the mean values of genre convention need and mother language need, which indicates the students have strong needs in grammar.

In summary, the mean values of four types needs are less than 2.5 or around 2.5, which means the students are not proficient in language use, genre convention, mother language, and grammar, namely, they have strong needs in language use, genre convention, mother language, and grammar. (CM 14)

例(7)作者没有使用任何视觉据素，该作者所用的"from Table X"结构是严重的语言错误，这种错误遍布于该作者所有描述图表的语言中，共计39次。另外，该作者更是事无巨细地将图表中所提到的数字一一罗列，如"64.3% of students choose this course not for graduation (Q1), and 54.0% of students choose this course not for degree (Q3). 72.2% of students do not like English academic writing (Q5) and 56.3% of them agree with the satisfaction from publication (Q7). Only 30.2% of students hope they have opportunities to study abroad (Q4), 48.4% of them choose this course for attending international academic conferences (Q6), and 75.4% of them learn English academic writing for publication (Q8)."等，但只描述数据本身的附值，却不深入探讨数据背后所隐含的原因，从而导致数据丧失了其本应发挥的功能。

使用"from Table X"结构这种错误的视觉据素表达方式描述图表信息的现象并非个案，仔细检索发现，有12名中国语言学硕士生使用了该结构，共计93次。这说明对于此结构的误用并非个案。

再如：

(8) From table 3.2, the mean value of academic communication is the highest (2.1970) among the three factors, so the reason for students choosing this course is for academic communication. (CM 40)

还有一种结构"from the above table"也没有出现在美国实证类语言学硕士生论文中，却有 5 名中国语言学硕士生使用了此结构。例如：

(9) From the above table, the mean value of 11 items is all above 3.00. (CM 39)

例(9)作者使用的"from the above table"也属于介词短语搭配错误。

进一步的统计发现，大约 26.7%的中国语言学硕士生错误地使用了"from Table X"结构，11.1%的中国语言学硕士生误用了"from the above table"结构，这可能是这部分硕士生想当然地直接将汉语"从（某/以上）图表中"对等翻译成了英语"from Table X"结构或"from the above table"结构，用介词 from 替代正确的介词短语 in the table。这是典型的母语负迁移所导致的，属于非常低级的语言错误，也反映了中国语言学硕士生的英语水平的确堪忧。

由此可见，尽管中美两国语言学硕士生都较多依赖"X＋动词"结构描述图表信息，而且在词汇的多样性方面并没有表现出差异性，但是部分中国硕士生仍然受到汉语母语语言的负迁移，错误地判断一些结构的语义内涵和语用规则，表现出较为严重的中介语特征，这些学生的英语语言水平无法满足英语学位论文的写作要求。

6.4.2 听觉据素对比分析

本研究对听觉据素的进一步细化分析发现，在中美实证类语言学硕士学位论文中，听觉据素词频统计和语言呈现方式同样存在较大的差异性。

6.4.2.1 听觉据素的词频使用特征对比分析

统计显示，中美实证类语言学硕士学位论文中听觉据素的词频使用存在显著性差异。具体情况如表 6-4 所示。

表 6-4　中美实证类语言学硕士学位论文听觉据素频率统计表

据素类型	中国语言学硕士学位论文			美国语言学硕士学位论文			卡方值	P 值
	出现频数	频率	百分比	出现频数	频率	百分比		
听觉据素	441	0.566	20.1%	1409	1.516	62.6%	−11.139**	0.000**

表 6-4 显示，在中国实证类语言学硕士学位论文中，听觉据素的频数(0.566)占感官据素的 20.1%，显著低于美国硕士生的 (1.516;62.7%)（卡方值＝−11.139,p＝0.000＜0.01），这表明中国学生显著少用听觉据素表明信息来源。徐昉和龚晶（2014）认为，大量直接使用访谈录音文本作为论据的现象主要出现在本科生论文中，在他们所调查的 10 篇硕士论文中仅有 1 篇使用了听觉据素，在博士论文中没有发现听觉据素。因此，他们指出，"感官据素的使用随着教育程度的提高不断下降。"但我们认为，如果研究设计采用访谈法，听觉据素必然会被

作为论据使用。因此,研究方法在某种程度上影响到了感官据素,尤其是听觉据素的使用频次。这也就意味着,在学位论文中,感官据素的频率与学生的教育程度没有太大的关联度,而可能与学生作者采用的研究方法有关。

但是,两国语言学硕士生对于听觉据素的使用频率和比例上存在如此大的差异,的确是值得关注的。本研究的进一步细化分析显示,两国硕士生对访谈数据的处理表现出较大的差异性。例如:

(10) In the interviews, none of the three science students chose English as their major initiatively, and all of them express their desire to transfer to another science-related major.

I like English, but I don't want it to be my major. I just want it to be my advantage. If I transfer to another major, like Chemistry Engineering, I think it will be better for me and my future. (Subject A)

I didn't choose this major and I was adjusted to this major. I was a science student in high school, so I really want to transfer to a science major like Petroleum Engineering. And another reason is that my English is not good, and I don't like English. (Subject B) (CM 10)

(11) The interview reveals that none of the low-score students had any specific short-term or long-term goals in English learning, other than passing CET 4.

<u>Subject F</u>: *In middle school my learning and life were arranged by teachers and parents. Even though I entered the universities, I still didn't know how to plan my actual learning.*

<u>Subject H</u>: *I seldom make plan in English learning. As the young generation, we are quite mentally independent. But learning, you know, is something that requires you to work hard. I don't want to work so hard. I like English, and I just want to keep it as a hobby. Though I have plans, I can't finish them well, because I don't want to make my life so tough.*

There are some striking findings. <u>Subject E from low-score group</u>: "I'm not used to making plans in my English study. I hate that, and I don't like English at all. I have no choice but to learn it. I like physics and do very well in physics and biology. "(CM 17)

例(10)和例(11)都以访谈内容作为证据来源,这两位中国语言学硕士生作者在引用访谈内容时都没使用任何听觉据素,例(10)作者用夹注"(Subject A)"的格式,例(11)作者使用了"Subject F:……""Subject H:……"和"Subject E from low-score group:……"格式,表明信息来源于受访者。类似的情况并非个案,在7篇中国硕士论文中出现,由此导致中国硕士论文中的听觉据素大量减少。而这两种格式都不是规范的学术英语。此外,例(10)和例(11)作者只是将访谈内容整段罗列出来呈现给读者,并不加以分析概括,也没融入个人观点,更没有解读这些访谈内容中的哪些部分或词语与自己的研究相关,或者反映了什么样的内涵。这表明部分中国语言学硕士生对于听觉据素的使用意识较弱,对于听觉据素的功能不熟悉,对学术语篇的规范不甚了解。

美国语言学硕士生则是根据规范的学术英语的语类要求,使用恰当的听觉据素,并将受访者的观点融入作者自己的观点之中,与自己的研究相结合,为自己的学术观点提供强有力的证据来源。例如:

(12) The fact that the hybrid format provided the students' with a flexible schedule was regarded as one of the features students liked about the course. One student <u>expressed</u> that,

第六章　中美语言学硕士学位论文的言据性对比分析

"(…) we just have one day per week for class. I can study home (…) and I like that." Another student added that learning online does not interfere with his understanding of the material because "we can meet with the instructor if we have any questions. So, that doesn't interfere."(AM 12)

在例(12)中,针对同一个论点,作者引用两个受访者(one student 和 another student)的话语作为论据,使用2个听觉据素 expressed 和 added 来表明信息来源。作者还混合使用直接引语(如"we just have one day per week for class. I can study home (…) and I like that."和"we can meet with the instructor if we have any questions. So, that doesn't interfere.")与间接引语(that learning online does not interfere with his understanding of the material),将访谈内容进行分类、重组和阐释,并融入个人观点。

再如：

(13) A student seemed to realize that the f2f days were not long enough. He commented, "We just practice small part of it (what they studied online) not all of it. We should have more efficiency and do them more, practice more."(AM12)

例(13)的作者使用了听觉据素 commented 直接引出受访者的观点,以此为作者自己的推断"A student seemed to realize that the f2f days were not long enough."提供证据来源,使得听觉据素与推断据素之间形成适当的融合,逻辑自然、严谨,较好地体现了"言而有据"和"言而有信"。

再如：

(14) The Canvas page was considered to be well organized by some students. One student stated that he liked the setup on Canvas, and everything was very easy to follow. He said, "…" Another student agreed with him and also added that, "…"(AM 12)

例(14)中,针对同一个论点 The Canvas page was considered to be well organized by some students.,作者引用两个受访者的话语作为论据,即 one student 和 another student,使用3个听觉据素 stated, said 和 added 来表明信息来源,还使用了表达积极情感的动词 agreed,以表明两个受访者对同一个问题持相同的态度,从而强化作者的个人观点。

对语料库的仔细梳理发现,中美语言学硕士生的视觉据素频率之所以存在显著性差异,一方面是因为部分中国硕士生并没有很好地掌握学术规范,没有掌握引用他人观点或访谈内容时应使用的规范句式结构。另一方面还能反映出,中国硕士生并没有完全理解定性研究的真正价值和功能,似乎希望尽可能降低自身对访谈内容的主观干预,以期增强论文的客观性。部分中国硕士生甚至大段引用访谈内容作为佐证,置身局外,似乎在撇清自己与受访者之间的关系,没有尝试将访谈内容与自己的观点之间建立关系,而是交由读者根据自己的认知经验自行解读,表现出重引用、轻阐释的倾向。此外,中国硕士生受汉语高语境文化的影响,在传播学术信息的时候,想当然地认为读者与他们享有共同的文化背景,语言表述模糊含蓄,没有提供详细、明白的语言信息,而是将语义表现在语言之外,强调读者的敏感性与领会话外音的能力以及理解隐含意义的能力,表现出"读者负责型"的学术语篇特征。而美国硕士生对受访者的观点进行了认真的话语分析和解读,并将个人观点通过受访者的话语得以表达,他们尽量用清晰明了的语言提高自己作为信息传播者的效率,强调理性和逻辑,并在理性的基础上用逻辑的方法一步一步地推导出结论。这一方面表现出美国学生对定性研究的方法认知,另一方面也将

103

自己与受访者之间建立明确的关系,表现出重解读的倾向。此外,美国硕士生还表现出良好的学术素养,能够使用正确的语言规范。美国硕士生的学位论文反映出典型的低语境文化特征,没有事先假设他们与读者之间享有共同的语境,而是力求用具体、准确的言语将语义表述得清楚易懂。因此,美国学生表现出"作者负责型"的语篇特征。

6.4.2.2 听觉据素的语言呈现方式对比分析

听觉据素的语言呈现方式主要采用"X+动词"结构和"X's+名词"结构。

在动词使用方面,相较于中国语言学硕士毕业论文,美国语言学硕士学位论文中的听觉据素在数量和种类上具有明显的优势。语料库检索发现,美国语言学硕士学位论文中使用了33个听觉据素词汇,而中国语言学硕士学位论文只使用了14个词。具体如表6-5和表6-6所示(括号中的数字表示该词在语料库中出现的次数;下同)。

表6-5　中国实证类语言学硕士学位论文中的听觉据素词汇

say (257)	respond (34)	report (19)	express (6)	suggest (5)	explain (3)	point (1)
answer (66)	think (27)	agree (11)	mention (5)	believe (4)	hold (2)	regard (1)

表6-6　美国实证类语言学硕士学位论文中的听觉据素词汇

say (326)	note (53)	comment (40)	mention (33)	think (19)	consider (13)	add (7)	complain (3)	articulate (1)
state (277)	answer (49)	admit (39)	report (23)	maintain (15)	reply (9)	discuss (6)	suggest (3)	
explain (149)	stress (48)	describe (38)	express (23)	insist (15)	tell (9)	explicate (6)	elaborate (2)	
respond (71)	claim (46)	argue (35)	point (22)	acknowledge (13)	talk (8)	remark (6)	narrate (2)	

从表6-5和表6-6可以看出,中国语言学硕士生的词汇比较单一,所用到的听觉据素全都是中学的低级词汇。显然,即使经过了研究生阶段的专业培训,学生的词汇产出水平仍然偏低,而美国语言学硕士生的词汇比较丰富,产出水平较高,既有基础词汇,如 say,state,也有高级词汇,如 acknowledge,explicate 等。就词汇使用的多样性而言,相较于中国语言学硕士学位论文,在数量和种类上,美国语言学硕士学位论文中的听觉据素具有明显的优势。

我们将这些听觉据素动词按照情感色彩分为三类,即积极动词、消极动词和中性动词。根据表6-5和表6-6的统计显示,两国硕士生的听觉据素中使用最多的都是中性动词 say,这与 Cole & Shaw(1974)的调查研究相吻合。他们认为,用 say/said 并对肢体语言不做任何描述的言语是最可信、最客观和最清楚的。这符合学术论文追求客观性和可信度的重要特征。中国硕士生的听觉据素多用中性动词,如 say,respond,report 等;少用积极动词,如 suggest,agree;不用消极动词。用词相对比较集中且单一,一方面表现出"中国人好言同"(钱穆,1987:526)的思维方式,另一方面也表现出作者尽量疏远与受访者之间的距离,减少参与评价的程度,削弱对访谈信息可靠性所要承担责任,从而尽最大可能保全自己的面子。而美国学生的听觉据素除了中性动词和积极动词,如 say,state,add,insist 等,还用到了消极动词,如 complain 等,注重选词的变化和多样性,表现出作者积极地"听"受访者的看法,将受访者所说的话或传达的信息迅速纳入自己的认知结构中加以理解和同化,引领读者了解并认同自身的分析,更加突出自己的学术声音,体现出作者与读者间积极的人际互动。

中美语言学硕士生在听觉据素中出现这种差异可能有三种解释。第一,是中国学生的词汇储备能量和产出能力不足。第二,可能与中西哲学思想有关。中国是直觉思维,重视直觉领悟,疏于分析解读,带有非逻辑性的特征,重求和;而西方思维模式以逻辑分析为主,重求真,在处理人际关系时,表现出积极的人际互动态度。第三,有可能是中国学生受到传统学术话语模式的影响,为了向读者展现自己严谨的科学态度和可信的研究成果,尽量回避使用表达情感的动词,减少个人情感的参与,使自己的研究更加客观;而美国学生希望通过情感动词的使用扩大与读者的情感交流空间,使自己的观点更加容易被接受。

综上所述,中美语言学硕士生在视觉据素和听觉据素的词频和百分比方面呈现截然相反的状态,出现如此显著的差异主要有几方面原因。第一,是由于部分中国学生缺少学术规范性所导致的,如使用"from Table X"结构描述图表数据,使用"(Subject A)"或"Subject F:"结构引出访谈内容。第二,有可能受到中国传统文化"眼见为实,耳听为虚"的影响,一些中国硕士生倾向于使用感官据素。第三,由于中西哲学思想的差异,中国文化重直觉领悟,注重宏观调控,疏于微观分析解读和纵向深入,把数据和听到的信息摆出来让读者自己去解读推测;西方文化重细剖精析,强调逻辑分析,对数据信息加以评论,态度鲜明。这也间接解释了为什么中美学生在推断据素的使用上出现显著性差异。第四,受中国思维方式的影响,中国语言学硕士生注重现象解释,却忽视因果关系;相比之下,西方思维方式则注重元素分解,探究因果关系(连淑能,2010)。第五,受高语境汉语母语文化的影响,中国语言学硕士生在描述所见和所闻的信息时,表现出"重语境,轻语言"的特征,故对语言无法传达的信息中国学生往往通过语境来完成表达。这主要因为中国学生依靠思维中既定的一套表达程序进行信息的传达。这种表达程序是由中国文化中诸多特有的社会规则、习俗习惯、价值观与社会公理决定的。与此相反,受低语境文化影响的美国语言学硕士生在传递信息时,更聚焦于语言,清晰明了地传递所见所闻,表现出"轻语境,重语言"的特征,既注重语言逻辑性,又注重理性,也就是在理性的基础上通过逻辑来进行表达。这种文化上的差异导致了中美两国硕士生在学位论文中用词表现出相反的特质,即中国硕士生的用词具有明显的含蓄性与模糊性,而美国硕士生的用词具有直接性和具体性。

6.5 信念据素对比分析

在学术话语中,追求科学客观性是一致公认的科学话语的必要条件(Markkanen & Schroder,1997)。作为学术话语的一个子类,学位论文也应遵循这一必要条件。但是,研究论文不仅仅是单向地向读者报道客观事实,而是向读者阐明自己的立场,推销自己的观点,是一种作者参与的社会性言语行为(吴格奇,2013)。信念据素是说话人或作者或语篇中有关人物自己的观点、想象或臆测的东西(胡壮麟,1995),本研究中统计的信念据素仅限于作者的个人信念或观点。杨林秀(2009,2015)认为信念据素可以是主观的可以是客观的,然而"无论说话人对所提供的信息持肯定或不肯定的态度,都不可避免地、或多或少地带有主观性的成分"(房红梅、马玉蕾,2008)。由此可见,信念据素也是学术语篇中常用的据素类型,作者需要借助信念据素表达个人观点,传递个人信念,建构自己的学术身份。

6.5.1 信念据素的词频使用特征对比分析

信念据素表明信息来源于作者个人的态度或观点,都会带有主观性,这有悖于学术语篇的客观性,所以信念据素是所有据素中使用频率最低的(Chafe,1986)。我们的研究结果也验证了 Chafe 的这一观点。如 6.1 中的表 6-1 所示,信念据素在中美两国语言学硕士学位论文中的使用频率都是最低的,尽管美国样本中的信念据素词频是 0.867,略高于中国样本的 0.605,这表明与中国硕士生相比,美国硕士生更愿意在论文中表明个人观点。但两者并没有显著性差异(p=0.184>0.05),在所有据素中所占比例大致相当(4.1%∶3.2%)。表明中美两国的语言学硕士生都能恰当地进行自我学术身份定位——学术新手,表达信念时更加慎重,尽量避免凸显个人主观见解;也能够较好地掌握学术语篇追求客观性的语类特征。徐昉和龚晶(2014)对我国三所重点大学英语专业语言学方向的本硕博毕业论文的言据性特征进行了调查,他们将据素分为四类:感官据素、信念据素、汇报据素和推断据素,调查也发现信念据素是所有据素中使用频率最低的,但本科生的信念据素频率>硕士生的>博士生的,而且本科生使用信念据素的频率与专家最接近。他们指出,这并非本科生在使用信念据素方面优于硕士生和博士生,而可能是本科生对语言的把握能力不强所造成的(徐昉、龚晶,2014:20)。另外,孙自挥和陈渝(2010)对 60 篇本科生英语毕业论文中信念据素的调查,他们认为信念据素的使用与学生论文质量呈负相关。但本研究发现,美国语言学硕士学位论文的信念据素使用词频高于中国硕士生的,但其论文质量高于我国同类论文。通过仔细分析发现,中国语言学硕士学位论文中的信念据素低于同类的美国学位论文,是由于他们误用学术话语所造成的,而且有可能受到汉语文化的负迁移,在表达信念时过于谨慎,不愿突显个人的学术声音。

6.5.2 信念据素的语言呈现方式对比分析

在信念据素的语言呈现方式方面,中美实证类语言学硕士学位论文共性和差异性共存。具体的语言呈现方式如表 6-7 所示。

表 6-7 信念据素的语言呈现方式

据素类型		语言呈现方式	举 例
信念据素	动词类	I/we+心理动词	I/we think/believe/suggest
		it+情态动词+be+动词过去分词+that 从句	it can be concluded that…;it may be argued that…;it might be suggested that…
	非动词类	介词短语	in my view/opinion;from my perspective/viewpoint

第六章　中美语言学硕士学位论文的言据性对比分析

就具体语言呈现方式而言，两国语言学硕士生都没有使用非动词形式中的介词短语，如 in my view/opinion, from my viewpoint/perspective。王立非和张岩（2007）对大学生议论文高频动词的使用情况调查显示，中国大学生使用 in my opinion 的数量超过国外二语大学生一倍，超过本族语学生十几倍。不过，他们调查的对象是非英语专业本科生，且语类是议论文，与本研究的调查对象和语类不同。有可能非英语专业的本科生存在一定的口语迁移现象。徐昉和龚晶（2014）的调查发现，学生和专家都使用到了这一类型的信念据素，不过学生较多使用。他们的调查对象包括中国英语专业语言学的本硕博毕业生，并未谈及是哪个阶段的学生较多使用这类介词短语。我们的调查结果与前人不同，这可能是因为此类介词短语带有一定的主观性和较强的口语色彩，表明命题信息来自作者的主观判断，中美语言学硕士生为了突出学术语篇使用书面和正式语的语类特征，都有意识地予以回避。

但在另外两种语言呈现方式："第一人称＋心理动词"和"it＋情态动词＋be＋动词过去分词＋that从句"中，两国学生表现出极大的差异性（见图 6-2）。

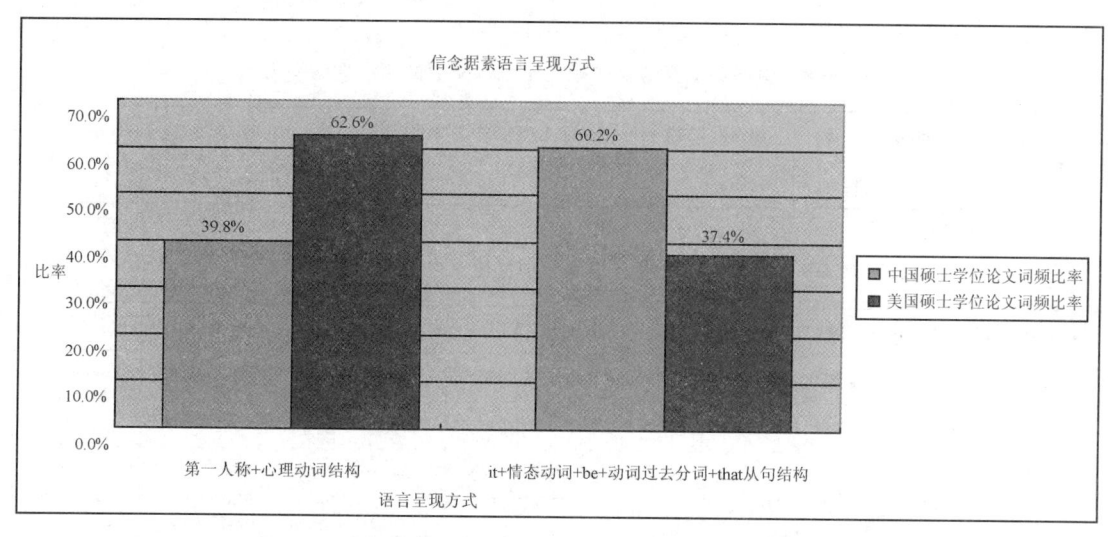

图 6-2　中美语言学硕士学位论文信念据素的语言呈现方式

图 6-2 显示，中国硕士生使用"第一人称＋心理动词"结构的比例远远低于美国硕士生（39.8%：62.6%），而使用"it＋情态动词＋be＋动词过去分词＋that 从句"被动结构的比例明显高于美国硕士生（60.2%：37.4%）。"第一人称＋心理动词"结构采用主动形式，显性表达了作者的观点态度，作者对信息的确定性负全部责任，并能强化个人在表达观点时的作用。"it＋情态动词＋be＋动词过去分词＋that 从句"的被动结构可以被视为模糊限制语，隐性表达作者的态度和观点，弱化作者对信息确定性的责任，也淡化了个人在表达观点时的作用。

图 6-2 所显示的这种使用分布状况表明，受崇尚含蓄、谨慎、谦虚的中国文化价值观影响，中国学生更倾向于把自己的观念隐藏在语篇背后，委婉间接地表达个人信念。"it＋情态动词＋be＋动词过去分词＋that 从句"结构由于隐藏了作者身份，能够隐性表达个人立场，似乎更能体现出客观的科学态度。同时，该结构弱化了作者对所传达信息的所有权，使得作者与阐述观点之间形成疏离感，缩小了与读者的协商空间，避免与读者观点的正面冲突，减少了作者因观点结论的主观性而带来的负面影响，从而保全了自己和读者的面子。再者，该结构还可以

107

减少作者自己对命题确定性和可靠性所应承担的责任。相对而言,美国社会文化主张个性自由,鼓励人们在社会交往中凸显个性,直接阐述个人观点。因此,美国硕士生在学术论文中更倾向于积极、直接、坦率地显性表达个人信念,强调自己在研究中的主导作用,扩大与读者的协商空间,体现出作者希望与读者积极协商、竞争协作的学术观念。同时,使用"第一人称＋心理动词"结构,也显示出作者对自己研究更有信心,无形之中提高了信息的可信度,推销了自己的学术观点。Barton（1993：746）采用话语分析的方法,对 100 篇发表于期刊 *Chronicle of Higher Education* 上的评论和不同专业大学生所写的 100 议论文进行了据素使用对比分析,发现专家比大学生常用"第一人称＋心理动词"结构,据此他指出,专家更善于在学术语篇中构建作者身份（persona）,强化个人在表达观点时的作用。本研究发现,美国语言学硕士生对于"第一人称＋心理动词"结构的使用频率更接近于专家,而中国语言学硕士生的使用情况则还不如 Barton 所调查的大学生。

在信念据素的词汇多样性方面,美国语言学硕士学位论文中检索到了 33 个词,而中国语言学硕士学位论文只使用了 13 个词(见表 6-8 和表 6-9)。

表 6-8　中国实证类语言学硕士学位论文中的信念据素词汇

conclude (143)	suggest (65)	think (27)	prove (15)	infer (5)	regard (3)	assume (1)
find (101)	see (44)	define (16)	explain (11)	summarize (4)	believe (2)	

表 6-9　美国实证类语言学硕士学位论文中的信念据素词汇

believe (169)	suggest (29)	predict (16)	hold (11)	understand (6)	prove (3)	imply (1)
think (137)	consider (25)	define (15)	note (10)	advocate (4)	presume (2)	guess (1)
see (94)	assume (24)	hypothesize (15)	acknowledge (7)	argue (3)	refer (2)	find (1)
view (80)	conclude (23)	agree (13)	illustrate (7)	disagree (3)	say (2)	
explain (63)	support (17)	infer (12)	state (7)	doubt (3)	insist (1)	

表 6-8 和表 6-9 表明,就信念据素的词汇多样性而言,中国语言学硕士生的词汇储备量不及美国硕士生的一半,这有可能是因为中国硕士生不熟悉英语学术语篇中常用的表达个人观点的词汇手段,因而表现出词汇能力不足,但同时也表明了中国硕士生的有效词汇产出量偏低,这与其听觉据素（见 6.4.3.1）的词汇使用情况相吻合。

从词汇使用的数量分配来看,以 believe 这个比较强烈的个人信念表达词汇为例,中国硕士生仅用了 2 次,在 13 个信念据素中的序列号是倒数第 2,但在美国硕士生的信念据素的序列中却排在第 1 位。显然,美国硕士生作者在表达个人信念时更加主动,更愿意发出自己的学术声音,并且表现出较强的研究信心,愿意为自己的研究成果负责,而这种信心有可能会对学术共同体成员产生积极的影响,说服他们同意自己的观点。同样,美国语言学硕士生使用量第二的词是 think,这也是一个高强度的信念词,而在中国语言学硕士生学位论文中排列第 5 位。这可能是考虑到 think 的主观色彩较强,很多中国学生认为不符合学位论文追求客观的语类特征,因而尽量避免使用。美国硕士生则不回避高值信念据素的使用,似乎更善于在主观与客观之间进行权衡,以突显自己的学术信心。王立非和张岩(2007)在对大学生议论文高频动词使用情况的调查中,发现中国大学生使用 I think 的数量大大超过本族语。徐昉和龚晶(2014)对中国英语专业语言学方向本硕博毕业论文的信念据素调查发现,硕博生使用 I think 的数量低于本科生,指出研究生能够更好地使用学术论文的修辞技巧,因而在使用 I believe 这种通过宣告从而缩小协商空间的介入资源时会比较小心,甚至矫枉过正(徐昉、龚晶,2014:20)。本研究认为,中国语言学硕士生之所以少用 think 和 believe 就属于矫枉过正。

相比之下,中国硕士生在传递个人学术信念时更加保守谨慎,使用最多的两个信念据素都是中性词,即 conclude 和 find。conclude 的语义是"When you conclude, you say the last thing that you are going to say."表示"总结"陈词,或者"If you conclude that something is true, you decide that it is true using the facts you know as a basis."表示"推断"(*Collins English Dictionary*)。Conclude 表明作者的信念来自于研究事实,自己只是做了总结陈词,其语义近似于 summarize,在表达个人信念时比较微弱。而在美国语言学硕士学位论文中,conclude 的使用次数并不高,而且没有一例使用 summarize。find 的语义近似于 conclude,即"If you find that something is the case, you become aware of it or realize that it is the case."(*Collins English Dictionary*),表示"发觉"或"认识到(某事属实)",同样表示作者的信念源自于研究结果。研究发现,中国语言学硕士生明显比美国语言学硕士生更依赖 find 传递个人信念(101 次:1 次)。将个人信念建立在研究实践的基础之上,虽然符合学术语篇追求客观的语类特征,但却丧失了研究人员的个人特色,没有表现出强烈的学术信心,也将自己的学术声音淹没在研究成果中。

此外,从表 6-8 和表 6-9 中我们还可以发现,在表达个人信念时,中国硕士生没有使用消极词汇,而美国硕士生使用了消极词汇,如 disagree 和 doubt,抓住机会表明自己的研究成果与前人研究成果之间存在矛盾之处,挑战前人研究结论,强烈推荐个人研究成果。这可能是受到中西传统哲学观的影响。正如钱穆所指出的那样,"中国人好言同,西方人好言异。中国乃于同中见异,而仍不失其同。西方则求异中得同,故所重则仍在异。"(钱穆,1987:526)受传统"中庸"文化的影响,中国硕士生趋向于集体主义,思维方式较为保守谨慎,崇拜权威,不轻易批评指责他人,努力营造和谐的人际关系,既保护自己的面子也不威胁他人的面子,因而缺少怀疑、挑战、否定和创新精神。而西方文化是一种坦率直白的个人主义导向的文化,主张理性看待问题,反对一味地追随传统,"对过去的、当代的、人们普遍接受的、自己也信以为真的一切事物和思想,都要用理性的'自然之光'加以重新审视"(连淑能,2010:324)。受到西方求异思维模式的影响,在表达个人信念时,美国语言学硕士生更趋于多元化,理性看待权威,不随意苟同他人,勇于挑战甚至否定前人的研究结论。

6.6 引用据素对比分析

引用据素指作者通过对相关领域其他研究者的研究成果的报道引证,与自己的研究建立链接,展示作者对研究领域的熟悉度,确定自己的学术身份(王淑雯,2016)。胡壮麟(1994)认为,指出信息来源可以增加信息的可靠性。Hyland(2000)认为引用据素的使用有助于"详细阐述共享学科语境,揭示对社团知识的适应"。Martin & White(2005:98)也指出,引用据素的语用功能在于,"把一种意见归属于某一外在主体,承认某一观点只是诸多可能性之一"。如果有很多实验开始就同样的研究问题进行研究,作者就会引用几年前的研究,将其视为目前调查的前身,从而将自己的研究与前人研究之间建立链接,让自己成为学术共同体的成员,并通过语言表明自己保证此类研究的真值,或者至少保证所用理论或所使用研究方法的真值。

因此,在学术语篇中,作者需要将自己的研究与他人的研究相结合,淡化选择性解读(与自己的研究成果相矛盾的成果,如其他事实)。或者说,作者频繁地大量引用其他学者的相关研究、观点和数据,是在有意识地确定与其他研究之间建立联系,而与矛盾的成果保持距离。脚注、引用和参考文献都将作者及其论文与其他论文之间形成某种关联,从而与其他作者之间形成同盟。那么从语用上看,引用据素还可以表达对引用文献和前人研究者的尊敬,这些引用表明所引用的作品是被学术共同体成员所接受的,而且作者也能提高信息的确定性和可靠性,减弱自己对信息来源要负的责任。如果读者想反驳的话,就必须结合所有被引用的文献。引用某些研究,假定某些事实是真的,作者展现自己的学术身份,是某一研究团体的意愿,言据性系统就会在某种程度上建构作者的团体身份,确定并展开语类。此外,引用文献可以表明作者自己对某一领域有相当深厚的了解,能引起学术共同体的共鸣,突出自己研究的意义。再者,引用据素是学术语篇的互文性特征所要求的。

6.6.1 引用据素的词频使用特征对比分析

Chafe(1986)和徐昉、龚晶(2014)调查发现,学术论文中最常出现的是引用据素,但本研究的统计显示,引用据素的使用频率低于推断据素。我们认为,据素的选择与研究样本所采用的研究方法密切相关,实证类学位论文的焦点在于对数据做出合理的解释和推测,这就需要最高频地使用推断据素,而非引用据素。而且,表6-1显示,中美硕士毕业论文中都高频使用了引用据素,词频分别是7.630和8.023,这说明学生对于学术论文明确要求引用他人研究成果的语类特征较为熟悉,能够有意识地使用引用据素来表明信息来源,"更希望通过其他声音来扩展命题的可协商型,为不同观点的协商扩展人际空间"(李君、张德禄,2010),符合学术研究追求客观性要求。但中国学生显著少用引用据素(卡方值=-9.372,$p=0.015<0.05$)。研究发现,在学术信息传递过程中,美国硕士生比中国硕士生更注重通过引用他人的成果,和自己的研究课题之间建立链接关系,支持自己的个人观点,注重逻辑思维,以期在学术共同体中引起更大的共鸣。

6.6.2 引用据素的语言呈现方式对比分析

由于引用据素的功能是转述引用他人观点,并融入自己的研究中,以增强语篇的说服力。因此,从语用功能的视角看,引用据素与转述动词(reporting verbs)有相似之处,但引用据素的语言呈现方式并不仅局限于动词,还涉及括号引用、名词和介词短语等形式。具体如表6-10所示。

表 6-10 引用据素的语言呈现方式

引用据素类型	语言呈现方式	举　例
动词类	X+动词	sb. argue/maintain/suggest/note/state/note/find
动词类	it is+动词过去分词	it is argued/reported/believed; it has been studied
动词类	as+动词过去分词+by	as cited by; as studied by
非动词类	括号引用	(X,2013); (X,2009; Y,2007; Z,2010)
非动词类	X's+名词	X's study/suggestion/claim/observation/finding
非动词类	介词短语	according to X; in X's view; from X's viewpoint

在这六种语言呈现方式中,除了"It's+*v.*ed"结构隐藏了信息来源外,其他 5 种都明示文献来源。

我们对样本的进一步细化分析发现,在引用据素的语言呈现方式上,中美语言学硕士生论文也存在一定的差异性(见表 6-11)。

表 6-11　中美实证类语言学硕士学位论文中的引用据素语言呈现形式统计表

词类	语言形式	中国实证类语言学硕士学位论文				美国实证类语言学硕士学位论文			
		出现频数	词频	词汇种类	百分比	出现频数	词频	词汇种类	百分比
动词类	X+*v.*	3077	3.904	80	51.2%	3842	4.083	111	50.9%
动词类	It's+*v.*ed	289	0.367	10	4.8%	70	0.074	8	0.9%
动词类	as+*v.*ed+by	195	0.247	5	3.2%	269	0.286	31	3.6%
非动词类	括号引用	1773	2.250	2	29.5%	2674	2.841	2	35.4%
非动词类	X's+*n.*	144	0.183	6	2.4%	472	0.502	29	6.2%
非动词类	介词短语	535	0.679	4	8.9%	224	0.237	4	3.0%
	总计	6013	7.630	103	100.0%	7551	8.023	184	100.0%

据表 6-11 显示,中美语言学硕士生在引用据素的语言呈现方式的某些结构使用比例方面具有一致性,如"X+*v.*"结构和括号引用,都是使用频率最高的。此外,中国硕士学位论文中的引用据素在出现频数、词频和词汇种类上远远低于同类美国硕士论文,表现出词汇储备不足的特征,在某些语言呈现方式的使用方面甚至出现了中介语的倾向。

统计显示,在中美两国语言学硕士学位论文中,引用据素的语言呈现方式使用频率最高的都是"X+*v.*"结构(3.904∶4.083;51.2%∶50.9%),且没有显著性差异($p=0.157>0.05$)。这一结果与 Chafe(1986)对语言学专家的引用据素使用情况调查以及 Charles(2006)对于本族语硕士博士论文中转述动词的研究结果相一致,与娄宝翠(2013)对于中英大学生本科毕业论文中转述动词的调查结果一致,也与徐昉和龚晶(2014)对中国语言学本硕博学生和专家的调查一致。这说明该结构是引用据素中最普遍使用的语言呈现方式,也表明在引证过程中,两国硕士生都非常熟悉并能熟练运用此类表达方式,将自己的研究与前人研究之间建立

中美语言学硕博学位论文的言据性对比研究

链接,提高信息的确定性,减弱自己对信息来源要负的责任。中国学生使用此类结构的比例虽略高于美国学生(51.2%∶50.9%),但在词汇的多样性方面则远远落后于美国学生(80∶111),这与5.4和5.5中对于感官据素和信念据素的词汇多样性调查一致,说明中国语言学硕士生的有效词汇产出量堪忧。

从表6-11还可以看出,在中美语言学硕士学位论文的引用据素中,使用频率排第二的语言呈现方式都是"括号引用"格式(2.250∶2.841;29.5%∶35.4%)。这一结构省略了据素动词或名词,在括号中注明所引用文献的作者和年份(有的还标注页码),用于表明命题信息来源。徐昉和龚晶(2014)的调查也发现,在引用据素的语言呈现方式中,该结构的使用频率仅次于"X+v."结构。

"括号引用"格式主要分为两种,一种是括号里仅显示信息源自于某个作者或研究者群体,如(Mclain,1993)或(Furnham & Adrian,1995),这与"X+v."结构有相似的功能,只是没有使用引用动词。两者的区别在于,从评价意义的视角看,"X+v."结构中的动词可以分为积极、消极和中性,能够鲜明地表明作者的观点态度,而"括号引用"结构属于中性,表明作者在引用时持中立的态度;另一种是将前人的多个相关研究成果加以参考列举或综合归纳,如(Stoloff,1995;Szabo & Hastings,2000),这反映出作者对参考文献进行了梳理归纳,并融合了个人观点。我们对样本的进一步整理后发现,前者在中美硕士学位论文中都占据大多数,分别是94%和77%,后者则分别为6%和23%。例如:

(15) A group of famous researchers regard ambiguity tolerance as a crucial factor making great contribution to the successful language learning. (CM 35)

在例(15)中,中国硕士生作者模糊了a group of famous researchers的范畴,表示他所提到的信息来自于其他学者,与自己无关,规避自己对信息正确与否所要承担的风险,但传达给读者的信息是模糊不确定的,因而可信度大打折扣。类似的表述,如some research show that…,many studies find that…, a few linguists believe that… 等,在后面并不给出夹注,明确指出some或a few具体有什么研究或什么人,在中国语言学硕士学位论文库中是普遍存在的显现。例如:

(16) But there are some people who claim the opposite views on the application of the situational teaching method. Some students think that it is a waste of time and is not necessary to design situations in the limited class time. (CM 3)

例(16)的中国硕士生作者使用了两次some,第一个表示文献来源,第二似乎是来自某一调查或者是引用他人观点,但是作者没有指出some到底是指什么人,语义过于模糊宽泛,也因而降低了信息的可靠程度,提高了作者的主观臆测性。

再如:

(17) Studies show that 35% of the message is transmitted by language itself, while 65% by non-verbal way in a conversation. (CM 3)

例(17)中用到了studies,但未提及任何文献来源,这就意味着该句中所给出的数据因缺少证据而没有说服力,甚至有可能让读者理解为:这是作者自己编造的信息,从而使得该句没有可信性。

相比之下,美国硕士生在梳理文献过程中,会具体、明确指出研究来源或研究基础。例如:

第六章　中美语言学硕士学位论文的言据性对比分析

(18) Pienemann (2005), based on the earlier studies on order of acquisition (Clahsen, 1984; Dulay & Burt, 1973; Krashen, 1982; Meisel et al., 1981; Pienemann & Johnston, 1987, as cited in Pienemann & Keller, 2012), proposed Processability Theory in which he argued that "at any stage of development, the learner can process only those L2 linguistics forms which the current state of the language processor can handle". (AM 27)

例(18)的美国硕士生作者则明确指出 Pienemann 的理论是在哪些人的研究基础之上提出的(即 Clahsen, 1984; Dulay & Burt, 1973; Krashen, 1982; Meisel et al., 1981; Pienemann & Johnston, 1987), 而且明确指出这是转引自 Pienemann & Keller (2012), 给读者传递的信息是具体明确的, 因而具有较高的可信度, 同时这也是学术规范所要求的。

第二种"括号引用"结构在中国语言学硕士学位论文中出现频率如此之低, 反映出以下几个问题。首先, 存在学术不规范的问题。学术语篇强调证据, 言据性更是聚焦于"言而有据"和"言而有信", 这就要求学术作者明示命题信息出处, 而不是使用模糊语言。这也导致了中美语言学硕士生在"括号引用"结构上存在显著性差异(0.031＜0.05), 中国硕士生显著少用该结构。

但是, 中美硕士生第三种高频使用的引用据素存在差异性, 中国学生倾向于使用"介词短语"结构, 而美国学生则倾向于"X's+n."结构。这可能是因为, 中国语言学硕士生在很早就接触了 according to X, in X's view, from X's viewpoint 等用于表达观点的介词短语, 对其非常熟悉, 因而导致过度使用; 另一个原因是, 他们受汉语母语"根据"或"在某人看来"的影响, 进行了对等翻译; 我们对中国语言学硕士生的语料库仔细检索后发现, 在这三种介词短语中, according to X 所占有的比例是最高的 (79.3%), 这说明部分学生有可能出现了语言僵化现象。这就使得在介词短语的使用方面, 中国硕士生显著多于美国硕士生 (0.237∶0.679; 8.9%∶3.0%), 且存在显著性差异 ($p=0.045<0.05$)。

美国语言学硕士生第三高频使用的引用据素是"X's+n."结构 (0.502; 6.2%), 但此结构却是中国语言学硕士生最少使用的语言形式 (仅占 2.4%; 词频 0.183), 但没有显著性差异 ($p=0.713>0.05$)。这有可能是美国硕士生受到母语英语是名词性语言的影响, 而且正如 Dennis Freeborn (1996:18) 所说:"在学术论文中存在高频的名词化趋势。"但中国硕士生则有可能受到汉语是动词性语言的影响, 不能熟练驾驭"X's+n."结构。

有时, 作者为了陈述那些被学术共同体普遍认可的观点态度, 或自己对某一命题不能确信时, 会依赖隐藏信息来源的模糊性表达方式"It's+v.ed"结构, 不标注信息来源, 作者在策略性地选择他们期望的读者, 也就是说读者实际上是了解所讨论的话题或实验的。其次, 该结构表明命题信息的共享性更高, 读者会同意该信息是不具备争论性的。但中美学生此类结构的使用上显示出了较大差异, 词频分别是 0.367 和 0.074, 所占比例分别是 4.8% 和 0.9%, 就引用据素语言呈现方式的序列而言, 在中国硕士学位论文中位列第 4, 但在美国硕士学位论文中则是使用率最低的。不过, 没有显著性差异 ($p=1.328>0.05$)。这反映出中西思维方式的差异, 即模糊性和精确性。虽然中国现代学术思维逐渐吸收了西方思维的精确性, 但仍遗留有古代模糊思维的特征, 用模糊的概念或范畴整体、综合地把握思维对象的总体特征, 将信息看作是学术共同体成员间的共享常识。西方思维模式强调精确性, 注重思维的确定性和明晰性, 因而在美国硕士学位论文中的出现频率最低。

表 6-11 显示,对于"as+v. ed+by"结构的使用,中美硕士生在词频方面并没有呈现出显著性差异（p=2.143>0.05）,但美国学生的词汇储备量远远大于中国学生（31∶5）。

此外,值得注意的是,在 3 篇中国硕士学位论文中共出现了 19 次口语色彩较强的 as we know 和 as everyone/everybody knows 结构,美国硕士学位论文中没有出现。我们将之归因于个别学生的语用能力缺失。

从表 6-11 还可以看出,在这六种引用据素的语言呈现方式中,中国硕士生的动词类据素词频总数是 4.518,非动词类词频总数是 3.112,而美国硕士生的动词类词频总数是 4.443,非动词类词频总数是 3.580。对于动词类引用据素的卡方检验结果（p=0.674>0.05）表明两国学生在此类据素语言呈现方式的使用方面并没有显著性差异,但对于非动词类的卡方检验结果（p=0.033<0.05）则表明双方存在显著性差异,中国硕士生显著少用非动词类转述据素。这说明中国学生在撰写英语论文时仍受汉语句法的影响,汉语是动词性语言,倾向于多用动词,叙述呈动态（dynamic）;英语是名词性语言,倾向于多使用名词,叙述呈静态（static）（连淑能,2010:133）,尤其是英语学术性语类更倾向于名词化。所谓名词化,指的是用含有名词或名词附加语的复杂结构来取代含有谓语动词的从句。例如,because the surface of the retina is spherical 可以转换为 because of the sphericity of the retinal surface (Gramley & Pztzold,1992:249)。这种名词化的优势在于单词数量少,承载的信息量大,表达更加简洁灵活,叙述更为准确贴切,因而颇受学术语篇的青睐。Dennis Freeborn (1996:18) 指出:"正式的学术写作倾向于使用某一特定的格式,面向其他学术人员,而非普通大众。因而在学术论文中存在高频的名词化和被动语态的趋势。被动语态和名词短语都是动词的名词化形式,具有隐藏行为主体或行为责任人的语法特征。"R. Nisbett (2004:137-155) 从哲学思维的角度解释了东方人喜用动词而西方人喜用名词:"在对世界进行范畴化的过程中,古代中国与古希腊的方法迥异。古希腊人认为,如果事物具有相同的属性,那么他们就属于同一范畴,因而范畴化是发现和运用规律的基础;而古代中国人则认为万物皆变化,范畴在与周边环境的互动过程中发生改变。……范畴由名词设置,但显而易见,关系由动词确定。……西方语言喜用名词,从而产生物质的范畴化,而东方语言喜用动词,故而强调关系"。由此可见,中国语言学硕士生可能受到汉语思维模式的影响,倾向于动词类引用据素,而显著少用非动词类引用据素。还有一种解释是学术名词的难度较大,作为外语学习者的中国语言学硕士生可能还没有掌握这种学术语言特征。

6.6.3 引用据素的立场表达分析

学术语篇不仅要客观传达学术信息,还要表达作者的立场,包括作者的感情、态度、价值判断和愿望等,从而说服读者接受自己的观点。立场表达在语篇中有三大功能:表达作者的观点,反映个人及其所在共同体的价值体现;构建并维系作者与读者之间的关系;组织语篇。在学术语篇中,作者的立场主要通过词汇结构展现。作者使用话语结构与所引用的学者之间建立同盟,并隐性表达自己对其他学者的认知立场。在引用过程中,作者有时使用某些词汇显性表达对他人观点的确信程度,但有时却告知读者,他只是转述或引用他人观点,不做显性评价,从而与其他学者或研究之间保持距离。

第六章　中美语言学硕士学位论文的言据性对比分析

鉴于学术论文作者在通过论文向读者客观介绍研究成果的同时，还要阐明自己的立场，在本研究中，我们借鉴 Thompson 和 Ye（1991）对引用动词的分类标准，将转述据素分为积极、消极和中性三类。使用表达积极立场的据素表明作者支持被引用者的观点，如 accept,it's argued,X's statement 等；使用表达消极立场的据素表明作者不支持或怀疑被引用的信息，如 criticize,suggest,believe,X's suggestion 等；中性立场的据素仅仅用来传递所引用的信息，且对信息不做任何评价，如 study,say,it's reported,as studied by,X's study,according to X 等。表 10 中列举的引用据素的语言呈现方式中，"X+$v.$"结构、"as+$v.$ed+by"和"X's+$n.$ 结构"中的动词和名词，都可以表达三种评价意义，即积极、消极和中性；而"It's+$v.$ed"结构隐藏了信息来源，通常用于表示共识性知识；"括号引用"结构则多用于传递中性态度或归纳总结；介词短语则是典型的中性态度。

Swales（2004）指出，当今学术界的基本方向是一致同意，表扬多于批评，公然的批判更为罕见。消极性词语虽然有助于突出学者的学术声音，体现学者的批判性思维，但不利于同"圈内人"建构和谐的人际关系。因此，这类词的使用量是最低的。语料库的检索统计显示，中美语言学硕士生在通过引用据素表达立场态度时，所传递的评价意义呈现出一致性特征，均是中性词汇量＞积极词汇量＞消极词汇量。这表明两国语言学硕士生既能很好地把握学位论文的语类特征——追求客观性，也能与学术共同体成员建立和谐的人际关系。

对两个语料库中引用据素表达立场信息的统计表明，在中国硕士生所用到的引用据素中，有 97.9% 都是中性词，如 define,point out,according to,X's study 等；2.1% 是积极词，如 assert,argument 等；但没有一例是消极词。用词相对比较集中且单一，一方面表现出"中国人好言同"（钱穆，1987）的思维方式，另一方面也表现出作者尽量疏远与所引用文献之间的距离，减少参与评价的程度，削弱对引用信息可靠性所要承担责任，从而尽最大可能保全自己的面子；而美国学生的引用据素除了中性动词和积极动词（分别占 87.6% 和 10.1%），如 say,state,add,insist 等，还用到了消极动词（2.3%），如 criticize,claim 等，注重选词的变化和多样性，表现出批判性思维能力，体现了作者与主题和读者间积极的人际互动。这种差异可能有五种解释。第一，中国学生的词汇能力不足，尤其是有效词汇产出能力有限，不能灵活地运用语言表达情感态度。第二，可能与中西哲学思想有关。中国是直觉思维，重视直觉领悟，疏于分析解读，带有非逻辑性的特征，重求和，在处理人际关系时，尽量保全自己的面子；而西方思维模式以逻辑分析为主，重求真，在处理人际关系时，表现出积极的人际互动态度。第三，有可能是中国学生受传统学术话语模式的影响，为了向读者展现自己严谨的科学态度和可信的研究成果，尽量回避使用表达情感的动词，隐藏个人立场，使自己的研究更加客观；而美国学生希望通过情感动词的使用扩大与读者的情感交流空间，表明个人立场，使自己的观点更加容易被接受。第四，英汉语言在语义方面并非完全对等，一些中国学生可能并不了解某些英语词汇所承载的情感意义，如 claim 是消极词汇，但中国硕士生通常将其认定为中性词汇，误认为是 think,hold,mention 等词汇的替代词。第五，受传统儒教文化的影响，中国人推崇含蓄内敛，赞美他人有"阿谀奉承"或"拍马屁"之嫌，为了体现自己的学术尊严，故而少用积极词汇。

对"X+$v.$"结构在样本中的具体使用情况统计发现，中美语言学硕士生使用最频繁的 5 个动词存在一定的差异性。具体如表 6-12 所示。

中美语言学硕博学位论文的言据性对比研究

表 6-12　中美实证类语言学硕士学位论文高频引用动词的使用情况

中国语言学硕士学位论文	出现频数	频率	美国语言学硕士学位论文	出现频数	频率
find	245	0.311	find	277	0.294
define	189	0.240	argue	263	0.279
point out	163	0.207	suggest	216	0.230
put forward	157	0.199	state	199	0.211
show	134	0.170	note	161	0.171
总计	888	1.127	总计	1116	1.185

表 6-12 显示,两国硕士生在使用高频引用动词时,呈现出较大的差异性。总体看来,美国硕士生的高频引用动词的词频使用高于中国硕士生(1.185∶1.127),但不存在显著性差异。Thompson 和 Ye(1991)认为,学术语篇中的引用动词具有不同的外延和评价潜势。在这些高频引用动词中,find,define,point out,put forward,show,state 和 note 等用于陈述事实或客观指出信息来源,是作者常用的疏离自己与引文的手段,不带个人情感色彩,减少自己介入命题的程度,使得作者与所引用的文献之间产生疏离,削弱自己对引用命题或观点所负的责任,并尽量向读者展示他们严谨的科学态度。而 argue 表示"有证据的支持或反对""据理力争",具有积极性评价意义,暗含作者对所引用观点的认可;suggest 则具有消极评价意义,除了指明确的建议外,还指某种可能性或可以给人以暗示的事物。由此可见,这两个词都表明作者对所引用的信息做出了隐性评价,积极介入命题。

从表 6-12 可以看出,在严格遵循学术语篇客观性的同时,美国硕士生通过一些语言策略向读者传递了他们的观点态度,更加积极地与引用命题间建立链接,缩短自己与引文的距离。他们所使用的高频引用动词 argue 和 suggest 就是积极介入了评价。这一结果与徐昉和龚晶(2014)所调查的专家使用引用动词的情况大致相符,他们发现专家使用最多的是 argue 和 suggest。而中国学生更倾向于陈述事实,所使用的 5 个最高频引用据素均是中性词,在引用他人观点时基本都是直接引用原文,回避表达个人情感态度,似乎在竭力撇清自己与引用观点间的关系,疏远自己与引文的距离,减少个人的介入评价。

此外,中国语言学硕士生使用最多的引用动词是 find,这也是他们使用频率最高的信念据素(详见 6.2.2)。而美国语言学硕士生最高频使用 find 做引用据素,但并不用之充当信念据素(仅 1 例)。这反映出,中国语言学硕士生过度依赖 find,表现出比较严重的语言僵化现象。美国语言学硕士生能更好地把握语言的外延和评价潜势,并能较为精准地区分据素类型及其功能。

还有一点需要指出的是,中国语言学硕士生似乎对某些词语的外延和评价潜势存在误用的现象。例如:

(19) Deci and Ryan claim that intrinsic motivation is generally considered as that produces more benefits than does extrinsic motivation. (CM 20)

(20) Dickinson claims,"success in learning, then, appears to lead to greater motivation only for those students who accept responsibility for their own learning success, that is, who recognize that success arises from personal effort, rather than simply from ability or chance."(1995:171) (CM 20)

(21) But there are some people who claim the opposite views on the application of the situational teaching method. Some students think that it is a waste of time and is not necessary to design situations in the limited class time. (CM 3)

Claim 的意思是"If you say that someone claims that something is true, you mean they say that it is true but you are not sure whether or not they are telling the truth."(*Collins*)在学术话语中,claim 是消极性词汇,往往表明作者对其所引出的观点不太赞成,暗示自己要对其进行修正,拉开了自己和所引用命题之间的距离,从而使对话空间达到最大。例(19)和例(21)的间接引用以及例(20)的直接引用,后面都没有跟上作者自己的修正性观点,这表明中国语言学硕士生是将其视为中性词汇,用于表达客观阐释,以减少自己对于命题所负的责任。这属于语义和语用错误。而美国硕士生使用 claim 引出他人的命题之后,往往要对其进行更正或补充,以便说服读者站到自己的立场,支持自己的观点。例如:

(22) But what is genre, exactly? In 1984, Carolyn Miller wrote an article called "Genre as Social Action," in which she claimed that "…rhetorical criticism[had] not provided firm guidance on what constitutes a genre"(151). In her article, she seeks to fill this gap by providing a viable definition of genre; she defines genre "as typified rhetorical actions based in recurrent situations"(159). (AM 1)

在例(22)的上下文中,作者借用 Carolyn Miller 之口否定了第一个命题…rhetorical criticism[had] not provided firm guidance on what constitutes a genre,然后再次借用 Carolyn Miller 的著作 to fill this gap by providing a viable definition of genre,部分修正了该命题。

再如:

(23) While some experts have argued against a central theme/subject/content/topic for the writing course or have argued that writing is the topic being taught, others claim that to effectively teach writing, instructors must have students write about something that is socially and culturally relevant. (AM 1)

例(23)使用的 while 表示转折关系,表明 some experts 与 others 的观点是对立的。

(24) According to David Russell, one cannot teach writing without teaching writing about something for someone, any more than one can teach history without teaching the history of something. One can claim to do so, but inevitably the writing and the teaching and the learning must be about some need or problem, about the activities of some person or group (though it may be about the needs of the teacher or his or her discipline or institution rather than about those of the students). (2013:194) (AM 1)

例(24)使用了连词 but 表明前后的观点是对立的。

由此可以发现,中国语言学硕士生对于 claim 的语义范畴和语用功能的掌握有误。在学术语篇中,claim 通常用于引出相对立的观点,或对某一观点进行修正。

中美语言学硕博学位论文的言据性对比研究

在对中国语言学硕士生语料库进行仔细检索后发现,还有3篇学位论文在引用他人观点时,采用"X..."的格式,不使用任何据素,这严重违反了学位论文的规范要求。例如:

(25) Freudenberger (1974) "The extinction of motivation or incentive, especially where one's devotion to a cause or relationship fails to produce the desired result.

...

Pines (1978) "Because of the long-term learning pressure and burden, students' energy is greatly depleted, they lose enthusiasm about the subjects and after-class activities, they are indifferent to the classmates and teachers, thus, the students keep a negative attitude to learning."

Meier (1984) "Learning burnout means a condition exhibiting over a long period of time which adversely affects educational performance: (a) an inability to learn which cannot be explained by intellectual sensory, or health factors; (b) an inability to build or maintain satisfactory interpersonal relationships with peers and teachers; (c) inappropriate types of behavior or feelings under normal circumstances; (d) a general pervasive mood of unhappiness or depression; or (e) a tendency to develop physical symptoms or fears associated with personal or school problems."

Maslach (1998) "Learning burnout is a kind of pretty passive emotion and behavior because of the pressure of lesson burden."

Yang Huizhen (1998) "In the process of learning, because of academic pressure or schoolwork burden, or other psychological reasons, students suffer emotional exhaustion, depersonalization and low efficacy."

Yang Lixian (2006) "When students are lack of motivation or interests on learning but still have to learn, they will feel tired, exhausted, depressed and frustrated, then those feelings will lead to a series of inappropriate behavior to avoid learning. This kind of state is leaning burnout. Learning burnout has three dimensions: dejection, inappropriate behavior and reduced personal accomplishment." (CM 10)

例(25)没有使用任何引用据素,只是在研究者后跟上引号,表示直接引用了某些人的观点。这显然是缺少学术规范意识所致的语类错误。

我们对语料库进行检索后,发现另外一个值得注意的现象,大约有60%中国语言学硕士生在引用他人观点时,都是大段罗列,不置可否。例如:

(26) Brown regards metacognition as personal knowledge and control on cognitive domain (Brown, 1984).

Kluwe considers that metacognition specifically refers to the positive reflection of cognitive information process of individual's own cognitive activities. He summarizes the two general characteristics of metacognition as: (1) knowledge of thinking subject to himself and others; or that (2) thinking subjects adjust and monitor own thinking process (Kluwe, 1982).

Yussen argues that, broadly speaking, metacognition can be considered to be a knowledge system or understanding process to reflect the cognitive itself (Yussen, 1985).

Patricia holds the view that metacogniton refers to any aspect of knowledge about the mind work, and the guide for the operation process (Patricia,1985).

Sternberg defines metacognition as the cognition about cognition. It involves in monitoring, regulation and understanding of individual's knowledge and strategy (Sternberg,1994).

Salvador defines metacognition as the individual's abilities of reflection, understanding and control of their own learning (Salvador,2007).

Sabina considers that metacognition is cognition about oneself's cognitive process, evaluation of own ability and knowledge and understanding of related person (Sabina,2007).

At home, the study of metacognition mainly tended to the study of metacognitive elements. Dong Qi defines metacognition as self-awareness and self-adjustment of one's cognitive activity (Dong Qi,1989). Zhang Qinglin considers that metacognition is a person's self-awareness, self-assessment and self-adjustment about own cognitive processing (Zhang Qinglin,1996).

Yu and Tao indicate that metacognition is about individual's understanding and control of own cognitive ability and cognitive activities, including the knowledge of cognition and regulation of cognition by two related important components (Yu and Tao,2004).

Salvador mentions that metacognition includes two aspects: on the one hand, it refers to the knowledge about oneself and the knowledge about cognition strategies and strategy use; on the other hand, it refers to the regulation of learning process of oneself, including various kinds of evaluations to process cognitive regulation and cognitive control. Then metacognition also could be divided into following elements: declarative knowledge, procedural knowledge, program and monitoring, etc. (Salvador,2007).

Winn and Snyder examine the procedural aspect of metacognition and claim that it consists of two basic processes occurring simultaneously: monitoring your progress as you learn, and making changes and adapting your strategies if you perceive you are not doing so well (Winn and Snyder,1996).

Sabina mentions that the metacognitive regulation is divided into three categories: planing, which means the choosing and using of strategies before performing a task, and then distributing cognitive resources; monitoring, which means the consciousness of understanding and expression in the task execution; evaluation, which means the evaluation of task performance at end (Sabina,2007).

The domestic scholars generally agree that metacognitive elements can be divided into three categories. Dong Qi divided metacognition into three elements: metacognitive knowledge, metacognitive experience and metacognitive monitoring. The three elements are inseparable, and connected with each other (Dong Qi,1986).

Zhang Qinglin regards the metacognition as self-awareness, self-assessment and self-adjustment of oneself's cognitive processing (Zhang Qinglin,1996).

Combining the views of Flavell and Brown, Wangling and Guodejun mention that three basic elements of metacognition are metacognitive skills, metacognitive knowledge and metacognitive experience (Wand and Guo, 2000). (CM 7)

例(26)的中国硕士生作者罗列了诸多文献,但不做任何评价分析,不考虑这些研究之间的逻辑关系,或共性或异质的特征,而是将他所引用的这些学者的观点或研究完全展示在读者面前,交由读者自行分析解读。

而美国语言学硕士生通常对所引用的文献进行汇总,且边引用边评价。例如:

(27) Vitevitch (2008) analyzed the phonological network using the tools of network science and found that the network possessed the features of a small-world network; short average path lengths and high clustering coefficients relative to an equally dense random network. Although short average path lengths and high clustering coefficients (relative to a random network) are typical of most real-world networks (Watts & Strogatz, 1998), the phonological network differed from other real-world networks in two aspects. First, the degree distribution of the phonological network resembled that of a truncated power law (Arbesman et al., 2010b), whereas real-world networks such as the World Wide Web tended to display a scale-free degree distribution (Barabási & Albert, 1999). The presence of scale-free degree distributions in networks is primarily driven by the presence of "hubs"—nodes that have an exceedingly large number of connections compared to most other nodes (Barabási & Albert, 1999). Barabási and Albert (1999) proposed that networks grow via preferential attachment, where new nodes are more likely to attach to existing nodes with several connections, and showed that these networks tend to display a scale-free degree distribution. Since the phonological network does not display a scale-free degree distribution, this implies that alternative mechanisms such as preferential acquisition and lure of attachment, or a modified preferential attachment model that takes into account the costs of adding new connections, could better account for the observed degree distributions of language networks (Arbesman et al., 2010b; Hills et al., 2009). (AM 19)

例(27)的美国硕士生作者在这个段落中使用了两种据素类型,即"X+v."结构和"括号引用"结构,其中,动词使用了 analyzed, proposed 和 showed,而且还用了一个推断据素 implies 用于对所引用的观点加以说明。在引用前人研究或观点时,作者也积极参与了评价,如使用 although, whereas 等,对这些研究予以探究,同时也表明了个人的观点,突显了自己的学术声音。

综上所述,中美两国语言学硕士生对于学术论文明确要求引用他人研究成果的语类特征较为熟悉,能够有意识地使用引用据素来表明信息来源,与前人的研究建立学术关联,并通过引用他人的声音来传递自己的观点,表现出较好的语类意识。但是,两国硕士生在引用据素的语言实现方式的选择上仍存在较大差异。首先,中国学生选词相对单一集中,缺乏多样性,语义范畴狭窄、口语化、语用错误和滥用情况均有出现,表现出中介语倾向,这可能与中国学生的词汇能力相对较弱有关。而美国硕士生所用的词汇结构比较灵活多样,语义范畴相对较广。其次,中美硕士生在引用据素和立场表达方面的差异受到了中西思维方式的影响。中国学生受中国传统思维重视悟性的影响,似乎认为学术共同体成员都是"圈内人",多述少评,"书不尽言,言不尽意",在引用他人学术成果时,基本上都是大段引用,少做甚至不做评价分析,引用据素几乎完全依靠中性立场态度评价语与圈内人建立和谐的人际关系,反应很少外露,少用积极词,不用消极词,很少对他人的研究成果进行批判性分析,缺乏批判性思维能力,过于崇拜权威,回避个人观点态度的表达,与读者和主题间的互动意识淡薄,减少参与评价的介入程度,最大限度地不威胁到学术共同体成员的面子,同时又尽最大可能保全学者自己的面子,体现了中国文化"好言同"的特性;而美国学生的引用据素虽然也多用中性词,但也兼顾积极词和消极词,表现出学术批判意识,在引用他人成果和观点后也加入个人评价,从而与读者和主题间产生积极互动,有意识地扩大自己的学术声音,积极推销个人学术观点,表现出鲜明的立场表达意识。再次,中国语言学硕士生这种立场态度表达特征缺少对前人研究的批判性评价,没有很好地在命题、前人成果和自己的研究之间建构密切的学术关联,更没有突出自己的学术声音。相比之下,美国语言学硕士生既大量使用中性词汇体现学术论文的客观性,又使用一定量的积极词汇,尊崇他人的研究成果,更使用少量消极词汇进行批评性评价,扩大自己参与学术评价的介入程度,评述兼具,反应外露,在命题、前人成果和自己的研究之间积极建立密切的学术关系,突出个人的学术声音。最后,我们在对语料进行仔细观察后发现,个别中国硕士生的学术规范意识欠缺。学术规范是研究者在从事科学研究过程中所要遵循的一些基本程序、基本方法和要求。学位论文作为学术论文中的一个特定文体,对于学术规范性要求同样严格。但我们在语料库中发现有3个中国样本引用他人观点时,采用"X:…"格式,不使用任何据素,这有悖于学术论文严谨的规范要求,当然也影响到我们统计数据的准确性。

在学术英语课程教学中,我们有必要引入中西思想文化的对比,培养学生的语类意识和立场表达意识,引导学生对前人的研究进行批判性分析,扩大词汇量及语义范畴,运用形式多样的引用据素表达个人立场,勇于表达个人的学术声音。

6.7 推断据素对比分析

推断据素是作者为了促使读者接受自己传递的学术信息,对所获取的证据或某些现象或数据做出阐释和讨论。对实验或调查结果进行推测的过程也是作者将自己的认知过程传递给读者、与读者进行学术磋商的过程,通过语言调节作者对自己研究的确信程度,体现出对可能存在其他多种解读的意识和尊重,使得学术语篇更具客观性,表现出作者与读者进行积极对话的态度。然而,学术论文具有或然性和诸多可能性,对于现象或数据的解释不一定只有一种,因此,推断过程也是作者将自己的认知过程传递给读者、与读者进行学术磋商的过程,恰当使用表示可能性、或然性、确切性的推断据素能够使得学术话语更具客观性,有助于适当调节作者对自己观点态度的确信程度,并能有效弱化自己作为研究者对命题真值可能要承担的风险责任,体现出对可能存在其他多种解读的意识和尊重,表现出与读者进行积极对话的态度,从而提高自己的学术信息可靠度,促使读者接受自己的学术观点。从人际关系的视角看,推断据素有助于减少与读者或其他学者之间不必要的摩擦,调节人际关系。

6.7.1 推断据素的词频使用特征对比分析

表 6-1 显示,在中美实证类语言学硕士学位论文中,推断据素都是使用频率最多的据素类型。其中,中国硕士论文中的频率是 7.665,占四类据素的 41.0%,美国硕士论文中的频率是 10.044,占四类据素的 47.3%。这一调查结果不同于 Chafe(1986)和徐昉、龚晶(2014)的调查。他们发现,无论是专家学者的学术论文,还是本硕博学生的学位论文,最常出现的据素类型都是引用据素。但是,在他们的研究报告中,都没有告知或限定研究样本所采用的研究方法。我们认为,研究方法是话语分析的重要变量之一,有可能会影响到据素类型的选择和使用频率。本研究所收集的样本都是实证类学位论文,是通过实验或调查进行学术研究的子语类,数据来源和研究结果具有很明显的或然性,而非确定性,能够为其他可能性提供协商空间。因此,推断据素的高频使用更能体现作者对研究结果的慎重态度和客观理性,以及对自己学术成果的确信程度和对未来研究的前瞻性预测。中美实证类语言学硕士生都最高频地使用推断据素,表明他们对于基于实证的推理更加谨慎,承认对命题的阐释只是众多可能性之一,为其他阐释创建了协商空间,同时也表现出对其他学者相关研究或阐释的尊重。

但是,从表 6-1 也可以看出,与美国语言学硕士生相比,中国语言学硕士生显著少用推断据素(卡方=-26.573,$p=0.000<0.05$)。徐昉和龚晶(2014)对于中国语言学本硕博学生与国际学者言据性使用情况的调查也表明,中国学生显著少用推断据素。这可能是受到以下因素的影响。首先,可能是受中国传统思维模式的影响,中国语言学硕士生"比较满足于描述现象和总结经验,从而领悟其中的道理,几乎不太重视追究现象背后的原因和各种因果关系"(连淑能,2010:352)。汉语呈现归纳式思维模式,受此影响,虽然中国语言学硕士生经过了系统专业的学术论文写作训练,能够谨慎理性地进行认知推理,但似乎不太擅长进行演绎推理,对于推断据素的驾驭性也不如美国硕士生那么灵活。其次,中国语言学硕士生的语言知识储备量有限,词汇的有效产出成果不理想。相对而言,美国语言学硕士生能够更加大胆地使用推断据素,直截了当地表明个人观点,呈现出发散性、开放性的思维方式,"不局限于现象和经验,而是特别注重探究现象背后的原因,追究各种因果关系"(连淑能,2010:351)。英语本就是演绎性思维模式,作为母语学习者的美国语言学硕士能够很好地进行推理演绎。而且,美国语言学硕士生能够较准确地把握推断据素的语义外延和潜势。从推断据素的使用情况看,他们表现得更乐于与读者进行学术互动,积极展开逻辑推理,大胆地将自己的认知推理过程传递给读者,与之进行学术磋商。

6.7.2 推断据素的语言呈现方式对比分析

进一步的细化统计发现,在推断据素的六类语言呈现方式中(见表 6-13),中美语言学硕士生都主要依靠情态动词(6.594∶7.224;86.0%∶71.9%)、情态副词(0.330∶0.853;6.5%∶8.5%)和"it's+$adj.$+that"结构(0.495∶1.152;4.3%∶11.5%)来表达推断,但中国学生对于情态动词的依赖度更高(高达 86%)。

表6-13 中美实证类语言学硕士学位论文的推断据素语言呈现方式比较

语言呈现方式	中国语言学硕士学位论文 出现频数	频率	百分比	美国语言学硕士学位论文 出现频数	频率	百分比	p值
半系动词	111	0.141	1.8%	668	0.710	7.1%	0.031*
情态动词	5197	6.594	86.0%	6798	7.224	71.9%	0.001*
情态副词	260	0.330	6.5%	803	0.853	8.5%	0.047*
it's+adj.+that	390	0.495	4.3%	1085	1.152	11.5%	0.000**
介词短语	77	0.097	1.3%	31	0.033	0.3%	0.002*
名词	6	0.008	0.1%	68	0.072	0.7%	0.057
总计	6041	7.665	100.0%	9453	10.044	100.0%	0.000**

这可能是因为二语学习者在没有熟练掌握其他表达手段之前，主要依赖于情态动词（Hyland & Milton,1997）。不过，本研究发现（见表6-13），与美国语言学硕士生相比（词频是7.224），中国语言学硕士生（词频是6.594）存在显著少用情态动词的现象（p=0.001<0.05）。这与国内其他学者的调查截然相反。例如，王金铨（2006）对中国学生英语口本译语料库的调查显示，与英语本族语者相比，中国学习者存在过度使用情态动词的倾向；梁茂成（2008）对中国大学生英语笔语的调查也表明，中国大学生的情态动词使用量显著高于英语本族语者；何燕和张继东（2011）通过对比上海交大科技英语语料库与英国通用英语语料库发现，中国科技学者同样过度使用情态动词；徐昉和龚晶（2014）对中国语言学本硕博学位论文的调查也反映出同样的问题——中国学生过度使用情态动词作为推断据素；龙绍赟（2014,2016）对中国英语专业大学生所写的英语论文调查也验证了过度使用情态动词的结果。之所以出现本研究中的情况，我们认为原因在于：首先，中国语言学硕士生的推断据素使用量显著低于美国语言学硕士生（p=0.000<0.05），从而部分导致其情态动词的使用频率显著较低；其次，虽然中国语言学硕士生情态动词的使用量显著低于美国本族语硕士生，但是所用比例高出对方14.1%，这与国内其他学者调查并不矛盾，同样表明中国学生过度依赖情态动词表推断。

从表6-13可以看出，在推断据素的六种语言呈现方式中，中国语言学硕士生对于情态动词和介词短语的使用比例显著高于美国语言学硕士生，但是对于半系动词、形容词结构和名词的驾驭能力远不如美国学生，这可能表明他们还不能很好地把握这类词的外延。相比之下，美国学生在使用推断据素时的语言呈现方式比较丰富灵活。

6.7.2.1 半系动词的对比分析

系动词是英语动词中比较活跃的一种动词类型，可以分为纯系动词和半系动词两类，前者是be动词，后者是兼有实义动词和be动词特征的动词。用于表示推断的半系动词有seem和appear。鉴于实证类研究所获取的数据来自于问卷调查和（或）访谈，命题的来源和结果都受到人为干预，因此对结果的推理也只是诸多可能性之一。纯系动词，如be表达的是事件的性

质、状态,甚至是事实,而非推测。例如:

(28) It is rainy.

(29) It seems rainy.

例(28)表明目前的天气状况是"下雨"这一天气状态,是事实,说话人对于rainy这一情况负有全部责任,而且没有与听话人之间预留任何协商空间;但例(29)则并非"下雨"的状态,只是根据天色较暗、湿气较大、听到雨声或看到有人打伞,而根据个人经验对当前的天气状态做出的推断。这种推断的真实性是有待检验的,说话者并不对rainy这一状况持绝对的确信,与听话人之间预留了协商空间。不管是否真的"在下雨",说话人都能既保留自己的面子,同时又维护听话人的面子,从而构建良好的人际互动关系。

再如:

(30) He knows the fact.

(31) He appears to know the fact.

例(30)表明说话人确信主语"知道"某一事实,而例(31)则表明说话人并不确信主语是否"知道"某一事实,而只是依据主语 he 的某些行为特征或其他佐证来推测 he "似乎、好像(appears)""知道(know)"这一行为,在传递信息的过程中留有余地,语气委婉,意义含蓄礼貌。

在学术语篇中,研究人员使用半系动词代替纯系动词,可以表明他们只是基于证据基础上的推理,而不一定是百分之百的事实,以此表现出学术研究的客观性,也为其他阐释创建了协商空间。例如,seem 表示要陈述的可能是一个事实,但又不能百分之百保证它就是事实,也许存在非事实的可能性,这就为作者与学术共同体成员之间预留了协商空间,既保住了作者的学术面子,避免因存在非事实的可能性而受到不必要的批评,又使得读者对某一研究的本质有一个客观的认识。

从表 6-13 可以看出,中国语言学硕士生对于半系动词 seem 和 appear 可以表示推断的语义概念并不太熟悉,词频数仅 0.141,显著低于美国语言学硕士生($p=0.031>0.05$)。这可能是因为中国学生受汉语思维的影响,错误地将半系动词当作了实义动词。与英语的动词属性和功能不同,汉语并没有半系动词,因此很多学生对于 seem 和 appear 用作半系动词的语义和语用功能并不熟悉。相比之下,美国硕士生对于 seem 和 appear 的语义范畴更加熟悉,尤其是能够用其表达推断,词频数是 0.710,占所有推断据素的 7.1%。

6.7.2.2 情态动词的对比分析

情态动词,作为构建情态意义的主要手段之一,可以表示说话人或作者对动词表达的事件或状态所持的态度推测,进而完成人际意义的构建。从语义看,情态动词多具有多义性和不确定性(Aijmer,2002;Mindt,1993),可以表达不同的人际意义(Biber,et al.,1999;Halliday,1985)。从语用看,情态动词因所处语境的不同,可以表达对所述内容的判断和态度(Hunston,2000;Mindt,1993)。因其"句法、语义和语用功能的复杂性"(Hinkel,2009:670),"是英语语法系统中最重要但同时也是最难的语法"(Palmer,1986:1)。而且,情态动词的使用情况受到语类和写作者文化背景的影响(Hinkel,1995)。

Biber 等人(1999)将情态动词分为三类:核心情态动词(9个)、半情态动词(3个)和边缘情态动词(7个)。具体见表 6-14。

表6-14 情态动词分类

情态动词类型	情态动词
核心情态动词	can,could,may,might,will,would,shall,should,must
半情态动词	be to,be going to,be supposed to
边缘情态动词	dare to,need to,ought to,used to,have to,had better to,got to

注:本研究只探讨中美语言学硕士学位论文中核心情态动词的使用情况。

国内外学者对ESL/EFL学习者使用核心情态动词的情况进行了调查分析并得出相似的结论,即不同母语背景的学习者都存在过多使用或过少使用某些情态动词的情况(Aijmer,2002;Atai & Sadr,2008;Basham & Kwachaka,1989;Bulter,1990;Hinkel,1995;Hyland & Milton,1997;Mcenery & Kifle,2002;程晓堂、裘晶,2007;何燕、张继东,2011;梁茂成,2008;龙绍赟,2014;龙绍赟等,2016;马刚、吕晓娟 2007;王金铨,2006;文秋芳,2003;徐昉、龚晶,2014;徐江等,2014;杨玉晨,1998)。

本研究对于中美语言学硕士学位论文中核心情态动词的统计情况如表6-15和图6-3所示。

表6-15 中美实证类语言学硕士学位论文中情态动词的使用情况

语料库 情态动词	中国语言学硕士论文 出现频数	频率	百分比	美国语言学硕士论文 出现频数	频率	百分比	p值
will	401	0.509	7.8%	229	0.243	3.4%	0.312
would	432	0.548	8.4%	1206	1.281	17.7%	0.004*
can	1920	2.436	36.9%	1527	1.624	22.5%	0.000**
could	492	0.624	9.5%	931	0.989	13.7%	0.217
may	375	0.476	7.2%	1374	1.461	20.2%	0.000**
might	66	0.084	1.2%	554	0.589	8.2%	0.052
shall	92	0.117	1.8%	1	0.000	0.0%	0.256
should	1278	1.622	24.6%	774	0.822	11.4%	0.033*
must	141	0.178	2.6%	202	0.215	2.9%	0.774
总计	5197	6.549	100.0%	6798	7.224	100.0%	0.001*

表6-15显示,中美语言学硕士生使用情态动词的总量存在显著性差异(p=0.001<0.005),中国学生显著少用。

两国硕士生对于情态动词的使用频率(相对频率)排序有相似之处,如使用量最多的都是can,使用量最低的都是shall,而且will,would,might,must和shall的使用频率没有表现出显著性差异(p=0.312>0.05;p=0.217>0.05;p=0.052>0.05;p=0.774>0.05;p=0.256>0.05)。

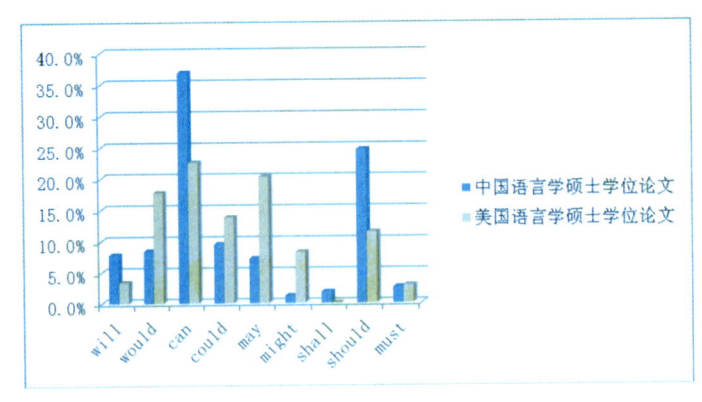

图 6-3　情态动词的百分比分布情况

中美语言学硕士生所用的高频情态动词差异较大。美国语言学硕士生使用频率最高的三个情态动词依次是 can,may 和 would,这与 Butler(1990)对英语本族语者专业科学论文以及徐江等(2014)对英语本族语硬科学论文中的情态动词调查基本一致,尤其是 can 和 may 的排序相同。Atai 和 Sadr(2008)也报道,英语本族语者使用最多的情态动词是 can 和 may,这两个词用于表达"可能"的结论,表明说话者对命题的假设或评估,把握性不大,这反映了作者对实验结果可能存在或然性的认可,也反映了作者的客观审慎态度。中国语言学硕士生使用频率最高的三个情态动词依次是 can,should 和 could。只有 can 的使用频率与本族语的使用调查相符。而 should 多用于表达责任和义务,中国学生却显著多用其表推测,存在部分语用失误。"这或许是因为 can,should 等情态动词在部分教材中出现较早,学习者习得较早,使用起来也感觉有把握"(梁茂成,2008)。

不过独立样本 t 检验显示,中美两国硕士生对于 can,should,would 和 may 的使用存在显著性差异(分别是 p=0.000<0.05、p=0.033<0.05、p=0.004<0.05 和 p=0.000<0.05),中国语言学硕士生过多使用 can 和 could,但显著少用 would 和 may。这可能是因为有些学生将汉语的"能""会""可以""能够""可能""许可"仅仅对等于 can,将 could 仅视为 can 的过去时,导致对这两个情态动词的语义和语用功能了解不够全面而出现误用,或过度依赖。另外,中国学生学习情态动词时最早接触的是 can,慢慢就形成了词汇使用定式。还有部分中国学生的英语语法比较僵化,语料检索发现,大约 21.3% 的中国学生的论文中没有使用分词短语结构,这也增加了 can 的使用量。例如:

(32) From the table above it can be seen that students make the most errors on the level of syntax are 132 errors in non-agreement between subject and predicate which takes up 44% of the total,and then the errors in tense and voice ranked the second. The sum of the last two sub-categories of errors only takes up 26% of the total. (CM 19)

(33) The data in Table 3-7 is showing us the results of translation score in control group between pre-test and post-test translation. It can be seen that Sig. (2-tailed) =0.010<0.05, which means that there is significant difference between the two scores from pre-test translation and post-test translation. (CM 8)

(34) As shown in the accuracy rates in Table 8 below,recall for words belonging to lexi-

cal islands was significantly better than words belonging to the giant component, but only for words in the first position of the serial recall curve. Recall for words belonging to lexical islands or giant component did not significantly differ across the other positions along the serial recall curve. (AM 19)

例(32)中的 From the table above it can be seen that-结构是中国硕士生最常用的图表描述句式,该结构中 can 的使用频率因此增加。例(33)的中国语言学硕士生使用两个句子描述图表数据,第一个句子介绍 Table 3-7 的主题内容,第二个句子用 It can be seen that-结构描述前测与后测数据所呈现的显著性差异,该结构与例(32)一样。实际上,例(33)的文字描述累赘,有效信息并不多。从某种程度看,中国语言学硕士生并不了解学术论文和学位论文的语类规范特征——语言简洁明快,而是语言啰唆、冗余。相对而言,例(34)的美国语言学硕士生使用分词短语 As shown in the accuracy rates in Table 8 below,既传递了 Table 8 的主题是 accuracy rates,又减少了 can 的使用频率,更重要的是充分体现了学术英语句子的简洁性语类特征,用精练的语言传递了更多的有效信息。

对于 should 的过多使用,则有可能是受到汉语母语负迁移的影响。很多中国学生将 should 对等于"应该""务必"等语义,近似于口号类语言。我们对语料库的仔细梳理发现,79.4%的中国语言学硕士生使用"主语+should+动词原形"结构,且主语多是 we 或 you 或其他名词,这是典型的责任或义务性情态,而非确信度推测,这种结构用在学术论文语类中,有作者将个人观念强行推给读者之意,容易引起读者的反感,并不利于构建积极的人际互动关系。而美国语言学硕士生使用的多是"主语+should+be+动词过去分词"结构,且主语多为事物,用于表达确信度推测,有助于传递作者对于所推断的情况具有较高的确信度,并愿意为之承担责任。例如:

(35) To gain progress, teachers should regard their teaching activity as a cognitive process and make frequent reflection on it. (CM 2)

(36) In the simulated teaching activities, the students should cooperate with each other to design, organize and carry out the role play according to the situation given by the teacher. (CM 3)

(37) In terms of English teaching, it should not only pay attention to the teaching of language basic knowledge and basic skills, but also stress on the cultivation of the language application ability. Then in the vocational college English class, teachers should pay much attention to the English listening, speaking, reading, writing, as well as the English translation. (CM 8)

(38) In sentence 16) and 17), the verbs "cooperate" and "depend" are intransitive verbs in English. They should not follow the object "each other" and "ourselves" directly. The two words must be connected together with some prepositions. So sentence 16) should be corrected like this "In order to create a green campus, we should cooperate with each other at first;" sentence 17) should be "What can we do? At first we should depend ourselves to transform the green culture." In sentence 18), the expression "build more trees and flowers" is a wrong form, so it should be "plant trees and flowers." (CM 19)

(39) Several factors that may have affected learning outcomes were not analyzed in this study, and the affects from those factors should be explored further in future research. (AM 10)

(40) Even more caution should be applied in generalizing the results from this study to L2 learners in other language situations, whether in the U. S. or in other countries. (AM 10)

例(35)、(36)和(37)都使用了"主语＋should＋动词原形"结构,主语分别是 teachers, students 和 it,teachers 将动作 regard,cooperate,pay attention to 以及 pay much attention 视为 teachers,students 和 teachers[注:例(37)的 it 主语属于语言错误]的责任或义务,语气过于强硬,在没有充分证据的情况下,有作者将个人观点强行推给读者接受之嫌疑,并不利于人际意义的建构。例(38)连续使用了 4 次 should,虽然有 3 个都是"主语＋should＋be＋动词过去分词"结构,稍微减缓了语气的咄咄逼人,但还是表现出了对情态动词的过度依赖。

例(39)的 the affects from those factors should be explored further in future research 使用了"主语＋should＋be＋动词过去分词"结构,而且前半句 Several factors that may have affected learning outcomes were not analyzed in this study 中通过 may have affected 结构表达了对可能出现情况的推测,使得 and 所连接的并列分句中 should be explored 的推测可信度提高,结论显得"水到渠成",既有效传递了个人对推断的信心,又有利于人际意义的积极建构。例(40)通过 Even more caution should be applied 结构,即"主语＋should＋be＋动词过去分词"结构表达了作者对于未来研究的建议。

此外,与美国语言学硕士生相比,中国学生显著少用情态动词 may(may 在中国硕士学位论文中的词频是 0.476,在美国硕士生中的词频是 1.461,且 $p=0.000<0.05$)。由于实证类学术论文的分析研究是建立在数据之上的,这就意味着数据带有人为干预的可能性,其结果必然也带有或然性。情态动词 may 有助于反映作者对实验结果可能存在或然性的认可,以及作者的客观审慎态度。正如 Hinkel(2009)的研究所指出的,may 在学术语篇中表示可证性、可能性、策略性含糊以及礼貌(Hinkel 2009:672)。因而,may 也是学术语篇中最高频出现的情态动词之一(Atai & Sadr,2008;Bulter,1990;徐江等,2014)。但中国学生显然对于 may 的认知仍然停留在最初所学的"May I help you?"表示许可或请求的语义层面,即使经过了多年的英语专业学习,他们对于 may 的语义深度和广度并没有得到有效拓展,而是出现了语言僵化现象。其次,这也反映了中国学生对于学术论文的语类特征并不熟悉,不能有效驾驭语言表达推测。相比之下,美国语言学硕士生对于 may 的使用情况与美国学者完全相同,这有可能是因为,在美国的教育体制中,学生从中学开始就设置了语类学,学生熟悉各种语类的语言特征,并能很好地运用于硕士学位论文中。

Halliday(2000:39)根据"说话人对某一观点或提议的有效肯定程度,以及说话人对实施某项提议和要求承担某种责任义务的决心大小",将 9 个核心情态动词分为高、中、低共 3 个量值等级。其中,must 是高值情态,will,shall,should 和 would 是中值情态,can,could,may 和 might 是低值情态。不同量值情态动词可以表达不同的语义功能和话语功能。量值越高,作者表现出的承诺度越高,与读者的商讨性越低;反之,量值越低,承诺度越弱,商讨性则越高。中美语言学硕士学位论文中不同量值情态动词的使用情况如表 6-16 所示。

表 6-16　中美语言学硕士学位论文中的不同量值情态动词使用情况

语料库 量值	中国语言学硕士论文 出现频数	频率	百分比	美国语言学硕士论文 出现频数	频率	百分比	p 值
高	141	0.178	2.6%	202	0.215	2.9%	0.774
中	2203	2.796	42.6%	1550	2.346	32.5%	0.072
低	2853	3.62	54.8%	4386	4.663	64.6%	0.000**
总计	5197	6.549	100.0%	6798	7.224	100.0%	0.001*

表 6-16 显示，在中美实证类语言学硕士学位论文中，情态动词量值使用频率的排序完全一致，都是"低值＞中值＞高值"。在实证类硕士学位论文中，两国学生对实验事实或调查事件进行客观、合理的推测，并就学术语类"依据而言"的特征达成一致，均表现出客观、审慎的推断态度。这表明两国学生都可以通过恰当使用不同量值的情态动词，实现与学术共同体成员的商讨，建立和谐人际互动关系。

但是，美国语言学硕士生的低值情态动词的使用频率显著高于中国学生（p＝0.000＜0.05）。情态量值可以表明说话者对命题是否确定的认识，低值情态词并不表明作者对某一命题缺乏信心，而有可能是因为倾向于使用某种固定或习惯的交际策略。从样本分析看，这是中国学生的语言驾驭能力有限所致。从图 6-3"情态动词的百分比分布情况"和表 6-15 可以看出，与美国语言学硕士生相比，中国语言学硕士生使用情态动词的分布非常不均衡，过度依赖 can 进行推测，而对于 may 和 might 的使用频率非常低。

6.7.2.3　情态副词的对比分析

情态副词，如 maybe，clearly，probably，evidently，possibly，undoubtedly，likely，basically，generally，essentially，certainly，seemingly，perhaps 等，都可以用于表示对所推测事实的确信程度。中美语言学硕士学位论文中情态副词的使用情况见表 6-17 和图 6-4。

表 6-17　中美实证类语言学硕士学位论文中情态副词的使用情况

语料库 情态副词	中国语言学硕士论文 出现频数	频率	百分比	美国语言学硕士论文 出现频数	频率	百分比	p 值
perhaps	6	0.008	2.4%	219	0.233	27.3%	1.312
clearly	21	0.027	8.2%	51	0.054	6.3%	2.015
generally	118	0.149	45.2%	42	0.045	5.3%	1.649
certainly	3	0.004	1.2%	77	0.082	9.6%	1.073
probably	3	0.004	1.2%	54	0.057	6.7%	1.012
maybe	42	0.053	16.1%	121	0.129	15.1%	1.054
possibly	9	0.011	3.3%	132	0.140	16.4%	1.242

续表

语料库 情态副词	中国语言学硕士论文 出现频数	频率	百分比	美国语言学硕士论文 出现频数	频率	百分比	p值
seemingly	3	0.004	1.2%	62	0.066	7.7%	1.693
essentially	3	0.004	1.2%	6	0.006	0.7%	3.020
undoubtedly	49	0.062	18.8%	3	0.003	0.4%	1.771
basically	3	0.004	1.2%	3	0.003	0.4%	3.055
obviously	0	0.000	0.0%	33	0.035	4.1%	2.001
总计	260	0.330	100.0%	803	0.853	100.0%	0.039*

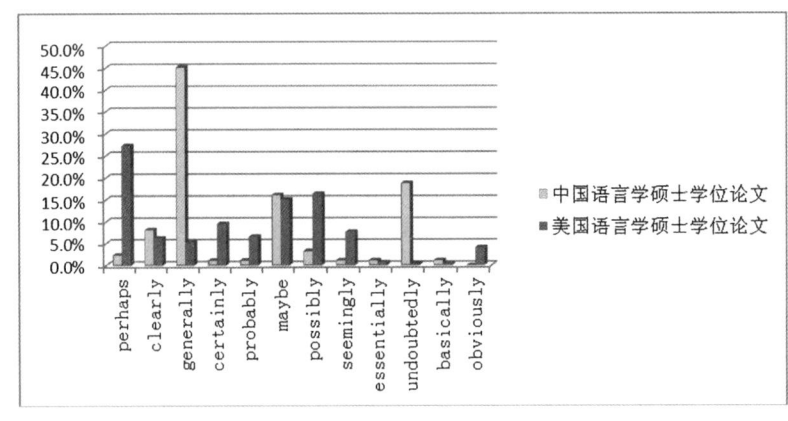

图 6-4 情态副词的百分比分布情况

从表 6-17 可以看出,在对相关事宜进行推断时,中国语言学硕士生显著少用情态副词($p=0.039>0.05$)。不过,从词汇量掌握情况看,两国学生并没有太大区别,中国学生使用了 11 个词汇,美国学生使用了 12 个词汇。这说明,中国硕士生掌握了表达推测的情态副词的语义和语用。但是,从高频副词的使用情况看,两国学生存在差异。中国硕士生使用最多的三个推断副词是 generally、undoubtedly 和 maybe,而美国硕士生使用最多的是 perhaps、possibly 和 maybe。Collins 对于 generally 的定义是 *You use generally to give a summary of a situation, activity, or idea without referring to the particular details of it*. 和 *in a general way or sense; without reference to details or individual cases; not specifically*。由此可见,generally 多用于归纳、概括。中国硕士生在用副词表推断时,基本上使用的都是 generally speaking, it is generally realized that… 结构,显著过多依赖 generally (高达 45.2%)。这可能是受到汉语母语是归纳性思维模式的影响,在英语学位论文中出现的母语思维模式的负迁移。而美国的英语思维模式是演绎性的,侧重于推测,因此 generally 在美国硕士学位论文的推断副词中仅占 5.3%,且多用于对章节的小结。另外,汉语是模糊性语言,即使在对数据所体现的意义进行推断时,也倾向于高度概括事物的本质,语言模糊笼统。而英语是精确性思维方式,强调严谨的逻辑论证,通过阐明已经发现的东西,推断可能出现的现象。"以分析和实证的手段获得对认知对象的精确认识"(连淑能,2010:345)。这也是美国硕士生不依赖 generally 表达推测的原因。

undoubtedly 的语义近似于 unquestionably,without doubt,accepted as the truth,相当于汉语的"毋庸置疑""千真万确",带有较强烈的主观色彩和较强的确信度,同 generally 一样,带有归纳性倾向,且并不符合学术论文追求客观性的语类特征,这也是为什么在仅 1 篇美国语言学硕士学位论文中出现 3 次。而中国学生则可能受到汉语语言的影响,进行了对等翻译,而忽略了语言的语类要求,这是较为典型的误用现象。

美国语言学硕士生所使用的三个最高频推断副词 perhaps,possibly 和 maybe 都是典型的非确定性语言表达(be not certain about sth.)。就确信度、可能性、证据的充分性的表达排序而言,perhaps＞maybe＞possibly。美国学生能够很好地在确信度和非确信度之间保持平衡,表现出较强的语义和语用控制能力。而且,美国学生最高频的三个推断副词恰恰符合学术语篇追求严谨的精确性的语类特征,表达严密的推理逻辑,传递了精确中含有模糊,模糊中含有精确的学术语类特征。

6.7.2.4 "it's+adj.+that"结构的对比分析

在"it's+adj.+that"结构中常用的形容词有 possible,likely,clear,certain,evident,essential 等。具体统计情况如表 6-18 和图 6-5 所示。

表 6-18　中美实证类语言学硕士学位论文中情态形容词的使用情况

语料库 形容词	中国语言学硕士论文			美国语言学硕士论文		
	出现频数	频率	百分比	出现频数	频率	百分比
likely	126	0.160	32.3%	410	0.436	37.8%
possible	184	0.234	47.3%	389	0.413	35.9%
probable	20	0.025	5.1%	96	0.102	8.9%
clear	39	0.049	9.9%	54	0.057	4.9%
certain	0	0.000	0.0%	42	0.045	3.9%
obvious	15	0.019	3.8%	3	0.003	0.3%
evident	6	0.008	1.6%	37	0.039	3.4%
essential	0	0.000	0.0%	48	0.051	4.4%
apparent	0	0.000	0.0%	6	0.006	0.5%
总计	390	0.495	100.0%	1085	1.152	100.0%

表 6-18 显示,中国语言学硕士生显著少用"it's+adj.+that"结构(0.495:1.152;p=0.001＜0.05),对于此结构的驾驭性弱于美国语言学硕士生。在词汇多样性方面,也少于美国学生。图 6-5 显示,美国学生的形容词使用分布情况优于中国学生,均衡性较好。不过,两国学生对于高频形容词的使用有相似性。中国学生使用频率最多的三个形容词是 possible, likely 和 clear；美国学生则是 likely、possible 和 probable。其中，同推断副词的语义和语用功能一样，possible 和 likely 都是典型的非确定性语言，是学术语类中常用的推断据素之一。但是，clear 的语义是"Something that is clear is easy to understand"，"Something that is clear is obvious and impossible to be mistaken about."（Collins），仍然具有归纳性和主观性特征。而 probable 的语义近似于 very likely 或 most likely，表示肯定成分极大，"十有八九"是真的，所传递的确信度也是最高的，符合实证类学术论文追求或然性和确定性的语类特征，有利于传递作者基于研究结果进行推测的自信心，有助于说服读者认同自己的阐释，同时又不否认还有"十有一二"的其他解释，表现出积极的人际意义建构的态度。

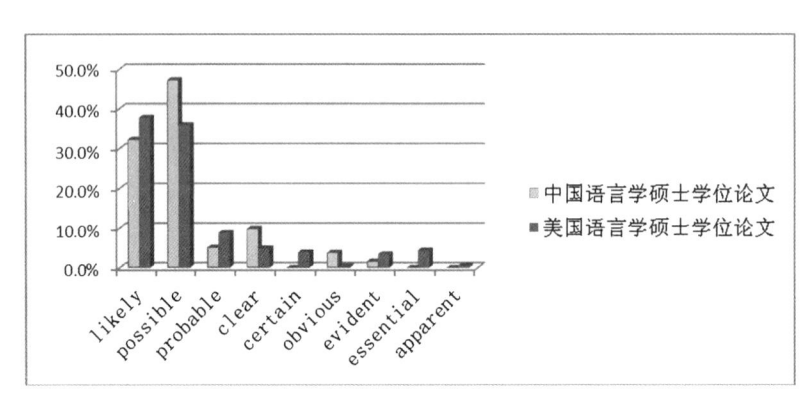

图 6-5　情态形容词的百分比分布情况

6.7.2.5　介词短语的对比分析

常用于表示推断的介词短语有 in general 和 in essence。表 6-13 显示，虽然中美实证类语言学硕士学位论文中，介词短语做推断据素的词频和百分比都比较低，但中国语言学硕士生仍表现出显著多用的倾向（p＝0.002＜0.05）。这可能是受到 in general 在语义和语用方面近似于 generally 的影响。in essence 的意思是 relating to the most important characteristics or ideas of something，相当于汉语的"本质上，实质上"。这两个介词短语都是归纳性的推断据素。美国硕士生受到英语演绎性思维模式的影响，显著少用该类推断据素，而且也是其所有推断据素中词频数和百分比最低的一种类型。

6.7.2.6　名词的对比分析

学术语篇中常用来表示推断的名词有 possibility，certainty，likelihood，probability 和 chance 等。表 6-13 显示，中国语言学硕士生使用词频（0.008）和百分比（0.1％）最低的推断据素就是推断名词；相比之下，美国硕士生能够根据句式需要，灵活使用各种词性表达推断，从表 6-13 可以看出，他们的词频数是 0.072，占所有据素类型的 0.7％。就词汇多样性而言，中国学生仅用了 1 个名词 possibility，美国学生则使用了 5 个词。这也印证了前文中所分析的，中国语言学硕士生的词汇储备量不足，有效词汇产出更是堪忧。

6.8 小　结

　　本章对比分析了中美实证类语言学硕士学位论文言据性的整体特征以及四类据素的使用情况及其语言呈现方式特征。研究发现,首先中美语言学硕士生都能够较好地掌握实证类论文的语类特征,言据性的整体使用情况一致,在词频和百分比两个维度,均表现出"推断据素＞引用据素＞感官据素＞信念据素"的分布趋势,这与 Chafe(1986)的研究结果部分吻合。他的调查显示,在学术论文中词频最多的是报道据素。我们认为,这可能与研究样本所采用的研究方法有关。Chafe 在研究中没有提及他的样本是否采用了某一特定的研究方法,而我们的样本都是实证研究,涉及问卷和访谈或日志,学生作者对于数据信息的解读基本上都是基于自己已有的学术积累做出的推断,而且推断所得的结论也只是诸多解释中的一种。因此,我们认为推断据素在实证类论文中出现的词频应该是最高的。此外,这一结果也说明,据素类型的使用除了与语类有关之外,还应该与研究方法有直接的关系。因此,本研究并不支持据素类型的使用词频与教育程度有关的结论。但是,硕士毕业论文属于学术论文的范畴,与学术论文强调客观性的原则一致,因此,本研究发现信念据素是出现频率最低的,这与 Chafe 的调查结果一致。

　　言据性的整体使用情况反映出两国学生均表现出一定的学术素养,能够理解言据性的功能,并根据学位论文的语类特征和实证类学位论文的子语类特征,恰当使用四类据素,能够有意识地使用不同类型的据素来显性或隐性表明信息来源,传递自己的学术观念,就实证数据进行合理推断,并尝试与学术共同体成员进行积极的人际意义建构,以实现学术交际的目的。

　　但细化分析后我们发现,中国硕士生在撰写英语论文时仍然受到了汉语思维的影响。可能受到中国传统中庸思想的影响,在人际交往中强调和谐统一,中国语言学硕士生为了降低自己对信息真值要承担的风险,保全自己的积极学术面子,避免威胁读者的学术面子。在中国语言学硕士学位论文中,有很多 We must, you should 之类的结构,在英美人看来是作者的主观态度,有点强加于人的口气而不能真正以理服人。这与学生对 must, should 等情态动词在语义和语用上的含义理解不透彻也有关系。这恰恰印证了社会文化理论在二语习得领域的研究成果,即语言与认知密不可分,二语习得不是一种脱离社会文化环境的孤立语言活动,学习者个体的思维过程和语言能力的发展亦受到语言事件发生的社会文化环境的影响,以及作为活动主体的学习者的内在积淀的文化、历史、规则等诸多因素的影响(Kramsch, 2000)。另外,从社会文化理论的语言交际观来看,中美两国语言学硕士学位论文所表现出的交际特征明显受到各自母语文化因素的影响,中国学生在建构人际意义时相对保守,而美国学生则较积极。

　　其次,读者负责型(a reader-responsible pattern)的汉语语篇特征与作者负责型(a writer-responsible pattern)的英语语篇特征。Hinds(1987)认为,在读者负责型的语篇模式中,作者通常不用清晰的语言直接表达自己的观点,而是通过描述或论述含蓄地反映出来,能否理解作者的观点和意图完全是读者的责任。中国语言学硕士生显著性多使用感官据素和显著性少使用推断据素的趋势都表现出这一特征。例如,用视觉据素描述数据时仅仅是罗列所观察到的一个个具体的数字,却没有在此基础上阐释这些数字所要传达的信息以及自己的观点;用听觉据素转述被访谈者的观点时,多使用中性词汇,或将被访谈者的话语大段罗列,不置可否,疏于分析,由读者自行解读;对于推断据素的保守使用也反映出中国硕士生在写作时读者意识较弱,从而给读者留下更多的主观臆想空间。而英语语篇属于作者负责型,作者有责任和义务把自己要表达的观点和思想清晰、明了、直接地告诉读者。社会文化理论强调社会文化因素会影响二语学习者的思维模式、认知特征、社会文化属性、语言选择、人际关系建构等。中国硕士论文中据素的使用特征说明中国学生受到传统思维方式的影响,注重"书不尽言,言不尽意""意在言外""意出言表",在有效传递学术信息方面有待提高。

再次,中美语言学硕士生在语言实现方式的选择上仍存在较大差异。在使用同一词类的据素时,中国学生选词相对单一,缺乏多样性,语义范畴狭窄,口语化、语用错误和滥用情况均有出现,表现出中介语倾向。这可能与中国学生的词汇能力相对较弱有关。例如,在使用推断据素时,中国学生过度依赖情态动词(占推断据素词频的86%),尤其是语气过于生硬的词语,如 should,must 等,使得自己的观点显得过于强势,反而容易引起读者的反感和对研究结果的不信任。虽然,过度使用情态动词如 should,could,may 等是二语学习者的普遍特征(Aijmer,2002),但也表明中国语言学硕士生的语用水平和语言策略有待提高,恰当选择据素类型及其语言呈现方式能有效提高作者观点的可信度。社会文化理论认为,语言水平是心理工具的外在语言反映。Frawley 和 Lantolf(1985)认为,二语初学者只能用二语来调控自己的社会活动,而不能调控自己的心理活动,更不能用二语来调控自己的思维。中国语言学硕士学位论文的言据性特征表明,我国的语言学硕士生教育任重道远,经过本科4年,硕士阶段2—3年的专业培养,他们的英语水平似乎还没有脱离初学者的范围,英语既不能很好地实现社会功能,更谈不上调控自己的思维活动,即使是最基本的词汇有效输出也远远落后于美国语言学硕士生。

最后,中国语言学硕士生的语类意识欠缺。语类意识和语类能力是衡量英语专业硕士生语言水平的重要指标。Mahboob 等人(2010:27)认为,如果不培养学生的标准语类意识,他们就无法撰写出得到认可的语篇。Swales(1990)分析了英语学术论文的语类规范,指出学术论文的不同组成部分,如引言、研究方法、结果与讨论等有其特定的修辞特点和词汇语法特定,如动词、代词、情态动词、时态、语态、主位、引用等。并强调修辞结构有助于培养学习者掌握和使用元语言的能力(1990:215)。Humphrey 等人(2010)认为,学生只有掌握了语类知识才能更好地进行专业知识的学习,进而施展他们的专业特长,因而他们提出要帮助即将进入学术领域的学生扩展语言资源,尤其是学术语言资源。Martin(1990)也认同学生需要掌握语类知识,利用语言建构科学世界的功能。学术语类要求学术论文写作遵循学术规范,这也是研究者在从事科学研究过程中所要遵循的一些基本程序、基本方法和要求。学位论文作为学术论文中的一个子语类,对于学术规范性要求同样严格。我们在统计中发现,个别中国硕士生对于听觉据素和报道据素的使用不规范,如前文所提及的,引用访谈内容时,直接大段罗列,采用"…(Student A)"格式或"Student A:…"格式;在学位论文中使用口语化语言,如 as we all know 等;引用他人观点时,也采用"X:…"格式,不使用任何据素,这有悖于学位论文严谨的规范要求。

本研究表明,中美语言学硕士研究生都基本具备了在学术语篇中正确使用推断据素、引用据素、感官据素和信念据素这四类据素的学术意识和语类意识。总的说来,中美实证类语言学硕士学位论文在研究性资源和据素方面的共性大于差异性,这可能是近年来国内高校普遍给硕士研究生开设英语学术论文写作课程所取得的效果。但研究也表明,学位论文中据素的使用和语言呈现方式也受到思维方式的影响。美国学生表现出更强烈的读者意识,而中国学生受中国思维模式的影响,读者意识淡漠,与读者间的人际互动较少,给读者预留的主观空间过大。正如 Kaplan(1988)所指出的,作者、读者、修辞和文体规范、语境特征往往与特定的文化和社会相对应,在用外语写作时,作者往往对目标语文化中的这些要求缺乏意识。就学术写作教学而言,我们有必要结合语言学相关研究成果,讲解据素在学术语篇中的功能,指导学生把握学术论文的修辞技巧,提高学生的语类意识,掌握学位论文语类的意义表达模式,满足学位论文和学术论文的语类规范,实现语言的社会交际功能,培养学生的跨文化交际能力,从而提高语言学硕士学位论文的写作质量。

第七章 中美语言学博士学位论文的言据性对比分析

7.1 导　言

本章重点对比分析60篇中美语言学实证类博士学位论文的言据性特征以及据素特征,并从语类学和社会文化理论的视角予以深度分析和探讨。研究发现:(1)中美实证类语言学博士学位论文均使用到感官据素、信念据素、引用据素和推断据素,在据素类型的分布上具有一致性和类似的不均衡性;(2)研究方法直接会影响感官据素的使用频率;(3)中美语言学博士生在信念据素、引用据素和推断据素的使用上没有显著性差异,但中国博士生的研究性资源频率和感官据素频率显著少于美国博士生;(4)中美语言学博士生的语言呈现方式存在使用频率和多样性的差异,部分中国博士生在据素使用质量上出现中介语特征。针对中美语言学博士学位论文中的言据性异同,本章从语类学和社会文化理论视角予以深入解读。

7.2 研究问题

本章重点回答以下三个问题:
(1)中美实证类语言学博士学位论文的言据性分布规律及其原因是什么?
(2)不同类型的据素在中美实证类语言学博士学位论文中的分布情况及其原因是什么?
(3)不同类型的据素在中美实证类语言学博士学位论文中的语言呈现方式有何特点?

7.3 言据性整体特征对比分析

经过统计,中美实证类语言学博士学位论文的言据性整体分布情况,以及感官据素、信念据素、引用据素和推断据素的使用情况如表7-1和图7-1所示。

表7-1　中美实证类语言学博士学位论文中的言据性资源统计表

据素类型	中国实证类语言学博士学位论文 出现频数	频率	百分比	美国实证类语言学博士学位论文 出现频数	频率	百分比	卡方值	P值
感官据素	4147	3.176	13.0%	6061	3.713	14.8%	−10.357	0.000**
信念据素	1138	0.872	3.6%	1766	1.082	4.3%	6.048	0.892
引用据素	10583	8.105	33.2%	13018	7.975	31.8%	5.629	0.919
推断据素	16042	12.286	50.2%	20113	12.322	49.1%	9.759	0.938
总计	31910	24.466	100%	40958	25.092	100%	−9.023	0.000**

第七章 中美语言学博士学位论文的言据性对比分析

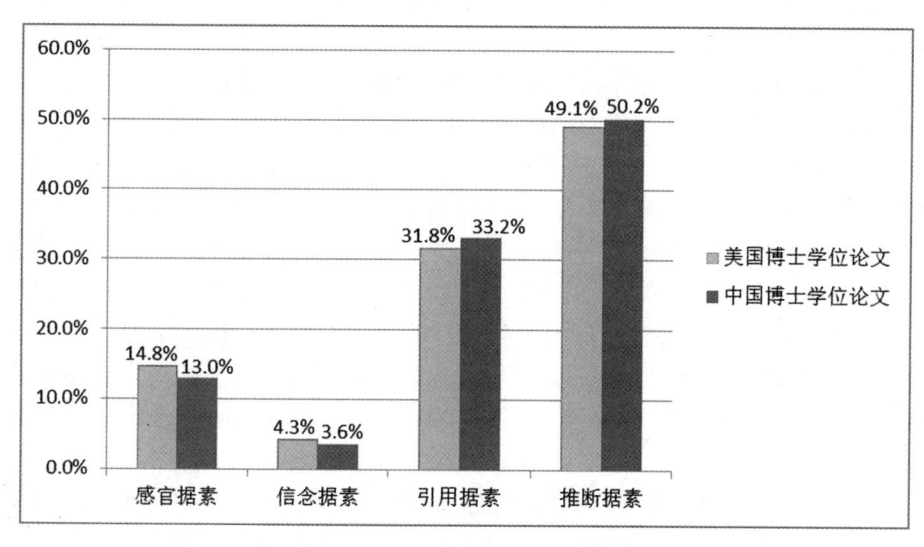

图 7-1 中美实证类语言学博士学位论文中四类据素的分布比例

从表 7-1 中，我们可以看出，中美实证类语言学博士学位论文都使用了四类据素，即感官据素、信念据素、引用据素和推断据素。但是言据性资源的使用存在显著性差异（卡方＝－9.023；p＝0.000＜0.05），中国语言学博士生显著少用言据性资源。这可能是因为中国博士生虽然能够较好地掌握学位论文的语类特征，尽量追求"言而有据"和"言而有信"，但就言据性的语用功能而言，还不能像美国博士生那样熟练驾驭、平衡各类据素，实现学位论文的交际目的。

从词频分布情况来看，中美实证类语言学博士学位论文中据素类型的词频分布规律表现出一致性特征，即推断据素＞引用据素＞感官据素＞信念据素。这表明，中美语言学博士生都能够理解并掌握言据性的意义、功能、学位论文的语类特征以及写作规范，有意识地使用据素表明信息来源，引用他人观点为自己的学术理念服务，在就自己的研究进行合理推断的同时，还积极传递自己的学术信念，建构自己的学术身份，尝试与学术共同体成员进行人际建构。

从图 7-1 还可以看出，在中美两国语言学博士学位论文中，据素类型分布都呈现出不均衡的特征，从所占比例看，差异并不大。其中，推断据素在四类据素中所占比例最高，50.2%（中国）：49.1%（美国），且两者没有显著性差异（卡方＝9.759；p＝0.938＞0.05）。这一研究结果与 Chafe（1986）和徐昉、龚晶（2014）的研究结果不同。他们的研究发现，引用据素是学术和学位论文中最常使用的据素。但是，他们的研究对象是随机选择的，没有界定研究方法。而本研究所选用的博士学位论文都是实证类研究，采用定量研究法与定性研究相结合的混合研究方法，简单的描述并不足以反映数据所隐藏的信息，而是需要推断。这是因为实验或调查只能在小样本中进行，但实验或调查的目的却不仅是了解这个小样本的情况，而是需要根据小样本的情况来推断总体（桂诗春、宁春岩，2008：214）。研究受试对象是研究者随机选择或人工干预下选择的，研究结果必然也受到了人工干预的影响。这就意味着，研究者所得到的数据信息并不一定具有普遍性意义，他们需要对数据所隐含的信息做出客观、合理的推测和解释。因此，推断据素在四类据素中所占比例最高是符合实证类论文的语类特征的。表 7-1 和图 7-1

中美语言学硕博学位论文的言据性对比研究

表明,中美语言学博士生掌握了实证类研究的语类建构特征,认为自己基于研究结果的推断具有或然性或诸多可能性,间接承认了还存在其他推断结论的可能性,从而给学术共同体成员留下谨慎、客观、严谨的学术态度印象,也能够与之建立良好的人际关系。

词频比例在四类据素中排列第二的都是引用据素(33.2%∶31.8%),且没有显著性差异(卡方=5.629,p=0.919>0.05)。这一数据显示,作为逐渐走向学术成熟的研究者,中美博士生都能够恰当进行自我学术身份定位,能合理驾驭引用据素,实现交际功能。他们在学位论文中梳理、引用、借鉴其他学者的相关研究、观点和数据来支持自己的研究,或指出相关研究的欠妥之处,突出自己研究的意义。引用据素的使用可以显示作者对某一研究领域有深入了解,在自己的研究和前人研究之间建立学术关联,做到"言而有据",也可以引起学术共同体的共鸣,通过学术语篇来建立人际互动。此外,也可通过引用据素的语义范畴来隐性表达作者观点。不过,表7-1和图7-1显示,相较于美国语言学博士生,中国语言学博士生似乎更倾向于依赖他人的声音为自己的研究服务,具有崇拜权威的心态特点。

在四类据素中,使用频率排列第三的是感官据素(13.0%∶14.8%)。正如本书第六章所指出的,实证类论文采用的是定量研究与定性研究相结合的混合研究方法,数据来源有两类,一类是以数字或图表为表现形式的调查问卷数据或成绩数据所构成的定量研究,这是来自于对数据直接观察的视觉据素,另一类是以语言描述为特征的访谈数据或日志构成的定性研究,这是作者听到或读到的数据(为了区分于引用据素,本研究将日志数据界定为听觉据素),属于听觉据素。因而实证类学位论文需要作者使用感官据素(包括视觉据素和听觉据素)来描述和分析信息来源。但由于数据由图示显示,本身就具有很强的直接表象功能,因而对于数据的表层描述并非实证类学位论文的重心,重点应该是数据背后所隐含的信息,即对数据进行合理、客观的推断。表7-1和图7-1均表明中美博士生都能理解感官据素的辅助功能,没有侧重于数据的显性描述。但是中美学生对于感官据素使用词频存在显著性差异(卡方=−10.357;p=0.000<0.005),中国博士生显著少用感官据素。

最后,"信念据素"表达说话人或作者的个人信念,带有较强烈的主观色彩,不完全符合学术论文追求客观性的语类特征,不宜多用。此外,博士生介于学术新手(如硕士研究生)与成熟学者之间的中间地位,在表达信念时比较谨慎,既保护自己的学术面子,也不伤害学术共同体成员的学术面子。因此,中美语言学博士学位论文中的信念据素使用比例都是最低的(3.6%∶4.3%),且没有显著性差异(卡方=6.048;p=0.892>0.05)。这表明,两国博士生都能掌握学位论文语类追求客观性和严谨性的特点。在学术信念传递过程中,中美语言学博士生都采用谨慎的态度传递个人信念。不过,美国学生比中国学生更加注重个人学术观点的表达,突显个人的学术声音,以期在学术共同体中引起更大的共鸣,而中国博士生在传递信念时较为保守谨慎。

综上所述,中美语言学博士生能够较好地掌握实证类论文的语类特征,恰当使用推断据素、引用据素、感官据素和信念据素,表现出良好的学术素养。但两国学生在感官据素词频和据素的总体使用词频方面仍然存在显著性差异,中国博士生显著少用。具体原因在下面的章节详细分析。

7.4 感官据素对比分析

本章仍然依据 6.4 章节的分析,将中美语言学博士学位论文的感官据素分为视觉据素和听觉据素(详见 6.4)。视觉据素用于描述定量研究结果,听觉据素则可用于描述访谈、日志、观察等定性研究结果。具体使用情况如表 7-2 和图 7-2 所示。

表 7-2 中美实证类语言学博士学位论文中的感官据素使用情况统计表

感官据素	中国语言学博士学位论文			美国语言学博士学位论文			卡方值	P 值
	出现频数	频率	百分比	出现频数	频率	百分比		
视觉据素	2575	1.972	62.1%	1338	0.820	22.1%	12.365*	0.000**
听觉据素	1572	1.204	37.9%	4723	2.893	77.9%	−11.012*	0.000**
合计	4147	3.176	100.0%	6061	3.713	100.0%	−10.357	0.000**

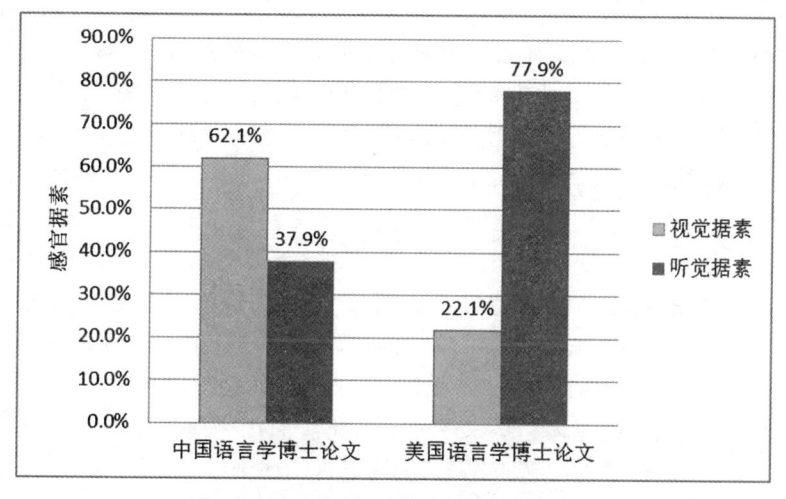

图 7-2 视觉据素和听觉据素的分布比例

Johnson 和 Onwuegbuzie(2004)曾明确指出,混合法作为一种新范式的时代已经到来。混合法是"同一研究采用了定量研究和定性研究两种方法"(Bryman,2015:635)。定量研究是数据以数字形式呈现,数据分析采用统计方法;定性研究的数据以文字形式呈现,数据分析以文字描述为主(Niglas,2010:220)。本研究选取的中美博士学位论文样本都采用了定量研究方法和定性研究相结合的混合研究方法,这表明中美语言学博士生都能够紧跟语言学研究的发展趋势,采用科学的研究设计和研究方法回答研究问题,以数据为驱动,研究结果是建立在客观数据和观察数据之上的,恰当使用感官据素,降低学位论文作者在阐释数据过程中的主观色彩,从多元角度加强观察问题的深度,提升研究结果的可信度、客观性和说服力。

然而,表 7-2 和图 7-2 显示,中美语言学博士生对于感官据素以及视觉据素和听觉据素的使用均表现出显著性差异。相比于美国学生,中国学生显著少用感官据素(卡方=−10.357;

p=0.000<0.05)和听觉据素(卡方=-11.012;p=0.000<0.05),显著多用视觉据素(卡方=12.365;p=0.000<0.05)。这表明,美国博士生似乎更依赖第一手实践数据作为信息来源,尤其擅长定性研究,通过对数据的文字描述和阐释来说服学术共同体成员。

此外,从表7-2和图7-2可以看出,中美语言学博士生对于视觉据素和听觉据素的依赖程度截然相反:中国博士生过度依赖视觉据素(词频是1.972,占感官据素的62.1%),而美国学生则倾向于听觉据素(词频是2.893,占感官据素的77.9%)。这表明,中国博士生似乎擅长定量研究分析(视觉据素所占比例是美国学生的2.8倍),而美国博士生则倾向于定性研究分析(听觉据素所占比例是中国学生的2倍)。

这一发现也验证了 Henning(1986)、高一虹等(1999)、文秋芳和林琳(2016)以及文秋芳和王立非(2004)对于国内外应用语言学研究方法的使用趋势的调查统计。Henning(1986)分析了1967—1985年发表在 TESOL Quarterly 期刊上的论文采用的研究方法,发现在1967年至1975年间发表的论文以定性研究方法为主,在1976年至1980年间论文的定量研究法和定性研究法的使用量均衡,在1981年至1985年间则以定量研究方法为主。这可能主要是因为社会科学受到了自然科学的影响,开始呈现出鲜明的自然科学色彩。使用定量方法分离出来变量和标志,好处是经济可行、精密准确、易于分析,其信度、效度、可信度都可以量化,结论有力,令人信服(桂诗春、宁春岩,2008:87)。尤其是20世纪60年代,计算机技术得到了极大的完善和普及,使得人文社会科学研究领域的定量研究方法得以发展和完善。在20世纪70年代之后,西方语言学界的定量研究方法超越了定性研究方法,占据了主导地位。但是在90年代中期之后,西方语言学界所采用的定性研究方法又反超定量研究方法,成为主要的研究方法(高一虹等,1999;文秋芳、王立非,2004)。正如高一虹等(1999:12)所指出的,"西方的研究呈现了一个从量化到质化的发展趋势"。文秋芳和王立非(2004)对1986—2000年发表于 TESOL Quarterly 期刊的统计也印证了这一结果——定性研究超过了定量研究,即使是混合法中,定性研究的比例也超过了定量研究的比例。文秋芳和林琳(2016)对于2001—2015年发表于 TESOL Quarterly 期刊的统计发现,"量化法达到38.87%,质化法达到55.85%,均衡混合法占5.28%"(文秋芳、林琳,2016:845)。虽然"表面上看,质化法有小幅下降趋势,但质化法超量化法的总体趋势未改变。质化法的优势地位依旧稳固"(文秋芳、林琳,2016:845)。本研究也验证了这一调查结果,美国语言学博士学位论文中的听觉据素显著多于中国博士生,表明他们所采用的混合法中偏定性研究。

与国外研究采用社会科学实证研究方法相比,国内应用语言学领域滞后20年左右,变化趋势也相对缓慢。直到20世纪末,国内语言学研究才出现了少量实证研究,且以定量研究方法为主。文秋芳、林琳(2016)的调查发现,在目前的国内语言学领域,定性研究法的使用"仍处于边缘化地位。表面上看混合法多于质化法研究数量,占实证研究的12.94%,然而我们将33篇混合法研究进行二次分析,发现其中18篇研究以量化法为主,5篇质化法为主,另外10篇量化法、质化法均衡使用。合并结果显示,量化法比重增加到86.67%,质化法占9.41%,均衡混合法占3.92%。由此可见,国内量化法仍占绝对优势,大致相当于国外20世纪80年代到90年代中期的状况"(文秋芳、林琳,2016:845)。

我们依照该方法,对中美实证类博士学位论文中所使用的混合法进行二次分析发现,两国博士生对于定量研究、定性研究和均衡混合的使用情况存在差异,在30篇中国博士学位论文中,有24篇以定量研究为主,4篇以定性研究为主,2篇定量研究和定性研究均衡使用;在30篇美国博士学位论文中,有10篇以定量研究为主,15篇以定性研究为主,5篇定量研究和定性研究均衡使用。这一研究结果与文秋芳、林琳(2016)的研究一致。详见表7-3。

表7-3 中外语言学博士生/学者所用研究方法统计表

研究方法	中国学者	中国语言学博士生	国外学者	美国语言学博士生
定量研究	86.67%	80.00%	38.87%	33.33%
定性研究	9.41%	13.33%	55.85%	50.00%
均衡研究	3.92%	6.67%	5.28%	16.67%
合计	100.00%	100.00%	100.00%	100.00%

表7-3显示,在国外期刊和美国语言学博士学位论文中,定性研究方法都占据着主导地位,而在国内期刊和中国语言学博士学位论文中,定量研究方法则始终占据统治地位,表现出"重定量研究,轻定性研究"的趋势。正如文秋芳、林琳(2016)所指出的,"国内外研究处于不同的发展阶段。国外研究已经历从质化法为主到量化法为主的转变,然后又出现了质化法的复苏与发展。随着研究手段趋于成熟,量化法与质化法的使用逐步理性化。我国研究起步晚,起点低,研究方法从了解到掌握需要一定的时间。当我国开始从经验总结逐步过渡到实证研究时,国外已经对质化法有了比较清晰的认识"(文秋芳、林琳,2016:848)。这就解释了为什么两国学生的视觉据素和听觉据素的词频反差如此大:中国实证类语言学博士学位论文偏定量研究,而美国实证类语言学博士学位论文偏定性研究。研究方法对感官据素的使用产生了直接影响。

7.4.1 视觉据素对比分析

正如表7-3所显示,两国博士生对研究方法的不同侧重而导致了视觉据素词频出现了显著差异,中国语言学博士论文中的视觉据素词频显著高于美国博士生学位论文(卡方值=12.365,p=0.000<0.05),在感官据素中所占的比例是美国博士生的2.8倍左右。除了研究方法的因素之外,是否还存在其他影响因素,如中西方思维模式、语言文化等因素,值得深入探究。

7.4.1.1 视觉据素的词频使用特征对比分析

我们仔细阅读了两国博士学位论文后发现,有少数中国博士生对定量数据分析时,表现出"重描述,轻阐释"。统计发现,有4篇中国语言学博士论文用语言对定量研究所收集并处理的数据进行穷尽性描述,从而导致视觉据素的使用大量增加,其中1篇论文中的视觉据素使用词频更是高达45次。例如:

(1) When asked about the atmosphere of English learning in their classes, 62.5% of teachers thought that it was more passive than active and 7.5% teachers thought it was totally passive (see Table 7).

Most (54.1%) held the opinion that the passivity was closely related to the teachers' teaching method and strategy in class (see Table 8).

Most of the teachers (64.1%) indicated that they have interactions with students in class for most of the teaching time. Even 12.8% of the teachers said they had frequent interaction (see Table 9).

According to the statistical results, negotiated interactions were organized in all three phases of teaching, but the most (76.6%) happened in the presentation stage (see Table 10).

The task type for interactions they employed were, in order from greatest amount to smallest, questioning (100%), exchanging opinions after reading and writing (40%), watching and discussing video clips (36.7%) and playing games (10%) (see Table 11).

Teachers who advocated organizing the interactive tasks in the pre-teaching stage agreed that doing so could attract students' attention quickly (22.2%), activate the class atmosphere (22.2%), prepare students for the coming instruction (22.2%), and help quiet the students immediately (5.6%) (see Table 12). (CD 21)

在学术研究中,之所以使用图表,是因为图表使用的阿拉伯数字是国际上通用的一种数字记数符号,相较于文字描述,数字更加清晰、简洁、明了、直接,研究人员无须再次用文字来描述数字本身,而应将重点放在数字所隐含信息的解读上。但是例(1)的中国博士生作者连续使用了 6 个视觉据素 see Table X,用文字对 6 个图表中的数据进行详细描述,却没有解读这些数字的意义。这一方面导致了视觉据素的词频数量加大,另一方面也削弱了与学术共同体成员之间的学术信息交流以及人际意义的建构。

再如:

(2) 1 Before experiment, compare anxiety, self-esteem and achievements of male and female students in each group 1 Before experiment, there is no obvious difference in anxiety level between male and female in experimental group (F SA=0.065, P=0.172>0.05, F TA=0.670, P=0.073>0.05).

2 Before experiment, there is no obvious difference in self-esteem level between male and female in experimental group (F self-esteem=0.602, P=0.517>0.05).

3 Before experiment, there is no obvious difference in achievements between male and female in experimental group (F oral=1.475, P=0.092>0.05, F written=0.219, P=0.910>0.05, F total=0.437, P=0.379>0.05).

4 Before experiment, there is no obvious difference in anxiety level between male and female in control group (F SA=0.017, P=0.691>0.05, F TA=0.462, P=0.787>0.05).

5 Before experiment, there is no obvious difference in self-esteem level between male and female in control group (F self-esteem=5.273, P=0.862>0.05).

6 Before experiment, there is no obvious difference in achievements between male and female in control group (F oral=0.003, P=0.452>0.05, F written=0.004, P=0.686>0.05, F total=0.044, P=0.785>0.05). (CD 19)

例(2)也选自中国语言学博士生论文,作者在对数据进行描述时,没有使用一个视觉据素,但是也没有传递有效信息。我们看到例(2)中的六句话使用了同样的句式结构,只告知读者,受试在三个方面,即 anxiety level, self-esteem level, achievements 没有显著性差异,语言冗余,没有对数据进行意义解读。实际上,这些数值都在图表中清晰展现,数值的意义(如 p>0.05 或 p<0.05 意味着什么)也是学术共同体成员所熟知的,作者完全没有必要浪费如此多的文字予以一一描述,而且内容重复累赘,语言单一(如 Before experiment, there is no obvious difference in... between male and female in experimental group/control group)。因此,整段描写显得非常空洞乏味,没有实质性意义,更没有起到传递命题信息,实现交际意义的功能。

这两个案例在 CD 21 和 CD 19 中是普遍存在的视觉据素使用特征,类似的情况在另外 2 篇中国语言学博士论文中也普遍存在。这一调查结果令人失望,说明尽管定量研究在国内已经逐渐走向成熟,而且在研究方法中占据绝对主导地位,但是即使是受到严格专业训练的语言学博士生对定量研究法的处理仍然存在一定的误区:重描述,轻阐释。

相比之下,美国语言学博士生能够更好地理解定量研究中数据的功能和意义,他们似乎更善于将图表予以整合,聚焦于数字所隐含的命题信息。例如:

(3) Increases in sample score means on 22 items from Time 1 to Time 2 were identified and decreases in sample score means on 6 items were found. Paired-Samples t tests were carried out on all 28 items to determine if significant differences existed between Time 1 and Time 2. Eight of the items had significant increases in performance between Time 1 to Time 2 (see Table 5.3), while one item had a significant decrease in performance (see Table 5.4). No significant differences were found on the remaining 19 items.

Principal components analysis was used in search of the simplest structure to assess writing performance. This analysis was appropriate for the study because the procedure provides the means to derive a simple representation from among a series of intercorrelated variables (Afifi, Clark & May, 2004). This process extracts a series of factors that combine relevant aspects of writing performance that result in related areas captured in the SFL-informed rubric used to score students' writing. Scores from variables on Time 2 were used to carry out this analysis. Time 2 scores were used rather than Time 1 scores because they theoretically better represented desired writing performance.

The forthcoming analyses report the Pearson correlation coefficient (r) whereby estimates less than 0.3 are considered weak, 0.3 and 0.7 are considered moderate, and estimates greater than 0.7 strong. The students' writing performance scores had a mean of 11.43 (SD = 3.05) and were normally distributed (see Figure 5.3), while students' scaled scores on the MCAS had a mean of 236.09 (SD=14.78) and were also normally distributed (see Figure 5.4).

A Pearson correlation coefficient was calculated for the relationship between students' writing performance on Time 2 and MCAS performance. Results found a moderate positive correlation (r(63)=0.581, p=0.000), indicating a significant linear relationship between the two variables. This relationship indicates that a student's writing performance tended to reflect his/her MCAS performance and vice versa. In addition, a significant strong positive relationship existed for monolingual students (r(23)=0.695,p=0.000) and a significant moderate positive correlation for bilingual students (r (38) =.489,p=.001).(AD 2)

例(3)的美国博士生作者使用了四个视觉据素 see Table X (2个) 和 see Figure X 结构(2个),对图表中的数据进行了简要描述,将重点放在对数据的解读上,告知读者这些数字意味着什么。例如,indicating a significant linear relationship between the two variables 和 This relationship indicates that a student's writing performance tended to reflect his/her MCAS performance and vice versa. 等。此外,作者在阐释数据时,还引用他人观点(Afifi,Clark & May,2004)为自己的研究服务,使得自己的分析有据可依,更具说服力。

再如:

(4) As Table 4.11 and Graph 2 indicate, NES students were marginally successful in organizing their print text essays,16 out of 30 (52%) and film essays,18 out of 30 (61%). For NNES students,the results were more mixed. Only 11 out of 30 (35%) were successfully able to organize their print text essays,while 20 out of 30 (67%) succeeded with their film essays.

The reason why the NES students were so much more successful than the NNES students in organizing their print text essays seems to be multi-faceted. As noted previously in this chapter,many focus students found the print texts in the course confusing, overwhelming and time consuming to process. Several focus students,including Ali and Mary, mentioned how long it took them to read one of the short stories from our class. Mary,in fact,confessed to spending four hours reading a single story. In this way,NNES students would presumably have to work much harder and longer than many NES students before even beginning to write their essays. Students only have a limited amount of time to complete any assignment. Therefore,it makes sense that if students need to spend more time reading a story and looking up vocabulary words to help them better understand it,they will have less time to write and revise their essays. Elbow (1973) noted that organization is an area that can be greatly improved with revision. In this way,the NES students should have had more time for the important task of writing and revision than the NNES students and,on the whole,this seems to be reflected by their greater success with print text essay organization.

The reason the NNES students were even slightly more successful than NES students in organizing their film essays,seems to be rooted in the equalizing quality of the films. As noted by many focus students,such as,Neal,films are easier to understand and take less time to watch than reading a print text. Without so much backend work,the NNES students should have been able to invest an equal amount of time from their busy schedules in writing and revising their essays as the NES students and,as a result,they produced equally well-organized essays. (AD 13)

例(4)的美国博士生作者将定量研究(视觉据素 As Table 4.11 and Graph 2 indicate)与定性研究(访谈中的听觉据素 noted,mentioned)进行了很好的融合,交替使用,互为验证,并通过引用据素 Elbow (1973) noted 为分析提供了作证,归纳和演绎的逻辑较为严谨翔实,结

第七章　中美语言学博士学位论文的言据性对比分析

论有力,令人信服。作者的论证过程表现出"轻描述,重分析"的"作者负责型"特征。

当然,在中国博士学位论文中,对定量研究收集到的数据进行合理阐释的样本还是占大多数。例如:

(5) As shown in Table 5.3, we found that in the pre-test there were no statistically significant differences in speaking (t=1.038, p=0.302) between the experimental group (LPBL) and the control group (LBL) prior to the experimental program. The testing results indicated that the two groups of learners were at the similar level in speaking before the implementation of PBL experiment. While after the experiment, significant differences in speaking (t=5.488, p=0.000) were found between the experimental group (LPBL) and the control group (LBL), which indicated the experimental group students got higher scores in speaking than those of control group students after piloting LPBL model. (TCD 6)

例(5)的中国博士生只是用了 1 个视觉据素 As shown in Table 5.3,随后聚焦于数据所隐含命题信息的阐释,如 The testing results indicated that the two groups of learners were at the similar level in speaking before the implementation of PBL experiment. 和 which indicated the experimental group students got higher scores in speaking than those of control group students after piloting LPBL model. 两个 indicate 都是对数据隐含信息的解读,表现出英语思维"作者负责型"的特征。而且大多数中国博士生都能较好地阐释数字,而非描述数字,这可能是受益于近年来国内重视定量研究方法,并在硕士和博士阶段开设了研究方法之类的课程,为学生的研究设计奠定了良好的学术基础。

综上所述,中国语言学博士学位论文中的视觉据素词频显著大于美国论文是受到了以下几个因素的影响。

首先,国内外语言学研究的大环境影响。国内语言学研究方法滞后于国外的研究领域,经过 20 多年的发展,定量研究法仍然在国内占绝对优势;而国外自 20 世纪 90 年代到现在,定性研究始终占据主导地位。研究方法的差异直接导致了中美语言学实证类博士学位论文在视觉据素词频上所表现出的显著性差异——中国学生显著多用视觉据素。

其次,对定量研究的目的和意义的理解。定量研究的优势在于借助于统计方法对大数据进行整理、分析、演绎、推断来研究语言学及语言教学中出现的一系列现象,从中找出规律性、普遍性的信息,不能仅仅满足于对数据的简单描述,数据是为分析服务的,应聚焦于数据背后所隐含的命题信息,而不是数据本身。但是,从自建语料库梳理情况看,少数中国语言学博士生似乎并没有真正理解定量研究的功能,将侧重点放在了数据描述上,忽视了对数据的解读。这也增加了其论文中视觉据素词频的使用量。

最后,母语思维的影响。社会文化理论认为,语言是社会现象,与文化和思维是密不可分的。母语迁移表现出母语对学习者中介语发展的影响,但是无论外语知识如何被学习者所内化,都很难达到用于思维调控的程度(Lantolf,2006)。学术论文写作是一个社会文化实践的过程,在这一过程中,学生作者借助中介工具(外语)进行学科训练。有些中国语言学博士生受到汉语母语思维的影响,表现出"读者负责型"语篇分析特征,"重描述,轻分析",将数字信息的解读交给读者自行完成。而美国语言学博士生则展现了"作者负责型"的英语语篇分析特征,"轻描述,重分析",将数据的解读视为自己的主要责任,将有效的、有意义的命题信息传递给读者。这种思维差异也导致了中美语言学实证类博士学位论文中视觉据素呈现显著性差异。

7.4.1.2 视觉据素的语言呈现方式对比分析

研究发现,中美实证类语言学博士学位论文视觉据素的语言呈现方式(详见6.4.1.2)的使用数量存在共性和差异性共存的现象,如表7-4所示。

表7-4 中美实证类语言学博士学位论文中视觉据素的语言呈现方式统计表

序号	中国语言学博士学位论文 语言呈现方式	出现频数	百分比	序号	美国语言学博士学位论文 语言呈现方式	出现频数	百分比
1	X+动词	1327	51.5%	1	see X 结构	604	45.1%
2	see X 结构	602	23.4%	2	X+动词	507	37.9%
3	It is+ved 结构	293	11.4%	3	It is+ved 结构	113	8.4%
4	as 结构	242	9.4%	4	as 结构	100	7.5%
5	I/we+视觉动词	65	2.5%	5	I/we+视觉动词	14	1.1%
6	其他	46	1.8%	6	其他	0	0.0%
合计	6	2575	100.0%	合计	5	1338	100.0%

注:①X 指 table、figure、graph、chart、pie 等图表或图示。
②"其他"包括"according to"结构和"from X"结构等语用错误结构。

表7-4显示,中美语言学博士生都能恰当使用视觉据素的语言呈现方式来引出命题信息来源,具有较好的语类意识。使用率最高的都是"X+动词"结构和"see+X 结构"结构,表明这两种结构是定量研究法中最常用的视觉据素语言呈现方式,具有典型的学术英语的语类特征。两个学生使用最少的都是"I/we+视觉动词(see)",这可能是因为第一人称 I 和 we 有主观色彩的缘故,两国学生都尽量回避,减少使用量。

语料库调查显示,在"X+动词"结构中,中国语言学博士生使用频率最多的三个动词依次是 show,demonstrate 和 indicate,美国学生则依次是 indicate,show 和 demonstrate,两国学生没有表现出太多差异。其中,show 表示命题信息是作者通过图形、表格、曲线等直观方式观察而来的,带有较强烈的客观性和事实性。这与实证类论文借助图表方式传递定量数据的研究特征相吻合。而 demonstrate 和 indicate 则隐含了作者在对数据描述时加以了分析和解读,是基于客观数据所进行的主观判断,这两个词的高频使用表明中美语言学博士生都具备了较好的统计思维和作者身份意识,能够通过数据描述,将自己的思想客观地传递给读者。

不过,在"动词"的多样性方面,中国博士生用了7个词汇(按使用量从多到少依次排序):show,demonstrate,indicate,present,suggest,depict 和 describe;美国博士生则用到了15个词汇(按使用量从多到少依次排序):indicate,show,demonstrate,describe,summarize,present,provide,suggest,display,appear,illustrate,depict,reveal,list 和 examine。由此可见,中国语言学博士生在描述图表并传递个人思想时的词汇储备量和有效词汇产出要远远低于美国博士生。

然而,值得注意的是,在中国博士学位论文中,有 7 篇使用了"from X"结构(36 次);4 篇使用了"according to X"结构(共 10 次)。但这两种结构都没有出现在美国博士学位论文中。例如:

(6) From Table 4.3 we can see that most of the means are less than 2.5, which indicates a general disagreement towards the questions asked. (CD 5)

(7) From the above table and graphs, we can clearly see that learners from both subject group and control group have got means over 3.0 in all the five dimensions. And the P-values are much higher than 0.05, which suggests no significant difference exists between the two groups. It can be concluded that both groups have problems with themselves in all the five dimensions investigated on (See Table 6.2 for the categorized items). (CD 5)

(8) According to the table, students did not respond actively to their teachers' question in classes on a whole. Only 11.3% of the students enthusiastically answered teachers' question. 46.7% of the students preferred to be called on and 37.2% students chose to answer when they are sure of the answer. (CD 4)

"from X"结构的误用则属于母语负迁移,学生将汉语"从(某/以上)图表中"对等翻译为"from Table 4.3"或"from the above table and graphs"。而"According to X"结构的误用是由于对此结构的语义范畴理解错误所致。在多篇学位论文中发现这两种语用错误,表明中国语言学博士生也存在语言僵化现象。

综上所述,在中美语言学博士学位论文中,听觉据素的语言呈现方式共性大于异性,不过,中国博士生的有效词汇产出水平和词汇多样性均低于美国博士生,而且在少数论文中存在中介语特征和语言僵化现象。

7.4.2 听觉据素对比分析

听觉据素是定性研究方法所采用的据素类型。定性研究能够全面反映所调查的事物的背景和各方面的影响,好处是把注意力集中在事物的复杂性,因素的相互作用,环境的影响、独特性和精细差异(桂诗春、宁春岩,2008:96)。但是难点在于过于复杂,数据收集耗时费力,"要从海量数据中梳理出清晰的逻辑脉络更是困难重重,写作的规范还缺乏统一格式,因此完成一项质性研究通常需要花费更长时间,撰写论文需要付出更大努力"(文秋芳、林琳,2016:849)。

对听觉据素的进一步细化分析发现,在中美实证类语言学博士学位论文中,听觉据素词频统计和语言呈现方式同样存在较大的差异性。

7.4.2.1 听觉据素的词频使用特征对比分析

统计显示,中美实证类语言学博士学位论文中听觉据素的词频使用存在显著性差异。具体情况如表 7-5 所示。

表 7-5 听觉据素的使用情况统计表

据素类型	中国语言学博士学位论文			美国语言学博士学位论文			卡方值	P值
	出现频数	频率	百分比	出现频数	频率	百分比		
听觉据素	1572	1.204	37.9%	4723	1.516	77.9%	−11.012**	0.000**

表 7-5 显示,中国实证类语言学博士学位论文中的听觉据素词频数(1.204)显著低于美国博士生的词频(1.516)(卡方值=−11.012,p=0.000<0.05),中国学生显著少用听觉据素来表明信息来源。表 7-3 调查显示,美国语言学博士学位论文中,定性研究方法占据主导地位,而在中国语言学博士学位论文中,定性研究方法则始终处于边缘化状态,所占比例远低于美国学生。研究方法的不同侧重点是导致中美实证类语言学博士论文中听觉据素出现显著性差异的直接原因。

其次,我们对两个语料库进一步细化分析发现,两国博士生都能对访谈数据进行深度分析。例如:

(9) Ms. Wang was a middle-aged woman. She was enthusiastic, straightforward and highly motivated, always willing to learn and try new things in teaching. She had an interest in education theories and was reflective about her teaching practice. She read books on theories for her own interest and for her students, and she sought to develop a better understanding of what negotiated interaction teaching method meant. According to her, negotiated interaction was one that enabled students to participate in classroom interaction where socially and culturally defined constructions of self could be challenged. Ms. Wang regarded the classroom as a microcosm of the world with students coming from different backgrounds and cultures, with different oral English proficiency and personalities. In keeping with this view, Ms. Wang thought that her role as EFL teacher was not to teach students the mechanics of the language, but also the skills and discourse with which students would be able to participate more meaningfully and thoughtfully in their future work or study. Ms. Wang combined her teaching beliefs with teaching. One of her teaching philosophies was that people needed to be able to take responsibility for what they did either as teachers or learners. For Ms. Wang, providing students with proper assistance was part of assuming responsibility for one's learning and work. She mentioned several times that students had to learn to be responsible for their own learning. Drawing on her own teaching experience, she regarded the scaffolding process as a means of helping students become a responsible and independent learner:

"I also take the responsibility for my own work. I am always taking responsibility for my own learning. I was given independence early…. (July 18, 2013)"

Ms. Wang's beliefs about the teaching of oral English have been influenced by her professional training and her own experiences in learning to speak. Ms. Wang told me that she was not specially trained as the teacher who adopted the negotiated interaction method. She learned the concept of this teaching method from a foreign teacher at A University during a discussion. Judging from her experiences of learning to teach oral English and learning to express her ideas more accurately, Ms. Wang estimated that negotiated interaction was more feasible than any other method of teaching oral English to students of diverse backgrounds, with different oral English proficiency. In her own words, the "negotiated interaction is the best way to teach EFL students oral English". She has used it in her oral English classroom for the past two years and she viewed oral English teaching in the following way:

"In the oral English class, students are working in collaboration on a given task. It is fundamental to not only develop their language skills, but also developing their critical abilities, the critical thinking. Because the process of negotiation, with a group, engaging with one another's comments forces them to think and to speak in ways that they wouldn't if it was a more meaning-focused class. (July 18, 2013)"

Ms. Wang also believed that the process of negotiation was more important than the mere emphasis on learner-centeredness. She stated that the negotiated interaction teaching method was the best for engaging students in the process of classroom involvement and discussion,

"…because you facilitate classroom participation, and try to direct students' attention on meaning and form of the target language rather than giving them the correct answer I think it is the best way to encourage students to involve in the classroom activity in order to help them develop their oral English proficiency. (July 18, 2013)"(CD 28)

(10) Teachers constructed writing plans in collaboration with other teachers in grade level teams. These teams developed genre calendars that outlined the genres they planned to teach during the academic school year. In addition, teachers acquired knowledge of the genres through the professional development. Ultimately, teachers had the professional autonomy to make decisions regarding what to teach and how to teach it. The partnership provided guidance and support about genre content and teaching strategies, but teachers working in teams made the final decisions regarding pedagogy. Teachers very much appreciated this approach. For instance, a teacher commented, "I really like the flexibility of the program and that the teachers have a lot of freedom to take the foundation but really run with it." The teacher further remarked:

"Like I mentioned before, definitely the freedom, like I said, I can go and make a thematic [unit]. I can pull in my social studies, my reading program. I think a lot of times the programs are so rigid now you're flipping to the day of the guide. I think with this it's great. We can get the genre but at the same time we can do it so it's somewhat motivational for the kids' I just think it gives a lot more to the entire curriculum."

Another teacher stated:

"I do like to see that we have the freedom to choose different genres, you know, like when we had the curriculum before we had to go with a specific genre for each unit and then we had to follow that, like in a pattern. So now, we have the freedom to choose how we want to address a curriculum."

This teacher continued discussing why she felt it had been successful, "because of the reason that we can focus more on the needs of the students."(AD 2)

例(9)和例(10)都以访谈内容作为听觉证据来源。例(9)的中国博士生作者对于访谈内容的处理采用直接引用和间接引用相结合的方法,使用了 9 次听觉据素:according to,regarded,thought,mentioned,told,estimated,viewed 和 stated,表明命题信息的来源,分析与引用紧密结合,"言之有据";同时对访谈信息进行了较为深入的探讨,使得自己的结论"言之可信"。

例(10)的美国博士生作者使用了 4 个听觉据素 commented,remarked,stated 和 continued discussing 表明命题信息来源,对受访者的观点进行了认真的话语分析和解读,并将个人观点通过受访者的话语得以表达,他们尽量用清晰明了的语言提高自己作为信息传播者的效率,详细解读了访谈数据中的哪些内容验证了自己的归纳或推断,与自己的研究密切结合,强调理性和逻辑,为自己的研究结论提供强有力的证据支持,最终在理性的基础上用逻辑的方法一步一步地推导出结论。

但是,由于定性研究在国内没有受到重视,在很多高校开设的研究方法等课程中,教学重点多是定量研究的数据分析,对定性研究的数据分析探讨较少。而且,国内有关研究方法方面的书籍也多聚焦定量研究,几乎没有涉及定性研究分析方面的专著。由于缺少定性研究法的专业指导,有少量中国语言学博士生在处理访谈数据时,表现出"重引用,轻分析;重罗列,轻归纳"的趋势。例如:

(11) Students in both classes indicated that teacher's feedback helped them improve English writing, and there is no significant difference between the two groups. Interviews provided more information about this aspect.

The students in the CTF-class reported:

"I think the Chinese teacher's feedback can improve my writing ability. This semester I wrote four essays and now I am more confident of writing in English."

"I don't know. I don't like writing in English, because I cannot express myself clearly. I may have improved in content and I do write longer paragraphs, but I don't know whether my writing score will improve or not."

The students in the ITF-class reported:

"The international teacher's feedback helped me a lot in English writing, because some instances of feedback are very new to me and I did not realize those problems before."

"I believe the international teacher's feedback helped me improve my writing ability, but I need more time to digest the feedback. The improvement may not be obvious for short term, but the feedback must have a potential effect on my English writing."

Students in both classes indicated that teacher's feedback helped them improve English writing, and there is significant difference between the two groups. Interviews provided more information about this aspect.

The students in the CTF-class reported:

"Compared with listening, reading and speaking, my motivation to write is the strongest in English learning, because I can get higher scores in writing."

"I don't like writing in English, although I can get high scores in examination. I don't think teacher's feedback improve my motivation to write."

The students in the ITF-class reported:

"My English writing is not very good compared with my classmates. The international teacher's feedback is new and interesting for me, and I think her feedback is very reasonable. I want my essay to be evaluated by the international teacher and I expect to get the feedback."

"The international teacher's feedback not only increased my motivation to write, but also motivated me to pay more attention to what I read and hear in English. I began to notice how native speakers express their ideas and how they organize sentences and passages."(CD 1)

例(11)的中国博士生作者使用了4次 reported 用于罗列8个不同的访谈对象和访谈观点,这一方面减少了听觉据素的使用频率,另一方面,作者只是将访谈内容整段罗列出来呈现给读者,但未对其进行分析,没有解释访谈内容的哪些部分能够与自己的结论之间存在因果关系。在分析过程中,置身局外,似乎在撇清自己与受访者之间的关系,没有尝试将访谈内容与自己的观点之间建立关系,而是交由读者根据自己的认知经验自行解读,这表明该作者对于听觉据素的使用意识较弱,未能有效建构起应有的作者身份,对于定性分析的学术规范意识和技能有待进一步提高。此外,也有可能是因为该作者受到了汉语母语思维模式负迁移的影响,注重"书不尽言,言不尽意""意在言外",呈现读者负责型(a reader-responsible pattern)的汉语语篇特征,读者意识较淡漠,与读者间的人际互动较少,给读者预留的主观空间过大,学术信息和个人立场的传达略显含蓄模糊(王淑雯,2016)。

综上,中国实证类语言学博士学位论文中的视觉据素词频显著低于美国论文可能是受到了以下几个因素的影响:

首先,国内外语言学研究方法的侧重点不同。国内外语言学研究虽然越来越多的倾向于定量研究与定性研究相结合的混合法,但是侧重点有所不同。国内语言学研究仍然表现出"多定量,少定性"的趋势,定性研究始终处于边缘地带,没有受到重视;而国外则是"多定性,少定量",而且经过多年的研究,定性研究日趋成熟。中国语言学博士生在如何处理定性研究数据时,显得比较生疏;美国语言学博士生则能够较熟练地使用听觉据素处理定性研究所收集到的数据,与自己的研究建立良好的学术关联。

其次,国内外研究方法课程设置不同。国内开设的研究方法课程多聚焦于如何使用软件,如 SPSS 等处理定量研究的数据,对于定性研究的教学也仅仅是如何设置问卷、访谈记录或转码规范等。此外,一些教师本身未受过质化法的系统训练,对质化法的功能认识不到位,对其操作过程不熟悉,同时又缺少开展质性研究的自身体验,因此很难给学生提供深入指导(文秋芳、林琳,2016:849)。而国外从中学开始就设置了研究方法课程,在随后的本科、研究生阶段一直都连续设置相关课程。因而,美国博士生在研究方法方面得到了广泛而深入的指导和实践,表现出成熟的学位论文语类素养。

最后,社会文化因素的影响。社会文化理论认为,社会文化因素同样会影响学位论文作者的思维模式。学术写作是一种社会文化实践。学位论文写作不仅仅能表现出学生的学术写作技巧,更能体现作者的思辨能力和学术素养。学位论文写作的过程是作者利用语言符号与学术共同体成员进行交际的过程,在这一过程中,作者有意识地选择他们认为有意义的语言符号来传递个人信念,因此语言能够客观的反映作者的交际意识和交际行为,以及隐藏于其后的社会文化影响。中美语言学博士学位论文的作者来自两个截然不同的社会文化,他们的论文会受到母语文化所采用的思维方式和情感表达方式的影响。英汉文化差异也导致了中国语言学实证类博士学位论文中的听觉视觉据素显著低于美国博士论文。

7.4.2.2 听觉据素的语言呈现方式对比分析

听觉据素的语言呈现方式主要采用"X+动词"结构和"X's+观念名词"结构。

检索发现,中美博士学位论文中使用频率最多的都是"X+动词"结构,对于"X's+观念名词"结构的使用频率都比较少。鉴于此,"X+动词"结构是听觉据素常用的语言呈现方式。

但是,中美博士生对于"X+动词"结构的使用仍然表现出显著性差异。

首先,是词汇的多样性。语料库检索发现,相较于中国语言学博士学位论文,美国语言学博士学位论文中的听觉据素动词的多样性上具有明显的优势:美国博士生使用了52个听觉据素动词,按照使用频率从高到低排序,依次是:say/said, state, report, comment, note, mention, point out, describe, think, tell/told, feel/felt, suggest, acknowledge, explain, express, claim, recall, share, indicate, remark, focus on, affirm, respond, recognize, talk, assert, narrate, demonstrate, agree, reflect, add, argue, reply, support, admit, hold/held, answer, discuss, voice (v.), elaborate, illustrate, complain, conclude, summarize, disagree, assume, lament, confess, blame, analyze, emphasize, reveal,词汇非常丰富,有效词汇产出较高。而中国博士生只使用了26个听觉据素动词,按照使用频率从高到低排序,依次是:say/said, report, think, state, respond, agree, indicate, claim, argue, feel/felt, admit, express, add, point out, hold, answer, disagree, suggest, tell/told, complain, mention, reply, remark, describe, acknowledge, explain,表现出词汇储备不足和有效词汇产出较弱的趋势。

其次,从语义视角,听觉据素动词按照情感色彩分为三类,即积极动词、消极动词和中性动词。语料库统计显示,两国博士生使用最多的听觉据素动词都是中性动词say,这与Cole & Shaw(1974)的调查研究相吻合。他们指出,用say/said并对肢体语言不做任何描述的言语是最可信、最客观和最清楚的。这符合学位论文去主观化(desubjectivized)的语类特征。在中美语言学博士学位论文中,前5个使用量最多的动词都是中性词,作者通过词汇选择,减少个人情感参与的程度,减弱对访谈信息可靠性所要承担的责任,从而尽量保全自己的学术面子,并与学术共同体成员建立良好的人际关系,这同样符合学位论文的语类特征。

此外,从中美博士生的听觉据素动词的使用频率排序看,都表现出"中性动词频率＞积极动词频率＞消极动词频率"的趋势。维果茨基将语言视作一种符号工具(semiotic tool),认为语言是人类实现社会生存目标的手段,并在实施社会行动和社会互动的过程中得以发展和进化。社会文化理论认为,语言是社会现象,是进行社会性互动的中介工具。Swain 和 Yang(2008)指出,社会文化理论实际上是关于人如何运用中介工具开展社会活动的理论。社会文化理论的语言交际观也强调,语言的根本目的是为了交际。语言使用者通过选择恰当的语言,表达适切的语义,来实现社会互动,协商社会关系,构建人际意义。学位论文在传递客观命题信息的同时,也通过语言文字与学术共同体成员进行书面交际,与之实现社会互动,尽可能构建和谐的人际关系,为自己的学术观点建构良好的社会关系。而消极词汇多为批评或指责,不利于构建和谐的社会关系。因而,中美博士生大多都依赖中性听觉据素动词和积极据素动词来联盟读者,建构积极的人际意义。不过,完全依赖中性词和积极性词汇不利于给读者留下更为深刻的印象,无助于作者发出自己的学术声音,建构个人学术身份。因此,学位论文作者需要适当借助消极听觉据素,表现出作者积极关注地"听"受访者的看法,展现自己的批判性思维能力,将受访者所说的话或传达的信息迅速纳入自己的认知结构中加以理解和同化,引领读者了解并认同自身的分析,凸显自己的学术声音。统计发现,中国博士生只用了 disagree(共 11 次)1 个单词,而美国博士生用了 3 个词汇:complain,disagree 和 blame(合计 47 次),使用量高于中国博士生,这可能是受到东西方社会文化因素的影响。中国文化以儒家文化为核心,尚"礼",强调"以和为贵",追求人与人之间的和谐关系,反对"恶言相向"。这种哲学观念在中国语言学博士论文中也得以体现。正如 Kramsch(2000)所指出的,作为活动主体的二语学习者会受到内在积淀的文化、历史、规则等诸多因素的影响。

听觉据素的另一种语言呈现方式是"X's+观念名词"结构。数据统计显示,该结构不是中美语言学博士学位论文中主要的听觉据素形式,但两国学生仍然表现出较大的差异性:仅有 3 篇中国博士学位论文中出现了 5 次听觉观念名词——response;而在 24 篇美国博士学位论文中出现了 165 次、共 10 个听觉观念名词——opinion,explanation,statement,view,admission,response,idea,description,suggestion 和 analysis。显然,无论是名词词汇的多样性还是使用频率,中国学生的驾驭能力都弱于美国学生。我们认为,出现这种差异可能有两种解释:一是中国学生的词汇储备能量和产出能力不足;二是中西文化差异在语言上的体现。西方科学认知型文化的逻辑理性、客观思辨和抽象思维在英语的表现之一是:追求名词化、物称化和抽象化(连淑能,2010:13),英语倾向于多用名词,是静态语言;而汉语则倾向于多用动词,是动态语言(连淑能,2010:133)。由此可见,学位论文写作不仅仅是语言的问题,还受到文化的影响。中国语言学博士生受到汉语母语文化的影响,将汉语的动词性语言特征也表现在英语学位论文上,而美国语言学博士生则能较好平衡英语的动词和名词化倾向,语言更为简洁流畅——这也是现代英语学术语类的语言特征。另外,学术名词化特征较难掌握,对于英语是外语的中国语言学博士生而言,难度更大。

简而言之,中美实证类语言学博士学位论文听觉据素在词频和语言呈现方式上共性和异性共存。共性特征,如都使用了听觉据素和两种语言呈现方式,以及部分相同的词汇选择,表明两国学生都能很好地理解并掌握学位论文的语类特征,了解定性研究方法的功能,具有良好的学术素养。差异性则反映了中国博士生所撰写的英语学位论文仍然受到了汉语母语语言和思维文化因素的影响,存在母语负迁移的现象,以及学术词汇储备不足的外语学习结果。

综上所述,研究方法和社会文化因素是引发中美语言学博士学位论文的感官据素(包括视觉据素和听觉据素)出现差异的主要原因。首先,国内外对研究方法的重视程度不同。国内研究"多定量,少定性",美国研究"多定性,少定量",故而,中国博士生还不能像美国博士生那样熟练平衡和运用定量研究和定性研究分析,视觉据素词频显著高于美国博士生,而听觉据素词频则显著低于美国学生。其次,研究方法的教育差距较大。"国外从中学就开始教授研究方法,随后本科、研究生阶段还继续提供相关课程。因此学生在这方面受到的教育既有广度,又有深度。而我国各高校对研究方法课程重视程度不够,一般到博士阶段才开始一门课

(约32课时)"(文秋芳、林琳,2016:850)。这直接导致了部分中国语言学博士生对于定量分析和定性分析存在"重描述,轻阐释"的缺陷,个别学生仅仅是将数据罗列出来,交由读者自行解读。最后,汉语母语思维的负迁移。正如 Lantolf(2006)所指出的,无论外语知识如何被学习者所内化,都很难达到用于思维调控的程度。这表现在部分中国博士生对于数据的解读不深入、语言僵化、隐藏个人观点等。

7.5 信念据素对比分析

在学术语类中,作者常常借助信念据素表达个人学术观点,传递个人学术信念,说服学术共同体成员信服自己的观点,同时也对自己的研究结果、研究结论和个人信念承担责任。

7.5.1 信念据素的词频使用特征

Chafe(1986)指出,信念据素带有主观性,这有悖于学术语篇的客观性,故而是所有据素中使用频率最低的。我们的研究结果也验证了 Chafe 的这一观点。如表7-1(见7.3)所示,在中美实证类语言学博士学位论文中,信念据素的词频和在所有据素中所占的比例都是最低的(中国:0.872和3.6%;美国:1.082和4.3%),且没有显著性差异(卡方=6.048,p=0.892>0.05)。这表明两国学生都能够熟练驾驭学位论文的语类特征,较好地平衡个人主观信念和学术客观性之间的关系,在表达信念时尽量谨慎。不过,美国学生在传递个人学术信念时更加积极主动,把控性更加熟练。

7.5.2 信念据素的语言呈现方式对比分析

在信念据素的语言呈现方式方面,中美实证类语言学博士学位论文共性和差异性共存。具体的语言呈现方式如表7-6所示。

表7-6 信念据素的语言呈现方式

据素类型		语言呈现方式	举例
信念据素	动词类	I/we+心理动词	I/we think/believe/suggest
		it+情态动词+be+动词过去分词+that 从句	it can be concluded that-;It may be argued that-;It might be suggested that-
		It is+形容词+to do	It is safe to say that-;It is important to point out that-
		It is+动词过去分词+that 从句	It is believed that-;It is thought that-;It is acknowledged that-;It is suggested that-
		其他	There is no doubt;It goes without saying-
	非动词类	介词短语	in my view/opinion;from my perspective/viewpoint

统计显示，中美语言学博士生都没有使用非动词形式中的介词短语，如 in my view/opinion, from my viewpoint/perspective。这可能是因为此类介词短语带有较强的口语色彩，中美语言学博士生为了突出学术语篇使用书面语和正式语的语类特征，都有意识地予以回避。同时也表明，动词结构是语言学博士学位论文这一语类表达信念的唯一语言呈现方式。

就动词类语言呈现方式而言，统计发现，中国语言学博士论文中出现了 61 次 There is no doubt 和 5 次 It goes without saying，而美国论文中没有发现一例。这两个结构都带有较强的主观色彩和口语特征，并不符合学位论文的语类要求，我们认为，这是个别中国博士生对于这两个结构的语义内涵、语用特征和语类规范掌握不牢固而导致的口语迁移现象。

对于其他四种动词类信念据素呈现方式，中美语言学博士学位论文中使用频率最多的依次都是"it＋情态动词＋be＋动词过去分词＋that 从句"结构、"I/we＋心理动词"结构、"It is＋动词过去分词＋that 从句"结构和"It is＋形容词＋to do"结构，表现出较强的一致性分布态势。具体如图 7-3 所示。

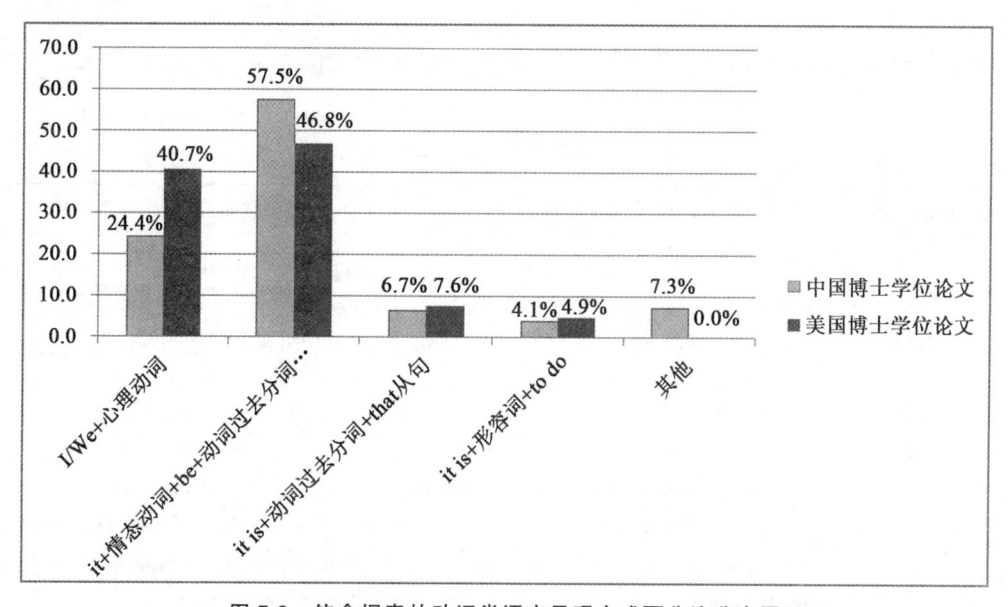

图 7-3　信念据素的动词类语言呈现方式百分比分布图

图 7-3 显示，虽然中美语言学博士生使用信念据素的动词类语言呈现方式的排序一致，但中国博士生使用"I/we＋心理动词"结构的比例远远低于美国博士生（24.4%：40.7%），该结构采用主动形式，通过第一人称 I 或 we 显性表达了作者的观点态度，作者对信息的确定性承担全部责任，并能强化个人地位。而中国博士生使用"it＋情态动词＋be＋动词过去分词＋that 从句"结构的比例明显高于美国博士生（57.5%：46.8%）。该结构隐藏了动作的发出者，可以被视为模糊限制语，隐性表达作者的态度和观点，弱化了作者对信息确定性的责任，万一学术共同体成员对于命题信息产生质疑，作者可以通过此结构淡化自己作为信息传递者的责任，保护自己的学术面子。两国学生对于"It is＋动词过去分词＋that 从句"结构和"It is＋形容词＋to do"结构的使用没有多少差异，这两种结构也不是传递信念的主要语言呈现方式。

图 7-3 所显示的这种使用分布状况表明，受崇尚含蓄、谨慎、谦虚的中国文化价值观影响，

中国学生更倾向于把自己的观念隐藏在语篇背后,委婉间接地表达个人信念。"it+情态动词+be+动词过去分词+that从句"结构由于隐藏了作者身份,能够隐性表达个人立场,似乎更能体现出客观的科学态度。同时,该结构弱化了作者对所传达信息的所有权,使得作者与阐述观点之间形成疏离感,缩小了与读者的协商空间,避免与读者观点的正面冲突,减少了作者因观点结论的主观性而带来的负面影响,从而保全了自己和读者的面子。再者,该结构还可以减少作者自己对命题确定性和可靠性所应承担的责任。相对而言,美国社会文化主张个性自由,鼓励人们在社会交往中凸显个性,直接阐述个人观点。因此,美国硕士生在学术论文中更倾向于积极、直接、坦率地显性表达个人信念,强调自己在研究中的主导作用,扩大与读者的协商空间,体现了作者希望与读者积极协商、竞争协作的学术观念。同时,使用"第一人称+心理动词"结构,也显示出作者对自己研究更有信心,无形之中提高了信息的可信度,推销了自己的学术观点。由此可见,美国语言学博士生更善于在学术语篇中积极构建作者身份(persona),强化个人在表达观点时的作用,凸显自己的学术声音,提高自己在学术共同体中的地位。

在信念据素的词汇多样性方面,中美语言学博士学位论文的差异性不是非常大。具体见表7-7。

表7-7 信念据素词汇多样性对比

语言呈现方式	中国语言学博士学位论文	美国语言学博士学位论文
I/we+心理动词	14个:find/found, assume, say, suggest, believe, define, conclude, notice, note, argue, propose, maintain, point, predict	22个:find/found, suggest, hold, state, propose, note, support, conclude, assume, argue, think, believe, predict, say, acknowledge, necessitate, imply, reason, point, define, doubt, notice
it+情态动词+be+动词过去分词+that从句	24个:suggested, assumed, proved, noted, considered, summarized, defined, found, seen, advocated, addressed, regarded, concluded, believed, predicted, claimed, interpreted, said, understood, explained, stated, observed, described, viewed	23个:noted, considered, defined, interpreted, pointed out, found, addressed, advocated, suggested, explained, said, stated, predicted, proved, regarded, believed, emphasized, viewed, implemented, understood, seen, assumed, summarized
It is+动词过去分词+that从句	3个:believed, thought, acknowledged	3个:thought, believed, recognized
It is+形容词+to do	5个:necessary, vital, important, reasonable, valuable	3个:reasonable, important, necessary

注:表中罗列的单词按照在学位论文中的出现频数从高到低依次排序。

从表7-7统计可以看出,就信念据素的词汇多样性而言,中美语言学博士生的差异并不大,这说明两国学生都能够熟练使用英语学术语类常用的信念词汇。另外,从统计数据看,英语表达信念的词汇也比较有限。

从词汇的情感层面看,即中性词汇、积极性词汇和消极性词汇,中美博士生使用量最多的都是中性词汇,如 find/found、assume、say、state 等,其次是积极性词汇,如 suggest、argue 等,但中国学生没有使用具有否定意义的消极词汇,而美国学生少量使用了 doubt 用于表达自己对他人研究的质疑,并传递自己的研究信心。这一结果与感官据素中的调查结果一致:中国博士生在表达态度情感时更为保守谨慎,崇拜权威,不轻易批评指责他人,努力营造和谐的人际关系,既保护自己的面子也不威胁他人的面子。而美国博士生受到西方文化倡导个人主义导向的熏陶,在表达个人信念时,能够理性看待权威,不随意苟同他人,勇于挑战甚至否定前人的研究结论。

从表 7-7 可以看出,中美博士生使用频率最多的动词都是 find/found。我们认为这是因为我们所选择的博士学位论文语料都是实证类语篇,都采用了定量研究和定性研究相结合的混合法,因而学生作者将个人信念建立在研究实证的基础之上,这应该是实证类学术子语类传递信念的重要特征之一。

表 7-7 还显示,中国博士生回避使用 I/we think,只选择了更强的个人信念词汇 believe,美国博士生使用 I/we think 和 I/we believe 的频率相同。王立非和张岩(2007)在对大学生议论文高频动词使用情况的调查中,发现中国大学生使用 I think 的数量大大超过本族语学生。不过,他们的研究样本并非学位论文,因而这种现象有可能是口语迁移所致。徐昉和龚晶(2014)对中国英语专业语言学方向本硕博毕业论文的信念据素调查发现,硕博生使用 I think 的数量低于本科生,指出研究生能够更好地使用学术论文的修辞技巧(徐昉、龚晶,2014:20)。但他们没有将其与本族语同类语料进行对比分析。本研究认为,中国语言学博士生之所以不用 I/we think,可能是认为带有口语色彩而拒绝使用,属于矫枉过正的现象。

综上,研究发现,实证类研究的个人信念传递应该是建立在实验、调查、访谈、日志等实证基础之上的,如最高频使用 find/found。其次,在词频、卡方检验和词汇多样性等方面,中美语言学实证类博士学位论文中的信念据素表现出共性大于异性的特征。这表明两国博士生都非常熟悉学位论义的语类特征,能够在实现学术语篇客观性的语类要求的同时,积极发出自己的学术声音,表达个人学术信念,强调自己在研究中的主导地位和贡献。不过,相较于中国博士生,美国博士生表现出更强烈的批判性思维能力,甚至挑战学术权威。他们能够更加熟练地运用修辞技巧来积极推销自己的学术信念。另外,个别中国博士生还存在学术语类知识不扎实的现象,如使用口语色彩较强的 There is no doubt 和 It goes without saying 等。

7.6 引用据素对比分析

引用是学术话语中较为显著的语类特征之一。引用据素指作者通过对相关领域其他研究者的研究成果的报道引证,与自己的研究建立链接,展示作者对研究领域的熟悉度,确定自己的学术身份(王淑雯,2016)。在博士学位论文中,作者为了确定自己的学术身份,建构学术关联,保证所传递命题信息的真值,做到"言而有据"和"言而有信",就需要借助于引用据素,如夹注、脚注、直接引用和参考文献等,或表明命题信息的出处,或表达对引用文献和前人研究者的尊敬,或比较自己与前人的研究发现,或应用前人的研究理论和框架,或借助他人的学术声音传递自己的学术观念,或提高信息的确定性和可靠性,或减弱自己对信息来源要承担的责任,或联盟读者,表达属于同一研究社团的意愿,引起学术共同体成员的共鸣。

7.6.1 引用据素的词频使用特征对比分析

统计显示(见7.3部分的表7-1和图7-1),引用据素的词频在所有言据性资源中排列第二,低于推断据素。这一结果与一些国内外学者的调查不同。Chafe和Nochols(1986)对母语研究者书面语的统计显示,引用据素是所有据素类型中使用频率最高的。不过,他们在研究中没有提及调查语料是否是同一语类或同一子语类。国内一些研究人员也对国内外学术论文或学位论文中的言据性进行了调查,大部分学者认同Chafe和Nochols(1986)的调查结果:引用据素是所有据素类型中使用频率最高的。例如,徐昉、龚晶(2014)对中国语言学本硕博学位论文中言据性资源使用情况的调查发现,引用据素是所有言据性资源中使用频率最高的。陈征(2015)对学术期刊综述类论文中言据性策略的调查发现,引用据素是最高频使用的据素类型。俞碧芳(2015,2016)对语言学、计算机科学、医学和经济学这四门学科的中美博士学位英语摘要言据性统计发现,在语言学、医学和经济学这三门学科中,引用据素的词频都是最高的;只有计算机科学中的引用据素的出现频率低于推断据素。但是作者没有进一步分析为什么会出现这种差异性。还有学者认为,据素的使用频率与研究样本所采用的研究方法有关。例如,王淑雯(2016)和王淑雯等学者(2016)对于中美实证类语言学硕士学位论文言据性的调查发现,在实证类学位论文中,引用据素的词频是低于推断据素的。他们指出,实证类学位论文作者要对收集自实验、调查、访谈、日志等方面的数据进行合理的阐释、推理或归纳,因而必然会增加推断据素的使用率。我们对于中美实证类语言学博士学位言据性的调查同样验证了这一结论——两国论文中引用据素的使用频率都低于推断据素。

表7-1和图7-1(见7.3)还显示,在中美实证类语言学博士学位论文中,引用据素的使用词频没有显著性差异(卡方=5.629,p=0.919>0.05),中国学生的引用据素词频是8.105,占所有言据性资源的33.2%,略高于美国学生(7.975和31.8%)。这说明两国博士生对于学术论文明确要求引用他人研究成果的语类特征非常熟悉,能够有意识地使用引用据素来表明信息来源,注重通过引用他人的成果,和自己的研究课题之间建立链接关系,支持自己的个人观点,使论文更具说服力。不过,中国博士生似乎更依赖于他人的声音来隐性表达自己对命题的评价,更崇拜权威;而美国博士生则更喜欢用自己的语言来显性表达对命题信息的评价。

7.6.2 引用据素的语言呈现方式对比分析

由于引用据素的功能是转述引用他人观点,并融入自己的研究中,帮助作者表达评价,增强语篇的说服力。常用语言呈现方式见6.6.2。

我们对样本的进一步细化分析发现,在六种引用据素的语言呈现方式上,中美语言学博士生论文也存在一定的差异性(表7-8)。

表 7-8 中美实证类语言学博士学位论文中的引用据素语言呈现形式统计表

词类	语言形式	中国语言学博士学位论文				美国语言学博士学位论文			
		出现频数	频率	词汇种类	百分比	出现频数	频率	词汇种类	百分比
动词类	X+$v.$	5968	4.571	129	56.4%	6654	4.076	156	51.1%
	It's+$v.$ed	274	0.210	17	2.6%	892	0.546	22	6.9%
	as+$v.$ed+by	231	0.177	8	2.2%	749	0.459	15	5.8%
非动词类	括号引用	3133	2.399	2	29.5%	3099	1.899	2	23.8%
	X's+$n.$	482	0.369	30	4.6%	1533	0.939	49	11.8%
	介词短语	495	0.379	3	4.7%	91	0.056	2	0.6%
	总计	10583	8.105	188	100.0%	13018	7.975	245	100.0%

表 7-8 显示，这六种引用据素语言呈现方式都被运用到了中美实证类语言学博士学位论文中，而且"X+$v.$"结构和"括号引用"的词频和所占比例都是最高的。但是，在中国论文中使用率第三的是介词短语，如 according to, in one's view 和 from one's viewpoint，而这一结构是美国博士生使用率最低的。中国博士生对于"X's+名词"结构的使用量则远远低于美国博士生。此外，就引用据素的种类而言，中国语言学博士生的词汇种类比美国学生的少 57 种（188∶245），表现出词汇储备不足的趋势。

统计显示，在中美语言学博士学位论文中，引用据素的语言呈现方式使用频率最高的都是"X+$v.$"结构（4.571∶4.076），这一结果与 Chafe（1986）对语言学专家的引用据素使用情况调查以及 Charles（2006）对于本族语硕士博士论文中转述动词的研究结果相一致，与国内学者，如娄宝翠（2013）和徐昉、龚晶（2014）对中国本科生以及语言学本硕博学生和专家的调查一致。这说明"X+$v.$"结构可能是学术论文中用来传递引用信息，并做出评价的主要语言手段。不过，中国学生使用此类结构的词频显著高于美国学生（$p=0.033<0.05$），在引用据素语言呈现方式中所占的比例也略高于美国学生（56.4%∶51.1%），这表明，中国博士生有过度依赖此结构的倾向。但在词汇多样性方面，中国博士生弱于美国学生（129∶156），这与 7.4 和 7.5 章节中对于感官据素和信念据素的词汇多样性调查一致，说明中国语言学博士生的有效词汇产出量还有待提高。

从表 7-8 可以看出，在中国语言学博士学位论文中，使用词频和所占比例排第二的引用据素语言呈现方式都是"括号引用"结构（2.399∶1.899;29.5%∶23.8%）。这与徐昉和龚晶（2014）对中国语言学本硕博学位论文中引用据素的调查结果一致。"括号引用"结构有两种形式，一种是括号中给出单一文献，功能近似于"X+$v.$"结构，但是仅表明作者持中立态度，对所引用内容不予评价。例如：

(12) The neglect of the introvert students can make them form negative self-perception of individual academic abilities and achievement (Johnson, K. E. 1991). (CD 2)

(13) Technology offered a unique challenge here because it changes so quickly (Angeli & Valanides, 2009), and it was said to be important that educators be purposeful and imaginative in

their use of technology (Buckingham,2013). (AD 23)

例(12)和例(13)都通过"括号引用"的方式给出了单一命题信息来源,即(Johnson, K. E. 1991)、(Angeli & Valanides,2009)和(Buckingham,2013),仅表明所引用命题信息的出处,不做评价,也不保证命题信息的真值。

另一种是在括号中给出多个文献,说明作者是对特定领域的相关研究成果进行了梳理和分类归纳,并融合了个人的观点。例如:

(14) Till now researchers have done much work on foreign language anxiety and have given us many implications. To name a few: Gardner and colleagues (Gardner et al,1985;1990;1972;1993) conducted extensive investigations of individual differences in language learning success; other studies (Horwitz, Horwitz & Cope. 1986; Horwitz & Young. 1991; MacIntyre & Gardner. 1989,1991) examined the construct of language anxiety. (CD 2)

(15) What differed among individuals was the degree to which each of those factors impacted beliefs, which in turn impacted behavior (Venkatesh and Bala,2008; Venkatesh and Davis,2000). This is where a gap in the literature exists. Specific to the use of ESNs, there were two areas of interest that played into teacher beliefs: how individuals integrated technology (Venkatesh and Bala,2008; Venkatesh and Davis,2000) and how effective they believed they were at teaching science (Enochs and Riggs,1990) (AD 23)

上述两个例子采用"括号引用"结构给出多个命题信息来源,如例(14)中的(Horwitz, Horwitz & Cope. 1986; Horwitz & Young. 1991; MacIntyre & Gardner. 1989,1991)说明这几位学者就同一个研究问题 the construct of language anxiety 进行过探讨;例(15)中的(Venkatesh and Bala,2008; Venkatesh and Davis,2000)说明括号中提及的学者对同一个命题(teacher beliefs)进行了研究,而且还就另一个共同话题 individuals integrated technology 进行过探讨,并得到了相似的结论。

进一步梳理后发现,中美博士生都使用了这两种格式。如表 7-9 所示。

表 7-9　中美实证类语言学博士学位论文中"括号引用"统计表

括号引用	中国语言学博士学位论文			美国语言学博士学位论文			p 值
	出现频数	频率	百分比	出现频数	频率	百分比	
单一文献	2293	1.756	73.2%	2065	1.265	66.7%	0.029*
多个文献	840	0.643	26.8%	1034	0.634	33.3%	0.832
总计	3133	2.399	100.0%	3099	1.899	100.0%	0.018*

从表 7-9 可以看出,"括号引用"结构在中美实证类语言学博士学位论文中的词频有显著性差异（p＝0.018＜0.05）,中国学生过度依赖此结构表明命题信息的来源。这一调查结果与听觉据素和信念据素的结果相吻合:中国学生"重述轻评",对引用信息坚持客观评价的态度,没有突显自己的学术身份。

此外,表 7-9 显示,"单一文献引用"结构在两国语言学博士论文的"括号引用"结构中都占绝大多数,但是中国学生仍然显著多用该结构（p＝0.029＜0.05）。如前文所述,此结构仅表明作者持中立态度,对所引用内容不发表个人观点,对所引命题信息的真值不承担责任,故再次验证了中国学生受母语传统文化的影响,"重述轻评",较少对命题信息进行显性评价。而两国博士生对于"多个文献引用"结构的词频使用没有显著性差异($p=0.832>0.05$)。这表明两国博士生对自己的研究领域比较熟悉,积极建构研究空间,对研究课题进行"综合归纳"或"参考列举"(徐昉,2012)。

但是,我们对两国语言学博士学位论文语料库进行仔细梳理后发现,有9位中国博士生在使用"括号引用"结构时,前后格式并不统一。例如:

(16) That increased self-acceptance then leads to more awareness and tolerance of others, helping to create a harmonious learning environment (Neal A. Whitman, 1988). (CD 10)

(17) Similarly, interaction is widely cited as a defining characteristic of the computing medium. Researchers have identified three kinds of interactivity that may affect learning: interaction with content, interaction with instructors, and interaction with classmates (Moore, 1989). (CD 10)

例(16)和例(17)来自同一篇博士论文(CD 10),但格式不统一,例(16)给出了所引用作者的全名 Neal A. Whitman,而例(17)则列出了引用作者的姓氏 Moore。存在格式不规范问题。

再如:

(18) As LA is of significance to successful language learning (Little, 1991; Zimmerman & Schunk, 2001; Benson, 2001, 2007a), numerous studies have been conducted to help learners develop their autonomous learning awareness and abilities mainly via learning strategy training and self-access learning. The language learning portfolio (Benson, 2001; Little, 2005, 2007, 2009) has begun to draw the attention of practitioners and researchers and gained acceptance in particular after the enact of the CEFR and the ELP as another alternative to such approaches as learning strategy training (Wenden, 1987; Oxford, 1990; Cohen, 1998), self-access center establishing (Gardner & Miller, 2001; Shreein, 1991). (CD 11)

例(18)的中国博士作者在进行文献综述时,罗列文献出处的格式不一致,有的按时间先后顺序排序,如(Little, 1991; Zimmerman & Schunk, 2001; Benson, 2001, 2007a)、(Benson, 2001; Little, 2005, 2007, 2009)和(Wenden, 1987; Oxford, 1990; Cohen, 1998),但最后一个却按照被引用作者的姓氏字母先后排序,即(Gardner & Miller, 2001; Shreein, 1991)。

而美国博士生则全部采用所引用作者的姓氏字母先后排序的方式予以罗列,严格遵循了语言学学位论文的引用规范要求。例如:

(19) Across many curricula and age groups action research has shown to provide desired customs from Professional Development (Cullen, Akerson, & Hason, 2010; Mamlok-Naamon & Eilks, 2012; Royer, 2002). Furthermore, the research-based revelations about struggles proved to be just as helpful as the research that showed success (Kennedy, 2005; Schlager & Fusco, 2003). (AD 23)

例(19)的美国博士生作者严格遵循《美国心理协会写作手册》,即 APA 手册,对文献引用的格式规范要求,按照第一作者的姓氏字母顺序排序。

本研究在选择中美实证类语言学博士学位论文前,先确定了论文都要选用 APA 格式规范,然后才进行了进一步的筛选确定。APA是心理学、教育学、语言学等学科学位论文、专题报告、学生报告和期刊文章遵循的必要格式。对文章的内容与组织、语言表达、编辑格式、参考书目、期刊以外的体裁(如学位论文)等规范要求提供了详细的解释(徐昉,2013:56)。该手册对学术引用的引证格式有严格的要求:引用1位作者时,须给出作者的姓,后面跟上发表时间;引用1位作者的多篇文章时,须给出作者的姓,发表时间按先后排序;引用2位作者时,给出2位作者的姓,中间用"&"连接,再给出时间;引用3位或更多作者时,第一次引用,须给出所有作者的姓,其后的引用只需写第一位作者的姓,后面跟上"et al.",再给出时间;引用2篇或以上由不同作者发表的文章时,按照第一作者的姓氏字母顺序排序。

徐昉(2013)曾对国内语言学本科生和硕士生的毕业论文写作格式规范进行了调查,结果发现,本科生和硕士生普遍认识到自己在掌握文献引用规范方面尽管有所知,但不够熟练,且两个阶段没有明显的差异(徐昉,2013:59)。本研究发现,即使是中国语言学博士生也存在文献引用规范方面的问题。这可能是因为:(1)学术规范意识相对比较薄弱。学生多聚焦于学术内容,而忽视写作格式规范;(2)学生没有接受APA格式规范指导。国内很多高校并没有给研究生开设学术规范指导方面的课程,学生没有机会得到专门的指导;(3)写作疏忽;(4)学术语类知识没有得到内化。相比之下,美国语言学博士生明显受到了严格的学术规范教育,能够将学术语类知识内化,引证格式严谨统一。

从表7-8可以看出,中美博士生第三种高频使用的引用据素存在差异性,中国学生倾向于使用"介词短语"结构(0.379;4.7%),而美国学生则倾向于"X's+n."结构(0.939;11.8%)。这可能是因为,中国语言学博士生在很早就接触到了according to X;in X's view;from X's viewpoint等用于表达观点的介词短语,对其非常熟悉,因而导致过度使用。另一个原因是,他们受汉语母语"根据"或"在某人看来"的影响,进行了对等翻译。我们对中国语言学博士生的语料库仔细检索后发现,在这三种介词短语中,according to X所占有的比例是最高的(97.6%),这说明部分学生出现了过度依赖的语言僵化现象,这一点在中国博士生用according to做视觉据素、听觉据素、引用据素得到验证。美国博士生使用了两种介词短语作为引用据素:according to和in the words of,且使用词频(0.056)和在引用据素中所占的比例(0.6%)都是引用据素语言呈现方式中最低的。

表7-8显示,美国语言学博士生第三高频使用的引用据素是"X's+n."结构(0.939;11.8%),但中国语言学博士生对于此类语言形式的使用频率不到美国学生的一半(0.369;4.6%)。Dennis Freeborn(1996:18)认为:"在学术论文中存在高频的名词化趋势。"Biber和Gray(2010)采用定量研究和定性研究相结合的方法分析,指出名词短语的使用是学术语篇的语言特点。而且,学术写作中的名词使用量有显著增加的趋势(Biber & Gray,2011)。随后有学者进而指出,名词短语可以衡量学习者的"高级水平"语言能力(Biber,Gray & Poonpon,2011,2013;Lu,2011)。这是因为,名词短语可以将复杂的信息"捆入"(package)简洁的语言结构,推动语言向简洁经济的方向发展。而学术语篇的首要目的是通过简洁经济的语言传递信息,学术语言名词化趋势也符合学术语篇这一语类特征。社会文化理论认为,即使是高级水平的外语学习者,在语言掌握和应用方面始终与本族语者是有差距的。这是因为,随着认知能力的发展和日益成熟,本族语者逐渐能够掌握复杂名词短语的使用(Eisenberg et al.,2008;Ford & Olson,1975;Kastor,1986)。作为高级语言能力的标志,外语学习者要提高语言

输出的质量,就必须掌握这一语类特征。中国博士生对于"名词引用"结构的使用词频显然低于本族语博士生,表明其对于学术语类语言特征的掌握有待进一步加强,同时也说明,作为高级水平的外语学习者,中国语言学博士生与本族语博士生之间仍然存在语言差距。

有时,作者为了陈述那些被学术共同体普遍认可的观点态度,或自己对某一命题不能确信时,会依赖隐藏信息来源的模糊性表达方式"It's+v. ed"结构,不标注信息来源,作者在策略性地选择他们期望的读者,也就是说读者实际上是了解所讨论的话题或实验的。其次,该结构表明命题信息的共享性更高,读者会同意该信息是不具备争论性的。在中美语言学博士学位论文中,该结构的词频分别是 0.210 和 0.546,所占比例分别是 2.6% 和 6.9%,没有表现出太大的差异。不过,对于语料库仔细梳理后发现,在 4 篇中国博士学位论文中出现了 9 次主观色彩和口语特征较明显的 it is well known that-结构,美国博士论文中没有发现此结构。我们将之归为个别博士生的语言误用和语类知识不扎实。

表 7-8 对于"as+v. ed+by"结构的使用统计显示,中国博士生在词频和所占比例方面均低于美国博士生(分别是 0.177,2.2% 和 0.459,5.8%),且有效词汇产出也低于美国学生(8∶15)。

将表 7-8 中引用据素的语言呈现方式分为动词类和非动词类,再进行词频统计检验发现,中美语言学博士学位论文中的动词类据素词频是 4.958,美国学生的是 5.081,卡方检验没有显著性差异(p=1.213>0.05)。这表明,在语言学学位论文中,动词类语言方式仍然是引用据素的主要结构。非动词类的统计结果显示,中美博士学位论文间也没有显著性差异(词频分别是 3.147 和 2.894,p=0.741>0.05)。由此可见,即使是在学术语篇中,名词的使用量逐渐增加,但动词仍然是引用据素的主要语言呈现方式。

综上所述,就引用据素的语言呈现方式而言,中美语言学博士生都用到了 6 种结构,且使用词频和所占比例最高的两种结构一致:"X+v."结构和"括号引用"结构,能够很好地平衡动词类引用据素和名词类引用据素的词频和使用比例。这说明两国学生均对于学位论文的语类特征和语言特征较为熟悉,并熟练驾驭。但是,中国博士生的语言输出质量与本族语学生之间还存在一定的差距,如过度依赖有口语特征的 according to,显著少用"X's+n."结构,有效词汇产出量不足。

7.6.3 引用据素的立场表达分析

学术语篇不仅要客观传达命题信息,还要表达作者的立场,包括作者的感情、态度、价值判断和愿望等(Biber, et al. ,1999:966)。立场表达在语篇中有三大功能:表达作者的观点,反映个人及其所在共同体的价值体现;构建并维系作者与读者之间的关系;组织语篇(Hunston & Thompson,2000:6)。引用据素的目的是通过引用他人的研究成果或学术观点,与之建立学术关联,传递自己的学术观念,并说服读者认同并接受自己的观点。也就是说,作者通过引用据素来准确传递命题信息的同时,也阐明了自己对这些信息的立场态度:支持、反对或保持中立。

我们仍借鉴 Thompson 和 Ye(1991)对引用动词的分类标准,将引用据素(包括动词和名词)的评价意义分为积极、消极和中性三类。使用表达积极立场的据素表明作者支持或接受被引用者的观点,如 accept,agree 等;使用表达消极立场的据素表明作者不支持或怀疑被引用的信息,如 criticize,blame,caution 等;中性立场的据素仅仅用来传递所引用的命题信息,但不做任何评价,如 study,say,it's reported,as studied by,X's study,according to X 等。这种分类能够清晰、准确地显示作者对所引用命题信息的不同态度,并体现作者自己的立场态度。表 7-8 中列举的引用据素语言呈现方式中,"$X+v.$"结构、"$as+v.ed+by$"和"$X's+n.$"结构中的动词和名词,都可以表达三种评价意义,即积极、消极和中性;而"$It's+v.ed$"结构隐藏了信息来源,通常用于表示共识性知识;"括号引用"结构则多用于传递客观中立立场或综合归纳;介词短语则是典型的客观中立立场。

统计显示,中美实证类语言学博士学位论文在利用引用据素表达个人立场态度时,所传递的评价意义呈现出一致性特征,即中性词汇量>积极词汇量>消极词汇量。这一方面符合学位论文的语类特征——追求客观性,另一方面也符合 Swales(2004)的观点:当今学术界的基本方向是一致同意,表扬多于批评,公然的批判更为罕见。消极性词语虽然有助于突出学者的学术声音,体现学者的批判性思维,但不利于同"圈内人"建构和谐的人际关系。因此,这类词的使用量是最低的。统计表明,两国博士生都能较好地平衡个人立场态度的表达,积极构建学术空间,在与学术共同体成员建立和谐的人际关系的同时,也适时表达个人的学术观点,努力建构个人学术身份。

对语料库的进一步梳理发现,中国语言学博士生使用频率最高的动词引用据素依次是 find,state,suggest,point out 和 believe;美国语言学博士生使用频率最高的动词引用据素依次是 find,suggest,note,point out 和 explore。具体使用情况见表 7-10。

表 7-10 中美实证类语言学博士学位论文中最高频动词引用据素的使用情况统计表

中国语言学博士学位论文				美国语言学博士学位论文			
引用动词	出现频数	频率	立场态度	引用动词	出现频数	频率	立场态度
find	492	0.377	积极	find	320	0.196	积极
state	348	0.271	积极	suggest	320	0.196	消极
suggest	282	0.216	消极	note	294	0.180	积极
point out	270	0.207	积极	point out	281	0.172	积极
believe	270	0.207	消极	explore	199	0.122	中性
合计	1662	1.278		合计	1414	0.866	

表 7-10 显示,中美语言学博士所使用的最高频动词引用据素中,有 3 个是共同使用的词:find,suggest 和 point out,尽管词频数有差异,但这一相似之处说明,就实证类学位论文而言,中国博士生对于动词引用据素的使用非常接近英语本族语博士生。

从表 7-10 还可以看出,中国语言学博士生使用了 3 个积极立场态度动词(find,state 和 point out),2 个消极立场态度动词(suggest 和 believe),但没有使用中性立场动词;而美国博士生使用了 3 个积极立场动词(find,note 和 point out),1 个消极立场动词(suggest)和 1 个中性立场动词(explore)。仅从最高频动词引用据素的情感分布情况看,中国博士生的立场表达更为鲜明,而美国博士生的立场表达较为平衡。这表明两国博士生都具有较强的立场意识,能够选择恰当的词汇表达自己对被引用命题信息的观点和态度。

Thompson 和 Ye（1991:365-382）依据引用动词的语义外延和评价潜势，以及引用行为中被引用者言语行为的符号意义，将引用动词分为三类：话语动词、心理动词和研究动词。其中，话语动词表示言语表达，如 state，suggest，argue，say，write，point out 等；心理动词用于描述被引用者的心理过程，如 believe，consider，hold，think 等；研究动词表示具体的研究工作行为，如 find，explore，observe，investigate 等。中美实证类语言学博士学位论文中高频动词引用据素的分类见表 7-11。

表 7-11　中美实证类语言学博士学位论文中高频动词引用据素的统计表

语料来源	话语动词	心理动词	研究动词
中国实证类语言学博士学位论文	state，suggest，point out	believe	find
美国实证类语言学博士学位论文	suggest，note，point out，	无	find，explore

表 7-10 显示，中美博士生使用频率最高的引用动词都是研究动词 find。尤其是美国学生还使用了另一个高频引用动词 explore，同样涉及实验研究行为。表 7-11 显示，在中美实证类语言学博士学位论文中，两国学生使用最多的都是话语动词，其次是研究动词，最少的是心理动词（注：虽然表 7-11 显示，中国博士生对于心理动词和研究动词的使用量相同，但我们将中国博士论文中所有动词引用据素进行统计后，发现研究动词的使用量多于心理动词）。这一结果与国内其他研究人员的结论并不一致。胡志清和蒋岳春（2007）对中外文学类英语硕士学位论文中引用动词的调查发现，中国研究生使用最多的是研究动词，其次是话语动词，最少的是心理动词，而国外研究生使用最多的是话语动词，其次是研究动词，最少的是心理动词。陈建林（2011）对中美本科生论文的研究发现，最高频的引用动词中没有研究动词。娄宝翠（2013）对中英语言学文学专业本科生的毕业论文的调查结果发现，5 个最高频引用动词中都没有出现研究动词。但是，胡志清和蒋岳春（2007）的研究样本太小（7 篇国内硕士学位论文，6 篇本族语硕士论文），而且没有明确研究样本采用了何种研究方法；陈建林（2011）也没有明确他的研究样本是否采用了定量研究和定性研究相结合的研究方法；而娄宝翠（2013）的研究对象是中英语言文学方向的毕业论文，都没有采用定量研究方法。鉴于此，我们认为，以上学者的研究样本更倾向于社会科学属性，引用动词必然要表现出社会科学属性的高频话语动词特征。而本研究所选用的语言学语料因采用了偏自然科学的定量研究方法，同时兼备了社会科学属性和自然科学属性。尽管引用动词具有学科属性，不同学科的学术论文中引用动词的使用特点不尽相同（Hyland，2002；Charles，2006）。但是本研究发现，即使是同一学科的学位论文，研究方法的差异同样会影响引用动词的使用特点。虽然在社会科学论文中，话语动词，如 state，argue，say 的出现频率较高，而在自然科学论文中，研究动词，如 find，explore，examine 的使用频率偏高。本研究所选用的语料都是实证类语言学学位论文，语言学的学科特征决定了论文具有社会科学论文的属性，而实证类所采用的定量研究方法涉及具体的实验研究行为或调查研究行为，使得论文又兼具了自然科学论文的属性。因而，find 在两国博士学位论文中都是使用词频最高的引用动词，我们认为这可以被视为实证类语言学学位论文的子语类特征。

表7-11还显示,中国实证类语言学博士论文中还高频使用了一个心理动词,而美国学生没有最高频使用心理动词。这表明中国博士生在使用动词类引用据素时会具体描述被引用学者的心理过程,这可能是受汉语母语文化的影响,中国博士生借助心理动词来间接表达个人立场态度,委婉地传递评价意义,从而削弱要承担的学术责任。而英语为母语的美国语言学博士生则更深受英语思维模式的影响,直接表达个人立场态度,勇于发出学术声音并承担学术责任。此外,从表7-11还可以看出,美国博士生最高频使用了2个研究动词,这表明他们在采用定量研究和定性研究相结合的混合研究方法进行实证研究时,更注重参考被引用学者的研究过程和研究结果,而对于被引用学者的心理活动并不太关注。一些研究表明,学习者表达立场态度的能力要弱于表达命题信息的能力,因而无论是本族语学习者还是高级外语学习者在表达立场态度时都有困难(Bloch & Chi,1995;Hyland,2002;Wharton,2012;桂诗春,2009;何平安,2011)。

然而,语料库检索发现,中国语言学博士生第6个最高频使用的动词引用据素是 claim(出现频数是252,词频是0.193),该词在美国语言学学位论文中出现频数是134,词频是0.082,位列第9。Claim 的字典意义是 If you say that someone claims that something is true, you mean they say that it is true but you are not sure whether or not they are telling the truth. (*Collins*)。在学术语类表达立场态度时,claim 是消极立场,往往表明作者对被引用的观点和研究不太赞成,暗示自己要对其进行修正,拉开了自己和所引用命题之间的距离,从而使对话空间达到最大。但是,对语料样本进行仔细阅读后发现,部分中国语言学博士生似乎对 claim 的外延和评价潜势存在误用的现象。例如:

(20) MacIntyre (1995) claimed only when a given task is relatively simple, foreign language anxiety could be facilitated. Once the task is too difficult, anxiety will impair performance. (CD 2)

(21) Therefore, it could be claimed that what was collected through classroom observation truly reflected the real situations in GEC classroom. Here are aspects observed in classroom observation. (CD 4)

(22) Long (1996:429) claims that Focus on Form involves learners' orientation being drawn to linguistic forms as object, but in context. In other words, learners are required to approach to a task if learning is to occur, meanwhile, their orientation can best be to both form and meaning, not solely to either "form" or "meaning". (CD 5)

(23) Burns (2001) claimed that systemic-functional approaches to language learning and teaching fit well with communicative language teaching, as they offered teachers and learners a means of exploring language use within a framework of cultural and social purposes. To support this view, she described how a genre-based writing approach worked well with a particular group of ESL beginners who were adult migrants to Australia. Paltridge (2002) described how a course designed with a focus on the notions of genre and text type helped the EAP students gain some awareness of academic genre and text types. He concluded that teachers needed to develop students' abilities and awareness to reflect on language and its uses in the acquisition of the genres they need to control. (CD 20)

(24) Oxford (1999) claims that the affective side of the learner is probably one of the

most important influences on language learning success or failure. Affective factors, such as motivation, anxiety, and self-confidence, are characteristics that might affect a person's attitude towards learning a language.

Stern (1983) claims that strategy is best reserved for general tendencies or overall characteristics of the approach employed by the language learner, leaving techniques as the term to refer to particular forms of observable learning behavior. Faerch and Casper (1983:67) state that a learning strategy is… Rubin (1987) holds that learning strategies are those that contribute to the development of the language system which the learner constructs and affect learning directly. Wenden and Rubin (1987:19) define learning strategies as… Cohen (1998:4) defines language learning strategies as…

Oxford (1995) claim that high-achieving learners use all kinds of language learning strategies more frequently than low-achieving learners. On the other hand, researchers have investigated what unsuccessful language learners do. Vann and Abraham (1990) observe that, although their unsuccessful students appear to be active strategy users, they fail to apply strategies appropriately to the task at hand. (CD 28)

例(20)—(24)都是选自中国语言学博士学位论文,从上下文可以看出,中国学生在使用 claim 作为引用据素时,将其视为中性引用据素,意同于 say 或 write,后面都没有跟上作者自己的修正性观点。这表明中国语言学博士生并不了解 claim 的语义内涵和语义外延及其评价潜势,这属于语义和语用错误。

相比之下,美国博士生掌握了 claim 的语义内涵和评价潜势,在使用 claim 引出他人的命题之后,往往借助转折性逻辑词汇,对其进行更正或补充,表明自己并不认同被引用者的观点态度。例如:

(25) Oliver and Trigwell (2005) claim that what is called "blended learning" is frequently not about learning but more about teaching. Instead, they believe that "blended pedagogics" blended teaching and learning with blended pedagogies' better capture the true meaning of the concept. (AD 3)

在例(25)的上下文中,作者使用具有否定意义的副词 Instead,否定了 Oliver and Trigwell (2005) 提出的观点,然后再次借用消极立场词 believe 部分修正了该命题。

再如:

(26) While Chandra and Fisher (2009) claim that the modified version of the WEBLEI questionnaire was meant to be applied to university courses in which the entire course was offered online, it can actually be used to elicit students' perceptions of courses employing various degrees of online learning. (AD 3)

例(26)使用的 while 表示转折关系,表明作者并不认同被引用学者 Chandra and Fisher (2009) 的观点,并对他们的观点进行了修正 it can actually be used to elicit students' perceptions of courses employing various degrees of online learning。

(27) In addition, Connor and Lauer (1988) noted, "in academic composition in Anglo-American educational environment-rhetorical argumentation needs to be based on the structure

of reality-that is, examples, illustrations, analogies, and metaphors"(as cited in Hinkel, 1999, p. 91). In contrast, Hinkel (1999) claimed, "In the communities that embrace Confucian, Taoist, and Buddhist philosophical precepts, the Anglo-American need for rhetorical objectivity and persuasion is often perceived to be artificial, cumbersome, and unnecessary (Bloom, 1981; Kincaid, 1987; Scollon, 1994)"(p. 92). (AD 15)

例(27)使用了 in contrast 表明被引用学者 Connor and Lauer (1988) 与 Hinkel (1999) 的观点是对立的,并通过积极立场词 noted 明确表达了个人立场——支持 Connor and Lauer (1988) 的观点。

从上述例证可以看出,中国语言学博士生具有立场意识,但是对于 claim 的语义范畴和语用功能的掌握有误。

综上所述,中美语言学博士生对于学术论文明确要求引用他人研究成果的语类特征较为熟悉,尤其是能够掌握实证类语言学研究的这一子语类语言和语用特征,注重引用据素的多样性,能够有意识地使用引用据素来表明信息来源,与前人的研究建立学术关联。而且两国学生都表现出积极的学术批判意识,在引用他人成果和观点后也加入个人评价,从而与读者和主题间产生积极互动,有意识地扩大自己的学术声音,积极推销个人学术观点,表现出鲜明的立场表达意识。然而,中美语言学博士生在引用据素的语言呈现方式上仍存在一定差异。首先,中国学生选词相对单一集中,缺乏多样性,语义范畴狭窄、口语化、语用错误和滥用情况均有出现,表现出中介语倾向。而美国博士生所用的词汇结构比较灵活多样,语义范畴相对较广,对语义外延把控准确。其次,我们在对语料进行仔细观察后发现,个别中国博士生的学术规范意识欠缺。学术规范是研究者在从事科学研究过程中所要遵循的一些基本程序、基本方法和要求。学位论文作为学术论文中的子语类,对于学术规范性要求同样严格。但我们在语料库中发现有 9 个中国样本使用"括号引用"方式时没有严格遵循 APA 规范要求,文献排列略显混乱。最后,受汉语动词性语言特征的影响以及对学术英语掌控能力的影响,中国博士生使用"X's+n."结构较少,还不能将学术语言名词化的趋势内化为个人的语言储备。

7.7 推断据素对比分析

实证类学术论文的子语类特征是,作者采用实验、试验、测试、调查、访谈、日志等研究手段,使用定量研究方法、定性研究方法或混合法,对获取的证据或某些现象或数据进行分析和阐释。鉴于受试具有或然性,研究环境也具有或然性,这就必然导致研究结果具有或然性的特征。因此,作者在对研究数据进行演绎或归纳时,既要突出自己研究的重要性和意义,提高确定性地表达学术自信心,又要考虑到其他可能性的存在。这就需要作者选择适切的语言,调节对自己研究过程和结论的确信度,并体现出对可能存在的其他诸多解读的意识和尊重,从而建构良好的学术人际关系,与读者进行积极对话。要完成这一研究目的,作者就需要恰当使用表示可能性、或然性、确定性的推断据素,适当调节作者对自己观点态度的确信程度,并有效弱化自己作为研究者对命题真值可能要承担的风险责任,体现出对可能存在其他多种阐释的认知和尊重,表现出与读者进行积极协商的态度,从而提高自己的学术信息可靠度,促使读者接受自己的学术观点。从人际关系的视角看,推断据素有助于减少与读者或其他学者之间不必要的摩擦,调节人际关系。

7.7.1 推断据素的词频使用特征对比分析

表 7-1 显示,在中美实证类语言学博士学位论文中,推断据素都是使用频率最多的据素类型。这一调查结果不同于 Chafe(1986)和徐昉、龚晶(2014)的调查。他们发现,无论是专家学者的学术论文,还是本硕博学生的学位论文,最常出现的据素类型都是引用据素。但是,在他们的研究报告中,都没有告知或限定研究样本所采用的研究方法。我们认为,研究方法是话语分析的重要变量之一,有可能会影响到据素类型的选择和使用频率(这一点在对感官据素和引用据素的调查中业已得到验证)。本研究的样本都是实证类学位论文,是通过实验、测试、调查、日志等进行学术研究的子语类,研究对象、数据来源和研究结果都具有很明显的或然性,而非确定性,存在较大的与其他可能性进行协商的空间。因此,推断据素的高频使用更能体现作者对研究结果的慎重态度和客观理性,以及对自己学术成果的确信程度和对未来研究的前瞻性预测。中美两国实证类语言学博士生都最高频地使用推断据素,表明他们对于实证类研究有着非常扎实的语类知识,能够将自然科学研究的语类特征与社会科学研究的语类特征进行有效对接,对基于实证的推理更加谨慎,承认对命题的阐释只是众多可能性之一,为其他阐释创建了协商空间,同时也表现出对其他学者相关研究或阐释的尊重。

从表 7-1 可以看出,中国博士生所用推断据素的词频是 12.286,占四类据素的 50.2%,美国博士生使用推断据素的词频是 12.322,占四类据素 49.1%。两国学生的推断据素词频没有显著性差异(卡方=9.759;p=0.938>0.05)。这表明,经过 3—5 年更为专业的学术训练,中美语言学博士生表现出更为专业的学术素养,能够把握实证类语言学研究的子语类特征,不再满足于描述现象,总结经验,而是积极探究现象背后所隐含的多元因素,勇于演绎推理,呈现出发散性思维特征,敢于将自己的认知推理过程传递给读者,与之进行学术磋商,同时积极建构自己的学术身份和学术地位。

7.7.2 推断据素的语言呈现方式对比分析

进一步的细化统计发现,中美语言学博士生对于推断据素的六种语言呈现方式的使用存在共同点和差异性。具体如表 7-12 和图 7-4 所示。

表 7-12 中美实证类语言学博士学位论文的推断据素语言呈现方式统计表

语言呈现方式	中国语言学博士学位论文			美国语言学博士学位论文			p 值
	出现频数	频率	百分比	出现频数	频率	百分比	
半系动词	1198	0.918	7.5%	1766	1.082	8.8%	0.774
情态动词	10350	7.927	64.5%	11914	7.299	59.2%	0.000**
情态副词	1960	1.501	12.2%	3888	2.382	19.3%	0.000**

续表

语言呈现方式	中国语言学博士学位论文 出现频数	频率	百分比	美国语言学博士学位论文 出现频数	频率	百分比	p 值
it's+adj.+that	2318	1.775	14.4%	1860	1.140	9.2%	0.000**
介词短语	186	0.142	1.2%	329	0.202	1.7%	1.156
名词	30	0.023	0.2%	356	0.217	1.8%	0.871
总计	16042	12.286	100.0%	20113	12.322	100.0%	0.938

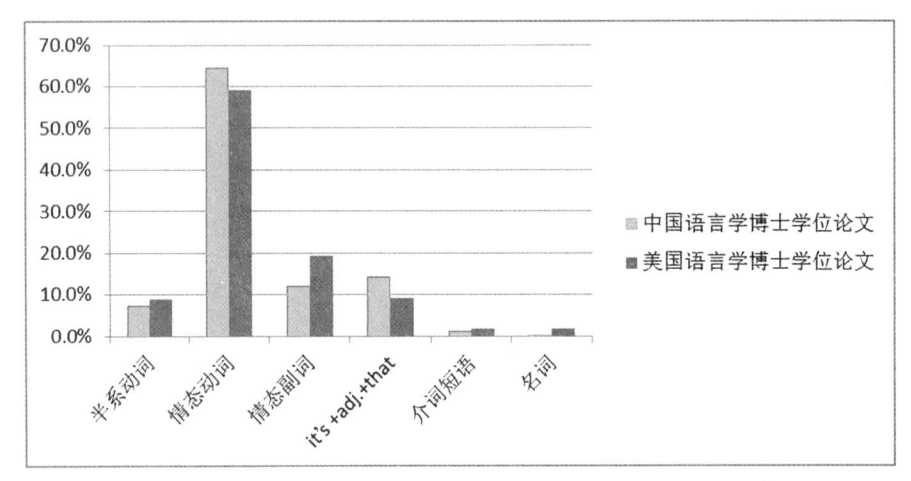

图 7-4 推断据素的语言呈现方式百分比分布图

从表 7-12 和图 7-4 可以看出,在中美实证类语言学博士学位论文中,六种语言呈现方式均被用作推断据素,且词频排序大体相当,最高频使用的都是情态动词,其次是情态副词、形容词和半系动词,这表明两国学生对于推断据素的语言形式和认知语用功能的掌握大体相当。不过,中国博士生使用"介词短语"的比例高于美国学生,而使用"名词"的比例低于美国学生。这与中国博士生使用"介词短语"和"名词"结构做感官据素、信念据素和引用据素的调查结果一致:较早接触"介词短语",形成用语定式;不能将学术语言名词化的语类特征内化为个人的语言储备。

不过,中国博士生显著多用情态动词(7.927∶7.299;p=0.000<0.05)和形容词(1.775∶1.140;p=0.000<0.05),而显著少用情态副词(1.501∶2.382;p=0.000<0.05)。Hyland 和 Milton(1997)曾指出,二语学习者在没有熟练掌握其他表达手段之前,主要依赖于情态动词。国内其他学者的相关研究也发现中国学生情态动词的使用量高于英语本族语者(何燕、张继东,2011;梁茂成,2008;龙绍赟,2014,2016;王金铨,2006;徐昉、龚晶,2014)。本研究表明,即使是中国语言学博士生也过度依赖情态动词表达推断。对于形容词结构的过度使用则可能是中国学生较早接触"it is+形容词+that-"结构,如 It is important that we learn English well. 对此类结构非常熟悉,并进而迁移到了"It is possible that-"等句式中表推断。中国博士生显著少用推断副词可能是由于我国英语教学没有过多关注副词及其语义内涵和语用功能所致,

有意识关注的不足导致了使用量的不足。

相比之下,两国学生对于"半系动词""介词短语"和"推断名词"的使用词频没有显著性差异,且使用比例基本相当。

7.7.2.1 半系动词的对比分析

用于表示推断的半系动词有 seem 和 appear。在学术语篇中,研究人员使用半系动词代替纯系动词,可以表明他们只是基于证据基础上的推理,而不一定是百分之百的事实,依次表现出学术研究的客观性,也为其他阐释创建了协商空间。

表 7-12 和图 7-4 显示,中美语言学博士生都能够掌握使用半系动词 seem 和 appear 表示推断的语义概念,且在词频使用量上没有显著性差异（p=0.774＞0.05）。半系动词 seem 和 appear 属于"似乎性动词"(Quirk,et al. 1985:1174),均有"似乎、好像、显得"之意,用于表示说话人或作者不太确定的看法和推测,且句法实现方式一样,如"主语＋seem/appear＋表语/主语补足语"结构、"There seems/appears"结构和"It seems/appears"结构。不过,相较于"似乎性动词"的其他成员（如 appear, look）,seem 在搭配范围、出现频率、句法约束性、语义常规性等方面都具有核心地位,属于该类动词的核心词（李律,1998）。从语义上看,seem 的范畴要大于 appear。appear 强调从表面上看"似乎"或"好像",但有时它传递的"可能性"或推断是一种错误的表象,隐含"实际上并非如此"之意,这是 seem 所不具备的语义。seem 作为表示状态或特征的半系动词,在语义上有两种意义:一是感知性"似乎",意思是"感到像",表示基于表象的推断,通常用于反映主体的直接感受,需要直接的感官参与和感知证据（刘华,2004）;另一个意义是认识性"似乎",如"以为是"或"认为是"(Matushansky,2002;刘华,2004),表达有一定根据的判断或推断,涉及认识主体对客观事物的判断,是认识主体依据一定的规律判断事物是否符合客观的真值条件,这种判断往往接近事实（王蓉,1998）。也就是说,seem 所传递的确切性要高于 appear。语料库统计显示,在中美实证类语言学博士学位论文中,seem 的词频都远大于 appear,这表明两国博士生都能很好地把握 seem 和 appear 的语义范畴,能够借用认识性 seem 来传递作者自己推断命题信息的真值程度和真值判断,以及自己对推断结论的确定性。这一研究结果不同于胡学文（2006）的研究发现。他对中国大学生口笔语语料库的考察发现,整体上中国大学生有使用 seem 不足的倾向。这可能是胡（2006）的研究样本是我国非英语专业的本科生,而我们的研究样本是经过更高级别、更专业化训练的英语专业博士生,随着对英语词汇和句法更加深入的了解,学生有可能纠正了以前的错误认知。

7.7.2.2 情态动词的对比分析

情态动词是构建情态意义的主要手段之一,可以表示说话人或作者对动词表达的事件或状态所持的态度推测。从表 7-12 和图 7-4 可以看出,中美语言学博士生都主要依赖情态动词表达推断。然而,因其"句法、语义和语用功能的复杂性"(Hinkel,2009:670),情态动词也被认为是"英语语法系统中最重要但同时也是最难的语法"(Palmer,1986:1)。而且,情态动词的使用情况受到语类和写作者文化背景的影响（Hinkel,1995）,这更增加了外语学习者驾驭情态动词的难度。

本研究对中美实证类语言学博士学位论文中核心情态动词的统计情况如表7-13和图7-5所示。

表7-13 中美实证类语言学博士学位论文中的情态动词统计表

语料库 情态动词	中国语言学博士论文 出现频数	频率	百分比	美国语言学博士论文 出现频数	频率	百分比	p值
can	2873	2.200	27.8%	2559	1.567	21.5%	0.001**
could	1477	1.131	14.3%	1628	0.997	13.7%	1.050
may	1386	1.062	13.4%	2273	1.392	19.1%	0.984
might	448	0.343	4.3%	589	0.361	4.9%	1.344
should	1784	1.366	17.2%	1277	0.782	10.7%	0.002*
must	425	0.326	4.1%	242	0.149	2.0%	0.998
shall	18	0.014	0.2%	0	0.000	0.0%	1.310
will	1329	1.018	12.8%	1740	1.066	14.6%	0.076
would	610	0.467	5.9%	1606	0.984	13.5%	0.003*
总计	10350	7.927	100.0%	11914	7.299	100.0%	0.000**

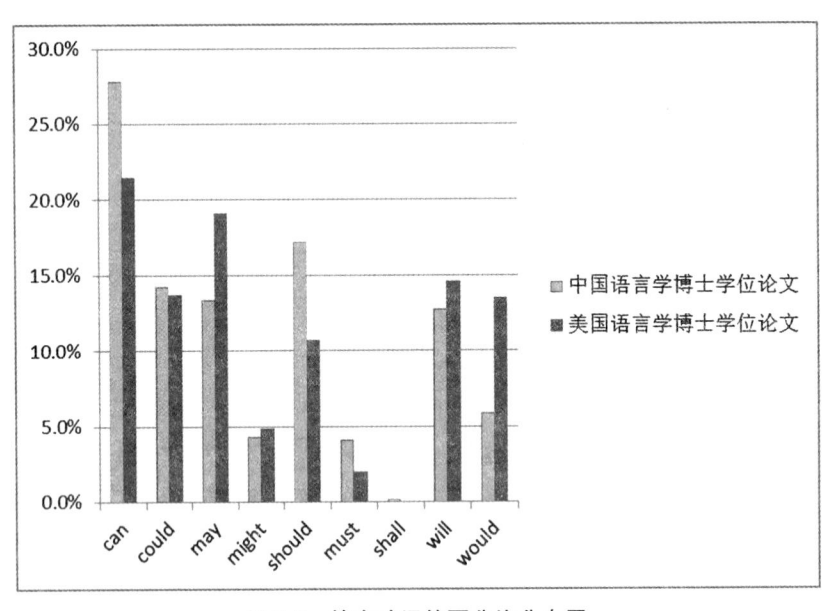

图7-5 情态动词的百分比分布图

表7-13显示,从情态动词的整体使用情况看,中国博士生显著多用情态动词(p=0.000<0.05)。这与国内外学者对ESL/EFL学习者使用核心情态动词的情况的调查结果相似:不同母语背景的学习者都存在过多使用情态动词的情况(Aijmer,2002;Atai & Sadr,2008;Basham & Kwachaka,1989;Bulter,1990;Hinkel,1995;Hyland & Milton,1997;Mcenery &

第七章 中美语言学博士学位论文的言据性对比分析

Kifle,2002;程晓堂,裘晶 2007;何燕,张继东,2011;梁茂成 2008;龙绍赟,2014;龙绍赟等,2016;马刚、吕晓娟 2007;王金铨,2006;文秋芳 2003;徐昉,龚晶,2014;徐江等,2014;杨玉晨,1998)。

就 9 个核心情态动词词频统计看,中美语言学博士生对于情态动词的使用有相似之处,如使用量最多的都是 can,使用量最低的都是 shall;情态动词的分布状态较为一致;could,might,may,must,shall 和 will 的词频使用没有表现出显著性差异($p=1.050>0.05$;$p=1.344>0.05$;$p=0.984>0.05$;$p=0.998>0.05$;$p=1.310>0.05$;$p=0.076>0.05$);中国博士生显著多用 can 和 should($p=0.001<0.05$;$p=0.002<0.05$),显著少用 would($p=0.003<0.05$);美国博士生没有使用 shall 表推断,中国博士生使用 shall 属于语用错误。might 一般用于英语口语,且表达可能性似乎太弱而无法实现说服读者认同自己观点的意图,从而使作者显得过于缺乏自信(Hyland & Milton,1997),因而在学术语篇中使用量较少。表 7-13 显示,中美博士生的确都很少使用 might。综上,中国语言学博士生对情态动词的驾驭能力比较接近美国学生,只是对少量动词的语义内涵和评价潜势受到了汉语母语负迁移的影响,出现了过度依赖或显著少用的情况。

中美语言学博士生使用的 3 个最高频情态动词差异较大。美国学生使用频率最高的三个情态动词依次是 can,will 和 may,这与 Butler(1990)对英语本族语者专业科学论文以及徐江等(2014)对英语本族语硬科学论文中的情态动词调查完全一致。can 和 will 可以显示作者对结论或推断的信心,尤其是 can 可以提升情态量值;而 may 则表示结论命题为真的可能性是 50%,表达了对可能存在其他解读的认可,反映了作者的审慎态度。Atai 和 Sadr(2008)也报道,英语本族语者使用最多的情态动词是 can 和 may,这两个词用于表达"可能"的结论,表明说话者对命题的假设或评估,把握性不大,这反映了作者对实验结果或调查结果可能存在或然性或其他解读的认可,也反映了作者的客观审慎态度。中国语言学博士生使用频率最高的三个情态动词依次是 can,should 和 could。只有 can 的使用频率与本族语的使用调查相符。而 should 多用于表达责任和义务,中国学生却显著多用其表推测,存在部分语用失误。另外,也可能是受到汉语母语口号式语言的负迁移影响。could 的使用量大是因为部分中国学生通常认为这是 can 的过去式,却忽略了 could 比 can 的确定性弱这一语义特征和语义潜势。而且在这三个最高频情态动词中,中国博士生有两个(can 和 should)的使用量都显著高于美国博士生。"这或许是因为 can,should 等情态动词在部分教材中出现较早,学习者习得较早,使用起来也感觉有把握"(梁茂成,2008)。

表 7-13 还显示,中国语言学博士生显著少用 would,这可能是因为有些学生将汉语的"能""会""可以""能够""可能""许可"仅仅对等于 can,将 could 仅视为 can 的过去式,导致对这两个情态动词的语义和语用功能了解不够全面而出现误用,或过度依赖。另外,中国学生学习情态动词时最早接触的是 can,慢慢就形成了词汇使用定式。

根据 Halliday(2000:39)提出的情态动词量值等级的分类,我们将 9 个核心情态动词分为高值情态(must)、中值情态(will,shall,should,would)和低值情态(can,could,may,might)。具体统计情况见表 7-14 和图 7-6。

表 7-14 中美实证类语言学博士学位论文中的情态动词量值统计表

语料库 量值	中国语言学博士学位论文			美国语言学博士学位论文			p 值
	出现频数	频率	百分比	出现频数	频率	百分比	
高	425	0.326	4.1%	242	0.149	2.0%	0.998
中	4070	2.865	36.1%	4623	2.832	38.8%	1.045
低	6184	4.736	59.8%	7049	4.318	59.2%	0.052
总计	10350	7.927	100.0%	11914	7.299	100.0%	0.001*

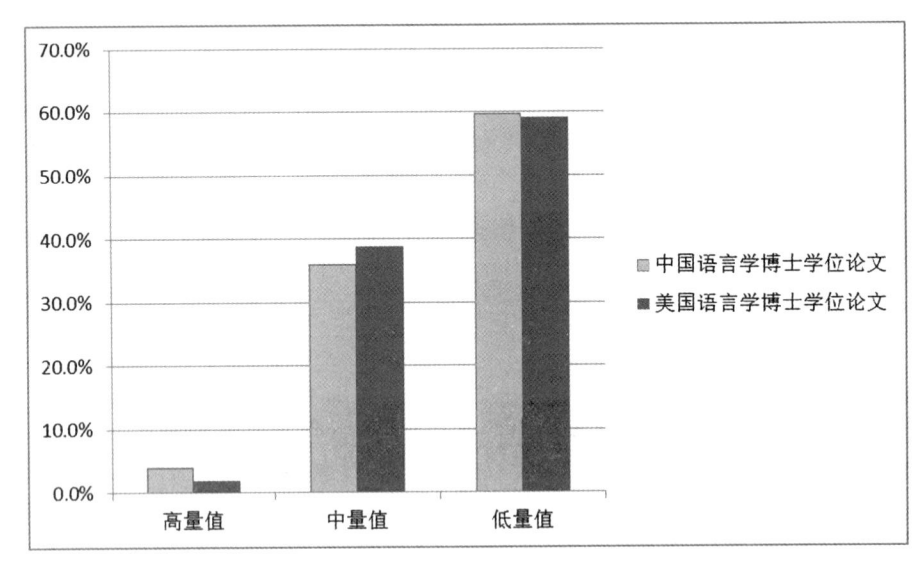

图 7-6 中美实证类语言学博士学位论文中情态动词量值的百分比分布图

表 7-14 和图 7-6 显示,中美语言学博士生对于情态动词量值使用频率和所占比例的排序完全一致,都是"低量值情态＞中量值情态＞高量值情态",表现出对研究成果态度谨慎,低承诺,以及积极与学术共同体成员商讨的学术语类特征。在实证类论文中,作者需要对实验事实或调查事件进行客观、合理的推测,并就学术语类"依据而言"的特征达成一致,均表现出客观、审慎的推断态度。这表明中美博士生都可以通过恰当使用不同量值的情态动词,实现与学术共同体成员的商讨,建立和谐人际互动关系。

7.7.2.3 情态副词的对比分析

情态副词用于表示对所推测事宜的确信程度。从表 7-12 和图 7-4 可以看出,情态副词的词频是次于情态动词词频的推断据素。语料库统计显示,中国语言学博士学位论文中检索到 19 个情态副词,美国论文中检索到 23 个情态副词,两者的差异性不大,表明中美语言学博士生对于情态副词的语义范畴和语用功能的认知具有趋同性。

语料库统计显示,中国语言学博士没有使用情态副词 unlikely,presumably,actually 和 surprisingly 表达推测。其中,unlikely 和 presumably 都表示对研究数据所传递信息潜在可能性的推测。Collins 词典就 unlikely 给出的定义是 If you say that something is unlikely to happen or unlikely to be true, you believe that it will not happen or that it is not true, although you are not completely sure. 意思是"未必发生的;不太可能的",表达对命题信息的否定推测,但这种否定并非绝对的,而是承认有微弱肯定的存在,从而为其他解释视角留下协商空间,并且也保留自己的学术面子。Presumably 是肯定推测,表示确定性较高的"很可能",If you say that something is presumably the case, you mean that you think it is very likely to be the case, although you are not certain. 有助于表达作者对推测的自信心,但同时也非百分之百确定,不要排除其他可能性的存在,以便留有协商余地。Actually 和 surprisingly 都有助于强调命题信息为真,与预期不同的推断,或用于纠正前人研究结果,或突出自己的研究结果与前人不同, You use actually to indicate that a situation exists or happened, or to emphasize that it is true. 以及 Something that is surprising is unexpected or unusual and makes you feel surprised. 中国学生没有使用 unlikely 可能是由于基本不用否定推测,也反映了受汉语母语传统文化的影响,淡化否定精神;不用 presumably, actually 和 surprisingly 则可能是不了解这三个词的学术语类的语义外延和评价潜势。

另外,统计显示,中美语言学博士生最高频使用的前 5 个情态副词存在共性和差异,这些最高频的情态副词既有归纳性词汇,也有演绎性词汇。两国学生都使用了 generally, clearly 和 likely。其中 generally 和 clearly 都是归纳性副词,这两个词在中国博士学位论文中是使用词频最多的情态副词,这反映了受中国传统思维方式的影响,中国博士生习惯于直觉体悟,倾向于由个别(particulars)推出一般(generals),表现出"内向自求"和"主体意向"(连淑能,2010:344)的特征。而在美国博士学位论文中,这两个词的词频排第 3 和第 5,这反映出美国学生并未将基于直观数据(定量研究数据和定性研究数据)的整体综合视为推断的首要任务。likely 是演绎性副词,表示对命题信息的可能性推测,在中国博士学位论文中排第 5,而在美国博士论文中则是词频使用最高的。这反映了受西方科学认知型思维方式的影响,"重探索自然、重求知、重理性,重外向探求,带有强烈的客体对象性"(连淑能,2010:345)的逻辑推理特征,以分析、实证和逻辑推理的手段获得对认知对象的认识。

在中美博士学位论文的前 5 个最高频副词都有归纳性副词(generally, clearly, obviously, particularly)和演绎性副词(likely, perhaps, possibly),这说明两国博士生都能够掌握实证类学位论文的子语类特征,既对直观数据进行整体综合,从"个别"走向"一般",进行适度归纳,又能够借助"一般"去认识"个别",进行大胆推理演绎。将归纳和演绎相互结合,加深对数据的阐释解读,积极推进认知研究。不过,中国语言学博士生学位论文的前 5 个最高频情态副词中,有 4 个是归纳性副词(generally, clearly, obviously, particularly),只有 1 个演绎性副词(likely),而在美国语言学博士论文中,有 3 个是演绎性副词(likely, perhaps, possibly;而且 likely 和 perhaps 是最高频使用的前 2 个),有 2 个是归纳性副词(generally 和 clearly)。这也同样反映了中国学生重归纳,而美国学生重演绎的认知思维特征。

我们将情态副词分为归纳性副词和演绎性副词,发现中国博士生多用归纳性副词,而美国博士生多用演绎性副词。具体如表 7-15 所示。

表 7-15　中美实证类语言学博士学位论文中的情态副词使用情况

情态副词	中国语言学博士学位论文 频率	中国语言学博士学位论文 百分比	美国语言学博士学位论文 频率	美国语言学博士学位论文 百分比	P 值
归纳性副词	0.855	57.0%	1.019	42.8%	0.167
演绎性副词	0.646	43.0%	1.363	57.2%	0.000**
合计	1.501	100.0%	2.382	100.0%	0.000**

从表 7-15 可以看出,中美语言学博士生对于归纳性副词和演绎性副词的使用比例呈现截然相反的态势:中国博士生对于归纳性副词的使用量大于美国博士生(57.0%:42.8%),没有显著性差异($p=0.167>0.05$),而演绎性副词的使用量则显著少于美国博士生(43%:57.2%;$p=0.000<0.05$),这再次印证了中国学生重归纳,而美国学生重演绎的认知思维特征。

社会文化理论认为,人的认知心理机能是一个受到不同文化产品、行为活动和概念等中介要素调节的过程。在这一过程中,作为中介要素的外化和实现手段,语言发挥了关键作用。中国博士生用英语完成学位论文的写作,其难度要大于本族语学习者,因为对中国学生而言,英语是外语,在写作过程中会不可能摆脱母语语言、思维、文化以及社会因素的影响。正如 Lantolf(2006)所指出的,学习者可以获得二语的概念,但其成功的程度有限,母语概念的影响极为广泛。本研究也验证了 Lantolf(2006)的这一观点:中国博士生不可能像英语本族语博士生那样,将英语完全内化,用英语实现思维调控,以及运用英语来总结自己的心理活动。

7.7.2.4 "It's+$adj.$+that"结构的对比分析

在"It's+$adj.$+that"结构中常用的形容词有 possible,likely,clear,certain,evident,essential 等。语料库检索发现,中国博士生使用了 15 种形容词,美国博士生使用了 18 种形容词,就词汇多样性而言,没有表现出过多差异。从词频统计情况看,中国语言学博士生使用的前 5 个最高频的形容词依次是 possible,likely,clear,obvious 和 necessary;美国语言学博士生使用的 5 个最高频形容词依次是 likely,possible,probable,clear 和 surprising。中美语言学博士生最高频使用了两个相同的形容词:possible 和 likely。

表 7-12 显示,中国语言学博士生显著多用"it's+$adj.$+that"结构(1.775:1.140;$p=0.000<0.05$),词汇多样性的差异不大。而且两国学生对于高频形容词的使用有相似性,中国学生使用频率最多的三个形容词是 possible,likely 和 clear;美国学生则是 likely,possible 和 probable。其中,同推断副词的语义和语用功能一样,possible 和 likely 都是典型的非确定性语言,是基于研究数据之上的理性推断;而 clear 则对已知数据的归纳;probable 的语义近似于 very likely 或 most likely,表示肯定成分极大,"十有八九"是真的,所传递的确信度也是最高的,符合实证类学术论文追求或然性和确定性的语类特征,有利于传递作者基于研究结果进行推测的自信心,有助于说服读者认同自己的阐释,同时又不否认还有"十有一二"的其他解释,表现出积极的人际意义建构的态度。中美语言学博士生在情态形容词上表现出的使用态势与其在情态副词上的使用态势一致,再次验证了中国学生重归纳,而美国学生重演绎的认知思维特征。

7.7.2.5 介词短语的对比分析

常用于推断据素的介词短语有 in general、in essence、in essential 和 in particular。表 7-12 显示,中美语言学博士学位论文中的介词短语做推断据素的词频(0.142∶0.202)和百分比(1.2%∶1.7%)都比较低,且没有显著性差异(p=1.156>0.05)。不过,语料库分析显示,中国博士生只使用了 in general 和 in essence 这两个介词短语,且前者的使用量达到了 89.8%,这可能是受到 in general 在语义和语用方面近似于 generally 的影响,另外,中国学生很早就接触了 in general,而形成了固有的语言使用特征。而美国博士生则使用了 4 个介词短语,使用量最大的是 in particular,语义相当于 particularly 和 especially,用于特别强调某事或某人,聚焦个体特征。这与美国学生高频使用情态副词 particularly 的情况相吻合。

7.7.2.6 名词的对比分析

学术语篇中常用做推断据素的名词有 possibility,certainty,likelihood,probability 和 necessity 等。表 7-12 显示,中国语言学博士生的推断名词词频和比例是所有推断据素语言呈现方式中最低(0.023;0.2%);相比之下,美国语言学博士生能够根据句式需要,灵活使用推断名词,从表 7-12 可以看出,他们使用名词的频率是 0.217,占所有据素类型的 1.8%,无论是词频和所占比例都高于中国博士生,不过没有显著性差异(p=0.871>0.05)。就词汇多样性而言,中国学生仅用了 2 个名词 possibility 和 necessity,美国学生则使用了 5 个词。这也印证了前文中所分析的,中国语言学博士生似乎不太能掌握学术语篇的名词化倾向,对于学术名词的驾驭能力普遍低于美国博士生。

7.8 小　结

本章对比分析了中美实证类语言学博士学位论文言据性资源的整体特征和四类据素及其语言呈现方式的使用情况和使用特征。

研究发现,中美语言学博士生都能够较好地掌握实证类论文的子语类特征,言据性的整体使用情况一致,在词频和百分比两个维度,均表现出"推断据素＞引用据素＞感官据素＞信念据素"的分布态势,能够平衡追求学术客观性和表达个人学术信念之间的关系,较好地利用各类据素实现与学术共同体成员之间积极的学术互动。

研究发现,研究方法决定了实证类学位论文是一个特殊的子语类,既具有语言学这一社会科学的语类特征,又表现出自然科学的语类特征。然而,中国实证类语言学博士学位论文的言据性资源显著少于美国博士论文(卡方＝－10.023;p=0.000<0.05),这是由于中国学生显著少用感官据素导致的(卡方＝－8.357;p=0.000<0.05)。这可能是由于本研究使用的语料全都是实证类学位论文,与国外研究采用社会科学实证研究方法相比,国内应用语言学领域滞后 20 年左右,变化趋势也相对比较缓,实证研究处于起步阶段,而国外的实证研究则以趋完善。受国内外学术大环境的影响,中国博士生对感官据素的驾驭能力要弱于美国博士生。

研究发现,中美实证类语言学博士学位论文中词频量最大的是推断据素。实证类论文的

中美语言学硕博学位论文的言据性对比研究

作者采用实验、试验、测试、调查、访谈、日志等研究手段,使用定量研究方法、定性研究方法或混合法,对获取的证据或某些现象或数据进行分析和阐释。在这一过程中,作者要对研究数据进行翔实、理性的、合理的、科学的演绎推断或归纳推断,既要突出自己研究的重要性和意义,高确定性地表达学术自信心,又要表现出对可能存在其他阐释的认知和尊重,理性推销自己的学术观点。这是实证类论文的核心所在,因而推断据素成为四类据素中词频和所占比例最高的据素类型。调查显示,中美语言学博士生都能够很好地把握实证类学位论文子语类的这一特征,最高频使用推断据素(词频没有显著性差异),客观理性地综合演绎推断和归纳推断,使自己的学术观点更加深入和具有说服力。这一研究结果再次说明,据素类型的使用除了与语类有关之外,还应该与研究方法有直接的关系。在四类据素中,据素使用量排第二的是引用据素。学术语类要求作者引用他人研究资源并做出适度评价,从而与自己的研究课题之间建立链接关系,增强语篇的说服力。调查显示,中美语言学博士生都能掌握学位论文的语类特征,对前人研究进行学术梳理和评价,通过引用前人成果建构学术链接和个人学术身份。不过,研究发现,少数中国语言学博士生的语类知识还不太扎实,学术规范意识相对薄弱。词频排第三的是感官据素。学生作者要对通过定量研究和定性研究收集而来的数据进行描述和阐释,就必然借助于感官据素。研究发现,研究样本倾向于定量研究还是定性研究同样能够影响视觉据素和听觉据素的使用量及其在感官据素中所占的比例,故具体的研究方法可以被视为实证类研究的子语类特征。当今的语言学界呈现出多学科融合的趋势,尤其是随着科学技术的发展,越来越多原本用于自然科学的研究手段和研究方法开始介入语言学研究领域,如语料库、统计软件等,从而使得语言学研究增加了很多自然科学的元素,这一特征在言据性这一语类微观语言层面得到了充分的体现——视觉据素词频增加。而且定性研究方法,如访谈、日志、田野调查等研究方法和手段的日趋成熟并被广泛用于实证类论文,听觉据素的词频也得以增加。中国实证类语言学博士学位论文中的视觉据素词频高于美国论文,而听觉据素词频则显著低于美国论文,是因为统计显示,中国博士论文中的定量研究多于定性研究,而美国博士生恰恰相反,这更加印证了研究方法对感官据素的直接影响。此外,调查发现,少数中国语言学博士生在处理实证研究收集而来的数据,显示出"重描述,轻阐释""重引用,轻分析"和"重罗列,轻归纳"的态势,表现出"读者负责型"的汉语语篇特征。词频量最低的是信念据素。实证类语言学博士学位论文属于学术论文的范畴,必须遵循学术论文强调客观性的原则。研究发现,中美语言学博士生都能严格遵循突出客观性、弱化主观性的学术语类特征。不过,受汉语母语文化的影响,中国博士生表现出对权威的崇拜和过度依赖,在表达个人信念,建立个人学术身份时比较消极,批判性思维能力相对较弱。

在四类据素的语言呈现方式方面,研究发现,中美实证类语言学博士学位论文的共性特征大于异性特征。首先,中美语言学博士生主要采用的视觉据素和听觉据素的语言呈现方式相同,如视觉据素主要依赖"X+v."结构和"see X"结构,听觉据素主要依赖"X+v."结构。不过,少数中国博士生使用了 according to 和"from X"结构作为视觉据素,这是语用错误。另外,中国博士生还表现出感官据素词汇储备不足和有效词汇产出较低的问题。其次,就信念据素的语言呈现方式而言,中美语言学博士学位论文中使用频率最多的依次都是"it+情态动词+be+动词过去分词+that 从句"结构、"I/we+心理动词"结构、"It is+动词过去分词+that 从句"结构和"It is+形容词+to do"结构,表现出较强的一致性分布态势。不过,中国博

第七章 中美语言学博士学位论文的言据性对比分析

士生仍然存在少量口语特征,以及词汇储备不足的问题。再次,中美语言学博士学位论文都用到六种引用据素语言呈现方式,而且"X+v."结构和"括号引用"的词频和所占比例都是最高的。但是,在中国论文中使用率第三的是介词短语,如 according to, in one's view 和 from one's viewpoint,而这一结构是美国博士生使用率最低的。中国博士生对于"X's+名词"结构的使用量则远远低于美国博士生。另外,中国博士生的选词相对单一集中,缺乏多样性,语义范畴狭窄,口语化、语用错误和滥用情况均有出现,表现出中介语倾向。而美国博士生所用的词汇结构比较灵活多样,语义范畴相对较广,对语义外延把控准确。最后,中美语言学博士生对于推断据素的语言形式和认知语用功能的掌握大体相当。两国博士生都使用到了推断据素的六种呈现方式,词频排序大体相当,最高频使用的都是情态动词,其次是情态副词、形容词和半系动词,不过中国博士生使用"介词短语"的比例高于美国学生,而使用"名词"的比例低于美国学生。

从中美语言学博士学位论文中四类据素的语言呈现方式的统计看,首先,中国博士生存在过度依赖介词短语的态势,如将 according to 做视觉据素、听觉据素、引用据素和推断据素,这可能是他们较早接触此短语,但却并不完全了解其语义潜势,而产生了中介语僵化现象。其次,在中国博士学位论文中,听觉据素、视觉据素、引用据素、信念据素和推断据素中的名词使用量和多样性都远低于美国论文,这表明中国博士生对于学术名词的驾驭能力远远低于美国博士生,也说明名词性学术语言的使用情况能反映使用者的英语语言水平。再次,部分中国博士生对论文中文献夹注的处理比较凌乱,没有严格遵循文献引用规范;还使用一些不符合学位语类,主观色彩和口语特征比较明显的语言,如 it is well known that-结构。最后,中国博士生的有效词汇储备和词汇输出能力弱于美国学生,而且对有些词汇的语义内涵和评价潜势的理解存在误区。例如,将具有消极评价意义的引用动词 claim 视为中性评价词;过度使用情态动词,对于学术语言名词化趋势的不了解等。

社会文化理论认为,语言水平是心理工具的外在语言反映。Frawley & Lantolf(1985)认为,二语初学者只能用二语来调控自己的社会活动,而不能调控自己的心理活动,更不能用二语来调控自己的思维。中国语言学博士学位论文的言据性特征表明,我国语言学博士生教育任重道远,经过本科 4 年,硕士研究生 2~3 年和博士 3~5 的专业培养,博士研究生对于基础词汇,如 according to,介词 from 和动词 claim 的语义内涵仍缺少足够的认知,似乎还没有解决中介语僵化问题,不能用英语调控自己的思维活动和社会交际。

综上,中美语言学博士生都具备了在学术语篇中正确使用言据性资源以及推断据素、引用据素、感官据素和信念据素这四类据素的学术意识和语类意识,而且能够熟练运用各类据素的语言呈现方式。总体说来,中美实证类语言学博士学位论文在言据性资源使用方面的共性大于差异,这可能是近年来国内高校普遍给博士研究生开设英语学术论文写作课程所取得的效果。但研究也发现,中国博士生的语类意识仍亟待提高,我们有必要结合语类学的相关研究成果,帮助学生掌握学位论文语类的意义表达模式,满足学位论文和学术论文的语类规范,从而提高语言学博士学位论文的写作质量。

第八章　中国语言学硕博学位论文的言据性对比分析

8.1　导　言

本章重点对比分析 45 篇中国实证类语言学硕士学位论文和 30 篇中国实证类语言学博士学位论文的言据性特征以及据素特征,并从语类学和社会文化理论的视角予以深度分析和探讨。研究发现:(1) 中国实证类语言学硕博学位论文均使用到感官据素、信念据素、引用据素和推断据素,且在据素类型的分布上具有一致性和类似的不均衡性;(2) 中国硕博学位论文在感官据素、信念据素和引用据素的使用频率上没有显著性差异,但硕士学位论文的言据性资源的词频和推断据素的词频显著少于博士生;(4) 中国硕博学位论文中的语言呈现方式表现出较大的共性特征,不过中国硕士论文的词汇多样性弱于博士论文;(5) 中国语言学硕博学位论文中均存在中介语现象。

8.2　研究问题

本章重点回答以下三个问题。
(1) 中国实证类语言学硕博学位论文的言据性分布规律及其原因是什么?
(2) 不同类型的据素在中国实证类语言学硕博学位论文中的分布情况及其原因是什么?
(3) 不同类型的据素在中国实证类语言学硕博学位论文中的语言呈现方式有何特点?

8.3　言据性整体特征对比分析

经过统计,中国实证类语言学硕博学位论文的言据性资源整体分布情况以及感官据素、信念据素、引用据素和推断据素的使用情况如表 8-1 和图 8-1 所示。

表 8-1　中国实证类语言学硕博学位论文的言据性资源统计表

据素类型	中国实证类语言学硕士学位论文			中国实证类语言学博士学位论文			p 值
	出现频数	频率	百分比	出现频数	频率	百分比	
感官据素	2196	2.786	14.9%	4147	3.176	13.0%	0.195
信念据素	477	0.605	3.2%	1138	0.872	3.6%	0.277
引用据素	6013	7.630	40.8%	10583	8.105	33.2%	0.062
推断据素	6041	7.665	41.0%	16042	12.286	50.2%	0.000**
总计	13137	18.686	100.0%	31910	24.439	100.0%	0.000**

第八章 中国语言学硕博学位论文的言据性对比分析

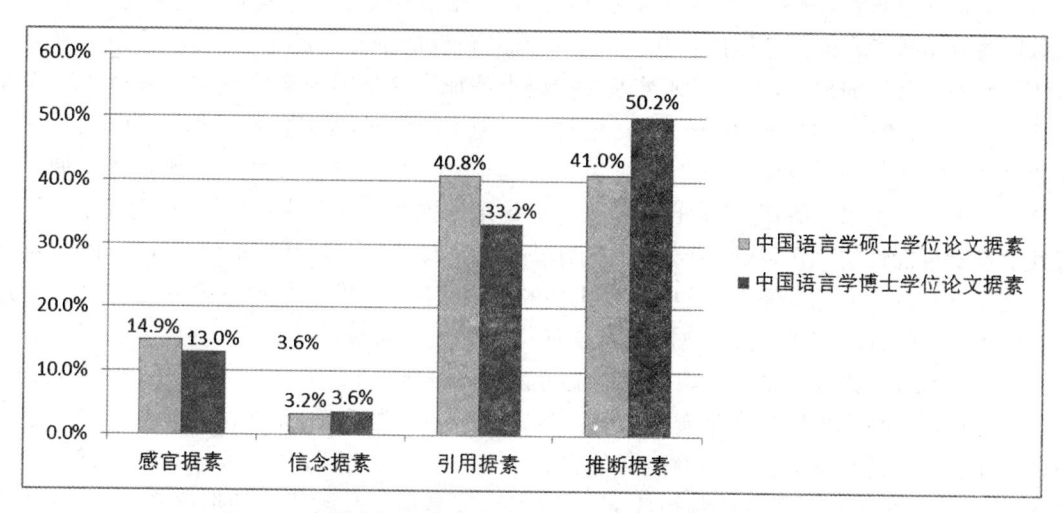

图 8-1 中国实证类语言学硕博学位论文中各类据素所占比例

从表 8-1 可以看出,中国实证类语言学硕博学位论文都使用了四类据素,即感官据素、信念据素、引用据素和推断据素。但是言据性资源的整体使用词频存在显著性差异（p=0.000<0.05）,中国语言学硕士生显著少用言据性资源,这可能是因为硕士生显著少用推断据素（p=0.000<0.05）而导致的。中国语言学硕博生在感官据素、信念据素和引用据素的使用上没有显著性差异（p=0.195>0.05;p=0.277>0.05;p=0.062>0.05）,这表明硕博生都能够理解这三类据素的功能以及在学术语篇中的作用,并能够有意识地予以恰当使用。

从词频分布情况来看,中国实证类语言学硕博学位论文中据素类型的词频分布规律表现出一致性特征,即推断据素＞引用据素＞感官据素＞信念据素。这表明,中国语言学硕博生都能够理解并掌握言据性的意义、功能、实证类论文的语类特征以及写作规范,有意识地使用据素表明信息来源,引用他人观点为自己的学术理念服务,在就自己的研究进行合理推断的同时,还积极传递自己的学术信念,尝试与学术共同体成员之间建构人际互动。

从图 8-1 还可以看出,在中国语言学硕博学位论文中,据素类型分布都呈现出不均衡的特征,从所占比例看,差异并不大。其中,在言据性资源中,推断据素所占比例最高,41.0%（硕士）：50.2%（博士）,且两者没有显著性差异（p=0.062>0.05）。这一研究结果与 Chafe（1986）和徐昉、龚晶（2014）的研究结果不同。Chafe（1986）对英语本族语学者的论文研究发现,引用据素是学术语篇中最常使用的言据性类型。不过,他的研究样本是 30 多年前发表的学术语篇,当时在语言学研究领域,研究方法,尤其是定量研究和定性研究以及混合法并不像现在这么普及和成熟;另外,他的研究对象是随机选择的,没有以研究方法为取样标准。鉴于此,我们认为,如果不考虑研究样本中研究方法这一变量的话,引用据素作为建构作者研究与前人研究之间的链接,有可能成为最常用的言据性类型。徐昉和龚晶（2014）对某大学语言学本硕博学位论文进行了言据性资源的调查,也发现引用据素是学位论文中最常用的据素类型。然而,他们的研究样本同样没有统一考虑到研究方法这一要素。而本研究所选用的硕博学位论文都是实证类研究,采用定量研究法与定性研究相结合的混合研究方法。他们论文中的研究受试对象是研究者随机选择或人工干预下选择的,研究结果必然也受到了人工干预的影响。这就意味着,研究者所得到的定量和定性数据信息并不一定具有普遍性意义,他们需要对这些数据所隐含的信息做出客观、合理、富有逻辑性的推测和解释。因此,推断据素是言据性资源中最常用的据素,符合实证类论文的语类特征。这是因为实验或调查只能在小样本中进行,但实验或调查的目的却不仅是了解这个小样本的情况,而是需要根据小样本的情况来推断总体(桂诗春、宁春岩,2008:214)。表8-1和图8-1表明,中国语言学硕博生都掌握了实证类研究的子语类语篇特征,认为自己基于研究结果的推断是具有或然性的,也间接承认了还有其他推断可能性的存在,从而给学术共同体成员留下谨慎、客观、严谨的学术态度印象,也能够与之建立良好的人际关系。不过,与硕士生相比,博士生的推断意识更强烈,这表明,经过3~5年更加深入的专业化训练,中国语言学博士生无论是对英语的语言驾驭能力,还是对研究方法的熟练程度以及对推断逻辑的控制能力都要优于硕士生。

既然最高频使用推断据素是实证类语言学研究的子语类特征,那么作为建立学术关联手段的引用据素的地位就会受到影响而降低。表8-1和图8-1显示,在中国语言学硕博学位论文中,引用据素的词频和所占比例均低于推断据素,都是第二高频使用的据素类型,且硕博论文间没有显著性差异($p=0.062>0.05$)。这表明,中国语言学硕博生都比较熟悉实证类研究的子语类特征,也能够恰当地通过引用据素进行自我学术身份的定位,在论文中引用借鉴学术共同体成员的相关研究成果与自己的研究建立学术关联,表明自己的研究身份,构建良好的学术人际关系。不过,表8-1和图8-1显示,在硕士学位论文中,引用据素与推断据素的词频(分别是7.630和7.665)和所占比例(分别是40.8%和41.0%)非常接近,而博士学位论文中的推断据素词频则显著多于引用据素词频(分别是12.286和8.105)。这说明,中国语言学硕士生对前人研究表现出较明显的学术崇拜,更依赖他人的声音为自己的研究服务,批判性思维能力弱于博士生。这也验证了上文提到的中国语言学硕士学位论文中的推断据素词频显著低于博士论文中的。

中国语言学硕博学位论文中,使用量排列第三的都是感官据素(词频分别是2.786和3.176;在言据性资源所占比例分别是13.0%和14.8%),且没有显著性差异($p=0.195>0.05$)。正如本书第六章所指出的,实证类论文需要对收集而来的定量数据和定性数据加以描写,这就要借助于感官据素(包括视觉据素和听觉据素)来完成。表8-1和图8-1均表明中国硕博生都能理解感官据素的辅助功能,故使用量和比例都不高。

表8-1和图8-1显示,在中国语言学硕博生使用的言据性资源中,"信念据素"是最少的(词频分别是0.605和0.872;所占比例分别是3.2%和3.6%),且没有显著性差异($p=0.277>0.05$)。这表明,中国硕博生都掌握学位论文追求客观性,回避主观性的这一语类特征。不过,博士生的信念据素词频略高于硕士生,这可能是因为,硕士生是学术新手,博士生经过3~5年的深度学术训练,在学术领域已经日渐成熟,趋于学术熟手,在表达信念时,硕士生更加保守谨慎,而博士生则相对比较积极,也更有学术自信心。我们认为信念据素的使用特征是符合硕士生和博士生的学术身份的。

综上所述,中国语言学硕博生能够较好地掌握实证类论文的语类特征,恰当使用推断据素、引用据素、感官据素和信念据素,传递学术理念,建构学术关系,实现学术交际,表现出良好的学术素养。但中国硕士生显著少用推断据素和言据性资源,批判性思维能力和逻辑推理能力都弱于博士生。

8.4 感官据素对比分析

本章仍然依据6.4章节的分析,将中国语言学硕博学位论文中的感官据素分为视觉据素和听觉据素(详见6.4),其分布情况如表8-2和图8-2所示。

表8-2 感官据素使用情况统计表

感官据素	中国语言学硕士学位论文 出现频数	频率	百分比	中国语言学博士学位论文 出现频数	频率	百分比	p值
视觉据素	1755	2.250	79.9%	2575	1.972	62.1%	0.216
听觉据素	441	0.566	20.1%	1572	1.204	37.9%	0.000**
合计	2196	2.816	100.0%	4147	3.176	100%	0.195

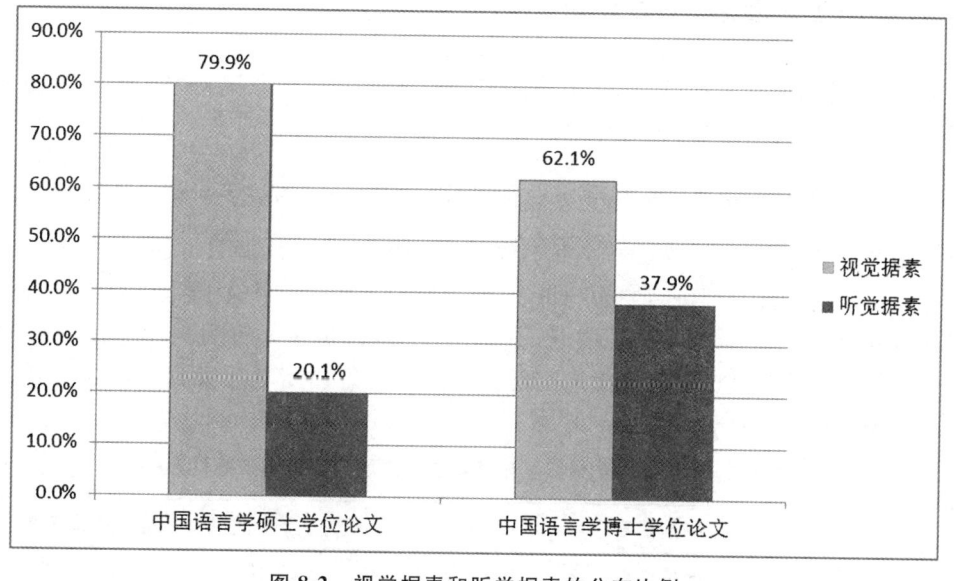

图8-2 视觉据素和听觉据素的分布比例

表8-2和图8-2显示,中国语言学硕博学位论文中的感官据素词频没有显著性差异(p=0.195>0.05),硕士论文中的词频略低于博士论文中的。这一结果与徐昉、龚晶(2014)对我国英语专业语言学本硕博学位论文的研究结果截然相反。他们发现,随着教育程度的不断提高,我国学术对于感官据素的使用量不断下降,表现出"本科生使用量>硕士生使用量>博士生使用量"的趋势。我们认为,这可能是由于他们的研究样本没有考虑到实证研究这一变量,且样本的研究方法并不统一。而本研究所采用的样本采用了相同的研究方法,即定量研究与定性研究相结合的混合法。因此,学生作者必然要对定量数据和定性数据来源进行描述和阐释,这就不得不大量依赖于视觉据素和听觉据素。这也就意味着,感官据素的使用量由研究方法决定,而非教育程度,但有可能会受到教育程度的影响。从中国实证类语言学硕博学位论文

中感官据素的使用量来看，博士论文中的感官据素词频反而大于硕士论文，这表明博士生似乎更依赖第一手实践数据作为信息来源，降低论文的主观色彩。

从表8-2和图8-2还可以看出，视觉据素和听觉据素表现出一致性的分布规律：视觉据素词频高于听觉据素词频，视觉据素词频没有显著性差异（p=0.216＞0.05），但硕士生的听觉词频显著低于博士生（p=0.000＜0.05）。相比之下，中国硕士生更倾向于使用视觉据素，而博士生则倾向于使用听觉据素。这可能是因为：(1) 实证研究引入我国语言学研究的时间较短，且以定量研究方法为主，定性研究始终处于边缘地带；(2) 国内很多高校为硕博生开设了研究方法课程，但仍然以定量研究的讲授为主，且多聚焦于 SPSS 软件的统计使用方法，对定性研究的讲授很少或基本不涉及；(3) 定性研究的难度较大。由于国内语言学研究大环境的影响，定性研究尚不成熟，很多高校教师对之不熟悉，更谈不上给予硕士生必要的研究指导。博士生经过 3~5 年更深入、更加系统化的专业研究学习，其学术能力、研究能力、认知能力、语言能力以及自主接受并内化国外前沿知识的能力都普遍高于硕士生。因此，博士生对于定性研究的驾驭能力要高于硕士生，他们也能更加熟练地运用听觉据素描述定性数据。

8.4.1 视觉据素对比分析

正如表8-2和图8-2所显示，虽然中国语言学硕博学位论文中视觉据素的词频没有显著性差异，但硕士生的使用量要大于博士生。

8.4.1.1 视觉据素的词频使用特征对比分析

我们依照文秋芳和林琳（2016）对国内语言学中实证研究的调查方法，对中国实证类硕博学位论文中所使用混合法进行二次分析发现，硕博生对于定量研究、定性研究和均衡混合的使用情况存在差异。在45篇硕士学位论文中，有43篇以定量研究为主，2篇以定性研究为主；在30篇博士学位论文中，有24篇以定量研究为主，4篇以定性研究为主，2篇定量研究和定性研究均衡使用。详见表8-3。

表8-3 中国实证类语言学硕博学位论文所用研究方法统计表

研究方法	中国语言学硕士学位论文 数量	中国语言学硕士学位论文 百分比	中国语言学博士学位论文 数量	中国语言学博士学位论文 百分比
定量研究	43	95.6%	24	80.0%
定性研究	2	4.4%	4	13.3%
均衡研究	0	0.0%	2	6.7%
合计	45	100.0%	30	100.0%

表8-3显示，在中国实证类语言学硕博学位论文中，虽然都表现出"重定量研究，轻定性研究"的总体态势，但是硕士学位论文中定量研究方法的使用量远远大于博士论文，这就部分解释了为什么硕士学位论文中的视觉据素使用量大于博士论文。

我们对中国硕博学位论文进行仔细梳理后发现，42%的硕士生将 SPSS 软件或 Excel 软件导出的所有数据图表都一一罗列,无论数据是否有价值,是否有意义,学生都用语言进行了穷尽性描述,而只有13.3%的博士生对定量研究收集来的数据进行穷尽性描述。例如:

(1) According to the data in Table 3-1, the mean of the translation score in the pretest translation in two groups has no significance before the study and the application of Lexical Approach, 70.66 and 70.63 respectively, and Table 3-2 shows that the value of p(=0.706)>0.05, it is showing that there is no significant difference between control group and experimental group in translation score before the experiment. (CM 8)

例(1)的中国语言学硕士生作者对 Table 3-1 和 Table 3-2 分别进行了数据描述。实际上,这两个表是从 SPSS 中直接导出的,作者完全可以合并为一个数据表。如果拆分描述,必然增加视觉据素的使用量。另外,作者也没有解读这些数据背后隐藏的信息。

(2) According to the statistics, students did not respond actively to their teachers' question in classes on a whole. Only 11.3% of the students enthusiastically answered teachers' question. 46.7% of the students preferred to be called on and 37.2% students chose to answer when they are sure of the answer. The remaining 6.9% students stay silent from the beginning to the end of the class (see Table 39). To ask why those students (284 of 608 students) prefer to be called on, they responded that it was mainly because of their learning habits (38.7%), that they were unsure of the answer (40.8%), due to psychological and personal reasons such as "being shy"(5.7%) and to "avoid being different from others"(13%) (see Table 40). (CD 21)

例(2)的中国语言学博士生作者使用了2个视觉据素 see Table X,用文字详细描述了2个表格中的数据,同样没有深入解读这些数字的意义。整段数据表述显得非常空洞乏味,没有实质性意义,更没有起到传递命题信息,实现交际意义的功能。

这两个案例在 CM 8 和 CD 21 中是普遍存在的视觉据素使用特征,类似的情况在硕士学位论文中出现率要高于博士生论文。这一调查结果表明,尽管定量研究在国内已经逐渐走向成熟,而且在研究方法中占据绝对主导地位,但还是有一部分语言学硕博生在描述和解读数据时存在一定的误区。这一方面可能是受到汉语"读者负责型"思维模式的影响,学生作者在传递学术信息时,想当然地将读者视为与他们有共同的学术背景,语言表述较为笼统宽泛,语义在语言之外,强调读者自己领悟数据隐含意义的能力;另一方面,可能是这部分学生作者还没有真正掌握实证类研究的子语类特征,相关学术素养有待提高。

当然,相比之下,更多的语言学博士生能够整合数据表,并能阐释数据的功能和意义。例如:

(3) After their questionnaires are collected, and 10 volunteers from them interviewed and observed, the data from the questionnaires are analyzed by SPSS into a multiple response table. Table 4.1-4 shows the distribution of the frequency of pre-speaking strategy use by Chinese BEC Vantage test-takers, with the most frequently used strategies highlighted and the least italicized.

A look at the multiple response analysis of BEC Vantage pre-speaking strategies can tell that this group of students share similarities with both the BEC Higher group and the general whole, in that the most frequently used pre-speaking strategy is "Organizing thoughts," with 54.6% of the subjects choosing it…

Though similar in many aspects with BEC Higher candidates, BEC Vantage candidates are <u>dissimilar</u> from BEC Higher candidates in their reasons why the percentages of them choosing pre-speaking strategies are lower and the lowest among all 4 groups, and why the numbers of most frequently used and least frequently used pre-speaking strategies the fewest, 5, of the 4 groups. Unlike the BEC Higher candidates, BEC Vantage candidates use less pre-speaking strategies not because of automation, but because of their lack of strategy training. In other words, they use fewer pre-speaking strategies because they know of less such things in their learning of English speaking. The interview item 2, questions on preparations before speaking did not elicit many answers positive of their strategy using as a group, even though 2 students said if they were allowed, they would take notes on a piece of paper, and they plus 2 other students were observed writing on paper during BEC Vantage practice tests. Observations of BEC Vantage test-takers show that they are generally more worried and nervous than BEC Higher test-takers before speaking, which in a way, reveals that they do not know well about using pre-speaking strategies such as self-control, self management, and other meta-cognitive, cognitive, and social/affective strategies at this stage. (CD 29)

例(3)的中国博士生只是用了1个视觉据素 Table 4.1-4 shows 描述图表的主题信息,随后聚焦于对数据所隐含命题信息的阐释,如 A look at the multiple response analysis of BEC Vantage pre-speaking strategies can tell that this group of students share similarities with both the BEC Higher group and the general whole, in that the most frequently used pre-speaking strategy is "Organizing thoughts," with 54.6% of the subjects choosing it… 和 Though similar in many aspects with BEC Higher candidates, BEC Vantage candidates are dissimilar from BEC Higher candidates in their reasons why the percentages of them choosing pre-speaking strategies are lower and the lowest among all 4 groups, and why the numbers of most frequently used and least frequently used pre-speaking strategies the fewest, 5, of the 4 groups. Unlike the BEC Higher candidates, BEC Vantage candidates use less pre-speaking strategies not because of automation, but because of their lack of strategy training. In other words, they use fewer pre-speaking strategies because they know of less such things in their learning of English speaking. 作者借助 share similarities 和 dissimilar 对数据隐含信息进行了对比阐释,表现出"作者负责型"的英语思维特征。

对语料库的仔细梳理发现,除了少数硕博生对定量研究数据的处理表现出"重描述,轻阐释"的"读者负责型"汉语思维模式,大多数中国硕博生都能聚焦于阐释数据,而非事无巨细的描述数字。这可能是得益于近年来国内重视定量研究方法,并在硕士阶段就开设了研究方法之类的课程,为学生的研究设计奠定了良好的学术基础。但由于缺少更加系统深入的学习,硕士生对视觉据素的驾驭能力弱于博士生。

8.4.1.2 视觉据素的语言呈现方式对比分析

研究发现，中国实证类语言学硕博学位论文视觉据素的语言呈现方式的使用数量存在共性和差异性共存的现象，见表8-4。

表8-4 视觉据素的语言呈现方式使用情况表

序号	中国语言学硕士学位论文 语言呈现方式	出现频数	百分比	序号	中国语言学博士学位论文 语言呈现方式	出现频数	百分比
1	X+动词	752	42.8%	1	X+动词	1327	51.5%
2	I/we+视觉动词	430	24.5%	2	see X 结构	602	23.4%
3	其他	399	22.7%	3	It is+ved 结构	293	11.4%
4	see X 结构	128	7.3%	4	as 结构	242	9.4%
5	It is+ved 结构	34	2.0%	5	I/we+视觉动词	65	2.5%
6	as 结构	12	0.7%	6	其他	46	1.8%
合计	6	1755	100.0%	合计	6	2575	100.0%

注：①X 指 table、figure、graph、chart、pie 等图表或图示。
②"其他"包括"according to"结构和"from X"结构等语用错误结构。

表8-4 显示，中国语言学硕博生都能恰当使用视觉据素的语言呈现方式来引出命题信息来源，具有较好的语类意识。硕博生使用率最高的都是"X+动词"结构，表明这种结构是中国学生最熟悉的数据描述结构，也是定量研究法中最常用的视觉据素语言呈现方式，具有典型的学术英语的语类特征。另外，在此结构中，硕士生使用频率最高的三个动词依次是 show、present 和 indicate，博士生使用频率最多的三个动词依次是 show、demonstrate 和 indicate，用词基本相同。不过，show 和 present 都仅表示作者所命题信息是通过图形、表格、趋势图等直观方式直接观察到的，不含有作者的分析理解，而 demonstrate 和 indicate 则隐含了所传递的命题信息是经过了作者的主观加工和分析判断的，是基于客观数据的科学判断。由此可见，相对于中国语言学博士生，中国语言学硕士生在建构作者身份意识和统计思维意识方面较弱。

另外，在"动词"的多样性方面，硕士生用了 8 个动词：show、present、indicate、reveal、demonstrate、illustrate、portray 和 depict，博士生用了 7 个词汇：show、demonstrate、indicate、present、suggest、depict 和 describe。用词的多样性没有太大差异，只是倾向性不同。由此可见，中国语言学硕博生用于描述图表的动词词汇储备量和有效词汇产出能力大致相当。

表8-4 显示，硕士生使用"I/we+视觉动词（see）"结构的量远大于博士生，这可能是硕士生更熟悉并依赖此结构的缘故，博士生可能认为此结构含有第一人称，主观性偏强，而有意减少使用量，转向更为简洁的"see X"结构。

然而，值得注意的是，在中国语言学硕士学位论文中，"其他"结构的语用错误占到了21.6%，其中"according to"的误用有 306 次，"from X"结构使用了 93 次。这是对语义内涵和外延的理解错误以及汉语母语负迁移所导致的低级错误。这表明，中国硕士生对于此类结构的使用存在严重的中介语特征。而在博士学位论文中，有 7 篇使用了"from X"结构（36 次）；4

篇使用了"according to X"结构（共10次），虽然远远少于硕士生的使用量，但是也表明这种中介语特征非常严重，已经继续迁移到了博士论文中，形成了语言定式，可以被视为具有中式英语特色的语言僵化现象。例如：

（4）From Table 3.6, it shows that the mean score of Group 1 of delayed posttest of output type tasks is 11.391, Group 2 is 9.455, and Group is 11.818. By comparing the mean score of three groups, we can get a answer that the mean of Group 3 is maximum. (CM 41)

例(4)的硕士生作者使用了两个视觉据素 From Table 3.6 和 shows，这既是严重的语言错误，又是冗余现象，可以合并为 Table 3.6 shows，这样更加符合学术语类语言精练简洁的特征。这段数据描述是对图表数据的文字再现，实际上读者并不能得到更深层、更具体的命题信息，定量研究的意义和功能没有得到充分发挥。

（5）We can clearly see from table 3.12 that the F value is 1.589 and the P value is 2.12 in item of input type pretest, that is F＝1.589, P＝2.12＞0.05. The principle of statistics regulates if P＞0.05, there is no any difference between analyzed items and if P＜0.05, there exists some difference between analyzed items. So there is no any different in pretest. The F value is 4.417 and the P value is 0.016 in item of input type immediate test, that is F＝4.417, P＝0.016＜0.05. Thus, it indicates that there is some differences in scores of immediate posttest of input type tasks. That is to say input type tasks with different degrees of involvement load lead to different learning effects in terms of short-term memory of incidental vocabulary acquisition. Next, the F value is 1.090, P＝0.642＞0.05. Because of P＝0.342＞0.05, it claims that it is no any difference in scores of delayed posttest of input type tasks. That also implies that input type tasks with different degrees of involvement load have similar effects on long term memory of incidental vocabulary acquisition. (CM 41)

例(5)的硕士生作者也是使用了错误的视觉据素 from table 3.12，而且整个段落都是对图表数据的文字再描述，而非意义阐释，读者得到的有效学术信息非常少。

（6）From Table 5.6, it is clear that the majority of the experimental group and the control group think that it is important to adopt the student-centered teaching method for non-English majors in colleges. (CD 7)

（7）According to Table 4.2, the mean of their motivational intensity is 19.98. (CM 16)

例(6)的博士生作者和例(7)的硕士生作者分别使用了错误的视觉据素 From Table 5.6 和 According to 结构。

综上所述，在中国语言学硕博学位论文中，视觉据素的语言呈现方式共性大于异性，硕博生的有效词汇产出水平和词汇多样性大致相当，而且都存在中介语特征，对于一些结构的语义内涵和语用规范掌握得不牢固。不过，相较于博士论文，中介语特征和语言僵化现象在硕士论文中更为严重。

8.4.2 听觉据素对比分析

听觉据素是定性研究方法所采用的据素类型。定性研究的难点在于过于复杂，数据收集耗时费力,"要从海量数据中梳理出清晰的逻辑脉络更是困难重重,写作的规范还缺乏统一格式,因此完成一项质性研究通常要花费更长时间,撰写论文需要付出更大努力"(文秋芳、林琳,2016:849)。

对听觉据素的进一步细化分析发现,在中国实证类语言学硕博学位论文中,听觉据素词频统计和语言呈现方式同样存在较大的差异性。

8.4.2.1 听觉据素的词频使用特征

统计显示,中国实证类语言学硕博学位论文中听觉据素的词频使用存在显著性差异。具体情况如表 8-5 所示。

表 8-5 听觉据素的使用情况统计表

据素类型	中国语言学硕士学位论文			中国语言学博士学位论文			p 值
	出现频数	频率	百分比	出现频数	频率	百分比	
听觉据素	441	0.566	20.1%	1572	1.204	37.9%	0.000**

表 8-5 显示,中国实证类语言学硕士学位论文中的听觉据素词频数(0.566)显著低于博士学位论文中的词频(1.204)(p=0.000<0.05)。这与徐昉和龚晶(2014)的调查结果截然相反,他们的研究发现,本科学位论文大量使用访谈录音文本作为听觉据素,硕士学位论文中仅有 10% 使用了听觉据素,而博士论文中没有发现听觉据素。本研究中的硕博学位论文都采用了实证法,即定量研究、定性研究和混合研究,只不过是侧重点不同。从表 8-3 可以看出,定性研究和均衡研究在中国语言学博士学位论文中所占的比例大于硕士学位论文,这就部分导致博士论文中听觉据素的使用量大于硕士论文。因此,我们认为,听觉据素的使用量还可能受研究方法的影响。

我们对语料库的进一步细化分析发现,中国硕博生对定性数据的处理存在共性与异性。例如:

(8) However, after their teaching practice, they began to show their preference of the profession, taking a positive attitude towards becoming a teacher.

After having a close contact with teaching practice, I found it a pleasant job. And I think I'm old enough so that I don't want to make any changes. Just do it. Find a job as a teacher in a public school. (CM 39)

例(8)的硕士生作者在以访谈数据作为证据来源时,没有使用听觉据素,也没有提及访谈的内容来自哪个受访者。

再如:

(9) As for question No.4, almost all of pre-service teachers showed confidence in English teaching after their teaching practice. Actually, before they set foot in their practicum, they all doubted whether they managed to take control of a class with at least 40 students.

"*At the very beginning, I felt nervous since I had never experienced this kind of situation in which I performed as a teacher in a class containing more than 40 students.*" "*The first several periods of class, I was really nervous. I spoke in a low voice. But later on, I gave myself psychological implication that the more I was frightened the louder I should speak. In this way, the students would listen to me."*

However, after three months they all accomplished their tasks successfully. They thought they had learned a lot in the teaching practice on the aspect of teaching techniques as well as classroom management.

"I learned a lot. Now I prefer to use PPT to present my class. It's an attractive way for Grade Seven. Students in this stage like colorful pictures. PPT, to some extent, can draw their attention. And it is easier for me to present by blackboard."

"The most important lesson I have learned in the teaching practice is how to control the discussion of students. On the one hand, I hope they can think wildly. On the other hand, I should know how to control the topic so that I need to imagine what they may come up with." (CM 39)

(10) Questions 3 (I help my students with their exams on CET-4 & 6 because I am responsible for that) and 9 (I spend some time in class on learning strategy training) are concerned with gear changing. Since learners of English at middle schools are faced with different learning situation from that at college, it is quite necessary for both teachers and learners to change gears. Unfortunately, 37.9% of the teachers responded as never spending any time on learning strategy training (Q9), 40% have never done so, 14.7% have done so only sometime, leaving only 7.4% of the teachers engaged often or very often in learning strategy training (See table 4.7). This means that most teachers don't consider learners changing their way of English learning as necessary. On the other hand, 56.8% of teachers often or very often help learners pass CET-4 and 6 exams (Q3), which means that most teachers are still focusing on exams instead of on real communication purposes, as it is stipulated in College English Curriculum Requirements. This fact is observed and confirmed by the findings in the interviews conducted later on. The following are a few quotations collected of the interviews:

Teacher A: Yeah, what can you do? The institute is only concerned with the figure of the percentage of students passing CET-4. So we are still working for exams.

Teacher B: I tried to change. But you know habit is second nature. It is not easy to change. My students say we need to pass the exam for a diploma and a job application.

Teacher C: We are actually trapped in this dilemma. We believe one thing and do something else. You are split into two pieces. (CD 5)

例(9)的硕士生作者没有使用听觉据素，仅用斜体表明信息来源于访谈内容，也因没有指出具体来自哪位受访者，这可能导致可信度受损。类似的情况在多篇硕士学位论文中出现，这也部分导致了中国实证类语言学硕士学位论文中的听觉据素大量减少。

例(10)的博士生作者也没有使用听觉据素，而是使用"Teacher A/B/C：…"的格式引出访谈信息。

例(9)和例(10)的共同之处在于,都是整段罗列访谈内容,基本不加分析地呈现给读者,尤其是例(10)的博士生作者,仅在罗列访谈信息之前写了一句话 The following are a few quotations collected of the interviews. 没有就这些信息的主题、受访者的真实态度、与自己研究的相关性、自己的观点等进行有意义的阐释和探究。在处理访谈信息时,置身局外,似乎在撇清自己与受访者之间的关系,没有尝试将访谈内容与自己的观点之间建立关系,而是交由读者根据自己的认知经验自行解读。例(9)和例(10)的硕博生作者有可能是受到了汉语母语思维模式负迁移的影响,注重"书不尽言,言不尽意""意在言外",未能有效建构起应有的作者身份。

在中国语言学硕博学位论文中均出现上述这种现象,可能是因为定性研究在国内没有受到重视,在很多高校开设的研究方法课程中,教学重点多是定量研究的数据分析,对定性研究的数据分析探讨较少。而且,国内有关研究方法方面的书籍也仅仅是聚焦于定量研究,几乎没有涉及定性研究分析方面的专著。这些因素导致了部分硕博生对于定性研究的规范意识较差,对定性数据分析表现出"重引用,轻分析;重罗列,轻归纳"的特征。

不过,我们对中国实证类语言学硕博学位论文语料库的仔细梳理后发现,大多数硕博生掌握了定性研究的学术规范,能够较好地将访谈内容作为自己研究的证据来源,有意识地将受访者的观点或反馈融入自己的观点中,与自己的研究之间形成学术关联,运用较严谨的逻辑推理和语言解读,说服读者认同自己的学术观点。例如:

(11) Ms. Ma was a 34-year-old female with a considerably long period of teaching experience. She holds the professional title of lecturer. Ms. Ma was also active in changing the pedagogical techniques and designed a variety of classroom activities in order to echo the College English Curriculum Requirements. During the interview, Ms. Ma frequently <u>stated</u> that her main goal of oral English teaching is to help guide students through the process of carrying out an oral English task while also helping them to overcome any difficulties in expressing their ideas. Ms. Ma said that she intended to walk students through the process of how to carry on the classroom discussion by teaching them some fixed sentence patterns they that would be useful in the communication. Ms. Ma <u>expressed</u> that one way in which she addressed this goal was by explaining to student what the correct answer was. Ms. Ma <u>reported</u> that compared to the various classroom activity, she preferred adopting some certain kinds of assistance when engaged students in the classroom discussion. Ms. Ma also <u>reported</u> that in line with the College English Curriculum Requirements, she provided students with a lot of free time to finish the task on themselves. She helped students solve the difficulties by providing correct answers instead of eliciting the correct answer through implicit assistance. When asked about the importance she placed on oral participation in the class, Ms. Ma <u>stated</u> that part of what she intended to promote was the active participation of students. In the interview, she said the following:

Students will speak more and show more. I understand it as this. In a class, the most centered is the students, but not the teachers who keep standing there, as if she or he was the moon surrounded by a myriad of stars, talking. The class should be filled with active in-

volvement of the students and the teacher. (July 18,2013)

As we see through Ms. Ma's comment here and the description of her class teaching, she viewed students' participation as an important part of the teaching procedure. In other words, Ms. Ma's intentions for getting students to participate in class discussion in her class were closely tied to the idea that integrating or responding to others' comments during the class discussion would help students not only to develop their oral language ability in English, but also to develop critical thinking abilities through reacting critically and analytically to others' negotiation. (CD 7)

例(11)的中国博士生作者对于访谈内容的处理采用直接引用和间接引用相结合的方法,使用了 7 次听觉据素:stated、said、expressed 和 reported,表明命题信息来源,其中 6 次是间接引用,1 次是直接引用。在最后一次直接引用后,作者还通过 as we see 和 in other words 对访谈信息进行了深度分析,将个人观点通过受访者的话语得以表达,做到了"言之有据"和"言之可信"。

综上,中国实证类语言学硕士学位论文中的听觉据素使用量显著低于博士论文可能是受到了以下几个因素的影响。

首先,在本研究自建语料库中,所选硕士论文的定性研究和均衡研究的比例均低于博士论文,这是其听觉据素词频显著较低的主要原因。其次,教育程度的影响。2~3 年的专业教育与 3~5 年的专业深化教育相比是存在较大差异的,无论是学术规范意识,还是学术自主学习能力,以及语言掌控能力,硕士生都相对弱于博士生。最后,硕士生受汉语母语文化负迁移的影响要大于博士生。社会文化理论认为,社会文化因素会影响学位论文作者的思维模式。学术写作是一种社会文化实践。学位论文写作不仅仅能表现出学生的学术写作技巧,更能体现作者的思辨能力和学术素养。学位论文写作的过程是作者利用语言符号与学术共同体成员进行交际的过程,在这一过程中,作者有意识地选择他们认为有意义的语言符号来传递个人信念,因此语言能够反映出作者所受到的社会文化影响。随着学术阅读、学术写作和学术语言的进一步加深和拓宽,博士生表现出对汉语母语文化负迁移影响的减弱以及对英语思维文化的较好驾驭。

8.4.2.2 听觉据素的语言呈现方式对比分析

听觉据素的语言呈现方式主要采用"X+动词"结构和"X's+观念名词"结构。

语料库检索发现,中国实证类语言学硕博学位论文中使用频率最多的都是"X+动词"结构,对于"X's+观念名词"结构的使用频率都比较少。鉴于此,"X+动词"结构是听觉据素主要依赖的语言呈现方式。

但是,中国实证类语言学硕博生对于"X+动词"结构的使用仍然表现出差异性。

首先,词汇的多样性。语料库检索发现,相较于硕士学位论文,博士学位论文在听觉据素动词的多样性上具有明显的优势:中国博士生使用了 26 个听觉据素动词,按照使用频率从高到低排序,依次是:say/said、report、think、state、respond、agree、indicate、claim、argue、feel/felt、admit、express、add、point out、hold、answer、disagree、suggest、tell/told、complain、mention、reply、remark、describe、acknowledge、explain,而硕士生仅用了 14 个听觉据素,依次是:

say/said，answer，respond，think，report，agree，express，mention，suggest，believe，explain，hold，point，regard，表现出词汇储备不足和有效词汇产出能力较弱的趋势。

中国硕博士生使用最多的听觉据素动词都是中性动词 say，这与 Cole 和 Shaw（1974）的调查研究相吻合。他们指出，用 say/said 并对肢体语言不做任何描述的言语是最可信、最客观和最清楚的。这符合学位论文去主观化（desubjectivized）的语类特征。其次，在前 5 个使用量最多的听觉动词中，有 4 个词是一样的，即 say/said，report，think 和 respond，这说明，中国硕博生对于听觉动词的选择和依赖具有一致性特征，但同时表明，经过 3～5 年的进一步学术和语言学习，博士生对于听觉动词的词汇广度和深度没有得到进一步的扩展。最后，硕博生使用量最多的前 5 个听觉动词都是中性动词，学生作者借此减少个人情感参与的程度，减弱对访谈信息可靠性所要承担的责任，从而尽量保全自己的学术面子，并与学术共同体成员建立良好的人际关系，这虽然符合学位论文的语类特征，但也缩小了与读者进行情感交流的空间，不太利于突出自己的学术声音。

从硕博论文中听觉据素动词的使用频率排序看，都表现出"中性动词频率＞积极动词频率＞消极动词频率"的趋势。社会文化理论的语言交际观强调，语言的根本目的是为了交际。语言使用者通过选择恰当的语言，表达适切的语义，来实现社会互动，协商社会关系，构建人际意义。学位论文在传递客观命题信息的同时，也通过语言文字与学术共同体成员进行书面交际，与之实现社会互动，尽可能构建和谐的人际关系，为自己的学术观点建构良好的社会关系。而消极词汇多为批评或指责，不利于构建和谐的社会关系。因而，中国硕博生都多依赖中性据素动词和积极据素动词来联盟读者，建构积极的人际意义。统计发现，中国硕博士生只用了 disagree 这一个单词，这有可能会削弱访谈数据的信度——因为不可能所有的受访者都是异口同声的支持。

对听觉据素的另一种语言呈现方式"X's＋观念名词"结构的统计显示，该结构在中国语言学硕博学位论文中出现的频次和词汇相同：仅用了 1 个单词 response，分别出现了 5 次。显然，中国语言学硕博生都没有掌握英语学术语篇追求名词化的特征。

简而言之，就听觉据素的词频和语言呈现方式而言，中国实证类语言学硕博学位论文表现出很多共同的特征，如都使用了听觉据素和两种语言呈现方式，采用了部分相同的词汇，能够就访谈信息或日志进行分析解读，这表明大多数硕博生都能很好地理解并掌握学位论文的语类特征，了解定性研究方法的功能，具有良好的学术素养。不过，还是有一部分硕博生对于定性研究方法的运用不够熟练，表现出"重罗列、轻分析"的逻辑特征以及"读者负责型"的汉语思维模式特征，还存在一定量的学术规范问题。但是，相较于博士生，硕士生受汉语母语语言和思维文化因素负迁移的影响更大，学术规范问题也更为严重。尽管 Lantolf（2006）认为，无论外语知识如何被学习者所内化，都很难达到用于思维调控的程度。但我们发现，用外语进行思维调控的程度会随着外语知识的不断拓展和内化而得以提高。

综上所述，研究方法和教育程度是引发中国实证类语言学硕博学位论文中感官据素（包括视觉据素和听觉据素）出现差异的主要原因。首先，本研究的自建语料库所收集的博士论文偏定性研究和均衡研究的量大于硕士论文中的量，而硕士论文中偏定性研究的量远远超过了博士论文。这使得硕士论文中视觉据素的使用量高于博士论文，而听觉据素的使用量则显著低于博士论文，并因此而引起了硕士论文中感官据素的使用量显著低于博士论文。其次，研究方法的教育差距较大。文秋芳和林琳（2016:850）认为，"我国各高校对研究方法课程重视程度不够，一般到博士阶段才开始一门课（约32课时）"。但我们对国内10所高校的调查发现，这些高校都对硕士生开设了研究方法的课程，当然相对于博士更专业化的学习，硕士阶段的研究方法课程比较浅显，且多集中于介绍定量研究中SPSS等统计软件的使用，忽视了教授数据的解读。这直接导致了部分语言学硕博生对于定量分析和定性分析存在"重描述，轻阐释"的缺陷，个别学生仅仅是将数据或访谈内容罗列出来，交由读者自行解读。最后，汉语母语思维的负迁移。这表现在部分硕士生和个别博士生对于数据的解读不深入、语言僵化、隐藏个人观点等。

8.5　信念据素对比分析

在学术语类中，作者常常借助信念据素表达个人学术观点，传递个人学术信念，说服学术共同体成员信服自己的观点，同时也对自己的研究结果、研究结论和个人信念承担责任。

8.5.1　信念据素的词频使用特征对比分析

Chafe（1986）指出，信念据素带有主观性，这有悖于学术语篇的客观性，故而是所有据素中使用频率最低的。我们的研究结果也验证了Chafe的这一观点。如表8-1（见8.3）所示，在中国语言学硕博学位论文中，信念据素的词频和在所有据素中所占的比例都是最低的（硕士：0.605和3.6%；博士：0.872和3.6%），且没有显著性差异（p=0.277>0.05）。这表明硕博生都能够较好地平衡个人主观信念和学术客观性之间的关系，在表达信念时尽量谨慎，确定自己的学术身份，并据此而言。不过，博士生在传递个人学术信念时略显积极主动，掌控能力也更加熟练。

8.5.2　信念据素的语言呈现方式对比分析

中国实证类语言学硕博学位论文都使用了信念据素的5种语言呈现方式，不过仍存在共性和异性。

中国硕博生使用了5种动词类语言呈现方式表达信念，都没有使用介词短语，如 in my view/opinion, from my viewpoint/perspective，这可能是因为此类介词短语带有较强的口语色彩，硕博生为了突出学术语篇使用书面语和正式语的语类特征，都有意识地予以回避。但是，中国硕博生却使用了另外两种带有更强主观色彩和口语特征的句型 There is no doubt 和 It goes without saying，这并不符合学位论文的语类要求。我们认为，这可能是中国硕博生将"毋庸置疑"和"毫无疑问"进行了对等翻译，期望表达较强烈的信念，却矫枉过正，成为非常强烈的个人信念和主观意愿，这表明中国硕博生对于这两个结构的语义内涵、语用特征和语类规范掌握不牢固。由此可见，中国语言学硕博生的学术语类知识并不是非常扎实，对于一些结构的语义内涵和语义外延也不太熟悉。

第八章　中国语言学硕博学位论文的言据性对比分析

对于其他四种动词类信念据素呈现方式,中国语言学硕博学位论文中使用频率最多的依次是"it＋情态动词＋be＋动词过去分词＋that 从句"结构、"I/we＋心理动词"结构、"It is＋动词过去分词＋that 从句"结构和"It is＋形容词＋to do"结构,表现出较强的一致性分布态势,而且所占用的比例也大体相当。例如,"it＋情态动词＋be＋动词过去分词＋that 从句"结构在硕士学位论文的信念据素表达方式中占 60.2%,在博士论文中为 57.5%;"I/we＋心理动词"结构在硕士论文中的使用比例是 39.8%,在博士论文中略低,是 24.4%。这表明在中国语言学硕士教育阶段和博士教育阶段,学生在对英语语言的认知和基本句式的运用方面并没有太大的调整。在表达信念时,都采用淡化自己对信息确定性所需承担责任的语言策略,极力保护自己的学术面子,在建构自己的学术身份时略显消极被动。这可能是中国硕博生在撰写英语论文时,仍然无法摆脱中国文化价值观的影响,都很难达到将英语用于思维调控的程度。

在信念据素的词汇多样性方面,中国语言学硕博学位论文的差异性不是非常大。例如,"I/we＋心理动词"结构中心理动词的统计显示,中国硕士生使用了 13 个动词,使用量从高到低依次是:conclude,find/found,suggest,see,think,define,prove,explain,infer,summarize,regard,believe,assume;博士生使用了 14 个动词,依次是:find/found,assume,say,suggest,believe,define,conclude,notice,note,argue,propose,maintain,point,predict。从词汇多样性看,硕博生没有差异,且都是常规词汇,用词较为一致。这说明,即使在博士教育阶段,学生的学术语言多样性仍然没有太大进步,有效产出词汇量没有得到应有的提高。这一点同样反映在"it＋情态动词＋be＋动词过去分词＋that 从句"结构、"It is＋动词过去分词＋that 从句"结构和"It is＋形容词＋to do"结构中动词和形容词的词汇选择与使用上。

从词汇的情感层面看,即中性词汇、积极性词汇和消极性词汇,中国硕博生使用量最多的都是中性词汇,如 conclude,find/found,see,say,state 等,其次是积极性词汇,如 suggest 等,且都没有使用消极词汇,用于表达自己对前人研究的质疑,并传递自己的研究信心。这一结果与感官据素中的调查结果一致:中国硕博生在表达态度情感时更为保守谨慎,崇拜权威,不轻易批评指责他人,努力营造和谐的人际关系,既保护自己的面子也不威胁他人的面子。由此可见,中国语言学硕博生都没有形成较强的批判性思维能力。

中国语言学硕士生使用量最大的信念动词是 conclude,其次是 find/found,博士生使用量最多的动词是 find/found,其次是 assume,这三个词表明信念是基于实验、试验、调查等之上所做出的结论或假设。我们认为这完全符合实证类学术子类的语类特征,也表明中国硕博生能够根据实证类研究的子语类特征恰当选择信念动词。

综上研究发现,实证类研究的个人信念传递应该是建立在实验、调查、访谈、日志等实证基础之上的,如最高频使用 conclude,find/found 等。其次,在词频和词汇多样性等方面,中国实证类语言学硕博学位论文中的信念据素表现出共性大于异性的特征。这表明硕博生熟悉实证类论文的语类特征,能够在实现学术语篇客观性的语类要求的同时,尝试发出自己的学术声音,表达个人学术信念,建构自己的学术身份。但是,在表达个人信念时,硕博生都没有展示出较强的批判性思维能力,在运用修辞技巧推销自己的学术信念时略显消极被动。另外,少数硕博生还存在学术语类知识不扎实的现象,如使用口语色彩较强的 There is no doubt 和 It goes without saying 等,而且信念据素的词汇多样性都不理想。

8.6 引用据素对比分析

引用是学术话语中较为显著的语类特征之一。在硕博学位论文中,作者为了确定自己的学术身份,建构学术关联,保证所传递命题信息的真值,做到"言而有据"和"言而有信",就需要借助于引用据素,如夹注、脚注、直接引用和参考文献等,表明命题信息的出处,或表达对引用文献和前人研究者的尊敬,或比较自己与前人的研究发现,或应用前人的研究理论和框架、或借助他人的学术声音传递自己的学术观念,或可以提高信息的确定性和可靠性,或减弱自己对信息来源要承担的责任,或联盟读者,表达属于同一研究社团的意愿,引起学术共同体成员的共鸣。

8.6.1 引用据素的词频使用特征对比分析

统计显示(见8.3部分的表8-1和图8-1),引用据素的词频在所有言据性资源中排列第二,低于推断据素。正如前文(详见第六章和第七章)所提及的,这是因为实证类学位论文作者要对收集自实验、调查、访谈、日志等方面的数据进行合理的阐释、推理或归纳,因而必然会增加推断据素的使用率。我们对于中美实证类语言学硕士学位论文言据性和博士学位论文言据性的调查同样验证了这一结论——中美硕士和博士学位论文中引用据素的使用频率都低于推断据素。

表8-1和图8-1(见8.3)还显示,在中国实证类语言学硕博学位论文中,引用据素的使用词频没有显著性差异($p=0.062>0.05$),其中博士论文中引用据素词频是8.105,略高于硕士论文的7.630,但占言据性资源33.2%的比例则低于硕士生的40.8%。这一方面说明中国硕博生对于学术论文明确要求引用他人研究成果的语类特征非常熟悉,能够有意识地使用引用据素来表明信息来源,注重通过引用他人的成果,和自己的研究课题之间建立链接关系,支持自己的个人观点,使论文更具有说服力。另一方面也表明,中国硕士生似乎更依赖于他人的声音来隐性表达自己对命题的评价,更崇拜权威。

8.6.2 引用据素的语言呈现方式对比分析

引用据素的功能是转述引用他人观点,将其融入自己的研究中,帮助作者表达评价,增强语篇的说服力。常用语言呈现方式见6.6.2。

我们对样本的进一步细化分析发现,在六种引用据素的语言呈现方式上,中国语言学硕博论文也存在一定的差异性(见表8-6)。

表 8-6 中国实证类语言学硕博学位论文中的引用据素语言呈现形式统计表

词类	语言形式	中国语言学硕士学位论文				中国语言学博士学位论文			
		出现频数	词频	词汇种类	百分比	出现频数	词频	词汇种类	百分比
动词类	X+v.	3077	3.904	80	51.2%	5968	4.571	129	56.4%
	It's+v.ed	289	0.367	10	4.8%	274	0.210	17	2.6%
	as+v.ed+by	195	0.247	5	3.2%	231	0.177	8	2.2%
非动词类	括号引用	1773	2.250	2	29.5%	3133	2.399	2	29.5%
	X's+n.	144	0.183	6	2.4%	482	0.369	30	4.6%
	介词短语	535	0.679	4	8.9%	495	0.379	3	4.7%
总计		6013	7.630	107	100.0%	10583	8.105	189	100.0%

表 8-6 显示中国语言学硕博学位论文都用到了这六种引用据素语言呈现方式,而且"X+v."结构和"括号引用"的使用频率和所占比例都是最高的,这表明,中国语言学硕博生都主要依赖这两种语言结构作为引用据素,传递引用信息。另外其他四种语言呈现方式的使用量和使用比例在硕博论文中基本相同。这与视觉据素、听觉据素和信念据素的调查结果基本相同:中国硕博生对于语言呈现方式的选择已经形成了固有的定式。

此外,就引用据素的词汇种类而言,中国语言学硕士生的词汇多样性远低于博士生(107∶189),有效词汇储备量明显不足。这可能是由于近年来国内硕士招生大幅度增加,硕士生的生源质量有所下降,而博士招生幅度的增长低于硕士生,且是经过了较为严格的筛选,博士生具有较好的语言功底。

统计显示,在中国语言学硕博学位论文中,引用据素的语言呈现方式使用频率最高的都是"X+v."结构(3.904∶4.571),这一结果与国内外相关研究结果一致(如 Chafe,1986;Charles,2006;娄宝翠,2013;徐昉、龚晶,2014)。此结构是学术论文和学位论文中传递引用信息,并做出评价的主要语言手段。但在词汇多样性方面,硕士生明显弱于博士生(80∶129),中国语言学硕士生的有效词汇产出量堪忧。

从表 8-6 可以看出,在中国语言学硕博学位论文中,使用量和所占比例排第二的引用据素语言呈现方式都是"括号引用"结构(2.250∶2.399;29.5%∶29.5%)。对此结构的两种形式,即括号中给出单一文献和在括号中给出多个文献,进一步梳理后发现,硕博生都使用了这两种格式,但存在差异性,如表 8-7 所示。

表 8-7 中国实证类语言学硕博学位论文中的"括号引用"结构统计表

括号引用	中国语言学硕士学位论文			中国语言学博士学位论文			p 值
	出现频数	频率	百分比	出现频数	频率	百分比	
单一文献	1667	2.154	94.0%	2293	1.756	73.2%	0.433
多个文献	106	0.096	6.0%	840	0.643	26.8%	0.000**
总计	1773	2.250	100.0%	3133	2.399	100.0%	0.815

中美语言学硕博学位论文的言据性对比研究

从表 8-7 可以看出,"括号引用"结构在中国语言学硕博学位论文中的使用频率没有显著性差异（p=0.815＞0.05）,"单一文献引用"的使用量和比例都明显高于"多个文献引用",且"单一文献引用"的词频没有显著性差异。这表明中国语言学硕博生对自己的研究领域比较熟悉,能够积极建构研究空间,对研究课题进行"综合归纳"或"参考列举"(徐昉,2012)。但是,硕士生显著少用"多个文献引用"结构（p=0.000＜0.05）,这表明他们的归纳列举能力和学术规范意识都远远低于博士生。此外,在硕士论文中出现了很多模糊性词语,不明确指出信息出处。例如:

(12) But there are some people who claim the opposite views on the application of the situational teaching method. Some students think that it is a waste of time and is not necessary to design situations in the limited class time. (CM 3)

例(12)的中国硕士生作者使用了两次 some,第一个表示文献来源,第二个似乎是来自某一调查或者是源引自他人观点。学术论文强调"言之有据",some 是一个语义非常模糊的词语,作者没有进一步给出信息来源来界定 some 的出处,违背了"言之有据"的学术原则,降低"言而有信"的信息可靠度,无形之中提高了作者的主观臆测性,也减少了"多个文献引用"结构的使用量。类似的表述,如 some research show that-,many studies find that-,a few linguists believe that-等,在后面并不给出夹注,明确指出 some 或 a few 具体有什么研究或什么人,这在中国语言学硕士学位论文库中是普遍存在的显现,表明中国语言学硕士生的学术规范意识,以及"言之有据"和"言而有信"的学术写作意识有待进一步提高。

我们对中国语言学硕博士学位论文语料库进行仔细梳理后发现,有 18 位硕士生和 9 位博士生在使用"括号引用"结构时,前后格式并不统一。例如:

(13) For learners, the making of errors can be regarded as learning device, which is a way to test their hypotheses about the language they are learning (Corder,1967). (CM 44)

(14) Meanwhile, inflectional morphemes such as third person—s, progressive—ing, regular past tense—ed, and copula verbs also belong to the grammar pool (Quirk,R. et al,1972). (CM 44)

例(13)和例(14)来自同一篇硕士论文(CM 44),但格式不统一,例(13)的夹注使用的是被引用者的姓氏 Corder,而例(14)则列出了被引用作者的姓氏 Quirk 和名的缩略 R。存在格式不规范问题。

同样的问题在博士学位论文中一样存在。例如:

(15) In fact, the sharp rise of India, Ireland, and Israel in software in recent years has much to do with the high English level of their citizen (Zhang:2002). (CD 2)

(16) One's "affect" towards a particular thing or action or situation or experience is how that thing or that action or that situation or that experience fits in with one's needs or purposes, and its resulting effect on one's emotions…"affect" is a term that refers to the purposive and emotional sides of a person's reactions to what is going on (Stevick 1999:55). (CD 2)

(17) This confirms the theory that the more successful learners are those having a control over their own (Jack C. Richards,1990:43). (CD 2)

例(15)、例(16)和例(17)来自同一篇中国语言学博士论文(CD 2),在三个"括号引用"结构中,出现了三个不同的格式,例(15)(Zhang:2002)采用的是被引用作者的姓氏,后面使用冒号与时间分割;例(16)(Stevick 1999:55)虽然与例(15)一样只给出姓氏,但姓氏后没有使用标点符号,而是用空格再跟发表年限;例(17)(Jack C. Richards,1990:43)则是给出了被引用作者的姓氏 Richards 和名 Jack C.。这种混乱的夹注格式表明该博士生的学术规范意识同样比较薄弱。

而且中国硕博论文中都存在"多个文献引用"格式不统一的问题。例如:

(18) Therefore, the former group is where lexical errors are produced, while the latter group is from which grammatical errors come (Celaya & Torras, 2001; Hemchua & Schmit, 2006; Agustin Llach, 2011). (CM 44)

(19) Scholars tend to collect errors from experiments exclusively designed for their study (Celaya & Torras, 2001; Agstin Llach, 2011; Hemchua & Schmit, 2006). (CM 44)

(20) Misspellings is a controversial category of lexical errors, because it is often singled out as an independent type of language errors——orthographic errors, in the same level with other error taxonomies such as syntactic error, morphological errors and lexical errors from the linguistic aspect (Olsen, S, 1999; Bartley, L. & Benitez-Castro, M, 2013). (CM 44)

例(18)、例(19)和例(20)均来自同一篇中国语言学硕士论文(CM 44),但"多个文献引用"格式却完全不统一。从被引用文献的排序情况看,例(18)和例(20)似乎是按照所引用文献的发表时间早晚排序的,例(19)既没有遵循时间顺序,也不是按作者姓氏排序,整体是凌乱的。从被引用作者的姓氏情况看,这三个例子仍然是不统一的,每一个例子中都存在仅给出被引用者姓氏与同时给出姓和名的情况。

再如:

(21) To name a few: Gardner and colleagues (Gardner et al, 1985; 1990; 1992; 1993) conducted extensive investigations of individual differences in language learning success; other studies (Horwitz, Horwitz & Cope. 1986; Horwitz & Young. 1991; MacIntyre & Gardner. 1989, 1991) examined the construct of language anxicty. (CD 2)

(22) A brief survey of the literature on language anxiety shows that numerous studies (Aida 1994; Ely 1986; Gardner, Lalonde, Moorcroft & Evers 1987; MacIntyre & Gardner 1989, 1991; Phillips 1992; Young 1986) have identified the negative effect of students' anxiety on their performance and achievement. (CD 2)

(23) This involves encouraging realistic expectations about accuracy and errors, offering training in affective strategies, to help students manage anxiety and improve performance, reassuring students that they are not alone in their affective reactions and that these feelings are normal (Foss & Reitzel 1988; Campbell & Ortiz 1991), and showing that the teacher/evaluator understands the tension caused by being anxious about appearing anxious (Phillips 1992). (CD 2)

例(21)、例(22)和例(23)中国博士生作者在进行文献综述时,罗列文献出处的格式不一致,有的按时间顺序排序,如例(23),有的按姓氏的字母顺序排列,如例(21)和例(22)。而且括号内的标点符号也不尽相同,如例(21)中的"Horwitz, Horwitz & Cope. 1986",被引用者姓氏与时间之间是句号". ",而例(22)和例(23)则使用了空格,如"Gardner, Lalonde, Moorcroft & Evers 1987"。

中美语言学硕博学位论文的言据性对比研究

徐昉(2013)曾对国内语言学本科生和硕士生的毕业论文写作格式规范进行了调查,发现本科生和硕士生普遍认识到自己在掌握文献引用规范方面尽管有所知,但不够熟练,且两个阶段没有明显的差异(徐昉,2013:59)。本研究发现,硕士生和博士生这两个阶段在文献引用规范方面也没有明显的差异——都存在较严重的规范问题。这表明中国语言学硕博生的学术规范意识还是比较薄弱。学生多聚焦于学术内容,而忽视写作格式规范。另外,国内很多高校并没有开始学术规范指导方面的课程,硕博生没有机会得到专门的指导,也没有予以足够的关注。

从表8-7可以看出,中国实证类语言学硕博学位论文中第三高频使用的引用据素都是"介词短语"结构。这可能是因为,中国语言学博士生在很早就接触到了 according to X; in X's view; from X's viewpoint 等用于表达观点的介词短语,对其非常熟悉;另一个原因是,他们受汉语母语"根据"或"在某人看来"的影响,进行了对等翻译;我们对硕博论文语料库仔细检索后发现,在这三种介词短语中,according to X 所占有的比例都是最高的,其中硕士 79.3%,博士 97.6%,表明博士生对于 according to 结构的过度依赖性高于硕士生。这再次验证了,中国语言学硕博生的语言僵化现象没有明显差异,博士生没有完全摆脱汉语母语负迁移和语言选择定式的影响。

表8-7显示,中国语言学硕博学位论文中第四高频使用的引用据素不一致,硕士生倾向于"It's+v.ed"结构,博士生倾向于"X's+n."结构。Dennis Freeborn(1996:18)认为:"在学术论文中存在高频的名词化趋势。"Biber 和 Gray(2010)采用定量研究和定性研究相结合的方法分析,指出名词短语的使用是学术语篇的语言特点。而且,学术写作中的名词使用量有显著增加的趋势(Biber & Gray,2011)。随后有学者进而指出,名词短语可以衡量学习者的"高级水平"语言能力(Biber,Gray & Poonpon,2011,2013;Lu,2011)。这是因为,名词短语可以将复杂的信息"捆入"(package)简洁的语言结构,推动语言向简洁经济的方向发展。学术语篇的首要目的是通过简洁经济的语言传递信息,学术语言名词化趋势也符合学术语篇这一语类特征。社会文化理论认为,即使是高级水平的外语学习者,在语言掌握和应用方面始终与本族语者是有差距的。这是因为,随着认知能力的发展和日益成熟,本族语者逐渐能够掌握复杂名词短语的使用(Eisenberg,et al.,2008;Ford & Olson,1975;Kastor,1986)。作为高级语言能力的标志,外语学习者要提高语言输出的质量,就必须掌握这一语类特征。"It's+v.ed"结构仍然是动词性语言,硕士生受汉语动词性语言这一特征的影响略大。中国博士生对于"名词引用"结构的使用词频高于硕士生,表明他们对于学术语言名词化的驾驭能力高于硕士生。

对于语料库仔细梳理后发现,在3篇中国硕士学位论文中共出现了19次口语色彩较强的 as we know 和 as everyone/everybody knows 结构,在4篇中国博士学位论文中出现了9次主观色彩和口语特征较明显的 it is well known that-和 As is known 结构,我们将之归为个别硕博生的语言误用和语类知识不扎实。

表8-7对于"as+v.ed+by"结构的使用统计显示,中国硕士生的使用量和使用比例都大于博士生,但词汇多样性少于博士生。

将表8-7中引用据素的语言呈现方式分为动词类和非动词类,再进行词频统计检验发现,硕士论文中的动词类据素词频是4.518,博士论文是4.958,分别占引用据素的59.2%和61.2%,且没有显著性差异(p=0.091>0.05)。这表明,在语言学学位论文中,动词类语言方式仍然是引用据素的主要结构。非动词类的统计结果显示,中国硕博学位论文间也没有显著性差异（词频分别是 3.112 和 3.147，p=1.605>0.05）。由此可见，动词仍然是引用据素的主要语言呈现方式。

综上所述，就引用据素的语言呈现方式而言，中国语言学硕博生都用到了这 6 种结构，且使用词频和所占比例最高的两种结构一致："X+v."结构和"括号引用"结构，能够很好地平衡动词类引用据素和非动词类引用据素的词频和使用比例。这说明中国硕博生均对于学位论文的语类特征和语言特征较为熟悉，并能较熟练地使用。中国博士生的语言输出质量和词汇多样性要高于硕士生，但硕博学位论文中都存在学术规范不严谨的情况，如"括号引用"结构中的夹注排序混乱。还有一些硕博生的语类知识不扎实，将口语色彩较强的词汇结构用于学位论文中。

8.6.3 引用据素的立场表达分析

我们仍借鉴 Thompson 和 Ye（1991）对引用动词的分类标准，将引用据素（包括动词和名词）的评价意义分为积极、消极和中性三类。

统计显示，中国实证类语言学硕博学位论文在利用引用据素表达个人立场态度时，所传递的评价意义呈现出一致性特征，即中性词汇量>积极词汇量>消极词汇量。这表明，中国硕博生都能较好地平衡个人立场态度的表达，积极构建学术空间，在与学术共同体成员建立和谐的人际关系的同时，也适时表达个人的学术观点，努力确立个人学术身份。

对语料库的进一步梳理发现，中国语言学硕士生使用频率最高的动词引用据素依次是：find，define，point out，put forward 和 show；中国语言学博士生使用频率最高的动词引用据素依次是 find，state，suggest，point out 和 believe。具体使用情况见表 8-8。

表 8-8 最高频动词引用据素的使用情况统计表

中国语言学硕士学位论文				中国语言学博士学位论文			
引用动词	出现频数	频率	立场态度	引用动词	出现频数	频率	立场态度
find	245	0.311	积极	find	492	0.377	积极
define	189	0.240	中性	state	348	0.271	积极
point out	163	0.207	积极	suggest	282	0.216	消极
put forward	157	0.199	积极	point out	270	0.207	积极
show	134	0.170	中性	believe	270	0.207	消极
合计	888	1.127		合计	1662	1.278	

表 8-8 显示，中国语言学硕博生所使用的最高频动词引用据素中，有 2 个是共同使用的词：find 和 point out，词频差异不大。

从表 8-8 还可以看出，中国语言学博士生使用了 3 个积极立场态度动词（find，state，point out），2 个消极立场态度动词（suggest，believe），但没有使用中性立场动词；而中国硕士生使用了 3 个积极立场动词（find，point out，put forward），2 个中性立场动词（define，show），没有使用消极立场态度动词。这表明中国硕博生都具有较强的立场意识，能够选择恰当的词汇表达自己对被引用命题信息的观点和态度。不过中国博士生的立场表达更为鲜明,具有一定的批判性思维能力,而硕士生的立场表达较为模糊,表现出对引用信息"趋同"的特征,在建构个人学术身份时不够主动。

再根据 Thompson 和 Ye(1991:365-382)对引用动词的分类:话语动词、心理动词和研究动词,将表 8-8 的高频引用动词加以分类(详见表 8-9)。

表 8-9 高频动词类引用据素的分类

语料来源	话语动词	心理动词	研究动词
中国实证类语言学硕士学位论文	define,point out,put forward,show	无	find
中国实证类语言学博士学位论文	state,suggest,point out	believe	find

表 8-9 显示,中国语言学硕博生使用频率最高的引用动词都是研究动词 find。鉴于此,我们认为,实证类语言学学位论文采用的定量研究与定性研究相结合的混合研究方法,使得此类论文同时兼备了社会科学属性和自然科学属性。尤其是在我们的语料库样本中,中国语言学硕博学位论文都是偏定量研究较多,那么 find 成为使用词频最高的引用动词就完全符合实证类研究的语类特征。

表 8-9 还显示,中国实证类语言学硕博生都主要依赖话语动词表明引用信息来源,有意识与被引用命题信息之间拉开距离,表现出依赖他人声音传递个人观点的倾向。一些研究表明,学习者表达立场态度的能力要弱于表达命题信息的能力,因而无论是本族语学习者还是高级外语学习者在表达立场态度时都有困难(Bloch & Chi,1995;Hyland,2002;Wharton,2012;桂诗春,2009;何平安,2011)。

还需要指出的一点是,中国语言学硕博生都有误用一些英语词汇的语义外延和评价潜势的现象,如 claim,这是消极性词汇,作者使用 claim 引出他人的命题之后,往往借助转折性逻辑词汇,对其进行更正或补充,表明自己并不认同被引用者的观点态度。但中国语言学硕博生都将其视为中性或积极性词汇,表现出严重的中介语特征。

综上所述,中国语言学硕博生对于学术论文明确要求引用他人研究成果的语类特征较为熟悉,尤其是能够掌握实证类语言学研究的这一子语类语言和语用特征,能够恰当使用五种引用据素的语言呈现方式,注重引用据素的多样性,能够有意识地使用引用据素来表明信息来源,与前人的研究建立学术关联,且有较强烈的立场表达意识。不过,少数中国硕博生的学位论文中仍表现出学术规范意识的欠缺,以及对某些词汇的语义内涵和评价潜势掌握有误的现象。另外,中国语言学硕士生的词汇储备量和有效词汇产出质量低于语言学博士生。

8.7 推断据素对比分析

学术论文的作者明白,即使是他们基于真实数据做出的断言也并非绝对的真,其真实性具有统计学上的"或然性"或"偶然性"的特征,表现为某一种趋势或倾向。推断据素有助于论文作者表达对命题信息的可能性、或然性、确定性的程度,有效弱化作者对命题真值可能要承担的风险责任,体现出对可能存在其他多种阐释的认知和尊重,表现出与读者进行积极协商的态度,从而提高自己的学术信息可靠度,促使读者接受自己的学术观点。

8.7.1 推断据素的词频使用特征对比分析

表 8-1 显示,在中国实证类语言学硕博学位论文中,推断据素都是使用频率最多的据素类型。其中,中国硕士生的推断据素词频是 7.665,占言据性资源的 41.0%;中国博士生的词频是 12.286,占言据性资源的 50.2%。这一结果显示了硕博生对自己的研究结果持慎重态度和客观理性,对自己学术成果的确信程度和对未来研究的前瞻性预测也比较谨慎,证明他们都具有较好的专业学术素养。同时也表明他们对于实证类研究有着非常扎实的语类知识,能够将自然科学研究的语类特征与社会科学研究的语类特征进行有效对接,对基于实证的推理更加谨慎,承认对命题的阐释只是众多可能性之一,为其他阐释创建了协商空间,同时也表现出对其他学者相关研究或阐释的尊重。不过,从表 8-1 可以看出,与中国博士生相比,中国硕士生显著少用推断据素($p=0.000<0.05$)。这表明,经过 3~5 年更为专业的学术训练,中国语言学博士生展示了更为专业的学术素养,能够把握实证类语言学研究的子语类特征,不再满足于描述现象,总结经验,而是更加积极探究现象背后所隐含的多元因素,勇于演绎推理,呈现出发散性思维特征,敢于将自己的认知推理过程传递给读者,与之进行学术磋商,同时积极建构自己的学术身份和学术地位。而中国硕士生则显得"比较满足于描述现象和总结经验,几乎不太重视追究现象背后的原因和各种因果关系"(连淑能,2010:352)。

8.7.2 推断据素的语言呈现方式对比分析

进一步的细化统计发现,中美语言学博士生对于推断据素的六种语言呈现方式的使用存在共同点和差异性。具体如表 8-10 和图 8-3 所示。

表 8-10 中国实证类语言学硕博学位论文的推断据素语言呈现方式统计表

语言呈现方式	中国语言学硕士学位论文			中国语言学博士学位论文			p 值
	出现频数	频率	百分比	出现频数	频率	百分比	
半系动词	111	0.141	1.8%	1198	0.918	7.5%	0.000**
情态动词	5197	6.594	86.0%	10350	7.927	64.5%	0.000**
情态副词	260	0.330	6.5%	1960	1.501	12.2%	0.000**
it's+adj.+that	390	0.495	4.3%	2318	1.775	14.4%	0.000**
介词短语	77	0.097	1.3%	186	0.142	1.2%	1.224
名词	6	0.008	0.1%	30	0.023	0.2%	1.330
总计	6041	7.665	100.0%	16042	12.286	100.0%	0.000**

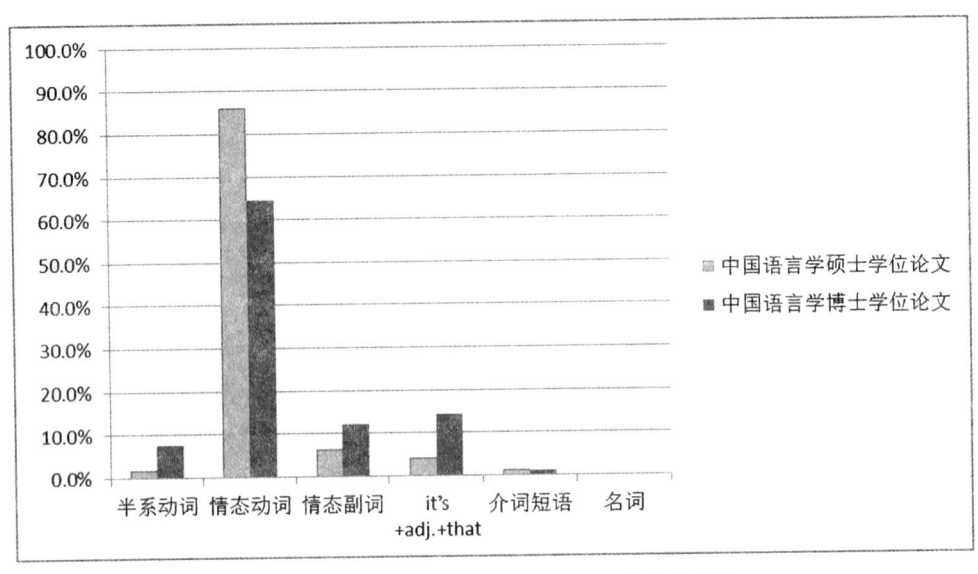

图 8-3 推断据素语言呈现方式的百分比分布图

从表 8-10 和图 8-3 可以看出,推断据素的六种呈现方式都被用于中国实证类语言学硕博学位论文中,且最高频使用的都是情态动词,最低频使用的都是名词。不过,除了介词短语和名词的使用量没有显著性差异($p=1.224>0.05$ 和 $p=1.330>0.05$)外,中国语言学硕士生显著少用了四种语言呈现方式:半系动词、情态动词、情态副词和"it's+$adj.$+that"结构($p=0.000<0.05$; $p=0.000<0.05$; $p=0.000<0.05$; $p=0.000<0.05$)。这一方面表明中国语言学硕博生都能掌握推断据素的语言形式和语用功能;另一方面也说明,相较于中国博士生,中国硕士生的学术推断意识不强,没有完全意识到语言对确信程度和研究或然性的影响。

8.7.2.1 半系动词的对比分析

表 8-10 和图 8-3 显示,中国语言学硕博生都能够掌握使用半系动词 seem 和 appear 表示推断的语义概念,但中国硕士生显著少用此类据素($p=0.000<0.05$)。半系动词 seem 和 appear 属于"似乎性动词"(Quirk,et al.,1985:1174),均有"似乎、好像、显得"之意,用于表示说话人或作者不太确定的看法和推测,seem 所传递的确切性要高于 appear。语料库统计显示,在中国语言学硕博学位论文中,seem 的词频都远大于 appear,这表明中国硕博生都能很好地把握 seem 和 appear 的语义范畴,能够借用认识性 seem 来传递作者自己推断命题信息的真值程度和真值判断,以及自己对推断结论的确定性。不过,中国硕士生存在使用 seem 不足的倾向,这一研究结果与胡学文(2006)的研究发现一致。他对中国大学生口笔语语料库的考察发现,整体上中国大学生有使用 seem 不足的倾向。这也说明了中国英语专业硕士生的英语语言能力堪忧。而博士生对英语词汇和语义语用有更加深入的了解,能够适度使用半系动词传递不确定性,扩大与读者的协商空间。

8.7.2.2 情态动词的对比分析

从表 8-10 和图 8-3 可以看出,中国语言学硕博生都主要依赖情态动词表达推断。虽然中国博士生的情态动词使用量显著多于硕士生（p=0.000<0.05），但从情态动词在推断据素中所占的比例看，硕士生对于情态动词的依赖度高于博士生。

对中国语言学硕博学位论文中核心情态动词的统计情况如表 8-11 和图 8-4 所示。

表 8-11　中国实证类语言学硕博学位论文中情态动词统计表

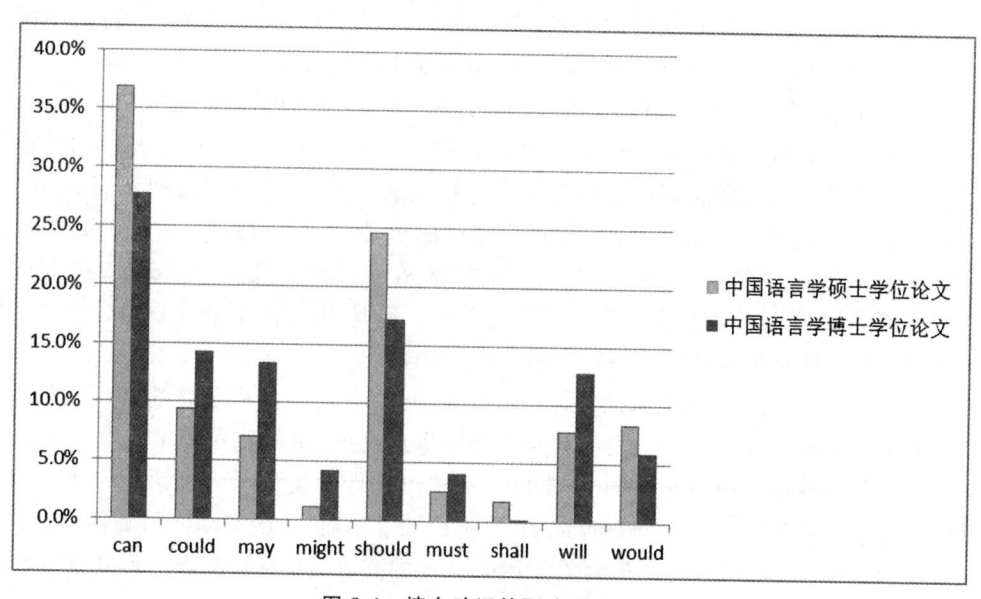

语料库 情态动词	中国语言学硕士论文			中国语言学博士论文			p 值
	出现频数	频率	百分比	出现频数	频率	百分比	
can	1920	2.436	36.9%	2873	2.200	27.8%	0.161
could	492	0.624	9.5%	1477	1.131	14.3%	0.001**
may	375	0.476	7.2%	1386	1.062	13.4%	0.000**
might	66	0.084	1.2%	448	0.343	4.3%	0.130
should	1278	1.622	24.6%	1784	1.366	17.2%	0.135
must	141	0.178	2.6%	425	0.326	4.1%	0.481
shall	92	0.117	1.8%	18	0.014	0.2%	0.502
will	401	0.509	7.8%	1329	1.018	12.8%	0.002**
would	432	0.548	8.4%	610	0.467	5.9%	0.703
总计	5197	6.594	100.0%	10350	7.927	100.0%	0.000**

图 8-4　情态动词的百分比分布图

表 8-11 和图 8-4 显示，中国语言学硕博生对于情态动词的使用情况表现出一定的共性特征，如使用量最多的都是 can，使用量最低的都是 shall；最高频使用的 3 个情态动词都是 can、should 和 could。不过，差异性也非常明显，如中国硕士生对于情态动词的使用量依次是 can，should，could，would，will，may，must，shall 和 might，博士生的使用情况是：can，should， could,may,will,would,might,must,而且硕士生显著少用 could,may 和 will（p＝0.001＜0.05；p＝0.000＜0.05；p＝0.002＜0.05）。中国语言学硕博生都使用 shall 表推断，这是语用错误。

中国语言学硕博生使用的 3 个最高频情态动词完全一致，都是 can、should 和 could。国内外学者的调查也显示，英语本族语者使用最多的情态动词是 can（Atai & Sadr,2008;Butler,1990;徐江等,2014;王淑雯,2016）。但是对于 should 的过度使用则明显是受到了汉语母语的影响。汉语表示推测的据素有很多，如"一定、可能、会、应该、有可能、也许、能、肯定、一定、该、恐怕、几乎、差不多、大概、有点儿、未必、显然"等。例如，"她这会儿应该在办公室。"该句中的"应该"并非责任和义务，而是表示肯定的推测。再如，"我们应该想办法解决这个问题。"此句中的"应该"表示责任和义务。由此可见，情态动词的语义具有多元性，超越了句子的界限，要根据语境判断其功能。有些中国语言学硕博生没有考虑语境因素对情态动词 should 的决定性影响，也没有意识 should 在英语语言中多表达责任义务，表示根据义务和责任有必要或可能实施某一行为。在表达推测时，should 多受限于某些特定的句型，如 It should be pointed out that-等结构，中国学生多将"应该"对等翻译为"should"，没有考虑其语义潜势和语用功能在语境中的变化。另外，可能是中国学生受到现代汉语"口号式"语言的影响以及较早接触 should 的原因，形成了词汇选择定式。在英语学术语篇中，should 属于必然性的认知情态，表明作者对命题信息之必然性的主观判断，带有较多的主观性印记，其使用量应该减少。

表 8-11 还显示，中国语言学硕士生显著少用 could,may 和 will，这可能是因为有些学生将汉语的"能""会""可以""能够""可能""许可"仅仅对等于 can，将 could 仅视为 can 的过去式，忽视了 could 也可以用于现在时的句子，表示确信度略低于 can 的推断。另外，中国语言学硕士生对于 may 和 will 的语义认知可能还停留在初学时的程度"may 表示可以""will 用于一般将来时"。例如，May I come in? 句中的 may 表示"可以"。再如，If it rains tomorrow,I will stay at home. 而对于 may 和 will 表示推测、可能性（近似于 must,can,不过可能性较低，尤其是 may 表明作者对命题信息的把握性不大），以及表示责任、义务（近似于 should）的语义范畴并不熟悉。例如，It may rain. 表示"下雨"的可能性有 50%；This will be the book you're looking for. 句中的 will 表示推测，意思是"大概、可能"。再如，No one will leave the office before five o'clock. 句中的 will 表述责任义务。但是中国语言学硕士生对于这些情态动词的认知出现了僵化现象，受到了母语负迁移的影响。

Palmer（1979:1）指出，在所有的英语语法体系中，情态动词是最重要的，但也是最难的。最重要是因为情态动词在不同的语类中都是使用频率最高的，最难则是因其语义具有多样性和不确定性。能否准确使用情态动词，通常可以反映出作者的英语语言和语用水平。对于中国语言学硕博生使用情态动词的调查也说明，对于中国学生而言，情态动词的确很难驾驭。在今后的英语教学中，应该重点引导学生关注情态动词的多义性，在重视语法形式准确性的同时，更要聚焦语用意义的适切性。

根据 Halliday（2000:39）提出的情态动词量值等级的分类，我们将 9 个核心情态动词分为高值情态（must）、中值情态（will,shall,should,would）和低值情态（can,could,may,might）。具体统计情况见表 8-12 和图 8-5。

表 8-12　中国实证类语言学硕博学位论文中的情态动词量值统计表

量值\语料库	中国语言学硕士学位论文 出现频数	频率	百分比	中国语言学博士学位论文 出现频数	频率	百分比	p 值
高	141	0.178	2.6%	425	0.326	4.1%	0.481
中	2203	2.796	42.6%	4070	2.865	36.1%	0.717
低	2853	3.620	54.8%	6184	4.736	59.8%	0.000**
总计	5197	6.594	100.0%	10679	7.927	100.0%	0.000**

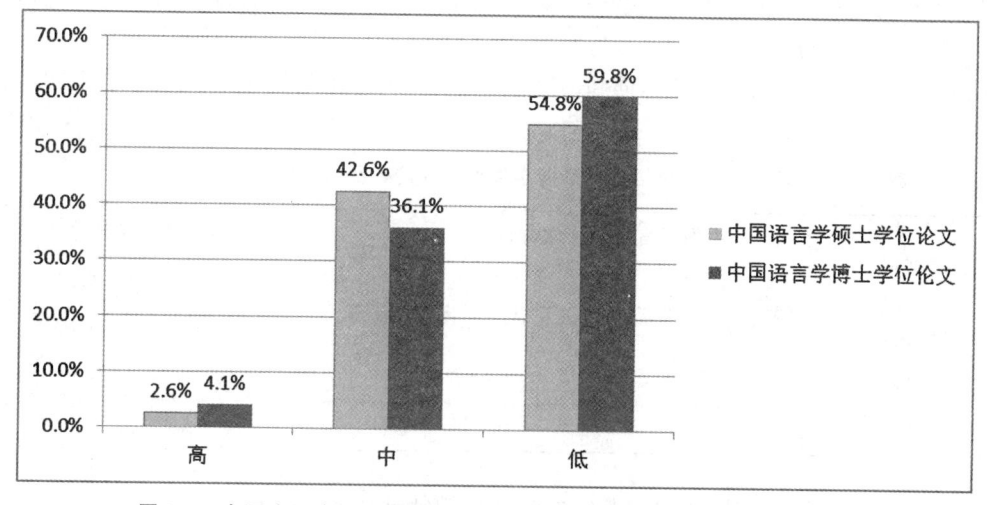

图 8-5　中国实证类语言学硕博学位论文情态动词量值的百分比分布图

表 8-12 和图 8-5 显示,中国语言学硕博生对于情态动词量值使用频率和所占比例的排序完全一致,都是"低量值情态＞中量值情态＞高量值情态",表现出对研究成果态度谨慎,承诺度低以及扩大与学术共同体成员商讨空间的学术语类特征。在实证类论文中,作者需要对实验事实或调查事件进行客观、合理的推测,并就学术语类"依据而言"的特征达成一致,均表现出客观、审慎的推断态度。这表明中国语言学硕博生都可以通过恰当使用不同量值的情态动词,实现与学术共同体成员的商讨,建立和谐人际互动关系。但是,表 8-12 也显示,相较于中国硕士生,中国博士生显著多用低量值情态（p＝0.000＜0.05）。这并不能说明博士生在表达推断时对自己的研究结论缺少信心,而是由于硕士生没有掌握低量值情态动词的语义和语用功能所致。

因其"句法、语义和语用功能的复杂性"（Hinkel,2009:670）,情态动词也被认为是"英语语法系统中最重要但同时也是最难的语法"（Palmer,1986:1）。而且,情态动词的使用情况受到语类和写作者文化背景的影响（Hinkel,1995）,这更增加了外语学习者驾驭情态动词的难度。

8.7.2.3　情态副词的对比分析

情态副词用于表示对所推测事宜的确信程度。语料库统计显示,中国语言学硕士生显著少用情态副词表推测（详见表8-10），而且情态副词的多样性也比中国语言学博士生的少（12∶19），且在硕士生语料库中检索到的情态副词全都出现在博士论文中，这表明中国语言学硕博生对于情态副词的语义范畴和语用功能的认知具有趋同性，不过硕士生对情态副词的语义认知和语用能力都弱于博士生。

统计发现，中国语言学硕士生所使用的情态副词非常集中，将近一半都依赖 generally，而博士生所使用的词汇则比较分散，没有表现出过度依赖某个词的现象。这表明中国博士生的情态副词有效产出能力优于硕士生。

语料库检索统计显示，中国语言学硕博生使用量最大的情态副词都是 generally，这是典型的归纳性词汇，表明中国硕博生在撰写英语学位论文时并没有摆脱中国传统思维模式的影响，都倾向于由个别（particulars）推出一般（generals），表现出"内向自求"和"主体意向"（连淑能，2010：344）的特征。

我们将情态副词分为归纳性副词和演绎性副词，发现中国硕博生都倾向于多用归纳性副词。具体如表 8-13 所示。

表 8-13 中国语言学硕博学位论文中情态副词的使用情况

情态副词	中国语言学硕士学位论文		中国语言学博士学位论文	
	频率	百分比	频率	百分比
归纳性副词	0.263	77.0%	0.855	57.0%
演绎性副词	0.067	23.0%	0.646	43.0%
合计	0.330	100.0%	1.501	100.0%

表 8-13 再次印证了中国学生重归纳的认知思维特征。

社会文化理论认为，人的认知心理机能是一个受到不同文化产品、行为活动和概念等中介要素调节的过程。在这一过程中，作为中介要素的外化和实现手段，语言发挥了关键作用。中国语言学硕博生用英语完善学位论文的写作，其难度要大于本族语学习者，因为对中国学生而言，英语是外语，在写作过程中会不可能摆脱母语语言、思维、文化以及社会因素的影响，正如 Lantolf（2006）所指出的，学习者可以获得二语的概念，但其成功的程度有限，母语概念的影响极为广泛。本研究也验证了 Lantolf（2006）的这一观点：中国语言学硕博生还不能用英语实现思维调控以及中介自己的心理活动。

8.7.2.4 "It's+adj.+that"结构的对比分析

在"It's+adj.+that"结构中常用的形容词有 possible、likely、clear、certain、evident、essential 等。语料库检索发现，中国语言学硕士生使用了 6 种形容词，博士生使用了 15 种形容词，就词汇多样性而言，硕士生的词汇略显单一。从词频统计情况看，中国硕博生使用量最高的 3 个形容词是相同的：possible，likely 和 clear。

表 8-10 显示，中国语言学博士生显著多用"it's+adj.+that"结构（1.775∶0.495；p=0.000<0.05），词汇多样性是硕士生的两倍，这表明中国博士生的英语词汇储备和有效词汇输出能力高于硕士生。不过，中国硕博生使用频率最多的三个形容词相同。其中，possible 和

likely 都是典型的非确定性语言，是基于研究数据之上的理性推断；而 clear 则是对已知数据的归纳。这符合实证类学术论文追求或然性和确定性的语类特征，有利于传递作者基于研究结果进行推测的自信心，有助于说服读者认同自己的阐释，同时又不否认还有"十有一二"的其他解释，表现出积极的人际意义建构的态度。

8.7.2.5 介词短语的对比分析

常用于表示推断的介词短语有 in general、in essence、in essential 和 in particular。表 8-10 显示，中国语言学硕博学位论文中的介词短语做推断据素的词频（0.097∶0.142）和百分比（1.3%∶1.2%）都比较低，且没有显著性差异（p=1.224>0.05）。且词汇多样性方面没有差异，硕博生都只使用了两个介词短语：in general 和 in essence，且前者的使用量都是最多的，分别是 93.1 和 89.8%，这可能是受到 in general 在语义和语用方面近似于 generally 的影响，另外，中国学生很早就接触了 in general，而形成了固有的语言使用特征。

8.7.2.6 名词的对比分析

表 8-10 显示，中国语言学硕博生的推断名词词频和比例是所有推断据素语言呈现方式中最低（分别是 0.008，0.1%；0.023，0.2%），且没有显著性差异（p=1.330>0.05）。

8.8 小 结

本章对比分析了中国实证类语言学硕博学位论文言据性的整体特征以及四类据素及其语言呈现方式的使用情况和使用特征。

研究发现，中国语言学硕博生都能够较好地掌握实证类论文的子语类特征，言据性资源的整体使用情况一致，在词频和百分比两个维度，均表现出"推断据素＞引用据素＞感官据素＞信念据素"的分布态势，能够平衡追求学术客观性和表达个人学术信念之间的关系，较好地利用各类据素与学术共同体成员之间实现积极的学术互动。不过，相较于中国语言学博士生，中国语言学硕士对于言据性资源的总体使用和四类据素的使用量都较低，尤其是在言据性资源和推断据素的词频方面表现出显著性差异（p=0.000<0.05；p=0.000<0.05）。这表明，中国硕士生对于言据性语用功能的驾驭能力弱于中国语言学博士生，尤其是对数据进行推断时的逻辑思维能力、分析能力和探究能力较弱。我们认为，就实证类研究这一子语类而言，言据性资源和推断据素的使用量随着教育程度的提高而提高。

在中国实证类语言学硕博学位论文中四类据素的使用方面，研究发现，词频使用量和所占比例最大的都是推断据素。实证类学位论文要求作者对收集而来的定量数据和定性数据进行客观理性地综合演绎推断和归纳推断，使自己的学术观点更加深入和具有说服力。这一研究结果再次说明，据素类型的使用除了与语类有关之外，还应该与研究方法有直接的关系。不过，中国语言学硕士生显著少用推断据素，一方面说明他们在进行归纳演绎时比较谨慎；另一方面也说明他们对语言的把控能力不强。词频使用量和在言据性资源中的比例排第二的是引用据素，且没有显著性差异（p=0.062>0.05）。这表明中国语言学硕博生都能够掌握引用据

中美语言学硕博学位论文的言据性对比研究

素的功能,引用他人研究资源并做出适度评价,从而与自己的研究课题之间建立链接关系,增强语篇的说服力。词频和比例位列第三的是感官据素,且没有显著性差异($p=0.195>0.05$)。这表明,中国语言学硕博生都能够掌握实证类研究需要数据作为证据来源的子语类特征,能够对通过定量研究和定性研究收集而来的数据进行描述和阐释。不过,将感官据素细分为视觉据素和听觉据素后,发现中国语言学硕士学位论文的视觉据素使用量高于中国语言学博士论文,但没有显著性差异($p=0.216>0.05$),但其中听觉据素使用量却显著低于博士生的($p=0.000<0.05$)。这一是因为硕士论文中偏定量研究的比例高于博士论文(95.6%:80.0%),因而其中的视觉据素使用量偏高;另一原因是定性研究的分析难度高于定量研究,而且硕士生在处理访谈、日志等定性数据时出现了一部分不使用据素的情况,也减少了听觉据素的统计数量。我们认为,这一特征更加印证了研究方法对感官据素的直接影响。词频量最低的都是信念据素。中国语言学硕博生都能严格遵循突出客观性、弱化主观性的学术语类特征。不过,受汉语母语文化以及英语语言水平的影响,中国硕士生在表达个人信念,建立个人学术身份时比较消极,批判性思维能力相对较弱。

在四类据素的语言呈现方式方面,研究发现,中国实证类语言学硕博学位论文的共性特征大于异性特征。首先,倾向于动词性据素,而且最高频使用的语言呈现方式相同。例如,在视觉据素方面,中国语言学硕博生最高频使用"X+$v.$"结构,听觉据素最高频使用"X+$v.$"结构,信念据素最高频使用"it+情态动词+be+动词过去分词+that从句"结构,引用据素最高频使用"X+$v.$"结构,推断据素高度依赖情态动词。其次,各类据素所使用最高频词汇相同或相似。例如,视觉据素最高频使用的动词是show,听觉据素的高频使用动词都是say/said,report,think和respond,最高频引用动词都是find,最高频的情态动词都是can,should和could。最后,均存在口语化、语用错误和滥用情况。例如,硕生都使用了according to和"from X"结构作为视觉据素,都使用一些主观色彩和口语特征比较明显的语言,如it is well known that-结构。有文献夹注凌乱,违背文献引用规范的情况,对于一些词汇(如claim)的语义内涵和评价外延有中介语特征。这说明中国语言学硕博生的语言使用出现了固化现象和语言僵化现象。不过,中国语言学硕士生的语言把握能力弱于博士生,词汇储备量和有效词汇产出量均低于博士生。由此可见,就同一语类而言,教育程度对言据性资源和四类据素的语言呈现方式使用特征有直接影响。

综上所述,中国语言学硕博生都具备了在学术语篇中正确使用言据性资源以及推断据素、引用据素、感官据素和信念据素这四类据素的学术意识和语类意识。总的说来,中国实证类语言学硕博学位论文在言据性资源和据素使用方面的共性大于差异性,这可能是近年来国内高校普遍给硕博研究生开设英语学术论文写作课程所取得的效果。但研究也发现,中国语言学硕博生的语类意识和语用正确率仍亟待提高,我们有必要结合语类学的相关研究成果,帮助学生掌握学位论文语类的意义表达模式,严格学位论文和学术论文的语类规范,从而提高语言学硕博学位论文的写作质量。

第九章 美国语言学硕博学位论文的言据性对比分析

9.1 导　言

本章重点对比分析 45 篇美国实证类语言学硕士学位论文和 30 篇美国实证类语言学硕博学位论文的言据性特征以及据素特征，并从语类学视域进行详细分析。研究发现：(1) 美国实证类语言学硕博学位论文均使用感官据素、信念据素、引用据素和推断据素，且在据素类型的分布上具有一致性和类似的不均衡性；(2) 美国硕博学位论文在信念据素和引用据素的使用频率上没有显著性差异，但硕士学位论文的言据性整体资源、感官据素和推断据素的词频显著少于博士生；(3) 美国语言学硕博学位论文中的语言呈现方式体现出较大的共性特征；(4) 教育程度会影响据素词汇的多样性。

9.2 研究问题

本章重点回答以下三个问题：
(1) 美国实证类语言学硕博学位论文的言据性分布规律及其原因是什么？
(2) 不同类型的据素在美国实证类语言学硕博学位论文中的分布情况及其原因是什么？
(3) 不同类型的据素在美国实证类语言学硕博学位论文中的语言呈现方式有何特点？

9.3 言据性整体特征对比分析

经过统计，美国实证类语言学硕博学位论文的言据性资源整体分布情况，以及感官据素、信念据素、引用据素和推断据素的使用情况如表 9-1 和图 9-1 所示。

表 9-1　美国实证类语言学硕博学位论文中的言据性资源统计表

据素类型	美国实证类语言学硕士学位论文 出现频数	频率	百分比	美国实证类语言学博士学位论文 出现频数	频率	百分比	p 值
感官据素	2151	2.286	10.8%	6061	3.713	14.8%	0.000**
信念据素	816	0.867	4.1%	1766	1.082	4.3%	0.301
引用据素	7551	8.023	37.8%	13018	7.975	31.8%	0.914
推断据素	9453	10.044	47.3%	20113	12.322	49.1%	0.000**
总计	19971	21.220	100%	40958	25.092	100%	0.000**

```
     60.0%
                                                    47.3% 49.1%
     50.0%

     40.0%                              37.8%
                                              31.8%
     30.0%                                                        ■ 美国语言学硕士学位论文据素
                                                                  ■ 美国语言学博士学位论文据素
     20.0%
              14.8%
     10.0% 10.8%
                     4.1% 4.3%
      0.0%
              感官据素   信念据素   引用据素   推断据素
```

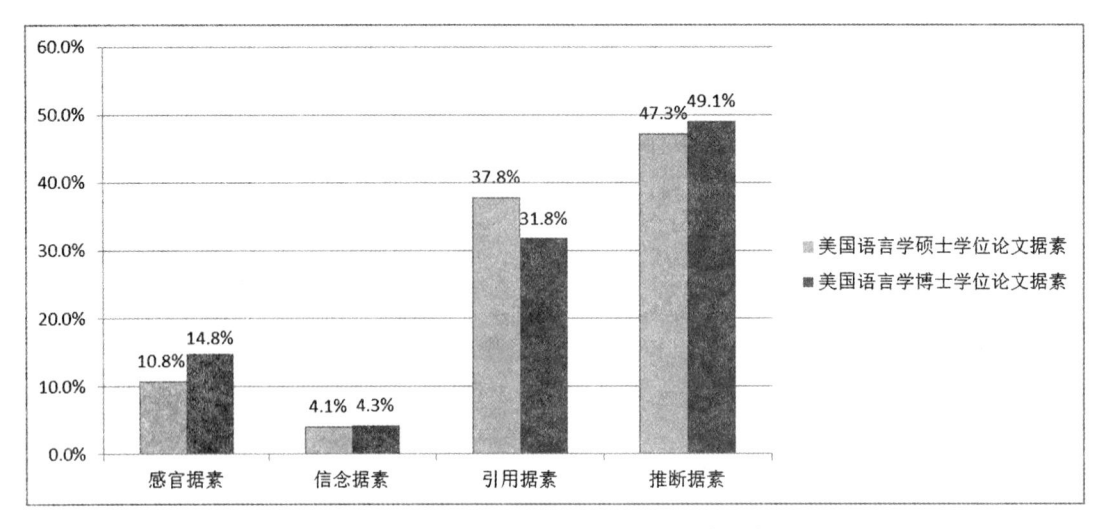

图 9-1　美国实证类语言学硕博学位论文中各类据素所占比例

第一，从表 9-1 可以看出，美国实证类语言学硕博学位论文都使用了四类据素，即感官据素、信念据素、引用据素和推断据素。这表明，美国语言学硕博生对于言据性资源及据素有较为全面的认识，在学位论文中利用各种据素表明信息来源，既与前人研究存在学术关联，又积极阐释个人信念和学术观点，做到"言之有据"和"言而有信"。

第二，美国语言学硕博生在信念据素和引用据素的使用上没有显著性差异（$p=0.301>0.05;p=0.914>0.05$），这说明硕博生在构建学术空间，扩大与学术共同体成员的学术协商，以及传递个人学术信念等方面表现出较一致的特征，不过相对而言，美国语言学博士生在表达个人信念上更加积极主动，硕士生则似乎更倾向于依赖他人的声音表达个人观点。这是完全符合他们各自的学术身份的：语言学硕士生是学术新手，博士生则是比较成熟的研究人员。

第三，相较于语言学博士生，语言学硕士生显著少用言据性资源（$p=0.000<0.05$），显著少用感官据素（$p=0.000<0.05$）和推断据素（$p=0.000<0.05$）。这可能与本研究收集硕博语料的研究方法侧重点有关系，这一点将在此后具体分析。

第四，表 9-1 和图 9-1 显示，从据素使用量的分布情况来看，美国实证类语言学硕博学位论文中据素类型的词频分布表现出一致性特征，即推断据素＞引用据素＞感官据素＞信念据素。这表明，美国硕博生都能够理解并掌握言据性的意义、功能，尤其是熟悉实证类论文的语类特征以及写作规范，就自己的研究数据进行富有逻辑的合理推断，阐释数据所隐含的意义，与前人研究建立学术关联，并通过感官证据表明自己研究的客观真实性，为推断据素提供强有力的数据支撑，同时还积极传递自己的学术信念，尝试表达自己的学术声音，建构学术身份。

第五，从图 9-1 还可以看出，在美国语言学硕博学位论文中，据素类型分布都呈现出不均衡的特征，从各类据素在言据性资源中所占比例看，差异并不大。其中，推断据素所占比例最高，47.3%（硕士）：49.1%（博士）。美国语言学硕博生都掌握了实证类研究的子语类建构特征，认为自己基于研究结果的推断是具有或然性的，也间接承认了还有其他推断的可能性，从而给学术共同体成员留下谨慎、客观、严谨的学术态度印象，也能够与之建立良好的人际关系。

不过,与硕士生相比,博士生的推断意识更强烈,这表明,经过3~5年更加深入的专业化训练,美国语言学博士生无论是语言驾驭能力,还是对研究方法的熟练程度,以及对推断逻辑的控制能力都要优于硕士生。而且,这一研究结果与第八章中国语言学硕博学位论文的调查结果一致。因此,我们认为,推断据素是言据性资源中最常用的据素,符合实证类论文的语类特征。这是因为实验或调查只能在小样本中进行,但实验或调查的目的却不仅是了解这个小样本的情况,而是根据小样本的情况来推断总体(桂诗春、宁春岩,2008:214)。在美国实证类语言学硕博学位论文中,引用据素的词频和所占比例均低于推断据素,都是第二高频使用的据素类型。这表明,美国语言学硕博生都比较熟悉实证类研究的子语类特征,也能够恰当地通过引用据素进行自我学术身份的定位,在论文中引用借鉴学术共同体成员的相关研究成果与自己的研究建立学术关联,表明自己的共同体成员身份,构建良好的学术人际关系。不过,表9-1和图9-1显示,在语言学硕士学位论文中,引用据素(词频是8.023)和所占比例(37.8%)都略高于博士学位论文(7.975和31.8%),这说明,美国语言学硕士生似乎更依赖他人的声音为自己的研究服务,这也间接验证了上文提到的,美国语言学硕士生的推断据素词频显著低于博士生。美国语言学硕博学位论文中,使用量排列第三的都是感官据素(词频分别是2.286和3.713;言据性资源所占比例分别是10.8%和14.8%),且有显著性差异($p=0.000<0.05$)。正如本书第六章所指出的,实证类论文需要对收集而来的定量数据和定性数据加以描写,这就要借助于感官据素(包括视觉据素和听觉据素)来完成,不过定量统计表所给出的数字是全球通用语言,作者没有必要用过多的文字对数字加以重复描述,定性数据的目的是为研究服务,应聚焦于阐释解读而非罗列。因此,感官据素的词频和比例较低完全符合实证类研究的子语类特征。从表9-1和图9-1还可以看出,在美国语言学硕博生使用的言据性资源中,信念据素是最少的(词频分别是0.867和1.082;所占比例分别是4.1%和4.3%),且没有显著性差异($p=0.301>0.05$)。这表明,美国语言学硕博生都掌握学位论文追求客观性,回避主观性的这一语类特征。不过,博士生的信念据素词频略高于硕士生,这可能是因为,硕士生是学术新手,博士生经过3~5年的深度学术训练,在学术领域已经日渐成熟,趋于学术熟手,在表达信念时,硕士生更加保守谨慎,而博士生则相对比较积极,也更有学术自信心。我们认为,这一据素使用差异符合硕博生的学术身份。

综上所述,美国语言学硕博生能够较好地掌握实证类论文的语类特征,恰当使用言据性资源,能够依据语类特征,合理分配推断据素、引用据素、感官据素和信念据素,实现学术交际,表现出良好的学术素养。

9.4 感官据素对比分析

本章仍然依据6.4章节的分析,将美国语言学硕博学位论文的感官据素分为视觉据素和听觉据素(详见6.4),其分布情况如表9-2和图9-2所示。

表 9-2　感官据素使用情况统计表

感官据素	美国语言学硕士学位论文 出现频数	频率	百分比	美国语言学博士学位论文 出现频数	频率	百分比	p 值
视觉据素	741	0.906	37.4%	1338	0.820	22.1%	0.774
听觉据素	1409	1.516	62.6%	4723	2.893	77.9%	0.000**
合计	2150	2.422	100.0%	6061	3.713	100.0%	0.000**

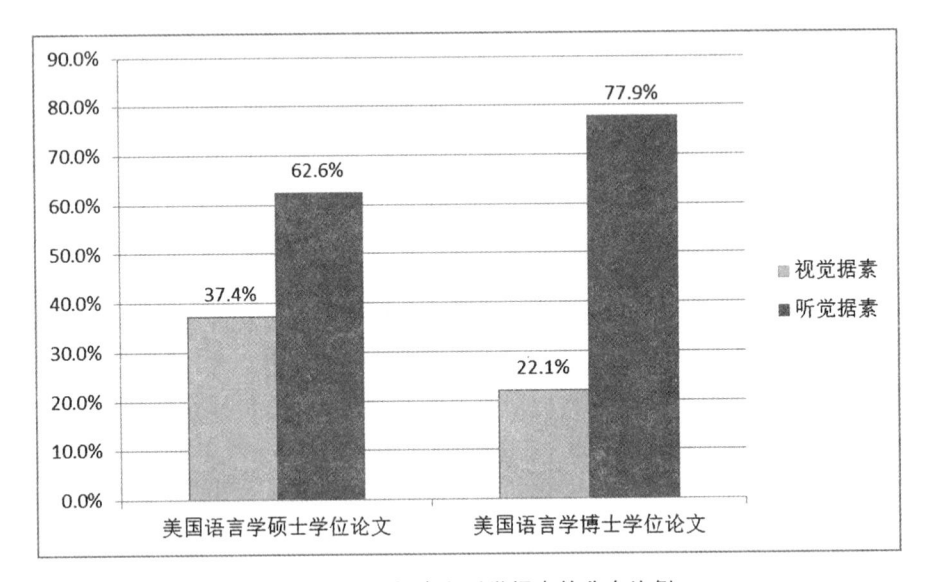

图 9-2　视觉据素和听觉据素的分布比例

表 9-2 和图 9-2 显示,美国语言学硕士学位论文中的感官据素词频显著低于博士论文($p=0.000<0.05$)。正如第八章所指出的,感官据素的使用量由研究方法决定,与教育程度的关系不大。从美国实证类语言学硕博学位论文中感官据素的使用量来看,博士论文中的感官据素词频反而大于硕士论文,这表明博士生似乎更擅长用第一手实践数据作为信息来源,降低论文的主观色彩。

从表 9-2 和图 9-2 还可以看出,视觉据素和听觉据素表现出一致性的分布规律:视觉据素词频和比例均低于听觉据素词频,且视觉据素词频没有显著性差异($p=0.774>0.05$),但硕士生的听觉词频显著低于博士生($p=0.000<0.05$)。从图表中可以推断,美国硕士生更倾向于使用视觉据素,而博士生则倾向于使用听觉据素。这可能是因为:(1)经过 40 多年的研究发展,定量研究日趋成熟,且难度不大,因而硕士生能够熟练掌握这类研究方法;(2)定性研究的难度较大,更具有挑战性。一旦无法将定性数据与自己的研究相结合并进行合理的文字解读,就只能是日志、访谈等的大量罗列,定性研究也就失去了意义。博士生经过 3~5 年更深入的专业研究学习,其学术能力、研究能力、认知能力、语言能力和分析能力等都普遍高于硕士生。因此,博士生对于定性研究的驾驭能力要高于硕士生,他们也能更加熟练地运用听觉据素描述定性数据;(3)本研究所收集的研究样本有可能存在定量研究、定性研究和均衡研究等研究

方法分布不一致的情况,如果倾向于定性研究的样本偏多,那么听觉据素的使用量就会增加;如果倾向于定量研究的样本偏多,那么视觉据素的使用量就会增加。

9.4.1 视觉据素对比分析

正如表9-2和图9-2所显示,虽然美国实证类语言学硕博学位论文中视觉据素的词频没有显著性差异,但硕士生的使用量要大于博士生。

9.4.1.1 视觉据素的词频使用特征对比分析

我们依照文秋芳和林琳(2016)对国内语言学中实证研究的调查方法,对美国实证类硕博学位论文中所使用混合法进行二次分析发现,硕博生对于定量研究、定性研究和均衡混合的使用情况存在差异。在45篇硕士学位论文中,有37篇以定量研究为主,6篇以定性研究为主,2篇定量研究和定性研究均衡使用;在30篇博士学位论文中,有10篇以定量研究为主,15篇以定性研究为主,5篇定量研究和定性研究均衡使用。详见表9-3。

表9-3 美国实证类语言学硕博学位论文所用研究方法的统计表

研究方法	美国语言学硕士学位论文		美国语言学博士学位论文	
	数量	百分比	数量	百分比
定量研究	37	82.2%	10	33.3%
定性研究	6	13.3%	15	50.0%
均衡研究	2	4.5%	5	16.7%
合计	45	100.0%	30	100.0%

表9-3显示,在美国实证类语言学硕士学位论文中,定量研究的比例远远大于定性研究,且是博士学位论文的2倍多;而博士学位论文则恰好相反,侧重于定性研究的比例占到了一半,且是硕士论文的将近4倍。这就一定程度上解释了为什么硕士学位论文中的视觉据素使用量大于博士论文。

在处理定量数据时,美国语言学硕博生都能够聚焦于数据整合和解读,表现出典型的英语"作者负责型"思维模式,强调作者对数据隐含意义的阐释和传递,能够熟练掌握定量研究方法,熟悉实证类研究的子语类特征,具有较好的学术素养。

例如:

(1) Illustrating the types of reflection asked of CTESL students, Table 5.2 also shows the frequency of the four types of reflection: individual, collaborative/group, online and in-person. The frequency total in Table 5.2 shows how often CTESL students were required to participate in a particular form of reflection. Note that individual reflection, as it is experienced in the practicum course, appears to be a prerequisite to collaborative reflection involving peers. This is not to say that two or more CTESL students are not capable of reflecting spontaneously with their peers when listening to other students talk about their practicum

experiences, but it is to say that individual reflection in the CTESL practicum course is the most frequent form of reflection and always occurs prior to group reflection. This is significant because it suggests that the course instructor highly values individual reflection. Similarly, the frequency of collaborative reflection, evident in Table 5.2, suggests that the practicum course instructor sees value in having individual teacher learners share their reflections with peers. (AM 17)

例(1)的美国语言学硕士生作者使用了 2 个视觉据素 shows 对表 5.2 的主题信息进行简单介绍：the frequency of the four types of reflection: individual, collaborative/group, online and in-person 和 how often CTESL students were required to participate in a particular form of reflection,随后完全聚焦于对数据所隐含命题信息的阐释和个人学术信念的传递,有理有据,颇具说服力。

再如：

(2) The second method of analyzing the standards for clarity was coding the statements for clarity. Each of the standard statements was coded by two different coders on a three-point scale for clarity (see Table 4.32). These scores were then correlated with each standard statements number of correct matches from the survey of NBCTs. The correlation coefficient was, calculating using Spearman's coefficient, 0.123, indicating little correlation between the two variables. However, while there is no statistical correlation between the results of the survey and the clarity and task count measures, there is a qualitative argument to be made based on the frequency counts of standard statements that were rated at less than clear and easily understood. All standard statements should be clear, well written and easily understandable (Kendall, 2001). As was pointed out in the focus groups, standard statements should be comprehensible to those who are not professional educators, especially parents and students. Table 4.9 (page 146) indicates issues with both sets of standard statement. The AASL has a total of 52 out of 85 (61%) standards rated at two or one, and 12, or 14%, were rated as a one. The CCSS has a slightly smaller percentage at two or one combined, 54% (20 out of 37), but has over double the AASL percentage (29%) ranked at one. Because there are a high number of standard statements that are ranked at less than, "clear and easy to understand," unclear writing can be said to have negatively impacted the standard statements. (AD 11)

例(2)的美国语言学博士生作者使用了 2 个视觉据素 see Table 4.32 和 Table 4.9 indicates 对两个图表的信息进行描述,重点仍然是对数据的详解,如对相关系数较小的大胆推测：However, while there is no statistical correlation between the results of the survey and the clarity and task count measures, there is a qualitative argument to be made based on the frequency counts of standard statements that were rated at less than clear and easily understood. 并通过引用据素 (Kendall, 2001) 作为进一步的佐证,使自己的推断结论有前人研究的支持,而更加具有说服力。接着又对 Table 4.9 的数据信息进行深度解读：Because there are a high number of standard statements that are ranked at less than, "clear and easy to understand," unclear writing can be said to have negatively impacted the standard statements. 表

现出较好的逻辑性。

对语料库的仔细梳理发现,美国语言学硕博生对定量研究数据的处理表现出"轻描述,重阐释"的"作者负责型"思维模式,反映了他们对于定量研究方法的良好驾驭能力。

9.4.1.2 视觉据素的语言呈现方式对比分析

研究发现,在美国实证类语言学硕博学位论文中,视觉据素语言呈现方式的使用存在共性和差异性共存的现象,见表9-4。

表9-4 视觉据素的语言呈现方式排序

序号	美国语言学硕士学位论文			序号	美国语言学博士学位论文		
	语言呈现方式	出现频数	百分比		语言呈现方式	出现频数	百分比
1	X+动词	305	41.2%	1	see X 结构	604	45.1%
2	I/we+视觉动词	224	30.2%	2	X+动词	507	37.9%
3	see X 结构	157	21.1%	3	It is+ved 结构	113	8.4%
4	It is+ved 结构	36	4.9%	4	as 结构	100	7.5%
5	as 结构	19	2.6%	5	I/we+视觉动词	14	1.1%
6	其他	0	0.0%	6	其他	0	0.0%
合计	5	741	100.0%	合计	5	1338	100.0%

注:①X 指 table,figure,graph,chart,pie 等图表或图示。
②"其他"包括"according to"结构和"from X"结构等语用错误结构。

表9-4显示,美国语言学硕博生都使用了5种视觉据素的语言呈现方式来表明命题信息来源,具有相似的语言驾驭能力。硕士生使用率最高的两种语言形式是"X+动词"结构和"I/we+视觉动词"结构,博士生使用量较大的则是"see X"和"X+动词"结构。这可能是因为博士生有意识回避了第一人称 I/we 带有一定主观性的语用特点。在高频使用的"X+动词"结构上,硕士生使用频率最高的三个动词依次是 show,present 和 indicate,博士生使用频率最多的三个动词依次是 show,demonstrate 和 indicate,用词基本相同,但从所用词汇的语义看,美国语言学博士生的作者身份意识和统计思维意识都要强于硕士生。另外,在"动词"的多样性方面,硕士生用了14个动词,博士生用了15个动词,用词的多样性没有太大差异。因而,美国语言学硕博生用于描述图表的动词词汇储备量和有效词汇产出能力大致相当。

表9-4显示,美国语言学硕博生都没有用到"其他"结构这种语用错误,表明他们能正确把握这些词汇结构的语义内涵和外延。

综上所述,在美国实证类语言学硕博学位论文中,研究方法对于视觉据素的词频有较直接影响,硕博生能够熟练驾驭定量研究方法,均表现出"轻描述,重阐释"的"作者负责型"思维模式。而且,硕博论文中视觉据素的语言呈现方式共性大于异性,硕博生的有效词汇产出水平和词汇多样性大致相当,对于一些结构的语义内涵和语用规范掌握牢固。

9.4.2 听觉据素对比分析

对听觉据素进一步细化分析发现,在美国实证类语言学硕博学位论文中,听觉据素词频统计和语言呈现方式存在较大的差异。

9.4.2.1 听觉据素的词频使用特征对比分析

统计显示,在美国实证类语言学硕博学位论文中,听觉据素的词频使用存在显著性差异。具体情况如表 9-5 所示。

表 9-5 听觉据素的使用情况统计表

据素类型	美国语言学硕士学位论文			美国语言学博士学位论文			p 值
	出现频数	频率	百分比	出现频数	频率	百分比	
听觉据素	1409	1.516	62.6%	4723	2.893	77.9%	0.000**

表 9-5 显示,美国实证类语言学硕士学位论文中的听觉据素词频数(1.516)显著低于博士学位论文中的词频(2.893)(p=0.000<0.05)。本研究中的硕博学位论文都采用了实证法,即定量研究、定性研究和混合研究,只不过侧重点不同。从表 9-3 可以看出,定性研究和均衡研究在美国语言学博士学位论文中所占的比例大于硕士学位论文,因而其听觉据素的使用量必然会大于硕士论文。因此,我们认为,听觉据素的使用量可能与论文作者的教育程度没有直接关联,而受研究方法的影响较大。

我们对语料库进一步细化分析发现,美国语言学硕博生对定性数据的处理表现出一致的学术特征。例如:

(3) Since Nate had identified writing differently because of ENG 101 during the final two sessions while remaining resistant to shifting his approaches to writing in the initial two sessions, I continued to ask Nate whether he believed his views on *what* he had learned throughout the study had changed. Nate acknowledged that,"I'm really not entirely sure about that one." He felt that he had acquired more facts in his courses, but "For me I didn't really have[an epiphany]. I kinda knew what I was getting into when I got into college. I didn't get into my class and went oh gosh this is what it's like. I kinda had an idea." I then specifically reminded Nate of the statements he had made about his learning in ENG 101 during each session, including his initial hesitancy to the genre focus of the course; and then his subsequent description (in the 2nd session) of learning about research, time management, and reading comprehension, while maintaining that this work did not influence his writing; as well as his statements (in the 3rd session) about how, in addition to these skills, he had also learned how to write with more details and respond more thoroughly to prompts. After pointing out the actual changes in Nate's views of learning in ENG 101, I asked him whether he believed his outlook on learning had remained the same and he emphasized,"I think they have

stayed the same really," while ignoring his statements during the first two sessions and stressing that he still agreed with his statements during the third session about learning how to write in ENG 101. (AM 11)

例(3)的美国硕士生作者在处理访谈数据时,将自己的研究行动介入与受访者的反馈信息(直接引用和间接引用)进行有效结合,并通过引用动词 acknowledged,felt,maintain,emphasized 和 agreed with 以及名词 description,statements 等传递了作者的学术信念和强烈的作者意识,叙议结合,结论令人信服。

再如:

(4) Moustafa achieved in his essays during the semester, including his mixed success with analysis and support in his print text essays, and his struggles providing evidential support in his film essays, it may be useful to discuss some of the comments he shared with me during our interview. To begin, Moustafa told me watching and writing about movies is easier and more enjoyable for him than watching and writing about print texts:

I think the movie is like … you enjoy it when you watch the movie. Ahm[the student paused], there's like story, someone telling you the story. You're not like reading the story and, also, the reading for me is kind of boring. I don't like reading. So, the movies is easier for me to get the idea.

And further, Moustafa suggested writing about movies takes less time and effort for him than writing about print texts:

I think the movie was easier to write about cause like there wasn't much quotes or that something to make you go back and check the movie so just from your imagination and what you get from the movie. But, for Sonny's Blues there was some quotes and this makes you read the quotes and try to explain to it in my way. It wasn't hard but it took much time[more time] from[compared to] the movie.

In addition to feeling bored by reading and the difficulties of having to find quotes to support his points and explain them, he also told me the vocabulary in *Sonny's Blues* was a significant challenge for him and, to make matters worse, he did not feel it was improving his English:

If I read the story maybe I will search for the meaning for maybe … to understand the … the story on the internet but not like to ah … understand the word itself. So, for example, I ah … read a sentence and there is two words I don't know I go search for meaning. Just to understand the sentence and I just forget about … the meaning of the two words maybe after one week. So, I don't think it's useful for me to get the meanings. I don't think it is useful for me to learn English, you can say.

Undoubtedly, for Moustafa, there were many hurdles to be overcome in order to understand and write about a complex literary story such as *Sonny's Blues*. Although in our interview he did not explicitly say he preferred writing about films because it took less time, as other focus students such as Yingke did, he plainly suggested writing about movies was much less laborious and time-consuming for him than writing about the print text. However, one of the many interesting comments offered by Moustafa was his acknowledgement that, even though he may not enjoy reading and writing about a print text as much as a film, he still feels it is better for his academic writing skills:

  I think writing about story is better for me cause, as I said, there is some new words for me so this time if I wrote about it I will memorize it well and, also, the quote, it just improve my writing, you know. If you put a quote and how to reduce it and so you have to like check it again but for the movie I think it's mostly your imagination, your opinion, your background.（AD 15）

  例(4)的美国语言学博士生作者对访谈信息采用边分析边引证的方法,且通过引用动词 told,suggested,feel,引用名词 comments,acknowledgement 等传递自己的学术理念,尝试将访谈内容与自己的学术观点之间建立关系,表现出较强的作者意识,积极建构作者身份。有证据,有推断,有结论,逻辑严谨,颇具说服力,表现出较强的定性研究分析能力。

  对美国实证类硕博学位论文语料库进一步梳理发现,尽管在对定性数据分析过程中,硕士生表现出的学术理解深度弱于博士生,但是,他们都能够掌握定性研究方法以及应有的学术规范意识和作者意识,积极将定性数据与自己的研究之间建立学术关联,描述与阐释相结合,表现出较好的定性研究分析能力。这可能是得益于定性研究在国外较为成熟且逐渐成为研究方法主流影响,尤其是美国的教育连贯性较好,在中小学就开始注重对学生语类知识的教学和培养,在硕博阶段更是普遍开设了更具深度和广度的研究方法和语类学课程。但是,正如表 9-3 所示,本研究所收集的语言学硕博学位论文虽然都是采用了实证研究法,但定性研究和均衡研究在美国语言学博士学位论文中所占的比例大于硕士学位论文,博士论文中听觉据素的使用量因而大于硕士论文。

  综上,美国实证类语言学硕士学位论文中的听觉据素使用量显著低于博士论文可能是受到了其中定性研究法的比例较低的影响。此外,定性研究的难度较大,更具挑战性。因此,我们认为教育程度对于听觉据素的使用量也有一定的影响。

9.4.2.2 听觉据素的语言呈现方式对比分析

  听觉据素的语言呈现方式主要采用"X+动词"结构和"X's+观念名词"结构。

  语料库检索发现,美国实证类语言学硕博学位论文中使用频率最多的都是"X+动词"结构,对于"X's+观念名词"结构的使用频率都比较少。鉴于此,"X+动词"结构是听觉据素主要依赖的语言呈现方式。

  但是,美国语言学硕博生对于"X+动词"结构的使用仍然表现出差异性。

  首先,是词汇的多样性。语料库检索发现,相较于硕士学位论文,博士学位论文中的听觉据素在动词的多样性上具有明显的优势:硕士生用了 33 个听觉据素动词,而博士生使用了 52 个听觉据素动词,表现出更多的词汇储备量和更强的有效词汇产出能力。

  美国硕博生使用最多的听觉据素动词都是中性动词 say,这与 Cole 和 Shaw(1974)的调查研究结果相吻合。他们指出,用 say/said 并对肢体语言不做任何描述的言语是最可信、最客观和最清楚的。这符合学位论文去主观化(desubjectivized)的语类特征。

  其次,在美国硕士学位论文中,前 5 个使用量最多的听觉动词依次是 say/said,state,explain,respond 和 note,美国博士学位论文中依次是 say/said,state,report,comment 和 note,有 3 个词是一样的,即 say/said,state 和 note。这说明,美国语言学硕博生对于听觉动词的选择和依赖具有一致性特征。

最后,硕博生使用量最多的前 5 个听觉动词都是中性动词,论文作者借此减少个人情感参与的程度,减弱对访谈信息可靠性所要承担的责任,与学术共同体成员建立良好的人际关系,这符合硕博生的作者身份以及学位论文的语类特征。

从美国语言学硕博论文中听觉据素动词的使用频率排序看,都表现出"中性动词频率＞积极动词频率＞消极动词频率"的趋势。社会文化理论的语言交际观强调,语言的根本目的是为了交际。语言使用者通过选择恰当的语言,表达适切的语义,来实现社会互动,协商社会关系,构建人际意义。学位论文在传递客观命题信息的同时,也通过语言文字与学术共同体成员进行书面交际,实现社会互动,尽可能构建和谐的人际关系,为自己的学术观点建构良好的社会关系。而消极词汇多为批评或指责,不利于构建和谐的社会关系。因而,美国语言学硕博生都多依赖中性据素动词和积极据素动词来联系读者,建构积极的人际意义。

对听觉据素的另一种语言呈现方式"X's＋观念名词"结构的统计显示,该结构在美国语言学硕博学位论文中出现的频次和词汇差异性不大,博士使用了 10 个听觉名词,硕士生使用了 8 个。

简而言之,就听觉据素的词频和语言呈现方式而言,美国实证类语言学硕博学位论文表现出很多共同的特征,如都使用了听觉据素和两种语言呈现方式,以及使用部分相同的词汇对访谈信息或日志进行分析解读。这表明,硕博生都能很好地理解并掌握学位论文的语类特征,了解定性研究方法的功能,具有良好的学术素养。不过,硕士生的学术语言掌控能力弱于博士生,我们认为这是受教育程度的影响。

综上所述,研究方法是使得美国实证类语言学硕博学位论文中感官据素(包括视觉据素和听觉据素)出现差异的主要原因。首先,本研究的自建语料库所收集的博士论文偏定量研究和均衡研究的量大于硕士论文中的量,而硕士论文中偏定性研究的量远远超过了博士论文。因而,硕士论文中视觉据素的使用量高于博士论文,而听觉据素的使用量则显著低于博士论文,并因此而引起了硕士论文中感官据素的使用量显著低于博士论文。其次,美国语言学硕博生都能够熟练掌握研究方法,数据描述与阐释解读相结合,使用恰当合理的据素将个人信念与数据相结合,聚焦数据隐含意义的阐释,有理有据,结论令人信服。最后,教育程度对语言呈现方式有影响。硕士生的词汇多样性和对学术名词的驾驭能力弱于博士生。

9.5 信念据素对比分析

在学术语类中,作者常常借助信念据素表达个人学术观点,传递个人学术信念,说服学术共同体成员信服自己的观点,同时也对自己的研究结果、研究结论和个人信念承担责任。

9.5.1 信念据素的词频使用特征对比分析

表 9-1(见 9.3)显示,在美国实证类语言学硕博学位论文中,信念据素的词频和在所有据

素中所占的比例都是最低的（硕士：0.867和4.1%；博士：1.082和4.3%），且没有显著性差异（p=0.301＞0.05）。这表明硕博生都根据自己的学术身份，谨慎表达信念。不过，博士生在传递个人学术信念时略显积极主动，掌控能力也更加熟练，这也与他们更为成熟的学术身份和更高教育程度相匹配。

9.5.2 信念据素的语言呈现方式对比分析

在信念据素的6种语言呈现方式中，美国语言学硕博生使用了其中的5种，都没有使用介词短语，如in my view/opinion,from my viewpoint/perspective,也没有使用具有口语特色的句型There is no doubt和It goes without saying,这可能是因为硕博生为了突出学术语篇使用书面语和正式语的语类特征，都有意识地予以回避。这显示了他们较好的语类素养，熟悉英语语言的应用范畴，能够在不同的语域选择不同的语言。

对于其他四种动词类信念据素呈现方式，在美国语言学硕士学位论文中使用量依次是"I/we+心理动词"结构、"it+情态动词+be+动词过去分词+that从句"结构、"It is+动词过去分词+that从句"结构和"It is+形容词+to do"结构，博士学位论文中依次是"it+情态动词+be+动词过去分词+that从句"结构、"I/we+心理动词"结构、"It is+动词过去分词+that从句"结构和"It is+形容词+to do"结构，各种语言呈现方式所占用比例大体相当。不过，美国语言学硕士生更倾向于使用"I/we+心理动词"结构传递个人信念，这与他们依赖"I/we+视觉动词"作为视觉据素的调查大概一致。这说明，即使是以英语为母语的学习者，对于语言的认知和驾驭也是由易到难逐渐发展。"it+情态动词+be+动词过去分词+that从句"结构因其复杂性而在语言认知上滞后于前者。此外，还有可能是硕博生对于符合个人作者身份的语言调控能力存在差异，博士生更能灵活运用语言策略，淡化自己对信息确定性所要承担的责任，努力保护自己的学术面子。

在信念据素的词汇多样性方面，美国语言学硕博学位论文的差异性不是非常大。例如，对信念动词的统计显示，美国硕士生使用了33个动词，博士生使用了25个动词。从词汇多样性看，硕士生的词汇量多于博士生。

综上，研究发现，首先实证类研究的个人信念传递应该是建立在实验、调查、访谈、日志等实证基础之上的。其次，在词频和词汇多样性等方面，美国语言学实证类硕博学位论文中的信念据素表现出共性大于异性的特征。这表明硕博生熟悉实证类论文的语类特征，能够在实现学术语篇客观性的语类要求的同时，尝试发出自己的学术声音，表达个人学术信念，建构自己的学术身份。但是，受教育程度的影响，美国语言学博士生更善于运用修辞技巧推销自己的学术信念。最后，母语语言知识的掌握和运用也遵循从易到难的认知规律。

9.6 引用据素对比分析

在硕博学位论文中，论文作者为了确定自己的学术身份，通过引用据素与前人研究之间建构学术关联，保证所传递命题信息的真值，做到"言而有据"和"言而有信"。

9.6.1 引用据素的词频使用特征对比分析

统计显示（见9.3部分的表9-1和图9-1），在美国实证类语言学硕博学位论文中，引用据素的词频在所有言据性资源中排列第二，低于推断据素，且没有显著性差异（p=0.914＞0.05），其中硕士论文中引用据素词频是8.023，略高于博士论文的7.975，在言据性资源中所占的比例37.8%也略高于博士生的31.8%。这一方面说明美国硕博生对于学术论文明确要求引用他人研究成果的语类特征非常熟悉，能够有意识地使用引用据素来表明信息来源，注重通过引用他人的成果，和自己的研究课题之间建立连接关系，支持自己的个人观点，使论文更具有说服力。但另一方面也表明，美国硕士生似乎更依赖于他人的声音来隐性表达自己对命题的评价，这也是学术能力不成熟的表现。

9.6.2 引用据素的语言呈现方式对比分析

我们对样本进一步细化分析发现，在六种引用据素的语言呈现方式上，美国语言学硕博论文也存在一定的差异性（见表9-6）。

表9-6 美国实证类语言学硕博学位论文中的引用据素语言呈现形式统计表

词类	语言形式	美国语言学硕士学位论文				美国语言学博士学位论文			
		出现频数	词频	词汇种类	百分比	出现频数	词频	词汇种类	百分比
动词类	X+v.	3842	4.083	111	50.9%	6654	4.076	156	56.4%
	It's +v. ed	70	0.074	8	0.9%	892	0.546	22	2.6%
	as+v. ed+by	269	0.286	31	3.6%	749	0.459	15	2.2%
非动词类	括号引用	2674	2.841	1	35.4%	3099	1.899	1	29.5%
	X's+n.	472	0.502	29	6.2%	1533	0.939	49	4.6%
	介词短语	224	0.237	4	3.0%	91	0.056	2	4.7%
总计	6	7551	8.023	184	100.0%	13018	7.975	245	100.0%

表9-6显示美国语言学硕博学位论文都用到了这六种引用据素语言呈现方式，对于各类结构的依赖程度大致相似，尤其是"X+v."结构和"括号引用"的词频和所占比例都是最高的，这表明，美国语言学硕博生都主要依赖这两种语言结构作为引用据素，传递所引用的命题信息。

此外，就引用据素的词汇种类而言，美国语言学硕士生的词汇多样性低于博士生（184∶245），有效词汇储备略显不足。这表明受教育程度的影响，博士生具有更好的语言功底。

统计显示，在美国语言学硕博学位论文中，引用据素的语言呈现方式使用频率最高的都是"X+v."结构（4.083∶4.076），且没有显著性差异。这一结果与国内外相关研究结果一致（如Chafe，1986；Charles，2006；娄宝翠，2013；王淑雯，2016；徐昉、龚晶，2014）。此结构是学术论文和学位论文中传递引用信息,并做出评价的主要语言手段。但可能受教育程度的影响,硕士生词汇多样性明显弱于博士生(111∶156)。

从表9-6可以看出,在美国语言学硕博学位论文中,使用量和所占比例排第二的引用据素语言呈现方式都是"括号引用"结构(2.841∶1.899;35.4%∶29.5%),但硕士生显著多用此类结构(p=0.000<0.05)。对此结构的两种形式,即在括号中给出单一文献和在括号中给出多个文献,进一步梳理后发现,美国语言学硕博生都使用了这两种格式,但存在差异性。具体如表9-7所示。

表9-7 美国实证类语言学硕博学位论文中的"括号引用"结构统计表

括号引用	美国语言学硕士学位论文			美国语言学博士学位论文			p值
	出现频数	频率	百分比	出现频数	频率	百分比	
单一文献	2059	2.188	77.0%	2065	1.265	66.7%	0.000**
多个文献	615	0.653	23.0%	1034	0.634	33.3%	1.152
总计	2674	2.841	100.0%	3099	1.899	100.0%	0.000**

从表9-7可以看出,相较于美国语言学博士生,美国语言学硕士生显著多用"括号引用"结构(p=0.000<0.05),显著多用"单一文献引用"(p=0.000<0.05),但"多个文献引用"的词频没有显著性差异(p=1.152>0.05)。这表明美国硕博生都具有较强的对前人研究予以综合归纳的能力,对自己的研究领域比较熟悉。但是,硕士生显著多用"括号引用"结构(p=0.000<0.05)和"单一文献引用"结构(p=0.000<0.05),表明他们在引用他人学术成果时更倾向于客观中立,在评价所引相关文献时更加谨慎保守,这符合他们学术新手的身份。

另外,我们对美国语言学硕博士学位论文语料库进行仔细梳理后发现,硕博生都能严格遵循APA文献引用格式,表现出很强的学术规范意识。这可能是得益于美国教育从中学开始就开设有学术规范指导方面的课程,而且在硕博阶段更是得到了专门的指导,学生已经将之有效内化。

表9-7显示,美国语言学博士生对于"X's+n."结构的使用量高于硕士生,表明他们对于学术语言名词化的驾驭能力高于硕士生。名词短语可以衡量学习者的"高级水平"语言能力(Biber,Gray & Poonpon,2011,2013;Lu,2011)。这是因为,名词短语可以将复杂的信息"捆入"(package)简洁的语言结构,推动语言向简洁经济的方向发展。随着认知能力的发展和日益成熟,本族语者逐渐能够掌握复杂名词短语的使用(Eisenberg,et al.,2008;Ford & Olson,1975;Kastor,1986)。因而,"X's+n."结构的使用量受教育程度的影响。

将表9-7中引用据素的语言呈现方式分为动词类和非动词类,统计结果如表9-8和图9-3所示。

表 9-8　美国实证类语言学硕博学位论文中的动词类和非动词类引用据素统计表

引用据素	美国语言学硕士学位论文			美国语言学博士学位论文			p 值
	出现频数	频率	百分比	出现频数	频率	百分比	
动词类	4181	4.443	55.4%	8295	5.081	61.2%	0.000**
非动词类	3370	3.580	44.6%	4723	2.894	38.8%	0.000**
总计	7551	8.023	100.0%	13018	7.975	100.0%	0.914

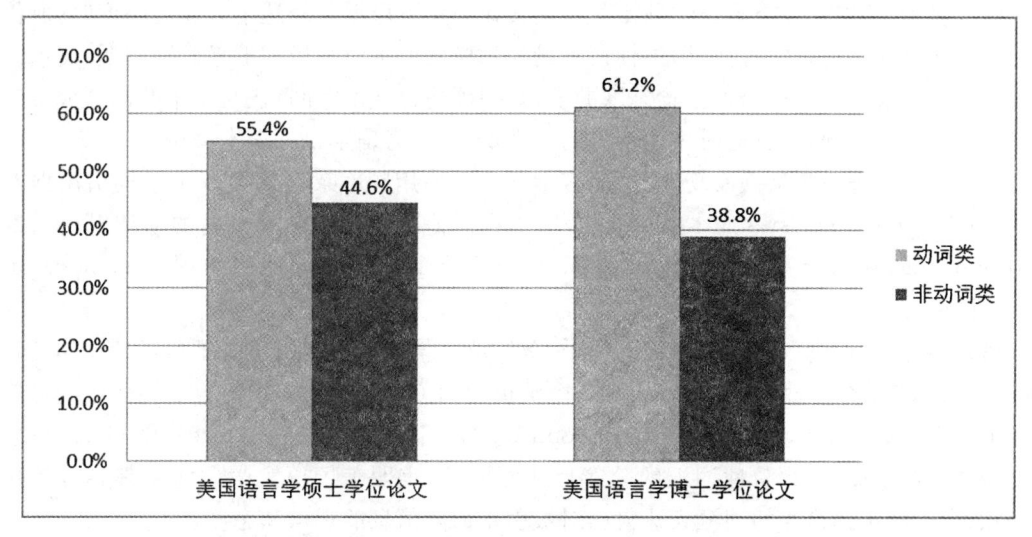

图 9-3　美国实证类语言学硕博学位论文中动词类和非动词类引用据素统计表

从图 9-3 中可以看出，美国语言学硕博生使用动词类引用据素的比例都超过非动词类引用据素，这说明，动词仍然是引用据素的主要语言呈现方式。不过，表 9-8 显示，虽然美国语言学硕博学位论文中的引用据素资源没有显著性差异（p=0.914>0.05），但美国语言学硕士生显著少用动词类引用据素（p=0.000<0.05），显著多用非动词类引用据素（p=0.000<0.05）。这是因为，动词具外显性评价意义，在情感态度方面可以分为积极性动词、中性动词和消极性动词，能够显性表达使用者对所引用命题信息的立场态度，而非动词类中的"括号引用"结构和"介词短语"结构都属于客观中立的立场态度。作为学术新手，美国语言学硕士生显著少用显性评价意义结构，有助于他们与学术共同体成员之间建立良好的学术人际关系，符合他们的作者身份，但同时也不利于他们突显个人学术声音。美国语言学博士生在学术领域影响力高于硕士生，对于研究领域的认知能力和批判性思维能力也较为成熟，他们在引用前人研究成果与自己的研究之间建立学术关联时，能够借助于动词类引用据素对所引用的命题信息进行更为主动的评价，明确表明个人立场，突出个人的学术声音，积极建构个人学术身份。因此，我们认为，对于动词类和非动词类据素的使用倾向性差异与教育程度和作者的学术身份有一定的关系。

综上所述，就引用据素的语言呈现方式而言，美国语言学硕博生都用到了这 6 种结构，且使用词频和所占比例最高的两种结构一致："X+v."结构和"括号引用"结构，而且能够很好地平衡动词类引用据素和名词类引用据素的词频和使用比例。这说明美国硕博生对于学位论文的语类特征和语言特征都较为熟悉，且都能严格遵循 APA 学术格式要求，具有较强的学术规范意识。不过，受教育程度的影响，美国博士生的语言输出质量和词汇多样性要高于硕士生。

9.6.3 引用据素的立场表达分析

我们仍借鉴 Thompson 和 Ye(1991)对引用动词的分类标准，将引用据素（包括动词和名词）的评价意义分为积极、消极和中性三类。

统计显示，美国实证类语言学硕博学位论文在利用引用据素表达个人立场态度时，所传递的评价意义呈现出一致性特征，即中性词汇量＞积极词汇量＞消极词汇量。这表明，美国语言学硕博生都能较好地平衡个人立场态度的表达，积极构建学术空间，在与学术共同体成员建立和谐的人际关系的同时，也适时表达个人的学术观点，努力确定个人学术身份。

对语料库的进一步梳理发现，美国语言学硕士生使用频率最高的前 5 个动词引用据素依次是：find，argue，suggest，state 和 note；美国语言学博士生使用频率最高的动词引用据素依次是 find，suggest，note，point out 和 explore，其中有 3 个是共同使用的词：find，suggest 和 note，词频差异不大。

另外，在这些最高频使用的引用动词中，美国语言学硕士生使用了 3 个积极性动词（find，argue 和 note），1 个中性动词（state）和 1 个消极动词（suggest），美国语言学博士生同样使用了 3 个积极立场态度动词（find，note 和 point out），1 个中性动词（explore）和 1 个消极立场态度动词（suggest）。评价性词汇的分布比例相同，这表明美国语言学硕博生都具有较强的立场意识，能够选择恰当的词汇表达自己对被引用命题信息的观点和态度。

再根据 Thompson 和 Ye(1991:365-382)对引用动词的分类：话语动词、心理动词和研究动词，将上述高频引用动词加以分类（详见表 9-9）。

表 9-9 高频动词类引用据素的分类

语料来源	话语动词	心理动词	研究动词
美国实证类语言学硕士学位论文	argue,suggest,state,note	无	find
美国实证类语言学博士学位论文	suggest,note,point out	无	find,explore

表 9-9 显示，美国语言学硕博生使用频率最高的引用动词都是研究动词 find。这与第八章关于中国语言学硕博生的高频动词类引用据素的调查结果一致。鉴于此，我们认为，实证类语言学学位论文采用的定量研究与定性研究相结合的混合研究方法，使得此类论文同时兼备了社会科学属性和自然科学属性。尤其是在我们的语料库样本中，硕博学位论文都是偏定量研究较多，那么 find 成为使用词频最高的引用动词就完全符合实证类研究的语类特征。

表 9-9 还显示，美国实证类语言学硕博生都主要依赖话语动词表明引用信息，有意识与被引用命题信息之间拉开距离，表现出依赖他人声音传递个人观点的倾向。而且，硕博生都没有使用心理动词，这可能是因为心理动词隐含了对被引用者观念的主观推断，带有一定的主观色

彩,美国学生都有意识地减少了使用量。一些研究表明,学习者表达立场态度的能力要弱于表达命题信息的能力,因而,无论是本族语学习者还是高级外语学习者在表达立场态度时都有困难(Bloch & Chi,1995;Hyland,2002;Wharton,2012;桂诗春,2009;何平安,2011)。

综上所述,美国语言学硕博生的引用据素使用量没有显著性差异($p=0.914>0.05$),对于学术论文明确要求引用他人研究成果的语类特征较为熟悉,尤其是能够掌握实证类语言学研究的这一子语类语言和语用特征。能够恰当使用六种引用据素的语言呈现方式,注重引用据素的多样性,与前人的研究建立学术关联,能够根据自己的学术身份选择语言表达立场态度,且有较强烈的立场表达意识和学术规范意识。不过,受教育程度的影响,美国硕士生的学术词汇储备量和有效词汇产出质量低于博士生。

9.7 推断据素对比分析

推断据素是论文作者对实证数据进行解读推测的手段,有助于表达对命题信息的可能性、或然性、确定性的程度,能够弱化作者对命题真值可能要承担的风险责任,体现出对可能存在其他多种阐释的认知和尊重,表现出与读者进行积极协商的态度,促使读者接受自己的学术观点。

9.7.1 推断据素的词频使用特征对比分析

表 9-1 显示,在美国实证类语言学硕博学位论文中,推断据素是使用频率最多的言据性资源。其中,美国语言学硕士论文中的推断据素词频是 10.044,占言据性资源的 47.3%;美国博士论文的推断据素词频是 12.322,占言据性资源的 49.1%。从所占比例看,美国语言学硕博生有着比较扎实的语类知识,熟悉实证类研究的语类特征,并能够将自然科学研究的语类特征与社会科学研究的语类特征进行有效对接,对基于实证的推理比较积极,承认对命题的阐释只是众多可能性之一,为其他阐释创建了协商空间,同时也表现出对其他学者相关研究或阐释的尊重。不过,从表 9-1 可以看出,与美国博士生相比,美国硕士生显著少用推断据素($p=0.000<0.05$)。这表明,经过 3~5 年更为专业的学术训练,美国语言学博士生表现出更为专业的学术素养,能够更加积极探究现象背后所隐含的多元因素,勇于演绎推理,敢于将自己的认知推理过程传递给读者,与之进行学术磋商,同时更加积极建构自己的学术身份和学术地位。

9.7.2 推断据素的语言呈现方式对比分析

进一步的细化统计发现,美国实证类语言学硕博学位论文中都出现了推断据素的六种语言呈现方式。具体如表 9-10 和图 9-4 所示。

表 9-10　美国实证类语言学硕博学位论文的推断据素语言呈现方式统计表

语言呈现方式	美国语言学硕士学位论文 出现频数	频率	百分比	美国语言学博士学位论文 出现频数	频率	百分比	p 值
半系动词	668	0.710	7.1%	1766	1.082	8.8%	0.105
情态动词	6798	7.224	71.9%	11914	7.299	59.2%	1.041
情态副词	803	0.853	8.5%	3888	2.382	19.3%	0.000**
it's+adj.+that	1085	1.152	11.5%	1860	1.140	9.2%	0.982
介词短语	31	0.033	0.3%	329	0.202	1.7%	0.773
名词	68	0.072	0.7%	356	0.217	1.8%	0.784
总计	9453	10.044	100.0%	20113	12.322	100.0%	0.000**

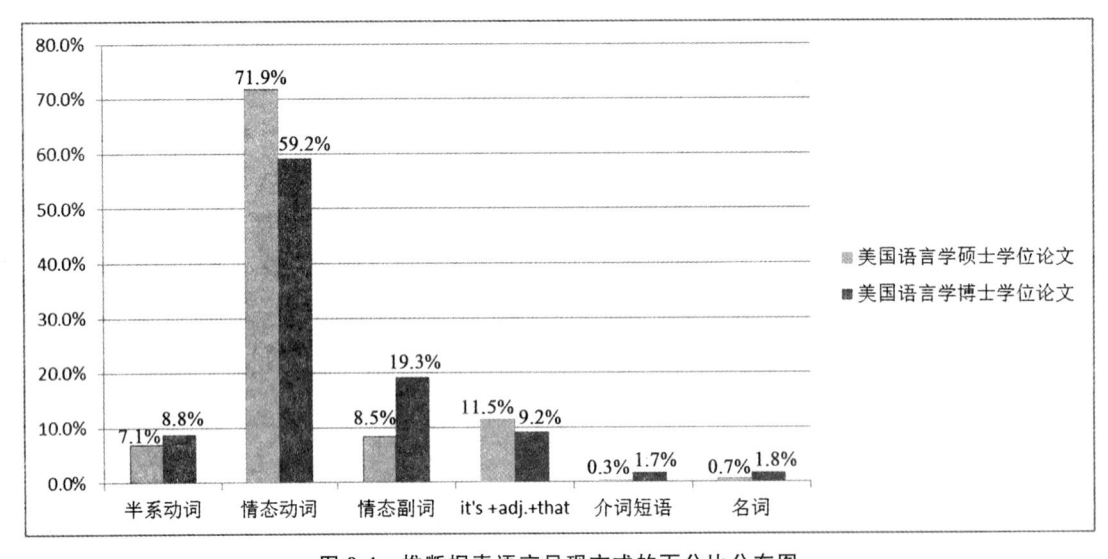

图 9-4　推断据素语言呈现方式的百分比分布图

从表 9-10 和图 9-4 可以看出，推断据素的六种呈现方式都出现在美国实证类语言学硕博学位论文中，且最高频使用的都是情态动词，最低频使用的都是介词短语。虽然 Hyland 和 Milton（1997）认为，二语学习者在没有熟练掌握其他表达手段之前，主要依赖情态动词。但本研究发现，即使是英语母语使用者同样主要依赖情态动词作为推断据素。可以说，情态动词是英语语言中传递情态意义的主要语言手段。此外，表 9-10 显示，除了硕士生显著少用情态副词作为推断据素（p=0.000<0.05）之外，硕博生在其他 5 种语言呈现方式的使用量上没有显著性差异。这表明美国语言学硕博生都能掌握推断据素的语言形式和语用功能，并且对于语言呈现方式的选择呈现出相似性。只是由于教育程度的差异，硕士生的语言掌控能力弱于博士生。

9.7.2.1 半系动词的对比分析

表 9-10 和图 9-4 显示，美国语言学硕博生都能够掌握使用半系动词 seem 和 appear 表示推断的语义概念，且没有显著性差异（p＝0.105＞0.05）。半系动词 seem 和 appear 属于"似乎性动词"（Quirk, et al., 1985:1174），均有"似乎、好像、显得"之意，用于表示说话人或作者不太确定的看法和推测，seem 所传递的确切性要高于 appear。语料库统计显示，在美国语言学硕博学位论文中，seem 的词频都远大于 appear，这表明美国语言学硕博生都能很好地把握 seem 和 appear 的语义范畴，能够借用认识性 seem 来传递作者自己推断命题信息的真值程度和真值判断，以及自己对推断结论的确定性。

9.7.2.2 情态动词的对比分析

从表 9-10 和图 9-4 可以看出，美国语言学硕博生都主要依赖情态动词表达推断，且没有显著性差异（p＝1.041＞0.05），但从情态动词在推断据素中所占的比例看，硕士生对于情态动词的依赖度高于博士生。

对美国实证类语言学硕博学位论文中核心情态动词的统计情况如表 9-11 和图 9-5 所示。

表 9-11 美国实证类语言学硕博学位论文中的情态动词统计表

情态动词 \ 语料库	美国语言学硕士论文 出现频数	频率	百分比	美国语言学博士论文 出现频数	频率	百分比	p 值
can	1527	1.624	22.5%	2559	1.567	21.5%	1.074
could	931	0.989	13.7%	1628	0.997	13.7%	1.182
may	1374	1.461	20.2%	2273	1.392	19.1%	0.965
might	554	0.589	8.2%	589	0.361	4.9%	0.871
should	774	0.822	11.4%	1277	0.782	10.7%	0.899
must	202	0.215	2.9%	242	0.149	2.0%	0.844
shall	1	0.000	0.0%	0	0.000	0.0%	1.720
will	229	0.243	3.4%	1740	1.066	14.6%	0.000**
would	1206	1.281	17.7%	1606	0.984	13.5%	0.603
总计	6798	7.224	100.0%	11914	7.298	100.0%	1.041

表 9-11 和图 9-5 显示，美国语言学硕博生对于情态动词的使用情况表现出较明显的一致性特征，如最高频使用的 2 个情态动词都是 can 和 may。这与国内外学者对英语本族语者专业科学论文的调查完全一致（Atai & Sadr, 2008; Bulter, 1990; 徐江等, 2014; 王淑雯, 2016）。这说明，作为英语本族语者，美国语言学硕博生对于情态动词的使用量与本族语学者的完全一致。

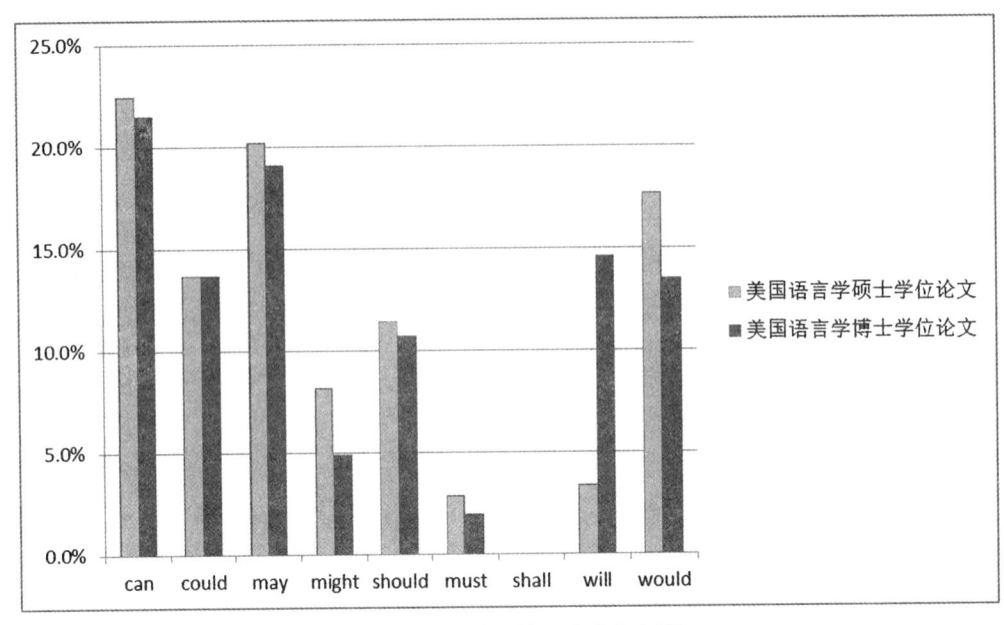

图 9-5 情态动词的百分比分布图

从表 9-11 和图 9-5 可以看出，美国语言学硕士生除了显著少用 will 之外，对于其他情态动词的使用与博士生没有显著差异。这印证了 Palmer（1979:1）的观点，在所有的英语语法体系中，情态动词是最重要的，但也是最难的。最重要是因为情态动词在不同的语类中都是使用频率最高的，最难则是因其语义具有多样性和不确定性。能否准确使用情态动词，通常可以反映出作者的英语语言和语用水平。美国语言学博士生对于 9 个情态动词的使用量统计与专业学者的完全一致，而硕士生则是大部分一致，这也说明博士生对于情态动词语义的多样性、不确定性以及推断确信度的掌控能力比硕士生强。

根据 Halliday（2000:39）提出的情态动词量值等级的分类，我们将 9 个核心情态动词分为高值情态（must）、中值情态（will, shall, should, would）和低值情态（can, could, may, might）。具体统计情况见表 9-12。

表 9-12 美国实证类语言学硕博学位论文中的情态动词量值统计表

量值\语料库	美国语言学硕士学位论文 出现频数	频率	百分比	美国语言学博士学位论文 出现频数	频率	百分比	p 值
高	202	0.215	2.9%	242	0.149	2.0	0.844
中	1550	2.346	32.5%	4623	2.832	38.8	0.060
低	4386	4.663	64.6%	7049	4.318	59.2	0.255
总计	6798	7.224	100.0%	11914	7.299	100.0	1.041

表 9-12 显示，美国语言学硕博生对于情态动词量值使用频率和所占比例的排序完全一致，都是"低量值情态＞中量值情态＞高量值情态"，且都没有显著性差异，这说明作为母语使用者，美国语言学硕博生熟悉情态动词的语义范畴和评价潜势，在对实证数据进行推断时，既

能做到态度谨慎,"依据而言",承诺度低,扩大与学术共同体成员进行商讨的学术空间,又能适时传递高承诺,强信念,积极建构自己的学术身份。

9.7.2.3 情态副词的对比分析

情态副词用于表示对所推测事宜的确信程度。语料库统计显示,美国语言学硕士生显著少用情态副词表推测（$p=0.000<0.05$）,而且情态副词的多样性也少于美国语言学博士（12∶19）,这表明,虽然美国语言学硕博生对于情态副词的语义范畴和语用功能的认知具有趋同性,不过硕士生对情态副词的语义认知和语用能力都弱于博士生。

统计显示,美国语言学硕博士生所使用的情态副词都比较分散,没有表现出过度依赖某个词的现象。

我们将情态副词分为归纳性副词和演绎性副词,发现美国硕博生都倾向于多用演绎性副词。具体如表9-13所示。

表9-13　美国实证类语言学硕博学位论文中情态副词的使用情况

情态副词	美国语言学硕士学位论文		美国语言学博士学位论文	
	频率	百分比	频率	百分比
归纳性副词	0.228	26.7%	1.019	42.8%
演绎性副词	0.625	73.3%	1.363	57.2%
合计	0.853	100.0%	2.382	100.0%

表9-13显示,美国语言学硕博生都运用了归纳性副词和演绎性副词,且演绎性副词的使用量和比例都高于归纳性副词。语言是思维的主要工具,思维模式通过语言形式得以反映。古希腊哲学家亚里士多德所开创的形式逻辑对西方思维模式产生了深远的影响,他将演绎法视为能够产生科学知识的论证工具。此后,演绎法不仅成为西方学者构建理论体系的一种手段,而且成了西方人比较习惯的一种思维方法（连淑能,2010:342）。西方传统思维模式建立在逻辑思维的基础之上,多采用纵向思维形式,从"一般"推断出"个别"。不过随着科技的发展,西方学者发现,演绎只能阐明已经发现的东西,无助于阐释科学原理,又提出了归纳法,用于解释科学的或然性。简而言之,传统的西方思维模式注重形式逻辑,擅长演绎法；近代实验科学诞生后,又重视归纳法（连淑能,2010:344）。本研究所收集的语言学硕博学位论文既有社会科学的语类特征,又因其采用了自然科学的研究方法而具备了实验科学的语类特征,因此在论文中,出现了演绎与归纳相结合,以演绎为主的思维模式,也符合实证类语言学的社会认知型思维方式。不过,从表9-13可以看出,美国语言学博士生能够更好地平衡归纳和演绎手段（比例分布比较接近）,获得对认知对象的全面认知并推导出普遍性和必然性规律,而硕士生则更倾向于演绎手段,获得对认知对象的具体认知,却不善于推导出新的体系。这说明,教育程度对学生的思维模式、认知模式和认知深度具有一定的影响作用。

9.7.2.4 "It's+adj.+that"结构的对比分析

在"It's+adj.+that"结构中常用的形容词有possible,likely,clear,certain,evident,essential 等。语料库检索发现,美国硕士生使用了 9 种形容词,博士生使用了 15 种形容词,就词汇多样性而言,硕士生的词汇略显单一。从词频统计情况看,美国硕博生使用量最高的 3 个形容词都是 likely,possible 和 probable,且都是演绎性词汇,这符合实证类学术论文追求或然性和确定性的语类特征,有利于传递作者基于研究结果进行推测的自信心,有助于说服读者认同自己的阐释,同时又不否认还有"十有一二"的其他解释,表现出积极的人际意义建构的态度。

美国语言学硕博生对于"It's+adj.+that"结构的使用量没有显著性差异(p=0.982>0.05),不过,受教育程度的影响,博士生的英语词汇储备和有效词汇输出能力高于硕士生。

9.7.2.5 介词短语的对比分析

从表 9-10 可以看出,美国语言学硕博学位论文中的介词短语做推断据素的词频(0.033∶0.202)和百分比(0.3%∶1.7%)都比较低,且没有显著性差异(p=0.773>0.05)。词汇多样性方面没有差异。

9.7.2.6 名词的对比分析

表 9-10 显示,美国语言学硕博生的推断名词词频和比例是所有推断据素语言呈现方式中最低(分别是 0.072,0.7%;0.217∶1.8%),且没有显著性差异(p=0.784>0.05)。使用了 5 个名词,就词汇多样性而言,没有差异。不过,语言学博士生对于名词推断据素的掌控能力略高于硕士生,这与引用名词的调查结果一致,这也印证了名词短语可以衡量学习者的"高级水平"语言能力(Biber,Gray & Poonpon,2011,2013;Lu,2011)。

9.8 小　结

本章对比分析了美国实证类语言学硕博学位论文言据性的整体特征以及四类据素及其语言呈现方式的使用情况和使用特征。研究结果如下所述。

(1)美国语言学硕博生都能够较好地掌握实证类论文的子语类特征,言据性资源整体使用情况一致,在词频和百分比两个维度,均表现出"推断据素>引用据素>感官据素>信念据素"的分布态势,能够平衡追求学术客观性和表达个人学术信念之间的关系,合理使用各类据素与学术共同体成员之间实现积极的学术互动。不过,相较于美国语言学博士生,美国语言学硕士显著少用言据性资源(p=0.000<0.05)、感官据素(p=0.000<0.05)和推断据素(p=0.000<0.05)。这表明,美国硕士生对于言据性资源的语用能力弱于美国语言学博士生,尤其是对数据进行推断时的逻辑思维能力和探究能力较弱。我们认为,就实证类研究这一子语类而言,言据性资源和推断据素的使用会随着教育程度的提高而提高。

(2)首先,在美国实证类语言学硕博学位论文中四类据素的使用方面,研究发现,词频使用量和所占比例最大的是推断据素。实证类学位论文要求作者对收集而来的定量数据和定性数据进行客观理性地综合演绎推断和归纳推断,使自己的学术观点更加深入和具有说服力。这一研究结果再次说明,据素类型的使用除了与语类有关之外,还应该与研究方法有直接的关系。不过,美国语言学硕士生显著少用推断据素,一方面说明他们在进行归纳演绎时比较谨慎；另一方面也说明他们对语言的把握能力不强。其次，词频使用量和在言据性资源中的比例排第二的是引用据素，且没有显著性差异（$p=0.914>0.05$）。这表明美国语言学硕博生都能够掌握引用据素的功能，引用他人研究资源并做出适度评价，从而与自己的研究课题之间建立连接关系，增强语篇的说服力。不过，硕士生似乎更依赖于其他学者的声音来表达个人观点。词频和比例位列第三的是感官据素，但存在显著性差异（$p=0.000<0.05$），硕士生显著少用此类据素。这与徐昉和龚晶（2014）所提出的"感官据素的使用随着教育程度的提高不断下降"的观点截然相反。我们认为，对感官据素的使用恰恰能够反映出作者对于实证类研究方法的驾驭能力：作者需要对通过定量研究方法和定性研究方法收集而来的数据进行描述和阐释，且应聚焦于阐释。从前文的分析看，美国语言学硕士生对于数据的阐释深度和广度显然是弱于博士生的。将感官据素细分为视觉据素和听觉据素后，发现美国语言学硕士学位论文的视觉据素使用量高于美国语言学博士论文，但没有显著性差异（$p=0.774>0.05$），但其中听觉据素使用量却显著低于博士生的（$p=0.000<0.05$）。这一是因为硕士论文中偏定量研究的比例高于博士论文，视觉据素使用量自然偏高，但偏定性研究的比例远远低于博士论文，听觉据素使用量也就显著较低——研究方法决定了感官据素的使用量；另一原因是定性研究的分析难度高于定量研究——教育程度会影响听觉据素。最后，词频量最低的都是信念据素，且没有显著性差异（$p=0.301>0.05$）。这表明美国语言学硕博生都能够掌控学位论文的客观性语类特征，不过，硕士生在表达个人信念时没有博士生那么积极主动，这可能是受到其学术新手身份的影响。

（3）在四类据素的语言呈现方式方面，研究发现，美国实证类语言学硕博学位论文的共性特征大于异性特征。首先，所有的语言呈现方式都以相似的比例出现在硕博学位论文中。其次，都倾向于动词性据素，而且最高频使用的语言呈现方式大致相同。最后，各类据素所使用最高频词汇相同或相似。然而，美国语言学硕士生的语言把握能力弱于博士生，词汇储备量和有效词汇产出量均低于博士生，尤其是衡量高级语言水平的学术名词的使用量低于博士生。由此可见，就同一语类而言，教育程度对语言呈现方式有一定的影响。

综上所述，美国语言学硕博生都具备了在学术语篇中正确使用言据性资源以及推断据素、引用据素、感官据素和信念据素这四类据素的学术意识和语类意识。总的说来，硕博学位论文在言据性资源和据素使用方面的共性大于差异性，这可能是因为美国的教育体系具有连贯性，从中小学到高等教育阶段都强调语类知识和语类意识，而且语言学的研究方法更加趋于成熟，硕博生都能够很好地将社会科学的语类特征与自然科学的语类特征相结合，将前人研究与自己研究相关联，将个人信念与学术客观相结合，将数据描述与信息阐释相结合，将确定性与非确定性相结合，在学位论文中表现出"言之有据"和"言而有信"的言据性特征。只是受到教育程度影响，美国语言学硕士生对于据素及其语言呈现方式的驾驭能力比博士生弱，这是母语习得的认知规律所决定的。

第十章 结 论

10.1 导 言

本章将首先重点介绍基于语料库的中美实证类语言学硕博学位论文言据性研究的主要发现,然后总结本研究的贡献,随后讨论此研究对学术英语教学的启示,最后分析本研究的不足以及对未来研究的建议。

10.2 本研究的主要发现

本研究采用定量研究与定性研究相结合的混合法,采用语料库研究范式,以 2012—2016 年国内和美国大学英语专业语言学研究方向的硕博学位论文中的实证类文章为研究对象,对比分析中美实证类语言学硕博学位论文的言据性特征。国内的研究样本选自"中国优秀博硕士学位论文全文数据库",学生毕业高校来自 985、211 和普通高校;美国研究样本选自"ProQuest 学位论文全文数据库"(http://pqdt.lib.sjtu.edu.cn/SearchResults.aspx? c=29& pm=0)。最终筛选出符合本研究设计条件的中美实证类语言学硕士学位论文各 45 篇、中美实证类语言学博士学位论文各 30 篇,分别建立了四个语料库,其中两个学习者语料库分别是中国实证类语言学硕士学位论文语料库(简称为 CM)和中国实证类语言学博士学位论文语料库(简称为 CD);另外两个对照语料库是本族语者语料库(native speakers corpus),包括美国实证类语言学硕士学位论文语料库(简称为 AM)和美国实证类语言学博士学位论文语料库(简称为 AD)。经过净化处理后保留的 CM 库容共 788112 个形符,CD 库容共 1305683 个形符,AM 库容为 941088 个形符,AD 库容为 1632272 个形符。四个语料库的库容大致相当,具有很好的可比性。

结合国内外学者对言据性的分类和实证类学位论文的语类特征以及语料库统计结果,我们将据素分为四类,即感官据素、信念据素、引用据素和推断据素。随后,根据据素分类和四个子库的语料阅读梳理,我们提炼出了每类据素的语言呈现方式。接着采用语料库分析工具 AntConc3.2.0 作为据素检索和统计工具,对各类据素及其语言呈现方式进行了检索统计,通过人工筛选保证了统计数据的可信度。最终观察出言据性资源和四类据素及其语言呈现方式在中美实证类语言学硕博学位论文中的分布特征,并从语类学和社会文化理论等理论视野进行解读。

研究发现,中美实证类语言学硕博学位论文的言据性资源和四类据素及其语言呈现方式的分布表现出相似性和差异性共存的特征。结合研究问题,汇报研究发现如下。

10.2.1　中美实证类语言学硕士学位论文的言据性资源和据素特征

研究发现,中美语言学硕士生都能够较好地掌握实证类论文的语类特征,言据性资源的整体使用情况一致,在词频和百分比两个维度均表现出"推断据素＞引用据素＞感官据素＞信念据素"的分布特征。这反映出中美语言学硕士生均表现出一定的学术素养,能够理解言据性的功能,并根据学位论文的语类特征和实证类学位论文的子语类特征,恰当使用四类据素,能够有意识地使用不同类型的据素来显性或隐性表明信息来源,传递自己的学术观念,就实证数据进行合理推断,并尝试与学术共同体成员进行积极的人际意义建构,以实现学术交际的目的。

不过,相较于美国语言学硕士生,中国语言学硕士生显著少用言据性资源以及推断据素和引用据素,却显著多用感官据素。这表明中国语言学硕士生对于学术论文语类特征以及言据性语用功能的掌控能力还有待提高。中国语言学硕士生受到汉语母语思维模式的影响,其论文呈现出读者负责型(a reader-responsible pattern)的汉语语篇特征,不用清晰的语言直接表达自己的观点,而是通过描述或论述含蓄地隐性传递,将解读、阐释和推断的责任转嫁到读者身上。中国语言学硕士生显著性多使用感官据素和显著性少使用推断据素的趋势都反映了这一特征。在用视觉据素描述数据时仅仅是罗列所观察到的一个个具体的数字,却没有进一步阐释这些数字所要传达的信息以及自己的观点;用听觉据素转述被访谈者的观点时,多使用中性词汇,减少个人参与度,或将被访谈者的话语大段罗列,不置可否,疏于分析,由读者自行解读;对于推断据素的保守使用也反映出中国硕士生在写作时读者意识较弱,留有太大的解读空间,也给读者留下太多的主观臆想空间;在对前人研究进行梳理时,多述少评,甚至是只述不评,评价力度和参与意识较为淡薄,没有有效建构自己的作者身份。社会文化理论强调社会文化因素会影响二语学习者的思维模式、认知特征、社会文化属性、语言选择、人际关系建构等。而中国实证类语言学硕士学位论文中的言据性资源和据素使用特征均说明中国硕士生受到中国传统思维方式的影响,注重"书不尽言,言不尽意""意在言外""意出言表",在有效传递学术信息和建构作者身份方面有待提高。

中美实证类语言学硕士学位论文在四类据素的语言呈现方式上同样是共性与异性共存。相似性在于,中美语言学硕士生均使用四类据素的语言呈现方式,且最高频使用的结构和词汇大致相同。例如,最高频使用"X+v."结构作为感官据素和引用据素,最高频使用情态动词作为推断据素,倾向于使用动词类结构作为主要语言呈现方式。不过中美语言学硕士生对于一些据素词汇的选择仍存在较大差异。中国学生选词相对单一,缺乏多样性,语义范畴狭窄,口语化、语用错误和滥用情况均有出现,表现出比较严重的中介语倾向。这可能与中国学生的词汇能力相对较弱有关。例如,在使用推断据素时,中国学生过度依赖情态动词(占推断据素词频的86%),尤其是语气过于生硬的词语,如 should, must 等,使得自己的观点显得过于强势,反而容易引起读者的反感和对研究结果的不信任。在应该使用正式、书面语的语域中,出现了口语化语言,如 As we all know 等。对于一些词汇的语义内涵和评价外延出现严重错误,用 according to、from the table 描述数据,将 claim 视为中性词汇。语类意识和语类知识比较薄弱。

社会文化理论认为,语言水平是心理工具的外在语言反映。Frawley 和 Lantolf(1985)认为,二语初学者只能用二语来调控自己的社会活动,而不能调控自己的心理活动,更不能用二语来调控自己的思维。中国语言学硕士学位论文的言据性资源特征表明,我国语言学硕士生教育任重道远。经过本科 4 年,硕士阶段 2~3 年的专业培养,他们并没有形成良好的语类意识,也没有掌握应有的语类知识,而且,他们的英语水平似乎还没有脱离初学者的范围,没有应有的进步,英语既不能很好地实现社会功能,更谈不上调控自己的思维活动,即使是最基本的学术词汇储备量和有效词汇输出量也远远落后于美国语言学硕士生。

10.2.2　中美实证类语言学博士学位论文的言据性资源和据素特征

研究发现,中美实证类语言学博士学位论文中,四类据素在词频和百分比两个维度均表现出"推断据素＞引用据素＞感官据素＞信念据素"的分布态势,且在推断据素、信念据素和引用据素方面没有表现出显著性差异。这表明,中美语言学博生都能够理解并掌握言据性的意义、功能、学位论文的语类特征以及写作规范,有意识地使用据素表明信息来源,引用他人观点为自己的学术理念服务,在就自己的研究进行合理推断的同时,还积极传递自己的学术信念,建构自己的学术身份,尝试与学术共同体成员之间建构人际互动。不过,中国语言学博士生显著少用感官据素,并最终导致了显著少用言据性资源。研究发现,研究方法的侧重点不同是引发中美实证类语言学博士学位论文的感官据素(包括视觉据素和听觉据素)出现差异的主要原因。首先,美国语言学界对于研究方法的引介和运用要比国内学界早 30 年左右,且更加成熟。其次,国内研究"多定量,少定性",美国研究"多定性,少定量"。故而,中国博士生还无法像美国博士生那样熟练平衡和运用定量研究和定性研究分析,视觉据素词频显著高于美国博士生,而听觉据素词频则显著低于美国学生。

在四类据素的语言呈现方式方面,研究发现,中美实证类语言学博士学位论文的共性特征大于异性特征。共性方面,中美语言学博士生最高频使用的语言呈现方式大致相同,且表现出较强的一致性分布态势。例如,感官据素和引用主要依赖"X+v."结构、信念据素主要使用"it+情态动词+be+动词过去分词+that 从句"结构、推断据素主要依赖情态动词等。在四类据素中,动词类结构都是主要语言呈现方式。差异性则主要表现在中国语言学博士生对于"X's+名词"结构的使用量显著低于美国语言学博士生。国内外研究表明,对于学术名词的掌握程度反映了作者的英语语言水平(Biber & Gray,2010,2011;Biber,Gray & Poonpon,2011,2013;Ravid & Berman,2010;Wray,2010)。显然,与美国本族语博士生相比,中国语言学博士生的英语语言水平,尤其是英语学术语言水平还有很大的差距。此外,中国语言学博士生也存在学术词汇量储备不足、有效词汇产出量低、语义错误、语用错误、语类意识淡薄、语类知识薄弱等问题。例如,将 according to 用作视觉据素、听觉据素、引用据素和推断据素,这可能是中国博士生较早接触此短语,但却并不完全了解其语义潜势,而产生了中介语僵化现象。使用 it is well known that-这一带有明显口语倾向性的结构,将具有消极评价意义的引用动词 claim 视为中性评价词,过度依赖情态动词表示推测,论文中对引用夹注的处理比较凌乱,没有严格遵循文献引用规范,部分博士生对于引用据素和听觉据素的处理表现出"多述少评"的趋势,没有有效建立自己的作者身份。

社会文化理论认为,语言水平是心理工具的外在语言反映。Frawley 和 Lantolf (1985)认为,二语初学者只能用二语来调控自己的社会活动,而不能调控自己的心理活动,更不能用二语来调控自己的思维。中国语言学博士学位论文的言据性特征表明,我国语言学博士生的教育并没有取得满意效果,经过本科 4 年,硕士研究生 2~3 年和博士 3~5 年的系统专业培养,博士研究生对于基础词汇,如 according to、介词 from 和动词 claim 的语义内涵仍缺少足够的认知,似乎还没有解决中介语僵化问题,不能用英语调控自己的思维活动和社会交际。而且,少数中国语言学博士生的语类知识还不太扎实,学术规范意识相对薄弱,其批判性思维意识和能力也明显弱于美国语言学博士生。

10.2.3　中国实证类语言学硕博学位论文的言据性资源和据素特征

研究发现,中国实证类语言学硕博学位论文都使用了言据性资源和四类据素,但中国语言学硕士生显著少用推断据素和言据性资源。从词频分布和在言据性资源中所占有的比例来看,在中国实证类语言学硕博学位论文中,四类据素类型的分布规律表现出一致性特征,即"推断据素＞引用据素＞感官据素＞信念据素"。这表明,中国语言学硕博士生都能够理解并掌握言据性的意义、功能、实证类论文的语类特征以及写作规范,有意识地使用据素表明信息来源,引用他人观点为自己的学术理念服务,在就自己的研究进行合理推断的同时,还积极传递自己的学术信念,尝试与学术共同体成员之间建构人际互动。只不过,中国语言学硕士生对于实证类研究所隐含命题信息的推断意识、阐释能力和批判性思维能力都弱于中国语言学博士生,建构作者身份的意识也较弱。研究还发现,由于受国内语言学研究大环境和定性研究难度较大的影响,中国语言学硕士生对于听觉据素的驾驭能力明显弱于中国语言学博士生,教育程度有可能对中国语言学硕博学位论文中研究方法的采用和分析产生影响。

在四类据素的语言呈现方式方面,研究发现,除了在词汇的多样性方面占有一定的优势之外,在词汇的语义范畴、评价潜势、语用功能、语类范畴等方面,从硕士到博士阶段并没有长足进步。例如,都使用一些主观色彩和口语特征比较明显的语言,如 it is well known that-结构;都使用 according to 和 from the table 作为听觉据素;都将消极评价语 claim 用作中性评价语;都严重依赖情态动词,尤其是大量使用 should 等。这说明中国语言学硕博生的英语语言使用出现了固化现象和语言僵化现象,仍然受到汉语母语的语义和语用的影响。

由此可见,中国语言学硕博生都具备了在学术语篇中正确使用言据性资源以及推断据素、引用据素、感官据素和信念据素这四类据素的学术意识和语类意识,这可能是近年来国内高校普遍给硕博研究生开设英语学术论文写作课程和研究方法课程所取得的效果。但研究也发现,中国语言学硕博生的语类意识和语用正确率仍亟待提高,我们有必要结合语类学的相关研究成果,帮助学生掌握学位论文语类的意义表达模式,严格学位论文和学术论文的语类规范,从而提高我国语言学硕博学位论文的写作质量。

10.2.4　美国实证类语言学硕博学位论文的言据性资源和据素特征

研究发现,美国实证类语言学硕博学位论文都使用了言据性资源和四类据素,从词频分布和在言据性资源中所占有的比例来看,四类据素类型的分布规律表现出一致性特征,即"推断据素＞引用据素＞感官据素＞信念据素"。这说明,美国语言学硕博生都能够理解并掌握言据性的意义、功能,尤其是熟悉实证类论文的语类特征以及写作规范,就自己的研究数据进行富有逻辑的合理推断,阐释数据所隐含的意义,与前人研究建立学术关联,并通过感官证据表明自己研究的客观真实性,为推断据素提供强有力的数据支撑,同时还积极传递自己的学术信念,尝试表达自己的学术声音,建构学术身份。在学位论文中做到"言之有据"和"言而有信"。不过,美国语言学硕士生似乎更依赖他人的声音为自己的研究服务,而美国语言学博士生则更加积极地建立自己的作者身份。研究还发现,言据性资源和推断据素的使用量随着教育程度的提高而提高。

在四类据素的语言呈现方式方面,研究发现,美国实证类语言学硕博学位论文的共性特征大于异性特征。首先,所有的语言呈现方式都以相似的比例出现在硕博学位论文中。其次,都倾向于动词性据素,而且最高频使用的语言呈现方式大致相同。最后,各类据素所使用最高频词汇相同或相似。然而,美国语言学硕士生的语言把握能力弱于博士生,词汇储备量和有效词汇产出量均低于博士生,尤其是衡量高级语言水平的学术名词的使用量低于博士生。由此可见,就同一语类而言,教育程度对语言呈现方式,尤其是名词性语言的使用量有一定的影响。

综上所述,美国语言学硕博生都具备了在学术语篇中正确使用言据性资源以及推断据素、引用据素、感官据素和信念据素这四类据素的学术意识和语类意识。总的说来,硕博学位论文在言据性资源和据素使用方面的共性大于差异性,这可能是因为美国的教育体系具有连贯性,从中小学到高等教育阶段都强调语类知识和语类意识,而且语言学的研究方法更加趋于成熟,硕博生都能够很好地将社会科学的语类特征与自然科学的语类特征相结合,将前人研究与自己研究相关联,将个人信念与学术客观相结合,将数据描述与信息阐释相结合,将确定性与非确定性相结合,在学位论文中表现出"言之有据"和"言而有信"的言据性特征。只是受到教育程度影响,美国语言学硕士生对于据素及其语言呈现方式的驾驭能力比博士生弱,这是母语习得的认知规律所决定的。

10.2.5 小　结

通过对中国实证类语言学硕士学位论文库、中国实证类语言学博士学位论文库、美国实证类语言学硕士学位论文库和美国实证类语言学博士学位论文库这四个子库的交叉对比与研究发现,中美语言学硕博生都能够根据实证类论文的子语类特征,合理使用和分配言据性资源以及感官据素、引用据素、信念据素和推断据素。在词频和百分比这两个维度的统计显示,中美实证类语言学硕博学位论文均表现出"推断据素＞引用据素＞感官据素＞信念据素"的分布态势,都表现出各类据素不均衡使用的一致性特征,也能正确、适切地使用各种语言呈现方式传递命题信息,并适时表达个人学术信念,与学术共同体成员之间进行人际互动。

首先,研究方法影响言据性资源的分布特征。国内外很多学者认为,在学术论文中,引用据素的使用量是最大的(Chafe,1986;胡壮麟,1995;徐昉、龚晶,2014)。不过,也有学者指出,如果将所选研究样本采用的研究方法作为变量考虑在内的话,推断据素是使用量最大的言据性资源(王淑雯,2016)。本研究通过交叉对比分析发现,受研究方法的影响,中美实证类语言学硕博论文中的推断据素都是使用量最大的言据性资源,而引用据素成为第二大量的据素类型。就感官据素而言,Chafe(1986)认为学术论文鲜有使用感官证据支持自己的学术观点;徐昉和龚晶(2014)将我国英语专业语言学方向本科、硕士和博士毕业论文与应用语言学国际权威期刊论文进行比较,发现我国学生显著多用感官据素,但其使用量随着教育程度的提高不断下降,表现出"本科生使用量＞硕士生使用量＞博士生使用量"的趋势;他们还发现在国外学者的论文中没有出现听觉据素。而本研究发现,研究样本对于定量研究、定性研究和混合研究的倾向度会影响到感官据素及其视觉据素和听觉据素的使用量,偏定量研究,则视觉据素使用量多,偏定性研究,则听觉据素使用量多。当然,感官据素的使用量也部分受到国内外研究大环境、教育程度和英语学术论文规范程度的影响。综上,本研究认为,在探讨英语学术论文的言据性时,应将研究方法视为子语类特征予以考虑。

其次,教育程度影响据素语言呈现方式的多样性和适切性。通过对四个语料库的交叉对比发现,中国语言学博士生在四类据素的词汇多样性优于中国语言学硕士生,美国语言学博士生的词汇多样性和适切性优于美国语言学硕士生。在语言准确性、非动词类据素使用量和句式复杂度上,美国语言学博士生均优于美国语言学硕士生。然而,需要指出的是,中国语言学硕士到博士阶段的词汇数量有所增长,但语用质量并没有进步。

再次,教育程度影响硕博生的作者身份建构。相较于比较成熟的中美语言学博士作者,作为学术新手的中美语言学硕士生在传递个人信念、建构自己的作者身份时显得比较保守,对所引用命题信息的评价力度相对较弱。因此,我们认为,学术作者的个人身份及其定位会影响到言据性资源和据素的使用量。

最后,社会文化差异影响言据性资源和据素使用。受中国传统思维模式的影响,中国语言学硕博生的言据性资源都显著低于美国语言学硕博生,评价意识和评价能力也都弱于美国学生,而且有部分中国语言学硕博生受"读者负责型"思维模式的影响,在学位论文写作中,"只述不评"或"多述少评",似乎更倾向于依赖他人的声音为自己的研究服务,崇拜权威。尤其是在推断命题信息时,过于谨慎保守,中国语言学博士生的推断据素使用量都显著低于美国语言学硕士生。这验证了社会文化理论的观点,人的认知心理机能是一个受到不同文化产品、行为活动和概念等中介要素调节的过程。在这一过程中,作为中介要素的外化和实现手段,语言发挥了关键作用。中国语言学硕博生用英语完成学位论文的写作,其难度要大于本族语学习者,因为对中国学生而言,英语是外语,在写作过程中不可能摆脱母语语言、思维、文化以及社会因素的影响。正如 Lantolf(2006)所指出的,学习者可以获得二语的概念,但其成功的程度有限,母语概念的影响极为广泛。

10.3　本研究的贡献

本研究利用自建的中美实证类语言学硕博学位论文语料库,以难度较大的中美学位论文为研究对象,通过交叉对比,从语类学、社会文化理论探究对于中美实证类语言学硕博学位论文言据性资源的影响。主要贡献体现在四个方面。

首先，本研究首次将研究方法纳入语类研究的视域。过去的相关研究都是随机选取研究样本，没有将研究方法纳入样本选取的变量（如 Chafe,1986；孙自挥、陈渝,2010；徐昉、龚晶,2014）。本研究首次提出应将研究方法视为同一学科、同一语类的子语类特征。

其次，本研究通过创建两个大型学习者语料库（中国实证类语言学硕士学位论文库和中国实证类语言学博士学位论文库）和参照语料库（美国实证类语言学硕士学位论文库和美国实证类语言学博士学位论文库），实现对我国高级英语学习者在真实、长篇论文中使用言据性资源和据素及其语言呈现方式的研究。语言学方向的研究生学位论文是衡量我国外语水平的典型代表，可以用作研究我国高级英语语言能力的最佳语料；美国语言学硕博学位论文也是美国教育发展的高级阶段，与我国语言学硕博学位论文同属一个语类，作为参照，可以更客观地观察我国高级英语学习者与英语母语者之间的差异性。本研究弥补了国内外在实证研究领域尚缺乏基于大型语料库研究和在具体学科内开展言据性资源研究的空白。大型语料库更能无限接近采用相同研究方法的语言学学科内的言据性资源特征和据素及其语言呈现方式的特征。本研究从语类学和社会文化理论对中美实证类语言学硕博学位论文进行了微观分析，真正反映中美语言学硕博生对于言据性资源的全面、真实的使用情况。这在研究方法上为言据性研究提供了一种新的研究思路和范例。

再次，本研究聚焦实证类言据性资源研究，填补了目前对实证类研究的不足，同时实证类研究所涉及的定量研究、定性研究和混合法的研究方法是目前语言学研究的常用方法，对语言学论文写作意义重大。此外，实证类研究综合了社会科学和自然科学的研究，故对这两大类学科的论文写作同样具备参考价值。

最后，本研究从语料库中提炼出感官据素、引用据素、信念据素和推断据素的常用语言呈现方式和相对应的学术词汇，是实证类研究的高频用语，所构建的实证类语言学论文中出现的高频据素列表，对提高我国语言学写作水平会提供实际帮助，同时也为今后的相关研究提供了翔实可靠的语料来源。

10.4　本研究对学术英语教学的启示

本研究对中美实证类语言学硕博学位论文中的言据性资源和据素及其语言呈现方式进行了交叉对比研究，所统计的频率和提炼出的语言呈现方式都具有代表性，研究结果也具有较高的可信度和可推广性。我们进行的语料库对比研究旨在揭示中国语言学硕博生在言据性资源和据素使用上与美国语言学硕博参照语料库的共同点、差距和不足。从学术英语教学角度来说，应结合中国学术英语教学实际对这些差异和不足进行补救、改进。

首先，重视语类特征的学习。语类分析不仅注重语言特征，而且关注语言特征的成因，对学习者恰当使用语言进行交际非常重要（Bhatia,1993:5）。Hyland（2004）认为，语类分析是帮助非本族语者了解学术论文语篇结构特征的一种强有力的工具。马丁认为语类能力不是天生的而是后天学会的，语类可以采用不同的技巧和方法来教（引自张德禄,2010:30）。本研究发现中国语言学硕博生在据素语言呈现方式的特征上与美国语言学硕博生还有不少的差距，如名词性结构的使用不足,在学位论文中使用具有口语色彩的语言,语义内涵和评价潜势存在误区等。语类不同,语言特征便有差异,作为语言重要特征之一的言据性和据素同样也会呈现出不同的分布和语义、语用特征。据素不仅能够表达概念意义和语用意义,而且还能传递出不同语类所隐含的意识形态、社会功能和交际意图。因此,言据性与语类相互影响,相互制约。一方面,言据性需要适应语类特征的要求;另一方面,语类因素决定据素的选择。我们可以有意识地将语类理论和语类分析方法运用于学术英语写作教学中,帮助学生明确语类有其特定的交际功能和规范化的表达形式,特定的交际目的决定了词汇语法资源的选择倾向。因此,在教学中,教师应注意引导学生了解不同语类语篇所具有的交际目的和语类规范,让学生认识到语篇不仅是一种语言建构,而且是一种社会意义建构,使这些已经掌握较高英语水平但在学术写作领域还是新手的研究生,逐渐熟悉所属学科话语社区的语言规范和表达方法。

其次,重视跨文化意识教育,帮助学生克服母语文化的负迁移。Lantolf(2006)指出,学习者可以获得二语的概念,但母语概念的影响极为广泛。在学术英语教学中,我们可以广泛搜集中国语言学硕博生在言据性资源和据素层面上文化负迁移的言语表征例证,以探求文化负迁移在言语表征上的规律性特征。本研究发现,中国语言学硕博生所撰写的英语学位论文仍然受到很大的汉语负迁移影响,而且从硕士到博士阶段并没有很大的改善。在教学过程中,可以对比分析中美语言学硕博生的言据性资源和据素特征,引导学生发现自己与英语母语者的关系。

再次,鼓励我国语言学硕博生积极建构个人学术身份。目前,学术界已经认识到学术写作中存在大量评价性的语言,用来表达作者立场态度。言据性的本质是主观性。在学术英语教学中,不应过分强调英语学术写作的客观性,而应注重增强学生的读者意识、评价意识和评价能力,鼓励学生积极与前人研究建立关联,适度传递个人信念,凸显个人的研究声音,积极与学术共同体成员开展学术协商,在科学话语的多声中构建作者的个人学术声音。在学位论文的写作教学中,我们可以将国际期刊论文、本族语者的学位论文和学习者的学位论文进行比较,为学生写作明确道路和方法。

最后,加强学术论文写作的规范要求。在学术英语教学中,可以系统介绍我国学位论文标准结构和格式,尤其是参考文献的引用格式、符号与计量单位的使用规范等,以培养研究生的学术规范意识,并撰写出高质量的学位论文。

10.5 本研究的不足以及对未来研究的建议

尽管本研究通过自建四个语料库,从语类学和社会文化理论出发,对中美实证类语言学硕博学位论文的言据性资源和据素及其语言呈现方式进行了深入的交叉对比研究,获得了一些有价值的发现,但是也存在着不足。本研究的不足主要体现在以下几个方面。

第一,研究的范围不够广,分析也不够深入。言据性是一个非常复杂的语言系统,提炼出据素类型以及各据素的语言呈现方式的难度可想而知。尽管我们对一些语言呈现方式进行了分析和探讨,但是分析和探讨还不够深入全面。例如,情态动词具有多义性,同一个情态动词的多种搭配序列会表现出不同的情态意义,但本研究仅聚焦于情态动词的频率和主要语义的探讨，没有关注情态序列的特征分析。再如，仅探究了一些最高频引用动词的语义内涵和评价潜势，没有全面关注提炼出的所有引用动词的分析探讨。我们希望本研究能够为据素及其语言呈现方式的研究提供一些有益的启示，并提供未来的进一步研究方向。

第二，在研究方法上有一定的局限性。由于研究条件、研究时间和技术手段的限制，未能对所选论文语类的各个部分进行更加细化的对比研究，从更多角度揭示言据性资源和据素在中美硕博学位论文中的使用特征，也没有将研究结果与教学实践相结合，以验证其教学效果。希望未来研究能够就此进行进一步的探究。

第三，语料库的信度有待进一步提高。目前，本研究的语料库规模相对于国内对言据性资源研究所使用的语料库要大得多，基于大型语料库研究言据性资源所得到的结果也更具有说服力，然而庞大的数据给后来的分析带来了难以预想的困难，即使经过多方验证，也难免出现疏漏。再者，我们在英语本族语者的身份甄别上也存在一定困难。因此，我们对中美实证类语言学硕博学位论文的言据性资源特征的探究可能挂一漏万。为深化言据性资源的研究，今后我们可以扩充研究领域，将英语语言学的其他专业方向纳入研究范围，从而更全面地揭示英语学位论文的言据性资源的本质特征，为加强我国学生的学术素养教育提供重要借鉴。

参考文献

[1]Aikhenvald,A. Evidentiality in typological perspective[A]. In A. Y. Aikhenvald and R. M. W. Dixon (eds.). *Studies in Evidentiality*[C]. Amsterdam/Philadelphia:John Benjamins Publishing Company,2003:1-31.

[2]Aikhenvald,A. *Evidentiality*[M]. Oxford:Oxford University,2004.

[3]Aikhenvald,A. Y. & R. Dixon. *Studies in Evidentiality*[M]. Amsterdam:John Benjamins,2003.

[4]Aijmer,K. Modality in Advanced Swedish Learners Written Interlanguage[A]. In Granger,S.,J. Hung & S. Petch-Tyson (eds.). *Computer Learner Corpora,Second Language Acquisition and Foreign Language Teaching*[C]. Amsterdam:John Benjamins,2002.

[5]AI-Malahmeh,M. *The Interaction of Indirect Evidentiality,Temporality and Epistemic Modality in Jordanian Arabic:The Case of Deverbal Agentives*[D]. University of Kansas,2013.

[6]Aksu-Koc,A. A. *The Acquisition of Aspect and Modality:The Case of Past Reference in Turkish*[M]. Cambridge:Cambridge University Press,1988.

[7]Aksu-Koc,A. A. Some aspects of the acquisition of evidentials in Turkish[A]. In Johanson,L. & B. Utas (eds.). *Evidentials:Turkic,Iranian and Neighboring Languages*[C]. Mouton de Gruyter:Berlin,2000:15-28.

[8]Aksu-Koc,A. A. & D. I. Slobin. A psychological account of the development and use of evidentials in Turkish[A]. In W. L. Chafe and J. Nichols (eds.). *Evidentiality:The Linguistic Coding of Epistemology*[C]. New Jersey:Ablex Publishing House. 1986:159-167.

[9]Anderson,L. B. Evidentials,paths of change,and mental maps:Typologically regular asymmetries[A]. In W. Chafe & J. Nichols (eds.). *Evidentiality:The Linguistic Coding of Epistemology*[C]. Norwood,New Jersey:Ables. 1986:273-312.

[10]Aoki,H. Evidentials in Japanese[A]. In Chafe and Nichols,(Eds.). *Evidentiality:The Linguistic Coding of Epistemology*[C]. Ablex Publishing Corporation:Norwood,NJ. 1986:261-272.

[11] Atai,M. R. & L. Sadr. A cross-cultural genre study of hedging devices in discussion section of applied linguistics research articles[J]. *Journal of Teaching English Language and Literature Society of Iran*,2008,(7):1-22.

[12]Atkinson,P. Medical discourse,evidentiality and the construction of professional responsibility[A]. In Sarangi,S.,S. Roberts,C. (eds.). *Talk,Work,and Institutional Order*[C]. Mouton de Gruyter,1999:75-107.

[13]Atkinson,P. The discursive construction of competence and responsibility in medical collegial talk[J]. *Communication and Medicine*,2004,(1):13-23.

[14]Austin,J. L. *How to Do Things with Words*[M]. Harvard University Press:Cambridge,MA. 1962.

[15]Badger, R. & G. White. A process genre approach to teaching writing[J]. *ELT Journal*,2000,(2):153-160.

[16]Barnes,J. Evidentials in the Tuyuca verb[J]. *International Journal of American Linguistics*,1984,(3):255-271.

[17]Barton, E. L. Evidentials, argumentation, and epistemological stance[J]. *College English*,1993,(7):745-769.

[18]Bednarek, M. Epistemological positioning and evidentiality in English news discourse:A text-driven approach[J]. *Text & Talk*,2006,(6):635-660.

[19]Benveniste, E. *Problems in General Linguistics*[M]. Coral Gablres,FL:University of Miami Press,1971.

[20]Bermudez, F. *Evidentiality:The Linguistic Coding of Point-of-view*[D]. Stockholm:Stockholm University,2006.

[21]Bhatia, V. K. *Analyzing Genre:Language Use in Professional Settings*[M]. London & NY:Longman,1993.

[22]Bhatia, V. K. *Worlds of Written Discourse:A Genre-based View*[M]. London:Longman,2004.

[23]Bhatia,V. K. Genre analysis,ESP and professional practice[J]. *English for Specific Purposes*, 2008,(27):161-174.

[24]Bhatia,V. K. Towards critical genre analysis[A]. In Bhatia, V. K. ,J. Flowerdew & R. Jones (eds.). *Advances in Discourse Studies*[C]. London:Routledge,2008,166-177.

[25]Biber, D. & B. Gray. Challenging stereotypes about academic writing:Complexity, elaboration,explicitness[J]. *Journal of English for Academic Purpose*,2010,(1):2-20.

[26]Biber,D. & B. Gray. Grammatical change in the noun phrase:The influence of written language use[J]. *English Language and Linguistics*,2011,(2):223-250.

[27]Biber,D. & E. Finegan. Styles of stance in English:Lexical and grammatical marking of evidentiality and affect[J]. *Text*,1989,(1):99-124.

[28]Biber,D. ,Gray,B. & K. Poonpon. Should we use characteristics of conversation to measure grammatical complexity in L2 writing development? [J]. *TESOL Quarterly*,2011,(1):5-35.

[29]Biber,D. ,Gray,B. & K. Poonpon. Pay attention to the phrasal structures:Going beyond t-units—A response to WeiWei Yang[J]. *TESOL Quarterly*,2013,(1):192-201.

[30]Biber,D. ,Johansson,S. ,Leech,G. ,Conrad,S. ,& E. Finegan. *Longman Grammar of Spoken and Written English*[M]. London:Longman,1999.

[31]Bizzell,P. *Academic Discourse and Critical Consciousness*[M]. Pittsburgh,PA:Uni-

versity of Pittsburgh Press, 1992.

[32]Bloch, J. & L. Chi. A comparison of the use of citations in Chinese and English academic discourse[A]. In D. Belcher & G. Braine (eds.). *Academic Writing in a Second Language*[C]. Norwood: Ablex Publishing Corportation, 1995, 231-274.

[33]Boas, F. *Handbook of American Indian Languages*[M]. Washington DC: Government Printing Office, 1911: 423-557.

[34]Boas, F. Language[A]. In Boas, F. (ed.). *General Anthropology*[C]. Boston: D. C. Heath and Company, 1938: 124-145.

[35]Boas, F. Kwakiutl grammar with a glossary of the suffixes[J]. *Transactions of the American Philosophical Society*. 1947, (37): 201-377.

[36]British Dictionary. http://www.dictionary.com/browse/evidence.

[37]Bryman, A. *Social Research Methods* (5th edn.)[M]. Oxford: Oxford University Press, 2015.

[38]Bulter, C. Qualifications in science: Modal meanings in scientific texts[A]. In W. Nash (ed.). *The Writing Scholar: Studies in Academic Discourse*[C]. Newbury Park, CA, Sage. 1990.

[39]Bunton, D. *Linguistic and Textual Problems in PhD and MPhil Thesis: An Analysis of Genre Moves and Metatext*[D]. Unpublished doctoral dissertation, The University of Hong Kong, 1998.

[40]Bunton, D. The structure of PhD conclusion chapters[J]. *Journal of English for Academic Purposes*, 2005, (4): 207-224.

[41]Bussmann, H. *Routledge Dictionary of Language and Linguistics*[M]. London: Routledge (北京: 外语教学与研究出版社), 1996/2000.

[42]Bybee, J. *Morphology: A Study of the Relation Between Meaning and Form*[M]. Amsterdam: John Benjamins, 1985.

[43]*Cambridge Advanced Learner's Dictionary*[Z]. 北京: 外语教育与研究出版社, Cambridge: Cambridge University Press, 2008.

[44]Canagarajah, A. S. *Critical Academic Writing and Multilingual Students*[M]. Ann Arbor, MI: The University of Michigan Press, 2002.

[45]Cansanave, C. *Writing Games: Multicultural Case Studies of Academic Literacy in Higher Education*[M]. Mahwah, NY: Lawrence Erlbaum, 2002.

[46]Chafe, W. Evidentiality in English conversation and academic writing[A]. In W. Chafe & J. Nicholas (eds.). *Evidentiality: The Linguistic Coding of Epistemology*[C]. Norwood, NJ: Ablex, Pub Corp, 1986: 261-272.

[47]Chafe, W. Seneca speaking styles and the location of authority[A]. In J. H. Hill and J. T. Irvine (eds.). *Responsibility and Evidence in Oral Discourse*[C]. Cambridge: CUP. 1993.

[48]Chafe, W. & J. Nichols. (eds.) *Evidentiality: The Linguistic Coding of Epistemol-*

ogy[C]. Norwood,NJ:Ablex,1986:VII.

[49]Chafe,W. & J. Nichols (eds.). *Evidentiality:The Linguistic Coding of Epistemology*[C]. Ablex Publishing Corporation:Norwood,NJ. 1986:261-272.

[50]Charles,M. Phraseological patterns in reporting clauses used in citation:A corpus-based study of these in two disciplines[J]. *English for Specific Purposes*,2006,(3):310-331.

[51]Choi,S. The development of epistemic sentence-ending modal forms and functions in Korean children[A]. In Bybee. J. & S. Fleischman (eds.). *Modality in Grammar and Discourse*[C]. Amsterdam:Benjamins,1995.

[52]Chung,J. Y. Korean Evidentials and Assertion[A]. In Baumer,D. ,D. Montero & M. Scanlon. (eds.). *Proceedings of the 25th West Coast Conference on Formal Linguistics* [C]. 2005,(6):105-113.

[53]Cole,R. R. & Shaw,D. L. "Power" Verbs and "Body Language":Does the Reader Notice? [J]. *Journalism Quarterly*,1974,(51):62-66.

[54] *Collins Dictionary.* https://www. collinsdictionary. com/dictionary/english/surprising

[55] *Collins English Dictionary.* https://www. collinsdictionary. com/dictionary/english.

[56] *Collins COBUILD English Usage* ? HarperCollins Publishers 1992,2004,2011,2012. http://www. thefreedictionary. com/evidence

[57]Cornillie,B. Evidentiality and epistemic modality:On the close relationship between two different categories[J]. *Functions of Language*,2009,(1):44-62.

[58]Courtney,E. Child acquisition of Quechua affirmative suffix[A]. Santa Barbara Papers in Linguistics. *Proceedings from the Second Workshop on American Indigenous Language*[C]. Department of Linguistics,University of California,Santa Barbara,1999.

[59] Creswell, J. W. *Educational Research : Planning, Conducting, and Evaluating Quantitative and Qualitative Research* (4th edn.)[M]. Boston:Pearson,2015.

[60]Curnow, T. Evidentiality and me: The interaction of evidentials and first person [A]. In Allen,C. (ed.). *Proceedings of the 2001 Conference of the Australian Linguistic Society*[C]. 2002.

[61]Curnow, T. Types of interaction between evidentials and first-person subjects[J]. *Anthropological Linguistics*,2002,(2):178-196.

[62]de Haan, F. *The Interaction of Modality and Negation:A Typological Study*[M]. New York,USA:Garland,1997.

[63]de Haan, F. Evidentiality and epistemic modality:Setting boundaries[J]. *Southwest Journal of Linguistics*,1999,(18):83-101.

[64]de Jaan, F. Evidentiality in Dutch[A]. *In the proceeding of the 25th Annual Meeting of Berkeley Linguistics Society*[C]. University of California,Berkeley,1999.

[65]de Haan, F. The relation between modality and evidentiality[A]. In Müller, R. & M. Reis (eds.). *Modalitat und Modalverben in Deutschen*[C]. Hamburg, Germany: Helmut Buske Verlag, 2000.

[66]de Haan, F. The relation between Modality and Evidentiality[J]. *Linguistische Berichte Sonderbeft*, 2001, (9): 201-216.

[67]de Haan, F. Encoding speaker perspective: Evidentials[A]. In Frayzinger, Z., D. Rood, & A. Hodges (eds.). *Linguistic Diversity and Language Theories*[C]. John Benjamins Publishing Company, 2005.

[68]DeKeyser, R. & Juffs, A. Cognitive considerations in L2 learning[A]. In E. Hinkel (ed.). *Handbook of Research in Second Language Teaching and Learning*[C]. Mahwah, NJ Erlbaum, 2005, 437-454.

[69]DeLancey, S. Evidentiality and volitionality in Tibetan[A]. In Chafe & Nichols, (eds.). *Evidentiality: The Linguistic Coding of Epistemology*[C]. Ablex Publishing Corporation: Norwood, NJ. 1986: 203-213.

[70]DeLancey, S. Ergativity and the cognitive model of event structure in Lhasa Tibetan[J]. *Cognitive Linguistics*, 1990, (3): 289-321.

[71]DeLancey, S. Mirativity: The grammatical marking of unexpected information[J]. *Linguistic Typology*. 1997, 1: 33-52.

[72]DeLancey, S. The Mirative and Evidentiality[A]. In Patrick Dendale and Liliane Tasmowski (eds.), 2001: 369-382.

[73]Dendale, P. & L. Tasmowski. Introduction: Evidentiality and related notions[J]. *Journal of Pragmatics*, 2001, (33): 339-348.

[74]Denscombe, M. *The Good Research Guide: For Small-Scale Social Research Projects* (5th edn.)[M]. England: Open University Press, 2014.

[75]de Reuse, W. J. Evidentiality in Western Apache (Athabaskan)[A]. In Aikhenvald, A. & R. Nixon, (eds.). *Studies in Evidentiality* [C]. John Benjamins Publishing Company, 2003.

[76]Dickinson, C. Semantic and pragmatic dimensions of Tsafiki evidential and mirative markers[J]. *The Panels*, 1999, (35): 29-44.

[77]Dickinson, C. Mirativity in Tsafiki[J]. *Studies in Language*, 2000, (24): 379-422.

[78]Dickinson, C., S., Floyd & J. Seeg. *Evidentiality and Mirativity in Cha'palaa and Tsafiki*[Z]. Talk presented at the 2006 Meeting of the Society for the Study of the Languages of the Americas, 2006.

[79]*Dictionary*. com. http://www.dictionary.com/browse/evidence.

[80]Dixon, R. M. W. Evidentiality in Jarawara[A]. In Aikhenvald, A. & R. M. W. Dixon (eds.). *Studies in Evidentiality*[C]. John Benjamins Publishing Company, 2003: 165-187.

[81]Donabedian, A. Towards a semasiological account of evidentials: An enunciative approach of-er in Modern Western Armenian[J]. *Journal of Pragmatics*, 2001, (33): 421-442.

[82] Donato, R. & D. McCormick. A socialcultural perspective on language learning strategies: The role of mediation[J]. *Modern Language Journal*, 1994,(4).

[83] Du Bois, J. W. Self-Evidential and Ritual Speech[A]. In W. L. Chafe & J. Nichols (eds.). *Evidentiality: The Linguistic Coding of Epistemology*[C]. New Jersey: Ablex Publishing House. 1986:313-336.

[84] Dwyer, A. Direct and indirect experience in Salar[A]. In Johanson, L. & B. Utas (eds.). *Evidentials: Turkic, Iranian, and Neighboring Languages*[C]. Mouton de Gruyter, 2000,45-59.

[85] Eisenberg, L., Ukrainetz, A., Hsu, R., Kaderavek, N. Justice, M. & B. Gillam. Noun phrase elaboration in children's spoken stories[J]. *Language, Speech, and Hearing Services in Schools*, 2008,39(2):145-157.

[86] Ellis, N. Frequency effects in language processing: A review with implications for theories of implicit and explicit language acquisition[J]. *Studies in Second Language Acquisition*, 2002,(2):143-188.

[87] Ellis, R. *The Study of Second Language Acquisition*[M]. Oxford: Oxford University Press Erlbaum, 2008.

[88] Engestrom, Y. *Learning by Expanding: An Activity Theoretical Approach to Developmental Research*[M]. Helsinki: Orienta-Konsultit Oy, 1987.

[89] Engestrom, Y. Expansive learning at work: Toward an activity theoretical reconceptualization[J]. *Journal of Education and Work*, 2001,(1):133-156.

[90] Faller, M. *Semantics and Pragmatics of Evidentials in Cuzco Quechua*[D]. California: Stanford University, 2002.

[91] Faller, M. Remarks on evidential hierarchies[A]. In I. D. Beaver, L. D. C. NartAnez, B. Z. Clark & S. Kaufmann (eds.). *The Construction of Meaning*[C]. Stanford: CSLI. 2002, 37-59.

[92] Faller, M. The Evidentialial and validational licensing conditions for the Cuzco Quechua enclitic-*Mi*[J]. *Belgian Journal of Linguistics*, 2003,(16):7021.

[93] *Farlex Trivia Dictionary*. © 2012 Farlex, Inc. http://www.thefreedictionary.com/evidence.

[94] Feez, S. *Text-based Syllabus Design*[M]. Sydney: Macquarie University/AMES,1998.

[95] Finegan, E. Subjectivity and subjectification: an introduction[A]. *In Subjectivity and Subjectification in Language*[C]. Dieter Stein and Susan Wright (eds.). Cambridge: Cambridge University Press. 1995:1-15.

[96] Fitneva, S. Epistemic marking and reliability judgments: Evidence from Bulgarian[J]. *Journal of Pragmatics*, 2001,(33):401-420.

[97] Fitneva, S. & T. Matsui. *Evidentiality: A Window into Language and Cognitive Development: New Directions for Children and Adolescent Development*[M]. San Francisco:

Jossey-Bass, 2009.

[98] Flick, U. *An Introduction to Qualitative Research* (5th edn.)[M]. London: Sage, 2014.

[99] Flowerdew, J. (ed.) *Academic Discourse*[C]. Harlow: Longman, 2002.

[100] Floyd, R. The structure of evidential categories in Wanka Quechua[J]. *Summer Institute of Linguistics*, 1999.

[101] Ford, W. & D. Olson. The elaboration of the noun phrase in children description of objects[J]. *Journal of Experimental Child Psychology*, 1975, 19 (3): 371-382.

[102] Fortescue, M. Evidentiality in West Greenlandic: A case of scattered coding[A]. In Aikhenvald, A., & R. Dixon (eds.). *Studies in Evidentiality*[C]. John Benjamins Publishing Company, 2003, 291-306.

[103] Fowler, R. *Linguistics and the Novel*[M]. London/New York: Methuem, 1979.

[104] Fowler, R. *Linguistic Criticism*[M]. Oxford/New York: OUP. 1986.

[105] Fox, B. A. Evidentiality: Authority, responsibility and entitlement in English conversation[J]. *Journal of Linguistic Anthropology*, 2001, (2): 21-38.

[106] Frawley, W. *Linguistic Semantics*[M]. New Jersey: Lawrence Erlbaum Associates, 1992.

[107] Frawley, W. & J. Lantolf. Second language discourse: A Vygotskian perspective [J]. *Applied Linguistics*, 1985, (6): 19-44.

[108] Freeborn, D. *Style: Text Analysis and Linguistic Criticism*[M]. London: Macmillan & Co. Ltd., 1996.

[109] Friedman, V. Evidentiality in the Balkans: Bulgarian, Macedonian, and Albania [A]. In Chafe and Nichols, (Eds.). *Evidentiality: The Linguistic Coding of Epistemology* [C]. Ablex Publishing Corporation: Norwood, NJ, 1986: 168-187.

[110] Friedman, V. Confirmative/Nonconfirmative in Balkan Slavic, Balkan Romance, and Albanian with Additional Observations on Turkish, Romani, Georgian, and Lak[A]. In Utas and Johanson (eds.). *Evidentials in Turkic, Iranian and Neighboring Languages*[C]. Mouton de Gruyter: Berlin, 1999.

[111] Garrett, E. J. *Evidentiality and Assertion in Tibetan*[D]. University of California, 2001.

[112] Givon, T. Evidentiality and epistemic space[J]. *Studies in Language*, 1982, (6): 23-49.

[113] Givon, T. Evidentiality and epistemic space[J]. *Studies in Language*, 2001, (6): 33-60.

[114] Glanville, R. A cybemeticm using language and science in the language of science [J]. *Cybemetics and Human Knowledge*, 1998, (4): 79-96.

[115] Graetz, N. Teaching EFL students to extract structural information from abstracts [A]. In Pugh, A. K. & J. M. Ulijn (eds.). *Reading for Professional Purposes*[C]. Leuven, Belgium: ACCO, 1985: 123-135.

[116] Gramley, S. & K. Patzold. *A Survey of Modern English*[M]. London: Routledge, 1992.

[117] Gronemeyer, C. *The Syntactic Basis of Evidentiality in Lithuanian* [Z]. Presented at Conference on Syntax and Semantics of Tense and Mood Selection. University of Bergamo, 1998, July 2-4.

[118] Halliday, M. A. K. *An Introduction to Functional Grammar*, (2nd ed.) [M]. London: Edward Arnold, 1994.

[119] Halliday, M. A. K. *An Introduction to Functional Grammar* [M]. 北京:外语教学与研究出版社, 2000.

[120] Halliday, M. A. K. *An Introduction to Functional Grammar*, (3nd ed.) [M]. London: Edward Arnold, 2005.

[121] Halliday, M. A. K. & R. Hasan. *Cohesion in English* [M]. London: Longman, 1976.

[122] Halliday, M. A. K. & R. Hasan. *Language, Context, and Text: Aspects of Language in a Social-semiotic Perspective* [M]. Victoria: Deakin University Press. 1985.

[123] Halliday, M. A. K. & C. M. I. Mattiessen. *Construing Experience through Meaning: A Language-based Approach to Cognition* [M]. London and New York: Cassell, 2000.

[124] Halliday, M. A. K., A. McIntosh, & Strevens, P. *The Linguistic Sciences and Language Teaching* [M]. 1964.

[125] Hammersley, M. & P. Atkinson. *Ethnography: Principles in Practice* (3rd edn.) [M]. New York: Routledge, 2007.

[126] Hardman, M. J. Data-source marking in the jaqi languages [A]. In Chafe and Nichols, (Eds.). *Evidentiality: The Linguistic Coding of Epistemology* [C]. Ablex Publishing Corporation: Norwood, NJ. 1986: 168-187.

[127] Hasan, R. The structure of a text [A]. In Halliday, M. A. K. & R. Hasan (eds.). *Language, Text, and Context: Aspects of Language in a Social-Semiotic Perspective* [C]. Geelong, Vic.: Deakin University Press, 1985, 70-79.

[128] Hassler, G. Evidentiality and reported speech in Romance Languages [A]. In T. Guldemann & M. v. Roncador (eds.). *Reported Discourse: A Meeting Ground for Different Linguistic Domains* [C]. Amsterdam: John Benjamins, 2002: 143-172.

[129] Haviland, J. Evidential mastery [A]. In Andronis, M., E. Debenport, A. Pycha & Yoshimura, K. (eds.). *Proceedings of the 38th Annual Meeting of the Chicago Linguistic Society* [C], 2004: 348-368.

[130] Henning, G. Quantitative methods in language acquisition research [J]. *TESOL Quarterly*, 1986, (4): 701-708.

[131] Hill, J. H. & J. T. Irvine. *Responsibility and Evidence in Oral Discourse* [M]. Cambridge University Press: New York, 1993.

[132] Hill, J. & O. Zepeda. Mrs. Patricio's trouble: The distribution of responsibility in an account of personal evidence [A]. In Hill, J. & J. T. Irvine (eds.). *Responsibility and Evidence in Oral Discourse* [C]. Cambridge University Press, 1993: 197-225.

[133] Hinds, J. Reader versus writer responsibility: a new typology [A]. In U. Connor

and R. B. Kaplan（ed.）*Writing Across Languages：Analysis of L2 Text，Reading*[C]，MA：Addison-Welsey，1987.

[134]Hinkel，E. The use of modal verbs as a reflection of culture values[J]. *TESOL Quarterly*，1995，(2)：325-343.

[135]Hinkel，E. The effects of essay topics on modal verb uses in L1 and L2 academic writing[J]. *Journal of Pragmatics*，2009，(41)：667-683.

[136]Hoijer，H. Some problems of American Indian linguistic research[A]. *Papers from the Symposium on American Indian Linguistics Held at Berkeley*，July 7，1985. Berkeley and Los Angeles：University of California Press，1985：3-12.

[137]Humphrey，S.，J. Martin，S. Dreyfus & Mahboob，A. The 3 x 3：Setting up a linguistic toolkit for teaching academic writing[A]. In A. Mahboob & N. Knight (eds.). *Appliable Linguistics*[C]. London & New York：Continuum，2010.

[138]Hunston，S. & G. Thompson. *Evaluation in Text：Authorial Stance and the Construction of Discourse*[M]. Oxford：Oxford University Press，2000.

[139]Hyland，K. Persuasion and context：The pragmatics of academic metadiscourse[J]. *Journal of Pragmatics*，1998，(30).

[140]Hyland，K. *Disciplinary Discourses：Social Interactions in Academic Writing*[M]. London：Longman，2000.

[141]Hyland，K. Activity and evaluation：Reporting practices in academic writing[A]. In Flowerdew，J.（ed.）. *Academic Discourse*[C]. Harlow：Person Education Limited，2002，115-130.

[142]Hyland，K. Graduates' gratitude：the generic structure of dissertation acknowledgements[J]. *English for Specific Purposes*，2004，(23)：303-324.

[143]Hyland，K. *Genre and Second Language Writing*[M]. Ann Arbor，MI：The University of Michigan Press，2004.

[144]Hyland，K. Stance and engagement：A model of interaction in academic discourse[J]. *Discourse Studies*，2005，(2)：173-191.

[145]Hyland，K. *English for Academic Purposes*[M]. New York：Routledge，2006.

[146]Hyland，K. *Academic Discourse：English in a Global Context*[M]. London，New York：Continuum，2009.

[147]Hyland，K.，M. H. Chau & M. Handford. *Corpus Applications in Applied Linguistics*[M]. London：Continuum，2012.

[148]Hyland，K. & L. Hamp-Lyons. EAP：Issues and directions[J]. *Journal of English for Academic Purposes*，2002，(1)：1-12.

[149]Hyland，K. & J. Milton. Qualification and certainty in L1 and L2 students' writing[J]. *Journal of Second Language Writing*，1997，(2)：183-206.

[150]Hyland，K. & P. Tse. Metadiscourse in academic writing：A reappraisal[J]. *Applied Linguistics*，2004，(2)：156-177.

[151]Ifantidou, E. *Evidentials and Relevance*[M]. John Benjamins Publishing Company, 2001.

[152]Ifantidou, E. Evidentials and metarepresentation in early child language[J]. *Functions of Language*, 2009, (16): 89-122.

[153]Jacobsen, W. The heterogeneity of evidentials[A]. In Makah, in Chafe and Nichols (eds.) *Evidentiality: The Linguistic Coding of Epistemology*[C]. Ablex Publishing Corporation: Norwood, NJ. 1986: 3-28.

[154]Jakobson, R. *Shifters, Verbal Categories, and the Russian Verbs*[M]. Cambridge, Mass.: Department of Slavic Languages and Literatures. Harvard University, 1957. (Reprinted in Jakobson 1971: 131-147.

[155]Jakobson, R. Shifters, verbal categories, and the Russian verb[J]. *Selected Writings*, vol. 2. Mouton: The Hague. 1971[1957]: 130-147.

[156]Jakobson, R. Shifters and verbal categories[A]. In *On language*[C](pp. 386-392). Cambridge, MA: Harvard University Press, 1990. (Original work published 1957).

[157]Jakobson, S. *A practical Grammar of the Central Alaskan Yup'ik Eskimo Language* [M]. Alaska Native Language Center Publications, University of Alaska, Fairbanks, 1995.

[158]Johnson, R. B. & A. J. Onwuegbuzie. Mixed methods research: A research paradigm whose time has come[J]. *Educational Researcher*, 2004, (7): 14-26.

[159]Kamio, A. Evidentiality and some discourse characteristics in Japanese[A]. In Akio Kamio (ed.). *Directions in Functional Linguistics*[C]. John Benjamins Publishing Company, 1997.

[160]Kaplan, R. B. 1988. Contrastive rhetoric and second language learning: Notes toward a theory of contrastive rhetoric[A]. In Purves, A. (ed.). *Writing across Languages and Cultures: Issues in Contrastive Rhetoric*[C]. Newbury Park: Sage Publishers.

[161]Karkkainen, E. *Epistemic Stance in English Conversation: A Description of Its Interactional Functions, with a Focus on "I think"*[M]. Amsterdam and Philadelphia: John Benjamins Publishing Company, 2003.

[162]Kastor, B. Noun phrase and coherence in child narratives[J]. *Child Language*, 1983, (1): 135-149.

[163]Kelly, G. & C. Bazerman. How Students Argue Scientific Claims: A rhetorical-semantic analysis[J]. *Applied Linguistics*, 2003, (1): 28-55.

[164]*Kernerman English Multilingual Dictionary* © 2006—2013. http://www.thefreedictionary.com/evidence.

[165]Kramsch, C. Second language acquisition, applied linguistics, and the teaching of foreign languages[J]. *The Modern Language Journal*, 2000, (3): 311-326.

[166]Krawczyk, E. A. *Evidentiality in Central Alaskan Yup'ik Eskimo and English*[D]. Georgetown University, 2012.

[167]Krisadawan, H. *Evidentials in Tibetan: A Dialogic Study of the Interplay Between Form and Meaning*[D]. Indiana University, 1993.

[168]Kuipers, J. Obligation to the word: Ritual speech, performance, and responsibility among the Weyewa[A]. In Hill, J. H. & J. T. Irvine (eds.). *Responsibility and Evidence in Oral Discourse*[C]. Cambridge University Press, 1993: 88-104.

[169]Kwon, I. *Viewpoints in the Korean Verbal Complex: Evidence, Perception, Assessment, and Time*[D]. University of California, 2012.

[170]Lantolf, J. P. Sociocultural Theory and Second Language Learning: State of the Art[J]. *Studies in Second Language Acquisition*, 2006, (28): 67-109.

[171]Lantolf, J. P. & S. L. Thorne. *Sociocultural Theory and the Genesis of Second Language Development*[M]. Oxford: Oxford University Press, 2006.

[172]Lazaraton, A. Current trends in research methodology and statistics in applied linguistics[J]. *TESOL Quarterly*, 2000, (1): 175-181.

[173]Lazard, G. Mirativity, evidentiality, mediativity or other? [J]. *Linguistic Typology*, 1999, (3): 91-109.

[174]Lazard, G. On the grammaticalization of evidentiality[J]. *Journal of Linguistics*. 2001, (33): 359-367.

[175]Lee, Dorothy D. Conceptual implications of an Indian Language[J]. *Philosophy of Science*, 1938, (5): 89-102.

[176]Lee, J. *The Korean Evidential-te: A Modal Analysis*[Z]. In Proceedings of Colloque de Syntaxe et Semantique a Paris 2009: Empiracal Issues in Syntax and Semantics 8, 2010.

[177]Lee, J. *Evidentiality and Its Interaction with Tense: Evidence from Korean*[D]. The Ohio State University, 2011.

[178]Leech, G. Why frequency can no longer be ignored in ELT? [J]. *Foreign Language Teaching and Research*, 2011, (1): 3-20.

[179]Leont'ev, A. N. *Activity, Consciousness, and Personality*[M]. Mahwah, NJ: Lawrence Erlbaum Associates, Inc., 1978.

[180]Lu, X. A corpus-based evaluation of syntactic complexity measures as indices of college-level ESL writers' language development[J]. *TESOL Quarterly*, 2011, (1): 36-62.

[181]Lyons, J. *Semantics*[M]. Cambridge: Cambridge University Press vol. 2, 1977.

[182]Lyons, J. Deixis and Subjectivity: Loquor, ergo sum? [A]. In R. J. Jarvella & W. Klein (eds.). *Speech, Place, and Action: Studies in Deixis and Related Topics*[C]. Chiester and New York: John Wiley, 1982: 101-24.

[183]Lyons, J. *Linguistic Semantics: An Introduction*[M]. 北京: 外语教学与研究出版社, 1995.

[184]*Longman Dictionary*[Z]. 北京: 商务印书馆, 2005.

[185]*Longman Dictionary of Contemporary English*[Z]. 北京: 商务印书馆, 艾迪生维

斯理朗文出版社中国有限公司,1998.

[186]Mahboob,A. ,S. Dreyfus,S. Humphrey & Martin,J. Appliable linguistics and English language teaching:The scaffolding literacy in adult and tertiary environments (SLATE) project[A]. I. A. Mahboob & N. Knight (eds.). *Appliable Linguistics* [C]. London & New York: Continuum,2010.

[187]Mannheim,B. & K. Van Vleet. The dialogics of Southern Quechua narrative[J]. *American Anthropologist*,1998,(2):326-346.

[188]Markkanen,R. & H. Schroder. *Hedging and Discourse:Approach in Academic Texts*[M]. Berlin:de Gruyter,1997.

[189]Martin,J. R. Language,register and genre[A]. In F. Christie (ed.). *Children Writing:Reader*[C]. Geelong Victoria Deakin University Press,1984:21-29.

[190]Martin,J. R. Process and text two aspects of human semiosis[A]. In J. D. Benson & W. S. Greaves (eds.). *Systemic Perspectives on Discourse*,*Volume 1:Selected Theoretical Papers from the 9th International Systemic Workshop*[C]. Norwood,NJ:Ablex,1985:248-274.

[191]Martin,J. R. Literacy in science:Learning to handle text as technology[A]. In F. Christie (ed.). *Literacy for a Changing World*[C]. Melbourne:Australian Council for Educational Research,1990.

[192]Martin,J. R. *English Text:System and Structure*[M]. Amsterdam/Philadelphia: John Benjamins Publishing Company,1992.

[193]Martin,J. R. Analyzing genre functional parameters[A]. In F. Christie and J. R. Martin (eds.). *Genre and Institutions:Social Processes in the Workplace and School*[C]. London:Cassell,1997:3-39.

[194]Martin,J. R. Modeling context:A crooked path of progress in contextual linguistics[A]. In M. Ghadessy (ed.). *Text and Context in Functional Linguistics*[C]. Philadelphia Benjamins,1999:25-61.

[195]Martin,J. R. Beyond exchange:Appraisal Systems in English[A]. In S. Hunston and G. Thompson (eds.). *Evaluation in Text:Authorial Stance and the Construction of Discourse*[C]. Oxford,NY:Oxford University Press,2000:142-175.

[196]Martin,J. R. SFL and Critical Discourse Analysis[A]. In L. Unsworth (ed.). *Researching Language in Schools and Communities:Functional Linguistic Perspectives*[C]. London and Washington:Cassel,2000:275-302.

[197]Martin,J. R. & D. Rose. *Working with Discourse:Meaning Beyond the Clause* [M]. London:Continuum,2003.

[198]Martin,J. R. & P. White. *The Language of Evaluation:Appraisal in English* [M]. New York,NY:Palgrave Macmillan,2005.

[199]Martin,P. M. A genre analysis of English and Spanish research paper abstracts in experimental social sciences[J]. *English for Specific Purposes*,2003,(22):25-43.

[200]Matlock,T. Metaphor and the grammaticalization of evidentials[A]. In: *Proceed-*

ings of the 15th Annual Meeting of the Berkeley Linguistic Society[C]. 1989,15:215-225.

[201] Matthewson, L. Temporal semantics in a supposedly tenseless language[J]. *Linguistics and Philosophy*,2006,(29):673-713.

[202] Matthewson, L. *On apparently Non-modal Evidentials*[Z]. In Proceedings of Colloque de Syntaxe et Semantique a Paris 2009:Empirical Issues in Syntax and Semantics 8, 2010:333-357.

[203] Matushansky, O. Tipping the scales: The syntax of scalarity in the complement of seem[J]. *Syntax*,2002,(4):219-276.

[204] McCready, E. Evidential universals[A]. In Peterson, T. & Sauerland, U. (eds.). *Evidence from Evidentials*, volume 28 of University of British Columbia Working Papers in Linguistics[C]. 2010:105-128.

[205] McCready, E. & N. Asher. Modal subordination in Japanese Dynamics and evidentiality[A]. In Eilam, A., Scheer, T., & Tauberer, J. (eds.). *Penn Working Papers in Linguistics* 12.1[C]. 2006:237-249.

[206] McCready, E. & N. Ogata. Evidentiality, modality and probability[J]. *Linguistics and Philosophy*, 2007,(30):147-206.

[207] Mcenery, T. & N. A. Kifle. Epistemic modality in arugumentative essays of second-language writers[A]. In Flowerdew, J. (ed.). *Academic Discourse*[C]. London Pearson Education Limited,2002.

[208] McLendon, S. Evidentials in Eastern Pomo with a comparative survey of the category in other Pomoan Languages[A]. In Aikhenvald, A. & Dixon, R. (eds.). *Studies in Evidentiality*[C]. Amsterdam:John Benjamins,2003:101-130.

[209] McNamara, D. S., M. M. Louwerse, P. M. McCarthy & Graesser, A. C. Coh-Metrix:Capturing linguistic features of cohesion[J]. *Discourse Processes*,2010,(47):292-330.

[210] Melander, B., Swales, J. M. & K. M. Fredrickson. Journal abstracts from three academic fields in the United States and Sweden: National or disciplinary proclivities? [A]. In Duszak, A. (ed.). *Intellectual Styles and Cross-cultural Communication*[C]. Berlin:Mouton de Gruyter,1997:251-272.

[211] *Merriam-Webster*, https://www.merriam-webster.com/dictionary/evidence.

[212] Michael, L. D. *Nanti Evidential Practice: Language, Knowledge, and Social Action in an Amazonian Society*[D]. The University of Texas,2008.

[213] Mindt, D. *Am Empirical Grammar of the English Verbs: Modal Verbs*[M]. Berlin:Cornelson,1993.

[214] Mithun, M. Evidential diachrony in Northern Iroquoian[A]. In Chafe, W. & J. Nichols (eds.). *Evidentiality: The Linguistic Coding of Epistemology*[C]. Ablex Publishing Corporation:Norwood,NJ. 1986:89-112.

[215] Mortelmans, T. On the evidential nature of the epistemic use of the German modals "mussen" and "sollen"[A]. In van der Auwera, J. & Dendale, p. (eds.). *Modal Verbs in Ger-*

manic and Romance Languages, *Volume 14 of Belgian Journal of Linguistics*[C]. Benjamins, Amsterdam, 2000:131-148.

[216]Murray, S. E. *Evidentiality and The Structure of Speech Act*[D]. The State University of New Jersey, 2010.

[217]Mushin, I. Evidentiality and deixis in narrative retelling[J]. *Journal of Pragmatics*, 2000,(7):927-957.

[218]Mushin, I. *Evidentiality and Epistemological Stance: Narrative Retelling*[M]. Amsterdam/Philadelphia:John Benjamins Publishing Company, 2001.

[219]Mushin, I. Japanese reportive evidentiality and the pragmatics of retelling[J]. *Journal of Pragmatics*, 2001,(33).

[220]Mushin, I. Making knowledge visible in discourse:Implications for the study of linguistic evidentiality[J]. *Discourse Studies*, 2013,(5):627-645.

[221]Niglas, K. The multidimensional model of research methodology:An integrated set of continua[A]. In A. M. Tashakkori & C. B. Teddlie (eds.). *SAGE Handbook of Mixed Methods in Social & Behavioral Research* (2nd edn.)[C]. Thousand Oaks:Sage, 2010:215-236.

[222]Nisbett, R. E. *The Geography of Thought*[M]. New York and London:Free Press, 2004.

[223]Nuyts, J. Epistemic modal qualifications:On their linguistic and conceptual structure[A]. *Wilrijk:Antwerp Papers in Linguistics*[C]. 1994,(2):231-250.

[224]Nuyts, J. Layered models of qualifications of the states of affairs:Cognition vs typology? [A]. In Vander J., Auwera F., Durerx and L. Lejeune (eds.). *English an A Human Language*[C]. Munchen:Lincom. 1998:274-284.

[225]Nuyts, J. *Epistemic Modality, Language and Conceptualization: A Cognitive-Pragmatic Perspective* [M]. Amsterdam/Philadelphia: John Benjamins Publishing Company, 2000.

[226]Nuyts, J. Subjectivity as an evidentiality dimension in epistemic modal expressions [J]. *Journal of Pragmatics*. 2001,(33):383-400.

[227]Orlikowski, W. J. & J. Yates. Genre repertoire:The structuring of communicative practices in organizations[J]. *Administrative Science Quarterly*, 1994,(4):541-574.

[228]Oswalt, R. The evidential system of Kashaya[A]. In Chafe and Nichols,(Eds.). *Evidentiality:The Linguistic Coding of Epistemology*[C]. Ablex Publishing Corporation: Norwood, NJ. 1986:29-45.

[229]*Oxford English Dictionary*[Z]. 北京:外语教学与研究出版社, 2002.

[230]Ozturk, O. *Acquisition of Evidentiality and Source Monitoring*[D]. University of Delaware, 2008.

[231]Ozturk, O. & Papafragou, A. Children's acquisition of evidentiality[Z]. In *Proceedings from the 31st Annual Boston University Conference on Language Development*, 2007.

[232]Palmer, F. R. *Mood and Modality*[M]. Cambridge:Cambridge University Press, 1986.

[233]Palmer,F. R. *Modality and the English Modals* (2nd)[M]. London:Longman,1990.

[234]Palmer,F. R. Mood and modality[A]. In R. E. Asher (Ed.), *The Encyclopedia of Language and Linguistics*[C]. Oxford:Pergamon Press. 1994,pp,2535 – 2540.

[235]Palmer,F. R. *Mood and Modality* (2nd ed.)[M]. Cambridge:Cambridge University Press,2001.

[236]Palmer,F. R. Modality in English:Theoretical,Descriptive & Typological Issues [A]. In R. Facchinetti,M. Krug & F. Palmer (eds.)*Modality in Contemporary English*[C]. Berlin & New York:Mouton de Gruyter,2003.

[237]Patton, M. Q. *Qualitative Research & Evaluation Methods: Integrating Theory and Practice* (4th edn.)[M]. Thousand Oaks,CA:Sage Publications,2015.

[238]Parafragou, A. & O. Ozturk. The acquisition of evidentiality and source monitoring [A]. In Somerville, M. C. P. (ed.). *Proceedings from the 32nd Annual Boston University Conference on Language Development*[C]. 2008.

[239]Parafragou, A. , P. Li, Y. Choi, & Han, C. Evidentiality in language and cognition [J]. *Cognition*,2007,(103):253-299.

[240]Pho,P. D. Research article abstracts in applied linguistics and educational technology:A study of linguistic realizations of rhetorical structure and authorial stance[J]. *Discourse Studies*, 2008,(5):152-177.

[241]Plungian, V. A. The place of evidentiality within the universal grammatical space [J]. *Journal of Pragmatics*,2001,(33):349-357.

[242]Precht, K. Stance moods in spoken English:evidentiality and affect in British and American conversation[J]. *Texts*,2003,(2):239-257.

[243]Quirk,R. ,S. Greenbaum,G. Leech, & J. Svartvik. *A Comprehensive Grammar of the English Language*[M]. London:Longman,1985.

[244]Ravid, D. & R. A. Berman. Developing noun phrase complexity at school age:A text-embedded cross-linguistic analysis[J]. *First Language*,2010,(1):3-26.

[245]Richards, K. Trends in qualitative research in language teaching since 2000[J]. *Language Teaching*,2009,(2):147-180.

[246]Rubin,V. ,E. Liddy, & N. Kando. Certainty identification in texts:Catergorization model and manual tagging results[A]. In J. Wiebe (ed.)*Computing Attitude and Affect in Text:Theory and Applications*[C]. New York:Springer-Verlag,2005:61-76.

[247]Ruiz-Garrido, M. F. ,J. C. Palmer-Silverira & Fortanet-Gomez, I. (eds.). *English for Professional and Academic Purposes*[C]. Amsterdam/New York:Rodopi,2010.

[248]Saeed,J. *Semantics*[M]. Oxford Blackwell,1997.

[249]Sakita, T. *Reporting Discourse, Tense and Cognition*[M]. Elsevier,2002.

[250]Salvager-Meyer,F. A text-type and move analysis study of verb tense and modality distribution in medical English abstracts[J]. *English for Specific Purposes*,1992,(11): 93-113.

[251] Samraj, B. An exploration of a genre set: Research article abstracts and introductions in two disciplines[J]. *English for Specific Purposes*, 2005, (2): 141-156.

[252] Samraj, B. A discourse analysis of Master's theses across disciplines with a focus on introductions[J]. *Journal of English for Academic Purposes*, 2008, (7): 55-67.

[253] Santos, M. B. D. The textual organization of research paper abstracts in applied linguistics[J]. *Text*, 1996, (4): 481-499.

[254] Sapir, E. *Language: An Introduction to the Study of Speech*[M]. New York: Harcourt, Brace Co., 1921.

[255] Sapir, E. Takelma[A]. In F. Boas (ed.) *Handbook of American India Languages, Part 2*[C]. Washington: Government Printing Office, 1922, 1-296.

[256] Sauerland, U. & M. Schenner. Embedded evidentials in Bulgarian[A]. In Estela Puig-Waldmuller (ed.). *Proceedings of Sinn und Bedeutung 11*[C]. Universitat Pompeu Fabra: Barcelona, 2007: 495-509.

[257] Schenner, M. Semantics of evidentials: German reportative modals[A]. In *Proceedings of ConSOLE XVI*[C], 2008: 179-198.

[258] Schenner, M. Evidentials in complex sentences: foundational issues and data from Turkish and German[A]. In Peterson, T. & Saueland, U. (eds.). *Evidence from Evidentials, volume 28 of University of British Columbia Working Papers in Linguistics*[C]. 2010.

[259] Schlichter, A. The origins and deictic nature of Wintu evidentials[A]. In Chafe and Nichols, (Eds.). *Evidentiality: The Linguistic Coding of Epistemology*[C]. Ablex Publishing Corporation: Norwood, NJ. 1986: 46-59.

[260] Schwager, M. On What Has Been Said in Tagalog: Reportative Daw[A]. In Tyler Peterson and Uli Sauerland. *Evidence from Evidentials*[C]. Vancouver, Canada, 2010 (28): 221-246.

[261] Sellman, T. Yup'ik evidentials: The narrative function of =*gguq* and -*illini*-[A]. In Mithun, M. (ed.) *Prosody, Grammar and Discourse in Central Alaskan Yup'ik, volume 7 of Santa Barbara Papers in Linguistics*[C]. Santa Barbara, CA: UCSB, 1996.

[262] Sener, N. *Semantics and Pragmatics of Evidentials in Turkish*[D]. University of Connecticut, 2011.

[263] Sherzer, J. F. *An Ariel-Typological Study of the Americanindian Languages North of Mexico*[D]. University of Pennsylvania, 1968.

[264] Silverman, D. Who cares about "experience"? Missing issues in qualitative research[A]. In D. Silverman (ed.). *Qualitative Research: Theory, Method and Practice*[C]. London: Sage, 2004: 342-367.

[265] Silver, M. The stance of stance: A critical look at ways stance is expressed and modeled in academic discourse[J]. *Journal of English for Academic Purposes*, 2003, (4): 359-374.

[266]Smirnova, A. *Evidentiality and Mood: Grammatical Expressions of Epistemic Modality in Bulgarian*[D]. The Ohio State University, 2011.

[267]Song, J. M. A typological analysis of the Korean evidential marker-te[J]. *Eoneohag*, 2002, (32): 147-164.

[268]Speas, M. Evidentiality, logophoricity, and the syntactic representation of pragmatic features[J]. *Lingua*, 2004, (114): 255-276.

[269]Sun, J. Evidentials in Amdo Tibetan[A]. In *The Bulletin of the Institute of History and Philology, volume LXIII, Part IV, Academia Sinica*[C]. 1993: 945-1001.

[270]Swadesh, M. *The Internal Economy of the Nootka Wood*[D]. Yale University, 1939.

[271]Swadesh, M. Nootka internal syntax[J]. *International Journal of American Linguistics*. 1939, (9): 77-102.

[272]Swain, J. M. & L. X. Yang. Output hypothesis: Its history and its future[J]. 外语教学与研究, 2008, (1): 45-50.

[273]Swales, J. M. *Aspects of Article Introductions*[M]. Birmingham: University of Aston, Language Studies Unit, 1981.

[274]Swales, J. M. *Genre Analysis: English in Academic and Research Settings*[M]. Cambridge: Cambridge University Press, 1990.

[275]Swales, J. M. EAP-related linguistic research: an intellectual history[A]. In Flowerdew J. A. & Peacock, M. (eds.). *Research Perspectives on English for Academic Purposes*[C]. Cambridege: Cambridge University Press, 2001: 42-55.

[276]Swales, J. M. On models in applied discourse analysis[A]. In Candlin, C. N. (ed.). *Research and Practice in Professional Discourse*[C]. Hong Kong: City University of Hong Kong Press, 2002: 61-77.

[277]Swales, J. M. *Research Genres: Exploration and Applications*[M]. Cambridge, UK: Cambridge University Press, 2004.

[278]Swales, J. M. Evaluation in Academic Speech: First Forays[A]. In Camiciotti, G. D. L. & E. Tognini-Bonelli (eds.). *Academic Discourse New Insights into Evaluation*[C]. Peter Lang, 2004: 31-54.

[279]Swales, J. M. & Feak, C. B. *English in Today's Research World: A Writing Guide*[M]. Ann Arbor: University of Michigan Press, 1994.

[280]Swales, J. M. & Feak, C. B. *Academic Writing for Graduate Students: Essential Tasks and Skills*[M] (2nd edition). Ann Arbor, MI: University of Michigan Press, 2000.

[281]Tarone, E., S. Dwyer, S. Gillette & Icke, V. On the use of the passive in two astrophysics journal papers[J]. *English for Specific Purposes*, 1981, (1): 123-140.

[282]Taylor, S. J., R. Rogdan & M. L. DeVault. *Introduction to Qualitative Research Methods: A Guidebook and Resource* (4th edn.)[M]. New Jersey: Wiley, 2016.

[283]Thompson, G. Voices in the Text: Discourse Perspectives on Language Reports[J]. *Applied Linguistics*, 1996, (17): 501-530.

[284]Thompson,G. & Y. Ye. Evaluation of the reporting verbs used in academic papers[J]. *Applied Linguistics*,1991,(4):365-382.

[285]Trask,R. L. *Key Concepts in Language and Linguistics*[M]. New York:Routledge,1999.

[286] Traugott, E. C. Subjectification in grammaticalisation[A]. In D. Stein and S. Wright (eds.). *Subjectivity and Subjectivisation*[C]. Cambridge:Cambridge University Press. 1995:31-54.

[287]Traugott,E. C. & R. B. Dasher. *Regularity in Semantic Change*[M]. Cambridge:Cambridge University Press,2002.

[288]Trent,N. *Linguistic Coding of Evidentiality in Japanese Spoken Discourse and Japanese Politeness*[D]. The University of Texas at Austin,1997.

[289] Valenzuela, P. Evidentiality in Shipibo-Konibo, with a comparative overview the category in Pnoan[A]. In Aikhenvald, A& R. Dixon (eds.). *Evidentiality in Typological Perspective*[C]. John Benjamins Publishing Company,2003:33-62.

[290]van der Auwera,J. & V. Plungian. Modality's semantic map[J]. *Linguistic Typology*,1998,(2):79-124.

[291]van Dijk,T. A. *News As Discourse*[M]. Hillsdale,New Jersey:Lawrence Erlbaum Associates,Publishers. 1988.

[292]van Dijk,T. A. Critical discourse analysis[A]. In D. Schiffrin,D. Tannen and H. Hamilton (eds.). *The Handbook of Discourse of Analysis*[C]. Massachusetts/Oxford:Blackwell Publishers Ltd. ,2001.

[293]Van Maanen,J. ,J. M. Dabbs & R. R. Faulkner. *Varieties of Qualitative Research*[M]. Beverly Hills:Sage,1982.

[294]Verschueren,J. *Understanding Pragmatics*[M]. Beijing Foreign Language Teaching and Research Press,2000:76-87.

[295]Viechnicki,G. B. *Evidentiality in Scientific Discourse*[D]. The University of Chicago,2002.

[296] Vygotsky, L. S. *Mind in Society:The Development of Higher Psychological Processes*[M]. Cambridge,MA:Harvard University Press,1978.

[297] Vygotsky, L. S. *Thinking and Speech*[A]. In R. Rieber (ed.). *The Collected Works of L. S. Vygotsky*[C]. New York and London:Plenum Press,1987.

[298]*Webster's College Dictionary*. 2005,1997,1991 by Random House,Inc. http://www.thefreedictionary.com/evidence.

[299]Weerkamp,W. & M. Rijke. Credibility-inspired ranking for blog post retrieval[J]. *Information Retrieval*,2012,(15):243-277.

[300]Weinrich,U. On the semantic structure of language[A]. In Joseph,H. Greenberg (ed.) *Universals of Language*[C]. Cambridge,Mass:MIT Press,1963/1994.

[301]Wells,G. The complementary contributions of Halliday and Vygotsky to a "lan-

guage-based theory of learning"[J]. *Linguistics and Education*,1994,(6):41-90.

[302]Wertsch,J. V. *Vygotsky and the Social Formation of Mind*[M]. Cambridge,MA: Harvard University Press,1985.

[303]Wharton, S. Epistemological and interpersonal stance in a data description task: Findings from a discipline-specific learner corpus[J]. *English for Specific Purposes*,2012, (4):261-270.

[304]Whorf,B. L. Some verb categories of Hopi[J]. *Language*. 1938,(14):276-286.

[305]Whorf,B. L. Some verbal categories of Hopi[J]. *Language*,1993[1956],14:275-286. Reprinted in J. Carroll (ed.). *Language, Thought, and Reality: Selected Writings of Benjamin Lee Whorf*. 112-124. MIT Press: Cambridge, MA.

[306]Widdowson, H. G. *Teaching Language as Communication*[M]. Oxford: Oxford University Press,1978.

[307]Widdowson, H. G. *Explorations in Applied Linguistics*[M]. Oxford: Oxford University Press,1979.

[308]Wierzbicka, A. Semantics and epistemology: The meaning of "evidentials"in a cross linguistic perspective[J]. *Language Sciences*. 1994,(16):88-137.

[309]Willett, T. A crosslinguistic survey of the grammaticalization of evidentiality[J]. *Studies in Language*,1988,(12):51-97.

[310]Wilson, A. Modal verbs in written Indian English: A quantitative and comparative analysis of the Kolhapur corpus using correspondence analysis[J]. *ICAME Journal*,2005 (29):151-169.

[311]Woodbury, T. Interactions of tense and evidentiality: A study of Sherpa and English[A]. In Chafe and Nichols, (Eds.). *Evidentiality: The Linguistic Coding of Epistemology*[C]. Ablex Publishing Corporation: Norwood, NJ. 1986:188-202.

[312]Wray, A. Formulaic sequences in second language teaching: Principle and practice [J]. *Applied Linguistics*,2000,(4):463-489.

[313]陈明芳.学位论文文献综述的语类结构与视角[J].外语与外语教学,2008,(12):12-16.

[314]陈建林.基于语料库的引述动词研究及其对英语写作教学的启示[J].外语界,2011,(6):40-48.

[315]陈嵩嵩.英语学术论文中转述动词的时态形式及意义[J].外国语言文献,2010,(2):82-91.

[316]陈向明.质的研究方法与社会科学研究[M].北京:教育科学出版社,2000.

[317]陈颖.现代汉语传信范畴研究[M].北京:中国社会科学出版社,2009.

[318]陈征.基于言据性的语篇可信性语用分析[J].当代外语研究,2014,(4):23-28.

[319]陈征.基于语篇言据性的学术期刊综述类论文研究[J].科技与出版,2015,(12):125-129.

[320]陈征、俞东明.论辩语篇中的言据性策略[J].山东外语教学,2016,(5):24-28.

[321]程晓堂、裘晶.中国学生英语作文中情态动词的使用情况——一项基于语料库的研究[J].外语电化教学,2007,(6):9-15.

[322]辞海[Z].北京:商务印书馆,1987.

[323]崔林、成晓光.学术论文中动词性据素使用情况的英汉对比研究[J].大连理工大学学报(社会科学版),2014,(2):115-119.

[324]邓鹂鸣.中国学生社科博士论文讨论与结语章节语体研究[M].武汉:武汉大学出版社,2010.

[325]樊青杰.现代汉语传信范畴研究[D].北京:北京语言大学,2008.

[326]房红梅.A Systemic-Functional Approach to Evidentiality[D].上海:复旦大学,2005.

[327]房红梅.言据性研究述评[J].现代外语,2006,(2):191-196.

[328]房红梅、马玉蕾.言据性·主观性·主观化[J].外语学刊,2008,(4):96-99.

[329]冯茵、周榕.学术论文摘要中模糊限制语的调查与分析——基于英语专业毕业论文与国外期刊论文的对比研究[J].外国语言文学,2007,(2):108-112.

[330]高一虹、李莉春、吕珺.中西应用语言学研究方法发展趋势[J].外语教学与研究,1999,(2):8-16.

[331]桂诗春.基于语料库的英语语言学语体分析[M].北京:外语教学与研究出版社,2009.

[332]桂诗春、宁春岩.语言学方法论[M].北京:外语教学与研究出版社,2008.

[333]郭红.汉语传信语气词"嘛"和"呗"[J].首都师范大学学报(社会科学版),2012,(5):79-86.

[334]韩金龙.英语写作教学:过程体裁教学法[J].外语界,2001,(4):35-40.

[335]韩萍、侯丽娟.从体裁分析角度探索研究生学术英语写作能力培养[J].外语界,2012,(6):74-80.

[336]贺灿文、周江林.英语科研论文中综述动词的语料库研究[J].外语学刊,2001,(4):43-48.

[337]何平安.语料库视角的英语口语"立标语块"探究[J].外语教学理论与实践,2011,(1):25-31.

[338]何燕、张继东.基于语料库的科技英语情态动词研究[J].东华大学学报(社会科学版),2011,(1):73-76.

[339]胡学文.中国大学生系动词 seem 使用的语料库考察[J].西安外国语学院学报,2006,(4):1-4.

[340]胡志清、蒋岳春.中外英语硕士论文转述动词对比研究[J].语言研究,2007,(3):123-126.

[341]胡壮麟.语言的可证性[J].外语教学与研究,1994,97,(1):9-15.

[342]胡壮麟.可证性、新闻报道和论辩语体[J].外语研究,1994,(2):22-28.

[343]胡壮麟.汉语的可证性和语篇分析[M].湖北大学学报(哲学社会科学版),1995,(2):13-23.

[344]姜亚军、赵明炜.我国硕/博学位论文英语致谢语的语类结构研究[J].外语教学,

2008,(6):28-32.

[345]鞠玉梅.体裁分析与英汉学术论文摘要语篇[J].外语教学,2004,(2):32-36.

[346]乐耀.国内传信范畴研究综述[J].汉语学习,2011,(1):62-72.

[347]乐耀.从人称和"了$_2$"的搭配看汉语传信范畴在话语中的表现[J].中国语文,2011,(2).

[348]乐耀.汉语引语的传信功能及相关问题[J].语言教学与研究,2013,(2):104-112.

[349]乐耀.传信范畴作为汉语会话话题生成的一种策略[J].汉语学习,2013,(6):3-16.

[350]乐耀.现代汉语传信范畴的性质和概貌[J].语文研究,2014,(2):27-34.

[351]李健雪.论实据性策略对英语学术书评动态建构的制约作用[J].山东外语教学,2007,(5):30-35.

[352]李晋霞、刘云.从"如果"与"如果说"的差异看"说"的传信义[J].语言科学,2003,(3):59-70.

[353]李君、张德禄.电视新闻访谈介入特征的韵律性模式探索[J].外语教学,2010,(4):6-19.

[354]李讷、安珊笛、张伯江.从话语角度论证语气词"的"[J].中国语文,1998,(2):93-102.

[355]李律.从英语连系动词看核心、非核心动词假说[J].外语教学与研究,1998,(3):17-20.

[356]李小坤.英语学位论文的语类特征研究:以语言学硕士学位论文为例[D].杭州:浙江大学,2012.

[357]连淑能.英汉对比研究(增订本)[M].北京:高等教育出版社,2010.

[358]梁茂成.中国大学生英语笔语中的情态序列研究[J].外语与外语教学,2008,(1):51-58.

[359]廖巧云.英语实据原因句探微[J].外国语,2004,(4):46-52.

[360]林青.语法调查研究中的现代维吾尔语传信范畴探究[J].伊犁师范学院学报(社会科学版),2014,(4):107-112.

[361]刘华.连系动词 SEEM 的语义及句法考察[J].外语教学与研究,2004,(6):427-432.

[362]刘润清.外语教学中的科研方法(修订版)[M].北京:外语教学与研究出版社,2015.

[363]刘永华.《马氏文通》传信范畴再探[J].兰州学刊,2006,(9):91-95.

[364]龙绍赟.中国英语专业大学生英语议论文中的情态序列使用特征研究[J].外语言文学,2014,(2):90-102.

[365]龙绍赟、付贺宾、陈天真、王晨.专业学术议论文中情态动词的使用特征[J].外语学刊,2016,(1):124-131.

[366]娄宝翠.学习者硕士论文中的转述动词[J].解放军外国语学院学报,2011,(5):64-68.

[367]娄宝翠.中英大学生学生论文中转述动词及立场表达对比分析[J].山东外语教学,2013,(2):50-55.

[368]娄宝翠.基于语料库的研究生学术英语语篇中外壳名词使用分析[J].外语教学,2013,(3):46-53.

[369]吕叔湘.中国文法要略[M].北京:商务印书馆,1982.

[370]马刚、吕晓娟.基于中国学习者英语语料库的情态动词研究[J].外语电化教学,2007,(3):17-21.

[371]马建忠.马氏文通[M].北京:商务印书馆,1983.

[372]牛保义.国外实据性理论研究[J].当代语言学,2005,(1):53-61.

[373]钱穆.晚学盲言[M],台北:台大图书公司,1987:526.

[374]史金生.从持续到申明:传信语气词"呢"的功能及其语法化机制[A].语法与探索(十五)[C].北京:商务印书馆,2010.

[375]苏祺.计算机语言处理中的言据性及相关语言学线索[J].当代语言学,2013,(3):312-323.

[376]苏祺、黄居仁、陈凯云. A research on the text reliability based on evidentiality[J]. International Journal of Computer Processing of Languages,2011,23,(2):201-214.

[377]孙迎晖.中国学生"建立学术研究空间"过程探索——英语专业硕士论文"前言"部分的语类分析[M].北京:国防工业出版社,2008.

[378]孙自挥.科学语篇的可证性[J].修辞学习,2007,(6):31-35.

[379]孙自挥、陈渝.大学生英语论文写作的言据性研究[J].西南交通大学学报,2010,(5):14-17.

[380]孙自挥、黄婷、黄亚宁.国家话语的言语证据策略研究——以《西藏民主改革50年白皮书》为例[J].湖北民族学院学报(哲学社会科学版),2012,(2):119-122.

[381]汤斌.英语疫情新闻中言据性语篇特征的系统功能研究[D].上海:复旦大学,2007.

[382]唐叶青.学术语篇中的转述现象[J].外语与外语教学,2004,(2):3-6.

[383]陶红印.从共时语法化与历时语法化相结合的观点看汉语词汇语法现象的动态特征[Z].华中师范大学语言学讲座讲义,2007.

[384]王国凤、喻旭燕.汉英新闻语篇言据性类型学研究[J].西安外国语大学学报,2011,(2):30-33.

[385]王立非、张岩.大学生英语议论文中高频动词使用的语料库研究[J].外语教学与研究,2007,(2):110-116.

[386]王全铨.基于SWECCL的中国英语学习者情态动词使用研究[J].疯狂英语(教师版),2007,(1):44-47.

[387]王蓉.浅析英语连系动词的语义分类[J].四川教育学院学报,1998,(4):27-31.

[388]王淑雯.中美硕士论文的言据性研究[J].当代外语研究,2016,(02):21-27.

[389]王淑雯.中美硕士学位论文中转述据素及立场表达研究[J].西南石油大学学报(社会科学版),2016,(02):100-106.

[390]王淑雯、徐继菊、王斐文.中美硕士学位论文中感官据素的比较研究——以实证类语言学硕士学位论文为例[J].西华大学学报(社会科学版),2016,(03):89-95.

[391]王天华.复述话语语用策略中的可证性分析[J].外语学刊,2006,(3):64-67.

[392]王天华.论言据性的语义范围[J].外语学刊,2010,(1):81-84.

[393]文秋芳.评析二语习得认知派与社会派20年的论战[J].中国外语,2008,(3):13-20.

[394]文秋芳、林琳.2001—2015年应用语言学研究方法的使用趋势[J].现代外语,2016,39(6):842-852.

[395]文秋芳、王立非.二语习得研究方法35年:回顾与思考[J].外国语,2004,(4):18-25.

[396]吴格奇.学术论文的及物性结构与人际功能研究[J].宁夏大学学报(人文社会科学版),2011,(4):167-171.

[397]谢佳玲.Evidentiality in Chinese newspaper reports:Subjectivity/objectivity as a factor[J].*Discourse Studies*,2008,(10):135-147.

[398]辛斌.《中国日报》和《纽约时报》中转述方式和信息来源的比较分析[J].外语研究,2006,(3):1-4.

[399]辛斌.汉英新闻语篇中转述动词的比较分析——以《中国日报》和《纽约时报》为例[J].四川外语学院学报,2008,(5):61-65.

[400]徐昉.实证类英语学术研究话语中的文献引用特征[J].外国语,2012,(6):60-68.

[401]徐昉.学习者英语学术写作格式规范的认知调查报告[J].外语教学,2013,(2):56-60.

[402]徐昉.英语学术语篇语类结构研究述评(1980—2012)[J].东南大学学报(哲学社会科学版),2013,(5):128-133.

[403]徐昉.二语学术语篇中的作者立场标记研究[J].外语与外语教学,2015,(5):1-7.

[404]徐昉、龚晶.二语学术写作言据性资源使用的实证研究[J].解放军外国语学院学报,2014,(4):12-21.

[405]徐宏亮.中国高级英语学习者学术语篇中的作者立场标记语的使用特点:一项基于语料库的对比研究[J].外语教学,2011,(6):44-48.

[406]徐江、郑莉、张海明.基于语料库的中国大陆与本族语学者英语科研论文模糊限制语比较研究——以国际期刊《纳米技术》论文为例[J].外语教学理论与实践,2014,(2):46-55.

[407]徐盛恒.疑问句探询功能的迁移[J].中国语文,1999,(3):1-8.

[408]徐盛恒.充分条件的语用嬗变[J].外国语,2004,(3):1-9.

[409]徐盛恒.逻辑与实据——英语IF条件句研究的一种理论框架[J].现代外语,2004,(4):331-339.

[410]徐有志、郭丽辉、徐涛.学术论文体裁教学不可或缺——英语专业硕士学位论文引言写作情况调查[J].中国外语,2007,(4):47-51.

[411]严辰松.语言如何表达"言之有据"——传信范畴浅说[J].解放军外国语学院学报,2000,(1):4-7.

[412]杨林秀.英语科研论文中的言据性[D].厦门:厦门大学,2009.

[413]杨林秀.国内言据性研究:现状与展望[J].山西大学学报(哲学社会科学版),2013,(6):64-68.

[414]杨林秀.英文学术论文中的作者身份构建:言据性视角[J].外语教学,2015,(2):21-25.

[415]杨雪燕.篇类研究的理论视角及其层次性[J].外语教学,2007,(1):27-31.

[416]杨永龙.近代汉语反诘副词"不成"的来源及虚化过程[J].语言研究,2000,(1):107-119.

[417]杨玉晨.情态动词、模糊语言与英语学术论文写作风格[J].外语与外语教学,1998,(7):24-25;35.

[418]叶宁.语类集视角中的摘要和引言英汉对比分析——以经济类学术论文为例[J].江南大学学报(人文社会科学版),2008,(4):97-103.

[419]叶云屏、柳君丽.博士学位论文摘要的跨学科语类分析对EAP教学的启示[J].外语界,2013,(4):81-89.

[420]俞碧芳.跨学科博士学位论文摘要的言据性及其人际意义[J].当代外语研究,2015,(4):29-36.

[421]俞碧芳.基于语料库的跨学科博士学位论文摘要的体裁分析[J].当代外语研究,2016,(1):31-40.

[422]余光武.言据范畴的语义与表达层次初探——基于汉语语料的考察[J].外语与外语教学,2010,(2):40-44;59.

[423]余渭深.汉英学术语类的标记性主位分析[J].外语与外语教学,2002,(1):8-18.

[424]袁毓林.从焦点理论看句尾"的"的句法语义功能[J].中国语文,2003,(1):3-16.

[425]张伯江.认识观的语法表现[J].国外语言学,1997,(2):15-19.

[426]张成福、余光武.论汉语的传信表达——以插入语为例[J].语言科学,2003,(3):50-58.

[427]张德禄.语类研究概况[J].外国语,2002,(4),13-22.

[428]张德禄.语类研究理论框架探索[J].外语教学与研究,2002,(5):340-344.

[429]张德禄.马丁的语类研究[J].当代外语研究,2010,(10):29-33.

[430]张点、胡剑波.言据性策略的大学英语课堂话语动态建构效能[J].湖南科技大学学报(社会科学版),2015,(4):162-168.

[431]张军民.基于语料库的英语学术语篇转述动词研究[J].河南师范大学学报,2012,(3):246-249.

[432]张晓明、任再新、王荣明.语言学及应用语言学博士学位论文结论部分的语类研究[J].东华大学学报(社会科学版),2012,(3):174-180.

[433]张云玲.奥巴马政治演说中的言据性的劝说功能研究[J].教育探索,2012,(9):55-56.

[434]朱永生.试论现代汉语的言据性[J].现代汉语,2006,(4):331-337.